出走近郊五法 ...Go!

東京周邊

23~24 年版

神奈川・靜岡・富士五湖・長野・群馬・栃木・茨城・埼玉・千葉

漫遊小店探索城跡　覓食尋寶添古意
賞櫻看楓征高山　湖光綠色收眼底

- 多達 **330** 個遊點，包括最美櫻花河津櫻祭典、賞楓好去處紅葉迴廊、有着多間特色小店的箱根湯本周邊、老店林立的復古商店街大正浪漫通り和成田山表參道
- 網羅各種體驗：穿越港灣的橫濱空中纜車、與小鴨一起遊船的藏の街遊覽船、觀賞感動日出的富士山登頂、在土藏建築的氛圍中製作人形公仔
- 超詳盡住宿及交通資訊，專業繪製 **43** 幅地圖及鐵路圖

TRAVEL

跨版生活

景點標誌

MAPCODE 景點位置碼（自駕使用）・滑雪・賞梅・賞櫻・賞紅葉・觀星

人氣・必到・必吃・推介・親子

適合住駕・道の駅・泡湯・世界遺產

景點Info Box圖例說明

⌂ 地址　🚌 前往交通　⊙ 營業/開放時間　Ｐ 泊車費
🛌 休息時間　Ｓ 消費　☎ 電話　🌐 網址　❶ 備註

地圖使用說明

● 書內有介紹的景點
● 書內沒有介紹的景點

序

住在東京的 3 年間，每逢週末或者假期，我也會衝出東京都，到訪東京周邊的其他縣市。

東京生活節奏急速，熱鬧繁華，充滿大城市的魅力與活力；而東京周邊的生活節奏較慢，不乏的是旖旎的大自然景色，縣市各地依然保留着歷史與文化。不少地方更有著名的溫泉與旅館，因此住在東京的朋友於週末時亦會坐新幹線或巴士到附近的縣市，去一趟小旅行，作短暫的喘息。如果你剛巧去東京旅行，想到訪些不一樣的地方，不妨考慮抽兩至三天的時間到訪附近的縣市，車程也不過一至兩個半小時之間，非常方便。

這次以寫書之名我則去了一趟長旅行，花了一個多月時間走遍 5 個縣市。我在富士五湖縱目遠望過宏偉的富士山、在江之島與小貓玩耍、在輕井澤吃法國菜、在諏訪市對着波瀾壯闊的湖景浸溫泉、在日光市發掘一間隱藏於小巷弄裏的咖啡店等等。無論是邂逅聞名的旅遊名勝，或是默默無聞的小店，都代表着一個縣市的個性，而東京近郊的縣市，總有一個地方會成為你心目中的秘境。而我最深刻的是花了一個多星期的時間在長野縣，採訪過程中深深被當地居民的熱情所感動，對於當地美食更讓我喜出望外。日本人很擅長善用當地食材的特性，把其發揮在當地料理上。無論是在長野市街頭吃到的味噌拉麵，或是旅館提供的信州三文魚刺身，至今仍讓我念念不忘，希望快點可以重遊舊地。

我喜歡日本，喜歡旅行，更愛寫字。很慶幸有這次有機會讓我同時滿足 3 個願望，把我感受到的東京近郊分享給大家。雖然寫書過程不容易，但卻非常滿足。要特別感謝出版社的編輯、日本各機構及朋友不遺餘力的協助和支持，此書才能順利出版。

沙發衝浪客

作者簡介

旅遊寫作人。大學主修日本研究，曾於日本留學及工作三年。喜愛深度遊及走訪冷門國家，遊記見於：
yongpuitung.com
www.facebook.com/cserinhk
www.instagram.com/cserinhk

目錄

目錄

Part 7 靜岡縣

Part 8 富士五湖（山梨縣）

Part 9 長野縣

目錄

Part 1

東京周邊旅遊熱點

不做會後悔！10大必做的事

神奈川縣

鎌倉市

1. 閒坐特色Cafe

House Yauigahama咖啡店(P.97)內放有400多本書，遊客可在店享用咖啡餐點之餘，還能悠然閱讀，享受片刻寧靜時光。

◀圖書館咖啡店。

橫濱市

2. 親手製作杯麵

相信大部分人都吃過杯麵，但你又知道杯麵的製作過程嗎？來參觀合味道紀念館，見識杯麵的由來，並體驗製作獨一無二的杯麵！(P.122)

▲紀念館內的杯麵販賣機。

箱根町

3. 乘船遊覽湖光山色

日本不少享負盛名的湖，當中蘆之湖是神奈川縣面積最大的淡水湖，乘坐設計極具氣派的海賊船遊湖是最佳選擇。(P.146)

▶箱根海賊船。

靜岡縣

御殿場市

4. 逛盡名牌Outlets

別以為東京周邊只有自然風光，其實還有購物天堂御殿場Premium Outlets！Outlets的店鋪多，而且有些品牌價錢便宜，適合旅客血拼一番！(P.149)

◀御殿場Premium Outlets。

富士五湖(山梨縣)

5. 仰望神聖絕景富士山

富士山是日本最高的山，也是世界文化遺產，配合富士五湖的美景，堪稱一大絕景！

◀富士五湖(P.184)之一的河口湖。

長野縣

長野市

6. 走訪古色古香的建築

日本的古建築都保育得很好，當中不得不提的，就是被譽為「一生人必去一次」的善光寺。(P.232)

► 白雪紛飛的善光寺。

輕井澤町、白馬村

7. 在滑雪場上奔馳

長野縣有約67個滑雪場，是公認的滑雪勝地，縣內的白馬村更曾是冬季奧運會的舉行地點，遊客可前往感受滑雪之樂！

▲ 輕井澤王子酒店滑雪場 (P.209)。

▲ 白馬八方尾根滑雪場 (P.238)。(相片由白馬山麓ツアーズ提供)

埼玉縣

川越市

8. 踏單車遊覽大正浪漫夢通

川越區內單車租借設施分佈各處，可使用手機app輕鬆借用，乘着單車悠閒遊覽這被譽為小江戶的古風小鎮。(P.341)

► 自助單車站。

群馬縣

草津溫泉

9. 欣賞揉湯表演

古時的人會把木板放進溫泉水裏，再輕輕地撥動降溫。遊客去到草津溫泉，可以到熱乃湯觀賞這種名為揉湯的傳統技藝。(P.279)

► 揉湯表演。(攝影：蘇飛)

茨城縣

茨城北

10. 挑戰笨豬跳

想在旅程中體驗一些刺激的活動，就可以到龍神大吊橋參加笨豬跳，向絕美的峽谷一躍而下。(P.319)

▲ 龍神大吊橋。(攝影：蘇飛)

10大必做的事　10大必到景點　15大特色美食　20大必買手信　15大賞櫻、賞楓、賞梅熱點　10大溫泉勝地　精彩節慶

打卡呃 Like！10大必到景點

神奈川縣

📍鎌倉市

1. 鎌倉高校前站平交道

東京周邊有不少日本動漫的軌跡，例如鎌倉高校前平交道便是《男兒當入樽》片頭曲的取景地，動漫迷切勿錯過！
(P.103)

◀鎌倉高校前平交道。

靜岡縣

📍伊東市

2. 大室山

大室山是一座死火山，遊客可乘吊車上山，並沿着火山口的步道走一圈，俯瞰山下的風景。(P.166)

（攝影：蘇飛）
▲大室山山頂的火山口。

富士五湖(山梨縣)

📍山中湖周邊

3. 忍野八海

忍野八海是山中湖附近的8個湧泉群，匯聚了降落於富士山的積雪和雨水。八海水質清澈，而且各具特色，是遊客必到的景點。(P.197)

◀八海中的湧池。

長野縣

📍松本市

4. 上高地

要數絕美的景點，作為國家特別名勝的上高地一定榜上有名。來到這裏，遊客不但可

▲上高地的著名景點大正池。(攝影：Li)

以觀賞到穗高連峰的壯麗景色，還能看到濕原和多種高山植物。(P.253)

📍諏訪地區

5. 車山山頂

貴為日本百名山之一，車山是觀賞日出的勝地。每逢夏季，遊客都可乘搭凌晨特別班次纜車登山，欣賞氣勢逼人的日出雲海。(P.267)

◀車山山頂上的神社。（相片由茅野市役所提供）

千葉縣

📍 成田市

6. 成田山表參道

距離成田機場只需約10分鐘車程的成田山表參道，沿途可見古色古風的店舖、傳統日式美食、伴手禮土產店等，部分商舖甚至是從江戶時代創業至今的老店！(P.357)

▲ 老店林立，充滿江戶色彩。

群馬縣

📍 草津溫泉

7. 湯畑

來到草津溫泉，一定要到區內的中心看看溫泉水的源頭──湯畑。湯畑的面積有一個足球場大，溫泉水會先在這裏放涼，然後才流進各間旅館。(P.277)

（攝影：蘇飛）個木箱，慢慢降溫。溫泉水經過一個

栃木縣

📍 中禪寺湖

8. 伊呂波坂

看過《頭文字D》的話，一定會對故事裏滿佈髮夾彎的賽車道印象深刻，那就不得不到其中一個取景地伊呂波坂朝聖，幻想一下風馳電掣的刺激感。(P.309)

個髮夾彎。（攝影：蘇飛）伊呂波坂其中一

茨城縣

📍 茨城北

9. 袋田瀑布

袋田瀑布是日本三大名瀑之一，一年四季都呈現了不同美感，冬天時更會凝結成冰瀑，是罕見的風景。(P.316)

▶ 氣勢磅礴的袋田瀑布。（攝影：蘇飛）

📍 茨城東岸

10. 國營常陸海濱公園

國營常陸海濱公園裏既有延綿不絕的花海，又有海盜船和過山車等機動遊戲，是親子好去處，也是情侶拍拖勝地。(P.327)

▲ 可踏着單車在園內的花海中穿梭。（攝影：蘇飛）

飲飲食食好滋味！15大特色美食

神奈川縣

1 白飯魚丼

📍江之島

臨海的江之島海產豐富，新鮮白飯魚(吻仔魚)是島上的名產。白飯魚細細長長，肉質具彈性。建議以蘿蔔泥、醬汁及葱花伴着米飯一起吃，味道會更清新和鮮甜。(P.109)

◄白飯魚丼。

2 原隻海鮮仙貝

將原隻龍蝦或章魚攤平放在高壓機器上，利用高溫烤製出超大片海鮮仙貝，是江之島獨有小吃。(P.109)

▶章魚仙貝。(攝影：Laushuting)

📍江之島　¥400(HK$29)

3 嫩豆腐 📍箱根町

1盒 ¥380(HK$9)

荻野是由江戶時代開業至今的老店，使用日本大豆和自然水製作豆腐，可吃到天然味道的豆腐喔！(P.139)

▶嫩豆腐。

靜岡縣

4 溫泉饅頭

📍熱海市

溫泉饅頭是熱海的名物。外皮薄而柔軟，內餡是飽滿的紅豆餡或栗子茸，熱呼呼的饅頭讓人一試難忘。(P.155)

富士五湖(山梨縣)

5 水果

山梨縣日照充足，自然環境優越，十分適合栽培果樹。這裏盛產的水果有蜜桃、葡萄等，鮮甜多汁非常好吃。

▲葡萄園

6 葡萄酒

山梨縣的葡萄酒用優質的甲州葡萄釀製，是日本唯一以本土葡萄為原料生產的葡萄酒，在全日本非常有名。(P.188)

◄不同品牌的紅酒和白酒。

7 粗烏冬ほうとう

📍河口湖周邊　¥1,210(HK$71)

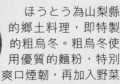

ほうとう為山梨縣的鄉土料理，即特製的粗烏冬。粗烏冬使用優質的麵粉，特別爽口煙韌，再加入野菜和肉，配上味噌湯，使每撮麵都掛上濃湯，風味十足。(P.187)

長野縣

8 地方酒

　　長野縣氣候涼爽，出產的水和米品質特別優良。由於具備良好的天然條件，縣內設有多家酒莊釀造日本酒。(P.223)

▲各種「北信流」的清酒。

9 信州三文魚

　　信州三文魚是世界著名的淡水魚類之一，肉質優良，十分適合做刺身生吃，縣內大部分旅館晚餐都會提供信州三文魚刺身。

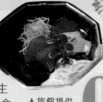

▲旅館提供的信州三文魚刺身。

千葉縣

10 鰻魚飯 ¥3,500(HK$212)

　　成田山表參道上最響負盛名的淡水鰻魚專賣店「川豐」，使用祖傳秘製鰻魚醬汁，嚴選新鮮鰻魚，現殺、現蒸、現烤。(P.357)

▶鰻魚蓋飯。

栃木縣

11 檸檬牛奶

　　栃木縣產的牛奶加入了砂糖和檸檬香料，使牛奶帶着淡淡的檸檬清香，極具特色。檸檬牛奶在栃木縣內大部分商店、超級市場能找到。

▶栃木縣產檸檬牛奶。

12 腐皮料理 ◎日光市

　　日光市是著名的腐皮產地，腐皮充滿豐富的蛋白質，在日本被視為高級料理，會製成刺身來吃。(P.301)

▶腐皮刺身。（攝影：Janice）

13 炸腐皮饅頭 ¥240(HK$15) ◎日光市

　　日光的炸腐皮饅頭非常有名，甜甜的紅豆餡加上腐皮，味道甜中帶鹹，再配合酥脆口感，外酥內軟。(P.304)

▶饅頭香噴噴的。（攝影：Kate）

群馬縣

14 圓咕碌蒟蒻 ◎伊香保溫泉 ¥500(HK$37)

　　石段街上有一間名為石段玉こんにゃく的小食店，專賣形狀圓咕碌的蒟蒻，一串三粒，口感彈牙之餘，又有多種獨特口味。(P.290)

▶味增蒟蒻。（攝影：蘇飛）

茨城縣

15 蟹鉗章魚燒 ◎茨城東岸 6顆 ¥600(HK$44)

　　去到大洗水族館的美食廣場，不妨嘗嘗罕見的蟹鉗章魚燒，既可以嘗到彈牙的章魚粒，又吃到柔嫩的鮮甜蟹肉，一次過滿足兩個願望。(P.329)

▶蟹鉗章魚燒。（攝影：蘇飛）

旅遊熱點
實用旅遊資訊
交通
住宿攻略
行程建議

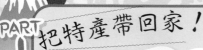

把特產帶回家！

20大必買手信

神奈川縣

鎌倉市

1 小川軒・Raisin Wich

地圖P.93

▲鎌倉小川軒 本店。

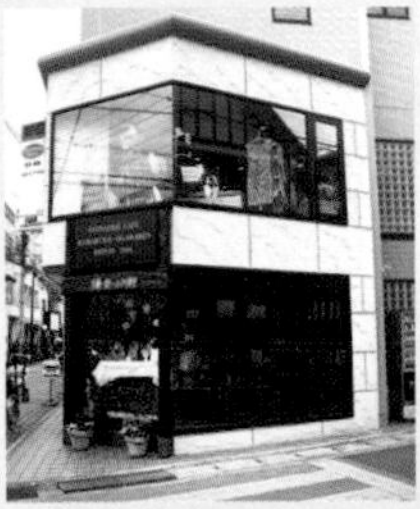

洋式菓子店鎌倉小川軒售賣的Raisin Wich(冧酒提子夾心餅乾)十分酥脆，外皮充滿牛油香，中間的夾心散發着淡淡的酒香味，長期高倨人氣第一的位置。

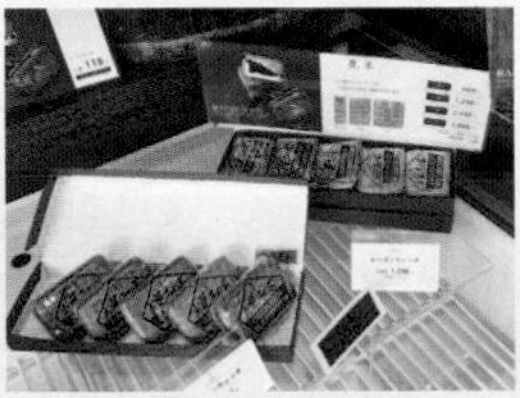

5個裝 ¥950(HK$56)，
10個裝 ¥1,600(HK$94)

小川軒 本店
神奈川県鎌倉市御成町8-1
JR「鎌倉」站下車，從西口沿御成通走，步行約1分鐘
10:00~18:00
0467-25-0660
www.ogawaken.jp

INFO

2 豐島屋・鳩サブレー

地圖P.93

▲位於鎌倉站前的豐島屋 扉店。

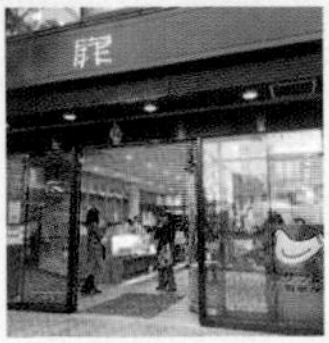

鳩サブレー是鎌倉豐島屋的代表商品，鳩サブレー的「鳩」代表鴿子，「サブレー」則是法文「餅乾」的意思，餅乾濃郁的奶香和牛油香令人一試難忘。在部分百貨公司、機場都可找到。

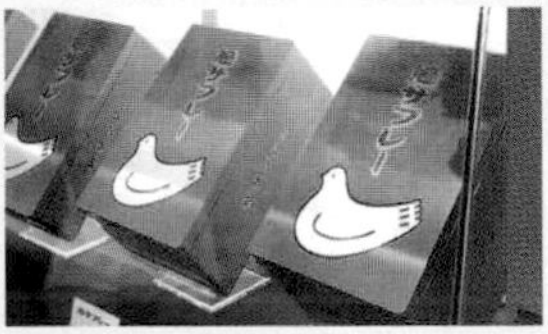

◀黃色的包裝成為了餅乾的代表顏色。

8個(盒裝)¥1,080(HK$79)，
44個(罐裝)¥5,400(HK$395)

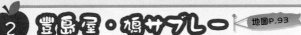

Tips! 餅乾的包裝方面，可以選擇罐、紙盒或膠袋，當中以膠袋包裝最為划算。如果是送禮的話，則推薦賣相更討好的罐或紙盒包裝。

豐島屋 扉店
神奈川県鎌倉市小町1-6-20
JR「鎌倉」站下車，從東口步行約1分鐘
商店10:00~19:00
週二
0467-25-0505
www.hato.co.jp

INFO

橫濱市

3 霧笛楼・横濱煉瓦

地圖P.116

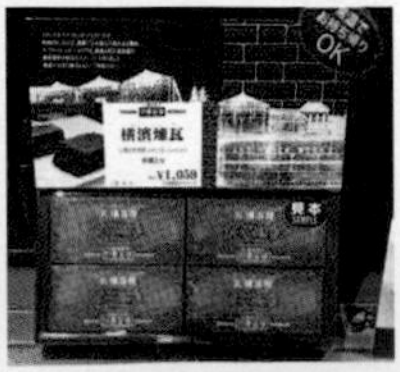

橫濱煉瓦(朱古力蛋糕)是高級法國餐廳霧笛楼的人氣產品，其口味細膩濃郁，用料實在，用來搭配茶或咖啡剛剛好，在Sogo、高島屋、紅磚倉庫的霧笛楼分店都可買到。

4個裝 ¥1,275(HK$75)

元町霧笛楼
神奈川県横浜市中区元町2-96
港未來線「元町・中華街」站下車，從元町出口步行約4分鐘
10:30~18:30
045-664-6035
www.mutekiro.net

INFO

4 焦糖杏仁千層酥

杏仁撒在曲奇上，加上自家的入口即融奶油，而且焦糖經烘烤後口感恰到好處、風味獨特，是人氣暢銷的商品，在神奈川縣內一般手信店都買得到。

12個裝 ￥1,080(HK$79)

5 橫濱三塔餅乾

橫濱有「三塔」，分別為神奈川縣縣廳、橫濱稅關及橫濱市開港記念會館3幢塔樓。橫濱三塔餅乾以此為概念，以蛋卷、酥餅及夾心餅3款牛奶口味組成，在縣內一般的手信店都能買到。

20個裝 ￥905(HK$66)

6 紅鞋女孩蛋卷餅乾

全紅色的包裝印有橫濱的象徵：紅鞋女孩的圖案，非常可愛，裏面是朱古力蛋卷餅乾，口感香脆，在縣內一般手信店可買得到。

14個裝 ￥540(HK$40)

7 紅鞋女孩的襪子

如果想買食物以外的手信，可以考慮買造型可愛的紅鞋女孩的襪子。襪子是橫濱獨有的商品，有不同的尺寸，適合大人與小孩。

一對 ￥972(HK$71)

📍 箱根町

8 溫泉饅頭

箱根有多間商鋪製作和售賣饅頭，用料實在之餘，品質也非常高。較有名的有丸嶋本店(P.136)，以及菜の花。(P.137)

▲普通黑糖饅頭。

15個裝 ￥1,740(HK$102)

9 Grande Riviere・法國麵包脆餅

Grande Riviere把法國麵包片烤成酥脆的口感，再製作成不同口味如楓糖、香蒜和格雷伯爵茶等，可於箱根湯本站附近的本店購買。(P.137)

▶原味砂糖杏仁脆餅。

￥510(HK$37)

靜岡縣

10 綠茶製品

靜岡縣是著名的綠茶產地，來到這裏當然不能錯過各種綠茶製品。熱海市的商場Lusca(P.154)裏有多間商店售賣綠茶製品，例如綠茶朱古力脆脆、綠茶焦糖糖果等。

▲綠茶焦糖糖果。

¥650(HK$48)

▲綠茶朱古力脆脆。

¥870(HK$64)

富士五湖(山梨縣)

11 桔梗信玄餅

說到山梨縣的代表手信，桔梗信玄餅肯定榜上有名，吃法是先把煙韌的麻糬沾滿黃豆粉，然後再沾上黑蜜來吃，黃豆粉能平衡黑蜜的甜味，口感沒那麼膩。信玄餅可在縣內的手信店，甚至便利店買到。

1包8個 ¥1,240(HK$91)

12 Fujiyama Cookie・富士山造型餅乾

地圖P.183

由Fujiyama Cookie出品的富士山造型餅乾看起來很可愛，而且有多種口味，更有散裝可供選購，適合買來送給家人朋友。除了位於河口湖的本店，河口湖站、富士急HighLand(P.191)裏的店鋪亦有售賣。

雜錦口味禮盒1包10塊 ¥1,900(HK$112)

> Fujiyama Cookie 本店
> ⌂ 山梨縣南都留郡富士河口湖町淺川1165-1
> 🚃 富士急行線「河口湖」站下車，步行約11分鐘
> ⏰ 10:00~17:00　☎ 0555-72-2220
> 🌐 www.fujiyamacookie.jp

 INFO

13 富士山アポロビッグ

明治模仿「赤富士」的外形推出了特別版的阿波羅朱古力。錐形朱古力最上層白色的部分為白朱古力，中間為士多啤梨口味，下層為牛奶朱古力，於日本土產店、車站、便利店等均有售。

¥864(HK$63)

長野縣　📍輕井澤町

14 輕井澤啤酒

輕井澤出產的啤酒採用淺間山上的天然雪水釀造，有多種口味，例如黑啤、小麥啤酒等。值得留意的是Premium啤酒包裝是一幅千住博所畫的名畫，值得留為紀念，可於一般商店買到。

15 まるごと林檎紅茶バウムクーヘン

以靜岡縣的紅茶及長野縣的蘋果所製成的年輪蛋糕，口感豐富，淡淡的紅茶香與微甜的蘋果是最好的搭配，在一般物產店便能找到。

￥1,852(HK$136)

16 蕎麥麵

由於長野縣的氣候和水土適合蕎麥的栽培，所以信州蕎麥麵在全日本享負盛名，縣內亦有許多著名的蕎麥產地受到日本人的好評。

￥880(HK$64)

▲ 4人份量的蕎麥麵。

📍 小布施町

17 蘋果汁

長野縣是日本第二大蘋果產地，在特有的氣候中培育出的蘋果，色澤、甜度、果肉品質皆優，在一般物產店都能找到的100%天然蘋果汁當然不能錯過。

720ml
￥1,000(HK$73)

18 竹風堂・どら焼山

小布施町盛產栗子，竹風堂(P.225)是當地的菓子店，主打名物為「どら焼山」，即栗子內餡的銅鑼燒，賞味期限為10天，在百貨公司都可買得到。

￥216(HK$16)

群馬縣 📍 草津溫泉

19 手作餐具

手作り箸工房遊膳專門製作一些造型可愛的筷子、筷子架和湯匙等餐具。若想選購一些設計獨特而具日本風情的手信，來這裏一定合你心意！(P.280)

▲ 各種可愛的筷子架。
（攝影：蘇飛）

千葉縣 📍 成田市

20 成田機場吉祥物

位於成田機場附近的櫻山公園，除了是拍攝飛機升降的熱門地點，在公園內的手信店「天空之站 櫻花館」(P.358)有很多成田機場吉祥物及其他航空有關的紀念品發售。航空或飛機愛好者都不容錯過。

￥930(HK$55)

▲ 成田機場吉祥物公仔吊飾。

浪漫賞花！15大賞櫻、賞紅葉、賞梅熱點

神奈川縣

賞櫻、賞紅葉日期及情報
www.nihon-kankou.or.jp/season

1. 明月院 🔴鎌倉市 賞櫻 賞紅葉

明月院內有一扇名為「開悟之窗」的圓形窗戶，透過窗戶欣賞庭園的櫻花和楓葉，景致特別迷人。(P.101)

2. 円覚寺 🔴鎌倉市 賞紅葉

円覚寺位於北鎌倉的小山坡上，是觀賞紅葉的勝地，12月為最佳的紅葉期。(P.100)

3. 長谷寺 🔴鎌倉市 賞紅葉

長谷寺是歷史悠久的寺廟，秋季時，寺內古舊的建築物配上秋葉，景色如詩如畫。(P.102)

靜岡縣

4. 熱海梅園 🔴熱海市

熱海梅園種有472棵梅樹，一些已經過了百年樹齡。每逢1~2月，園內都會舉辦梅園祭，是遊熱海的必備節目。(P.160) 賞梅

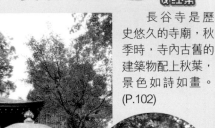

5. 大室山麓櫻花之里 伊東市 賞櫻

櫻花之里位於大室山的山麓，園內種有40種、近1,500棵櫻花樹，是日本最佳賞櫻地點100名之一。(P.167)

6. 伊豆高原桜並木 伊東市 賞櫻

伊豆高原站附近的道路種滿櫻花樹，在櫻花盛開的時候，一定要來看看櫻吹雪的美景！(P.168)

7. 修禪寺 伊豆市 賞梅 賞櫻

修禪寺內種有多棵寒櫻與梅花，在修善寺溫泉泡湯後前來賞櫻賞梅，絕對是一大賞心樂事。(P.170)

8. 修善寺梅林 伊豆市 賞梅

修禪寺的後山種有多達1,000棵梅樹，每年的2月上旬~3月上旬的梅祭都會吸引無數遊客。(P.171)

9. 河津櫻祭典 河津町 賞櫻

河津櫻是早春的櫻花代表，町內約有8,000棵櫻花樹。櫻花盛開期間，河岸會舉行櫻花祭典，是不能錯過的盛事。(P.174)

10大必做的事　10大必到景點　15大特色美食　20大必買手信　15大賞櫻、賞楓、賞梅熱點　10大溫泉勝地　精彩節慶

富士五湖(山梨縣)

10: 紅葉迴廊　河口湖周邊

紅葉迴廊長約1.5公里，兩旁種滿色彩深淺不同的紅葉，在紅葉祭舉行期間吸引了極多遊客。(P.190)

賞紅葉

長野縣

11. 上田城　上田市

上田城是戰國名城，春季時，櫻花會圍着它綻放，吸引了很多遊客來一睹它的風采。(P.243)

賞櫻

12. 雲場池　輕井澤町　賞紅葉

秋天時，雲場池邊的紅葉盛放，令池上反映出紅黃色的倒影。(P.211)

(相片由輕井沢観光協会提供)

群馬縣

13. 河鹿橋　伊香保溫泉

河鹿橋是伊香保的賞紅葉勝地，紅葉時節，這條朱紅色的半圓拱橋會被一片楓紅包圍，橋下則流着淙淙的黃金之湯。(P.290)

賞紅葉

栃木縣

14. 神橋　日光市　賞紅葉

神橋是日本三大奇橋之一，被楓葉包圍的神橋是不可錯過的美景。(P.302)

茨城縣

15. 花貫溪谷　茨城北

花貫溪谷是茨城縣內最著名的賞楓名所，遊客沿着溪谷中的步道走，能看到散發着幽祕氣氛的紅葉。(P.321)

賞紅葉

\悠閒泡湯!/
10大溫泉勝地

神奈川縣

1. 箱根溫泉

箱根溫泉是著名的溫泉鄉,町內遍佈溫泉街。(P.130)

►以溫泉為主題的水上樂園箱根小涌園Yunessun(P.141)。

靜岡縣

3. 修善寺溫泉

修善寺溫泉是沿桂川形成的一條溫泉街,適合遊客前來度假。(P.169)

►修善寺溫泉區內的著名景點竹林小徑(P.170)。

2. 熱海溫泉

熱海溫泉有約1,000年的歷史,是日本著名的溫泉勝地。(P.151)

▲熱海站前有免費的足湯!

山梨縣

4. 河津町溫泉

河津町內有很多老牌溫泉旅館,配備臨海景致。遊客在賞櫻後,可以去悠閒地泡湯。(P.172)

◄河津車站附近的足湯。(攝影‧蘇飛)

5. 山梨縣溫泉

山梨縣建有很多溫泉旅館,旅客還可以一邊泡湯,一邊欣賞富士山美景。(P.179)

◄溫泉旅館秀峰閣湖月(P.67)建於河口湖附近,住客可看著湖景泡湯。(攝影‧Rose)

長野縣

6. 長野縣溫泉

長野縣是著名的溫泉鄉，溫泉數目繁多，例如有別所溫泉、上諏訪溫泉、野澤溫泉等。(P.203)

▶住在萃 sui- 諏訪湖，可看着諏訪湖的美景泡湯 (P.71)。

栃木縣

7. 中禪寺湖溫泉

中禪寺湖是栃木縣的地標，遊客可以入住一些向湖的溫泉旅館，一邊觀賞湖光山色，一邊泡湯，放鬆身心。(P.306)

◀溫泉旅館湖上苑內的貸切風呂 (P.75)。（攝影：蘇飛）

埼玉縣

8. 平成名水溫泉樂園

Spadium Japon使用與東久留米泉水相同的水源，是關東地區罕見的透明溫泉，含有大量碳酸氫鹽泉，是三大美容泉質之一，亦獲選為「平成的名水百選」。(P.353)

▶奪目的金黃色外型。

群馬縣

9. 草津溫泉

草津溫泉的泉水極酸，具有殺菌功效，而且湧出量全日本第一，吸引許多人專程前往泡湯療養。(P.276)

▲剛從地下湧出的溫泉水。（攝影：蘇飛）

10. 伊香保溫泉

伊香保溫泉是群馬縣內另一個著名的溫泉，具有悠久的歷史，更是溫泉饅頭的發源地。(P.286)

▲石段街是伊香保溫泉區的中心地帶。（攝影：蘇飛）

感受熱鬧氣氛！精彩節慶

日期	地區	祭典活動內容
4月第1個星期日	川崎市	**鐵男根祭** 鐵男根祭號稱日本奇祭之一，它以男性生殖器為主題，祭典期間人們會抬着巨大的陽具模型供人膜拜，畫面十分衝擊，讓人大開眼界。金山神社會放出不同色彩及大小的陽具，並供奉了一座巨型的鋼製陰莖。當地居民相信慶神可帶來子孫，增強性能力與轉運。（詳見 omatsurijapan.com/search/m/518/）
4月中旬	鎌倉市	**鎌倉祭** 鎌倉祭以鶴岡八幡宮為中心，活動中的遊行隊伍由神轎、樂隊等組成。主打節目有在鶴岡八幡宮上演的「靜之舞」及「流鏑馬」。（詳見 trip-kamakura.com/site/kamakura-matsuri/）

（神奈川縣）

日期	地區	祭典活動內容
5月3日~5月5日	濱松市	**濱松祭** 慶祝嬰兒誕生及祝福新生命的祭典，與神社佛寺無關。白天được以中田島為舞台，在海邊放風箏，以巨大風箏、割線比賽等放風箏活動著稱。夜晚可在中心城區欣賞到御殿屋台花車。（詳見 hamamatsu-daisuki.net/matsuri）
4月上旬	靜岡市	**靜岡祭** 回到德川家康在城內時的城下町時代，重現德川家康賞櫻花的「大御所花見行列」、江戶時代的表演「花魁道中」。祭典歷時3日，在4月第1個週末舉行。（詳見 www.shizuokamatsuri.com）

（靜岡縣）

日期	地區	祭典活動內容
8月26日~8月27日	吉田市	**吉田火祭** 被列為日本三大奇祭之一的吉田火祭在北口本宮富士淺間神社與諏訪神社舉行，屆時街上會點燃超過70多枝高達3公尺的火炬，藉由火祭祈求避免火山爆發。吉田火祭的舉行，也代表富士山登山季節告一段落。（詳見 fujiyoshida.net/event/154）
4月上旬	甲府市	**信玄公節** 信玄公是對日本戰國時期名將武田信玄的尊稱。來自各縣約1,500名武士，會穿着鎧甲套裝在街上列隊巡遊，像戰國時代出陣的模式般讓人感受到古時武士們出征的風采，場面壯觀。（詳見 www.yamanashi-kankou.jp/shingen）
4月中旬~5月下旬	富士五湖	**富士芝櫻祭** 富士芝櫻祭是富士五湖地區中極具人氣的芝櫻祭典，會場會有約80萬株芝櫻在富士山下的平原綻放，彷如為大地鋪上了芝櫻地毯，非常夢幻。（詳見 www.shibazakura.jp/chs）

（山梨縣）

日期	地區	祭典活動內容
1月15日	野澤溫泉	**野澤溫泉道祖神祭** 野澤溫泉道祖神祭是日本三大火祭之一，以迎來42歲和25歲厄運年齡的男性為中心，祭典的目的是為了驅邪解厄。祭典當日會舉行篝火，把木材推成塔狀，晚上時村民手會持火把將其焚燒，木材塔焚燒殆盡的樣子非常壯觀。（詳見 nozawakanko.jp/record/dosojin/）
4月上旬~中旬	松本市	**國寶松本城「夜櫻會」** 松本城每年會於櫻花季，配合櫻花盛開舉辦「夜櫻會」，於夜間點燈，並設有茶會、音樂表演、小吃攤販等等。（詳見 P.249）
8月15日	諏訪市	**諏訪湖祭湖上煙火大會** 發射數及規模均為日本首屆一指的煙火大會，約四萬發的煙火接連不斷。由於諏訪湖四面環山，煙花爆破的聲音更是四處回盪。（詳見 www.suwako-hanabi.com）

（長野縣）

日期	地區	祭典活動內容
3 月上旬～下旬	高崎市	**榛名梅花祭** 在梅花開花的時節，榛名文化會館 ECOLE 會舉行一連串活動慶祝。屆時，各位參加者可以撒梅樹種子、製作梅子料理，最重要的事可以觀賞到 7 萬株梅樹的壯觀景致，活動多姿多彩。(詳見 www.city.takasaki.gunma.jp/kankou/nature/harunabairin.html)
8 月上旬	沼田市	**沼田祭** 祭典期間，會有神轎和彩車遊行，當中最矚目的，是由來自日本各地的女性抬着長達 4 米的大天狗面具在市中心遊行，氣氛會十分熱鬧。(詳見 www.city.numata.gunma.jp/kanko/numatamatsuri)
9 月中旬	伊香保溫泉	**伊香保祭** 伊香保是傳統溫泉街獨有的活動，屆時石段街上會有一大堆人抬着傳統的木桶神轎、本神轎列隊遊行，場面十分壯觀。(詳見 www.city.shibukawa.lg.jp/kankou/matsuri/matsuri/p000177.html)
12 月	榛名湖町	**榛名湖燈飾節** 每年 12 月，榛名公園遊客中心都會點亮 50 萬盞燈泡，以幻彩光影營造夢幻而浪漫的氣氛，活動期間還會有煙火和鐳射表演。(詳見 P.293)

群馬縣

日期	地區	祭典活動內容
4 月中旬	日光市	**彌生祭** 彌生祭已有 1,200 年以上的歷史。古時這個祭典於 3 月舉行。3 月在日本亦稱作「彌生」，因此名字叫作「彌生祭」，而到了今天則改於 4 月舉行。這是日光市宣示春天到來的祭典，會有 11 座花車巡遊街道。(詳見 www.futarasan.jp/yayoi)
11 月中旬	栃木市	**栃木秋祭** 參與這個秋季祭典，可觀賞到傳統的山車，亦即日本春祭、秋祭等節慶時遊行用的花車，是當地的有形民俗文化財產。每兩年舉辦一次。 (詳見 www.tochigi-kankou.or.jp/event/akimatsuri)

栃木縣

日期	地區	祭典活動內容
7 月下旬	大洗町	**大洗海上煙火大會** 每逢夏日，位於茨城縣東岸的大洗海岸都會舉行煙火大會，發放多達 3,000 發煙火，以璀璨的光芒迎接盛夏。(詳見 hanabi.walkerplus.com/detail/ar0308e00860)
8 月上旬	水戶市	**水戶黃門祭** 祭典是每年一度的市內大巡遊，屆時，一大批市民會列隊遊行，還會有花車和神轎巡遊、嘉年華活動，整個水戶市都會籠罩在熱鬧氣氛中。(詳見 www.mitokoumon.com/festival/mitokoumon.html)
8 月 15 日	牛久市	**牛久大佛萬燈會** 牛久大佛是茨城縣內最高的建築物，到了夏天，這裏會發放煙花、燃點燈籠祈福，以表達對先人的悼念。(詳見 P.336)

茨城縣

日期	地區	祭典活動內容
10 月中旬	川越市	**川越冰川祭** 關東三大祭典之一，具有 360 年歷史，是國家非物質文化遺產，祭典在小江戶川越舉行，可見以各種日本人偶裝飾的花車巡遊和音樂競演。(詳見 www.kawagoematsuri.jp)
12 月 2~3 日	秩父市	**秩父夜祭** 日本三大曳山祭之一，2016 年正式登錄為國家非物質文化遺產，祭典中可見豪華的傘鉾花車、屋台花車、煙火、舞蹈表演。(詳見 www.chichibu-matsuri.jp/zh)

埼玉縣

日期	地區	祭典活動內容
7 月中旬～下旬	成田市	**成田祇園祭** 每年吸引超過 40 萬人參加，既傳統又熱鬧的祭典，重頭戲「總舞蹈」與「總拉行」可見 10 台山車、屋台伴隨伴奏樂聲和吆喝口號的激烈拉行，滿滿的熱情和氣勢。(詳見 www.nrtk.jp/enjoy/shikisaisai/gion-festival.html)

千葉縣

Part 2

實用旅遊資訊

東京周邊全境地圖

N

福島縣

新潟縣

鬼怒川 (P.310)

中禪寺湖
(P.306)

日光市 (P.295)

富山縣

白馬村
(P.237)

小布施町 (P.222)

長野市
(P.229)

草津溫泉
(P.276)

栃木縣

群馬縣

上田市
(P.242)

輕井澤町
(P.204)

伊香保溫泉
(P.286)

茨城縣

松本市
(P.246)

長野縣

日立市
(P.323) →

諏訪地區
(P.256)

埼玉縣

水戶市
(P.331)

川越市
(P.340)

所澤市
(P.346)

成田國際機場
(P.44)

岐阜縣

駒ヶ根市
(P.271)

山梨縣

東京都

飯田市 (P.272)
阿智村 (P.273)

富士五湖
(P.179)

神奈川縣

橫濱市
(P.112)

千葉縣

木更津市
(P.355)

江之島 鎌倉市
(P.105) (P.89)

箱根町 (P.130)

羽田國際
機場 (P.46)

勝浦市
(P.360)

熱海市
(P.151)

愛知縣

靜岡縣

伊豆市 伊東市 (P.163)
(P.169)

河津町 (P.172)
下田市 (P.65)

圖例

✈機場

50 公里

認識東京周邊

　　如果玩膩了東京市區的景點，何不嘗試遠離繁華喧囂的鬧區，走到關東近郊，來一趟悠閒的小旅行？東京周邊包括神奈川、靜岡、山梨、長野、栃木、琦玉、群馬及茨城等8個縣。這些地方從東京坐電車只需不到兩小時的車程，非常方便和快捷，而且有別於鬧市的熱鬧和繁華，這裏有不一樣的自然風光，讓人體驗到日本郊區的人文情懷，在每個地方安排1至3天的小旅行，便可以遠離繁囂。

　　想品味日本古都之美的話，可以前往位於神奈川縣的鎌倉；想悠閒泡湯的話，靜岡縣的伊東、伊豆市是著名的溫泉勝地，當然少不得群馬縣的草津和伊香保溫泉；想看富士山的話，到山梨縣的河口湖則是一個不錯的選擇；想感受高原風光，體驗滑雪樂趣的話，長野縣是首選；想拜訪世界遺產的話，可以去栃木縣的日光市探訪；還有緊貼太平洋的茨城縣，不但擁有美麗的自然風光，還有數一數二的科技重鎮。

　　到東京周邊旅遊，除了選擇自駕遊，亦可以選擇乘坐公共交通，例如電車和巴士等。日本的交通網絡非常方便，加上日本有不少為遊客而設的優惠票及周遊券，只要預先規劃行程路線和訂購車票住宿，自助旅行便能得心應手，輕鬆玩遍東京周邊地區。

旅費預算

機票

　　從香港國際機場出發往東京成田機場或羽田機場的直航航班有很多，如樂桃航空和HK Express兩間廉航，來回票價約HK$2,252，而國泰航空和香港航空的來回票價約HK$5,246起，可定期留意航空公司推出的機票優惠。

住宿

　　若要入住大城市的酒店，每人每晚的價錢約￥6,800(HK$400)起，而入住溫泉旅館的話，則約￥10,000 (HK$732)起，入住青年旅舍最便宜，每人每床位￥3,000(HK$220)起，收費按地區、季節和日期而定。

交通

　　東京周邊的主要交通為電車和新幹線，但由於新幹線單程的車費頗昂貴(例如東京至長野的車票要大約￥8,000，HK$586)，故建議購買專為外國旅客設計的JR優惠套票，適用於東京周邊的有**JR東京廣域周遊券(P.50)及JR東日本鐵路周遊券(長野、新潟地區)(P.51)**。

　　若選擇自駕的話，租借小型車2天1夜的租金約為￥14,500(HK$1,061)，中型車則約￥17,000(HK$1,244)。

飲食

　　在餐廳吃午餐的平均價錢為￥1,000~2,000(HK$73~146)，晚餐則約￥2,500~5,000(HK$183~366)，視乎餐廳和食物而定。想省錢的話，可於超級市場或便利店購買飯團、便當、三文治等，既好吃又便宜。

Tips! 日本的自來水可以生飲，可自備水樽裝水，省下買礦泉水的開支。

註：本部分旅費預算的資料僅供參考，旅費視乎個人行程而有所差別。

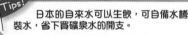

認識東京周邊　旅費預算　旅行裝備Checklist　必備資料

旅行裝備Checklist

證明文件

- ☐ 身份證
- ☐ 護照(有效期為6個月或以上)
- ☐ 登機證(如已在網上辦理登機)或機票
- ☐ 酒店訂房證明
- ☐ 青年旅舍證
- ☐ 學生證(某些景點可提供優惠)
- ☐ 長者證(某些景點可提供優惠)
- ☐ 本地車牌/國際車牌/租車證明
- ☐ 旅遊保險單
- ☐ 藥物證物/處方(如需攜帶大量藥物)

個人護理(視乎個別需要)

- ☐ 護膚及化妝用品
- ☐ 防曬乳霜
- ☐ 蚊怕水
- ☐ 眼藥水
- ☐ 隱形眼鏡清潔液/即棄隱形眼鏡/隱形眼鏡
- ☐ 鬚刨
- ☐ 牙刷、牙膏、毛巾、梳、洗澡用品(可向住處查詢有沒有供應)
- ☐ 指甲鉗
- ☐ 紙巾
- ☐ 口罩
- ☐ 衛生巾

旅費

- ☐ 日元
- ☐ 信用卡、提款卡(記得開通海外提款功能)

衣物

- ☐ 睡衣
- ☐ 褲子、上衣、內衣、襪
- ☐ 外套
- ☐ 泳衣(游泳或部分泡湯場所需穿着)
- ☐ 收納舊衣物的環保袋
- ☐ 髮夾

藥物

- ☐ 傷風感冒藥　　☐ 退燒/止痛藥
- ☐ 個人藥物(如血壓藥、哮喘藥)
- ☐ 腸胃藥
- ☐ 藥油
- ☐ 藥水膠布

電器

- ☐ 手機(自拍神器、充電器)
- ☐ 相機(記憶卡、充電器、相機架、後備電池、隨身充電器)
- ☐ 轉換插頭
- ☐ 電腦
- ☐ 風筒(可向住處查詢有沒有供應)
- ☐ 手錶

其他

- ☐ 後備袋(購物後用)
- ☐ 雨傘/雨衣
- ☐ 帽
- ☐ 旅遊書(地圖)
- ☐ 記事簿(可收集不同景點的印章)
- ☐ 筆
- ☐ 水樽

必備資料

天氣

日本四季分明，氣候舒爽怡人，南部較暖，北部則較冷。冬天時，室內皆有暖氣，但待久了會有點悶熱，因此建議用多層洋蔥式穿衣法，既能在室外保暖，進入室內後亦能方便脫掉外層的衣服。另外，日本天氣乾燥，建議帶備乳液及潤唇膏。

2022年各縣平均氣溫(上)及平均雨量(下)：

地區	1月	2月	3月	4月	5月	6月	7月	8月	9月	10月	11月	12月
橫濱市	6℃ 54.1mm	7℃ 71.8mm	9℃ 109.8mm	15℃ 121.7mm	19℃ 122.9mm	22℃ 164.4mm	25℃ 137.8mm	27℃ 128.0mm	24℃ 190.0mm	19℃ 162.4mm	13℃ 92.6mm	9℃ 54.9mm
靜岡市	5℃ 55.6mm	6℃ 82.8mm	9℃ 132.6mm	14℃ 153.8mm	19℃ 152.4mm	22℃ 198.8mm	26℃ 177.2mm	27℃ 149.9mm	24℃ 201.5mm	18℃ 153.6mm	13℃ 95.4mm	8℃ 56.3mm
河口湖	-2℃ 14.6mm	-1℃ 30.4mm	2℃ 73.0mm	8℃ 108.6mm	13℃ 116.4mm	16℃ 159.2mm	20℃ 157.8mm	21℃ 137.6mm	17℃ 181.6mm	11℃ 129.4mm	5℃ 73.4mm	0℃ 33.0mm
長野市	2℃ 112.1mm	3℃ 91.3mm	6℃ 100.4mm	13℃ 102.3mm	18℃ 102.6mm	22℃ 141.4mm	26℃ 181.8mm	27℃ 133.1mm	23℃ 171.0mm	17℃ 132.4mm	11℃ 145.2mm	5℃ 147.0mm
草津町	-1℃ 28.3mm	-1℃ 33.3mm	3℃ 56.8mm	10℃ 73.8mm	15℃ 82.1mm	19℃ 122.7mm	23℃ 147.8mm	24℃ 132.8mm	20℃ 159.9mm	13℃ 107.8mm	7℃ 71.2mm	2℃ 46.2mm
日光市	2℃ 42.8mm	3℃ 56.2mm	6℃ 89.6mm	12℃ 108.9mm	16℃ 115.6mm	20℃ 143.2mm	23℃ 134.1mm	25℃ 127.4mm	21℃ 182.0mm	16℃ 150.2mm	10℃ 80.2mm	5℃ 46.0mm
水戶市	2℃ 39.3mm	3℃ 51.9mm	6℃ 85.1mm	11℃ 107.5mm	16℃ 115.4mm	19℃ 141.1mm	23℃ 138.4mm	25℃ 130.6mm	21℃ 181.0mm	15℃ 144.9mm	9℃ 76.7mm	4℃ 43.6mm

簽證及入境

1.簽證

A. 香港旅客

香港居民持有有效期為6個月以上的香港特區護照或英國海外國民護照(BNO)，可享免簽證在日本逗留最長90天。

B. 台灣旅客

台灣旅客持有有效期為6個月以上的中華民國護照，可享免簽證在日本逗留時間最長90天。

C. 內地旅客

內地旅客需要前往日本領事館或透過代辦機構辦理日本簽證，最長可逗留90天，詳細資料可參考日本國駐華大使館網站：www.cn.emb-japan.go.jp/consular.htm。

Tips!

國際觀光旅客稅

自2019年1月7日起，日本會向所有國籍的旅客統一徵收￥1,000($73)的「國際觀光旅客稅」。稅款將在旅客搭飛機、客輪出境徵收。機組或船務人員、過境旅客、2歲以下兒童不在徵收之列。

2. 入境要求

日本政府宣佈於2023年4月29日起放寬入境防疫措施，遊客入境時不用出示接種3劑疫苗證明或PCR病毒檢測陰性證明。但針對有發燒和咳嗽等症狀的入境人士可能需要進行傳染病基因監測。

Visit Japan Web提交資料

現時入境日本雖也可在搭飛機時填寫入境表格，但要走快速通道要用Visit Japan Web網上提交入境審查表格、海關申報表，然後在過海關時出示Visit Japan Web的QR Code就可以快速通道過關。Visit Japan Web使用步驟如下：

Visit Japan Web：www.vjw.digital.go.jp

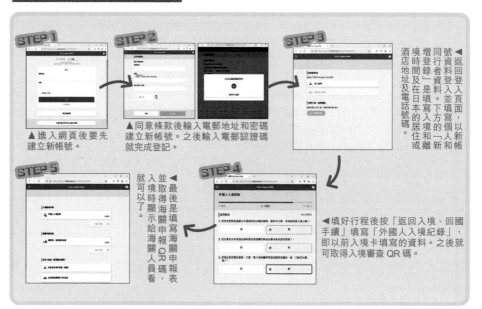

▲進入網頁後要先建立新帳號。

▲同意條款後輸入電郵地址和密碼建立新帳號。之後輸入電郵認證碼就完成登記。

▲返回登入頁面，以新帳號登入並填寫「新和帳號」資料。之後再填寫個人資料。登記行程者是否在日本的居住和離境時間及在日本的居住或離酒店地址及電話號碼。

▲填好行程後按「返回入境、回國手續」填寫「外國人入境紀錄」，即以前入境卡填寫的資料。之後就可取得入境審查 QR 碼。

▲最後是填寫海關申報表，並取得海關申報 QR 碼，入境時顯示給海關人員看，就可以了。

入境表格：入境記錄卡及海關申告書樣本

外國旅客入境日本需填寫外國人入境記錄與海關申告書。其中外國人入境記錄於入境時與護照一起交給入境處職員便可，而海關申告書則於領取行李後離開時交給海關人員，每組旅客(如一家人)遞交一張便可。

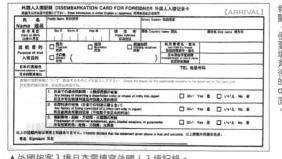

▲外國旅客入境日本需填寫外國人入境記錄。

海關申告書 A 面，如所攜帶的物品要報關，便要填背後的 B 面。

海關申告書 B 面。

時差

日本比香港及台灣快1小時。

語言

日本使用的語言為日本語，簡稱日語，其文字則稱為日文。當地城市人會說簡單的英文，但郊外的日本人只略懂英文的單詞。

電壓

日本的電壓是100V，而用的電插座是雙平腳插座，三平腳插座插頭是無法使用的，故香港旅客需帶轉換插頭，才能在當地使用電器，台灣旅客則不需。

▲雙平腳插頭。(攝影：Li)

日圓兌換、ATM提款

日本的貨幣單位為日元(円/圓)，貨幣符號為￥。日元的硬幣有￥1、￥5、￥50、￥100、￥500五種，紙幣則有￥1,000、￥2,000、￥5,000和￥10,000四種。在香港的銀行或找換店兌換，會較在日本當地兌換划算。近年日元兌港元和台幣的匯率十分波動，若要查詢即時價位可瀏覽Yahoo!的財經股市網頁，網站：tw.stock.yahoo.com/ourrenoy-converter。

除了預先兌換日元，旅客亦可憑提款卡於日本的ATM提取現金。只要在出發前到發卡銀行開通提款卡的海外提款功能，便可到當地的機場、火車站、銀行和便利店等地，使用標有VISA、MasterCard、銀聯、Plus或Circus的標誌的ATM，手續費根據發卡銀行而定。

信用卡

如網上購買酒店住宿，在酒店check-in時可能須出示購票所用的信用卡，否則要再以現金支付。此外，在日本大部分店鋪及便利店均可使用信用卡。

國內外打電話方法

只要你的手提電話支援3G及4G，並在出發前已向電訊供應商申請漫遊服務，抵達日本後轉用3G或4G接收便可使用當地的電話網絡。若擔心漫遊服務費太貴，可在本地或日本購買有通話功能的預付電話卡，亦可於本地出發前通過電訊公司提供的手機app或網站預購數據漫遊。(詳情見P.33)

致電方法：

從香港致電日本：電訊供應商的長途電話字頭+81(日本國碼)+日本各區區碼+電話號碼*

從日本致電回港：電訊供應商的長途電話字頭+852(香港地區區號)+香港電話號碼

從日本各區撥號：區號(若同區可省略區號)+電話號碼*

*本書景點電話已包含區號。

東京周邊主要縣市區號						
神奈川縣	靜岡縣	山梨縣	長野縣	群馬縣	栃木縣	茨城縣
鎌倉市：0467 橫濱市：045	熱海市、伊東市：0557	富士五湖地區：0555	諏訪市：0266 上田市：0268	草津町：0279	日光市：0288	日立市：0294 水戶市：029

日本上網大法

時不少朋友到外地旅遊都會機不離手，事實上旅行期間上網除了可隨時隨地與朋友聯絡外，更重要的是可隨時找到身處地及目的地所在，省卻不少迷路的時間！

1. b-mobile數據卡

現時日本多個地區都設置了免費 Wi-Fi 上網區域，不過，若想無時無刻都可上網，則可嘗試使用以下介紹的 b-mobile 上網卡。b-mobile 為一家日本電訊公司，為遊客提供名為 "b-mobile Visitor SIM " 的上網卡，分為有效期 10 日 5GB 數據流量及有效期 21 日 7GB 數據流量兩種。前者售價 ￥1,980(HK\$142)，後者為 ￥2,980(HK\$214)。有 LTE 或 3G 速度，Size 有普通尺寸、Micro SIM 及 Nano SIM。遊客只需於出發前在網上訂購所需的上網卡，便可於機場或酒店取得，隨即就可在日本各處安心上網了！

上網訂購Visitor SIM卡流程

b-mobile網站：
www.bmobile.ne.jp/english

STEP 1

▲先到b-mobile的英文網站，在網頁中間的表格選擇Visitor SIM Official site下面的"Online store"，即可透過b-mobile官網購買。

STEP 2

各機場郵政署位置及時間可瀏覽：
www.bmobile.ne.jp/english/aps_top.html

▲選擇需要10日5GB或21日7GB的SIM卡，並選擇於酒店或機場取卡。雖然大部分酒店都願意為客人收取包裹，但若選擇直接前往酒店的話，最好先通知酒店比較安心。另外若選擇在機場郵政署(Post Office)取卡需要另付￥216(HK\$16)手續費，並要留意郵政署在不同機場的營業時間。

STEP 3

▲細看各項條款後，按"OK"，並按下方的 "Fill in your information"。

STEP 4

▲填上個人資料，包括姓名及酒店地址等，然後以信用卡付款。完成後便會收到電郵通知，最後到酒店登記入住時，酒店職員就會把卡轉交給你，或可在機場郵政署取卡。

STEP 5

◀每張SIM卡均有一個獨立編號，以供客人隨時到b-mobile的網站查詢剩餘用量，有需要的話可於數據用完後於網站充值再繼續使用。

2. Wi-Fi Router

　　若同時有多個朋友遊日，租借 Wi-Fi Router 可能更為划算，而租用 Wi-Fi Router 最方便及便宜的方法，就是直接從日本租借。以下以 Japan Wireless 為例。

　　Japan Wireless 提供英文版本供海外人士租借 Wi-Fi Router，以租借最便宜的 95Mbps Router 來計算，5 日 4 夜的方案只需 ¥4,100(HK$295)，連同 ¥500(HK$38) 運費也不過 ¥4,600(HK$341)，最多可同時連接 5 部裝置。預約方法亦非常簡單，只需填上收取 Wi-Fi Router 的日本地址 (建議租借前先知會酒店麻煩代收取郵包)，到酒店 Check-in 時酒店職員便會轉交郵包給你。

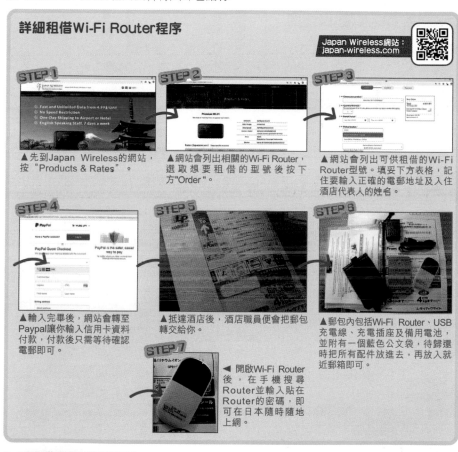

詳細租借Wi-Fi Router程序

Japan Wireless網站：
japan-wireless.com

STEP 1
▲先到Japan Wireless的網站，按 "Products & Rates"。

STEP 2
▲網站會列出相關的Wi-Fi Router，選取想要租借的型號後按下方"Order"。

STEP 3
▲網站會列出可供租借的Wi-Fi Router型號。填妥下方表格，記住要輸入正確的電郵地址及入住酒店代表人的姓名。

STEP 4
▲輸入完畢後，網站會轉至Paypal讓你輸入信用卡資料付款，付款後只需等待確認電郵即可。

STEP 5
▲抵達酒店後，酒店職員便會把郵包轉交給你。

STEP 6
▲郵包內包括Wi-Fi Router、USB充電線、充電插座及備用電池，並附有一個藍色公文袋，待歸還時把所有配件放進去，再放入就近郵箱即可。

STEP 7
◀開啟Wi-Fi Router後，在手機搜尋Router並輸入貼在Router的密碼，即可在日本隨時隨地上網。

3. 香港購買數據漫遊服務

　　除了啟用電訊公司提供的漫遊服務，還可以按個人需要選購漫遊數據，只需到電訊公司的手機 app 或網站即可購買，十分方便快捷。以 3HK 為例，其所提供的「自遊數據王 7 日 PASS」可於 7 日內以 HK$98 在多個國家地區使用 4G 或 5G 數據服務，無需更換 SIM 卡，可保留原本電話號碼，還能將數據分享給朋友。其他電訊公司亦提供類似計劃，詳細及各家公司的優惠可到其網站閱覽。

Info

3香港 自遊數據王
web.three.com.hk/roaming/ric/index.html
csl. 數據漫遊日費
www.hkcsl.com/tc/data-roaming-day-pass/
smartone 漫遊數據全日通
www.smartone.com/tc/mobile_and_price_plans/roaming_idd/data_roaming_day_pass/charges.jsp

4. 免費Wi-Fi

如果對上網需求不太高(如只用來查詢地圖，不需即時分享相片)，可使用市內的免費Wi-Fi服務。以下簡單介紹東京提供免費Wi-Fi服務的地方：

JR車站

JR東日本的車站及JR 東日本旅行服務中心設有免費WiFi。在智能電話或手提電腦內選擇SSID「JR-EAST_FREE_WI-FI」，首次使用時需輸入你的電子郵件地址，密碼無須輸入，就可以每次享用最多3小時的免費Wi-Fi了，每日可無限次登入。

`www.jreast.co.jp/e/pdf/free_wifi_02_e.pdf`

Starbucks

在Starbucks 門外及室內範圍均可使用其免費Wi-Fi服務，但需以電郵登記，登入次數和使用時間沒有限制。

`starbucks.wi2.co.jp/pc/index_en.html`

退税

現時，日本的消費稅稅率為10%。購物時，只要在標有Japan Tax-Free的商店買滿￥5,000(HK$366)或以上(不含稅的金額)即可辦理退稅。在大部分商店，例如藥房，你只要在付款時即可辦理退稅。在某些大型商店及商場，需要於特定的免稅櫃台付款才能辦理退稅。辦理退稅手續時需出示護照，只有入境日本未滿6個月的短期停留者才可享有退稅服務。而在日本逗留期間，不可拆除包裝、不可食用，且30天內必須帶離境。另外，要留意機場退稅只接受機場內免稅店之購買商品。

實際退稅經驗

- 店內退稅程序：大部分可退稅店家都會有專門處理退稅的櫃台。所有可退稅物品會被封在一個透明膠袋內(不可拆開)，如果買了很多東西，可向店員建議把較重、液體和必須寄倉的物品放在同一袋，手提的則放另一袋。退稅時必須出示護照及回程電子機票，店員會在「購買誓約書」上填寫資料，而旅客要在「免稅品購入記錄」上簽名，承諾於 30 天內把退稅品帶離日本。店員會將已簽名的「免稅品購入記錄」夾在護照內(於出境時按指示交給海關關員)。

- 攜帶退稅品到機場：於日本機場辦登機手續前需接受安檢，部分乘客需要打開行李箱接受檢查。過關前後請留意指示，向當值關員交出護照，關員會收起所有退稅單。

(圖文：CheukTable)

Tips!

日本的旅遊旺季

日本主要有3大旅遊旺季，分別是4月下旬至5月初、7月下旬至8月下旬，以及12月下旬至新年。屆時酒店價格可能會上升，甚至難以預訂，遊客出發前要留意。

實用Apps及電話

實用Apps

Skyscanner
☑ Android ☑ IOS
尋找便宜機票。

TripAdvisor
☑ Android ☑ IOS
提供酒店及旅館的資訊與評價。

Hostelworld
☑ Android ☑ IOS
提供青年旅舍的資訊與評價。

XE Currency
☑ Android ☑ IOS
匯率準確的貨幣轉換工具。

MAPS.ME
☑ Android ☑ IOS
離線亦能使用的地圖工具。

乘換案内
☑ Android ☑ IOS
根據你的起點與目的地，提供不同的路線，並正確算出車資。

緊急電話

警察局	110
火警及救護車	119

Tips! 在緊急情況下可以使用公用電話，只需按下紅色按鈕即可接通求助部門。

2023～24年日本公眾假期

　　建議準備遊日的旅客避開日本人的公眾假期，因為當地人放假時大多會選擇在國內旅行，酒店和交通訂票情況會因而變得緊張。

2023年	2024年	節日
1月1日(周日)	1月1日(周一)	元旦(元日)
1月2日(周一)	/	元旦(補假)
1月9日(周一)	1月8日(周一)	成人日(成人の日)
2月11日(周六)	2月11日(周日)	建國記念日(建国記念の日)
/	2月12日(周一)	建國記念日(補假)
2月23日(周四)	2月23日(周五)	天皇誕辰(天皇誕生日)
3月21日(周二)	3月20日(周三)	春分日(春分の日)
4月29日(周六)	4月29日(周一)	昭和日(昭和の日)
5月3日(周三)	5月3日(周五)	憲法紀念日(憲法記念日)
5月4日(周四)	5月4日(周六)	綠色日(みどりの日)
5月5日(周五)	5月5日(周日)	兒童節(こどもの日)
7月17日(周一)	7月15日(周一)	海洋日(海の日)
8月11日(周五)	8月11日(周日)	山之日(山の日)
/	8月12日(周一)	山之日(補假)
9月18日(周一)	9月16日(周一)	敬老節(敬老の日)
9月23日(周六)	9月22日(周日)	秋分節(秋分の日)
/	9月23日(周一)	秋分節(補假)
10月9日(周一)	10月14日(周一)	體育日(スポーツの日)
11月3日(周五)	11月3日(周日)	文化日(文化の日)
/	11月4日(周一)	文化日(補假)
11月23日(周四)	11月23日(周六)	勞動感恩節(勤労感謝の日)

旅日小貼士

基本禮儀

乘車

- 一般情況下，日本人不會在車上打電話或接電話，亦不會大聲喧嘩，乘車時，建議將手機設為靜音模式。
- 電車設有專為使用心臟起搏器的乘客準備的優先席座位，座位附近禁止使用手機。

泡湯

- 泡湯前一定要先在浴池外邊洗澡。
- 泡湯時請把頭髮綁好或使用酒店提供的浴帽。
- 不要將毛巾放進浴池內。

小費

- 無論在酒店還是在餐廳、旅遊景點或搭乘旅遊巴士，日本人都沒有額外付小費的習慣。

垃圾分類

- 日本人着重垃圾分類，垃圾箱上一般都有明顯標記，基本上分為可燃和不可燃兩大類。
- 某些地方的垃圾分類更為詳細，如分為紙張類、飲料玻璃瓶和易拉罐類等。

膠袋稅

2020年7月起，日本落實「塑膠袋收費政策」，購物用塑膠袋會被商店收取¥3~5(HK$0.2~0.3)不等的膠袋稅。

洗手間

日本的商場內、電車站和新幹線上均設有免費使用的洗手間，而且衛生情況良好。

店鋪營業時間

日本的商店及百貨公司的營業時間一般為10:00至20:00，而餐廳通常營業至23:00，有些更是24小時營業的，便利店則是24小時營業的，非常方便。

治安

日本的治安普遍相當好，日本人也很守秩序，而且彬彬有禮，但謹記夜遊時也要特別注意個人安全。

正確參拜神社Step by Step

日本有很多神社，而東京周邊的景點也不乏神社。日本人相當重視禮儀，參拜神社有特定的儀式，要不失禮人前的話，就照着以下步驟祈求神明的保佑吧！

1. 神社內有洗手用的手水舍，參拜神明前要先洗手，代表洗淨你的心靈！

2. 先用右手拿着木杓舀滿水，洗淨左手，再以左手用木杓舀水洗右手。

3. 以右手用木杓載水，將水倒在左手掌心，喝下漱口後吐掉。

4. 把木杓內剩餘的水直立以洗淨木杓的杓柄，並順帶洗淨雙手。

5. 把木杓放回原位，移至本殿參拜。

6. 本殿會有一個木製的賽錢箱，參拜前先投下香油錢。大多數人會用￥5來參拜，只因￥5的日文與「緣」字音調相同，可能取其與神明結緣的意思。

7. 進行「二禮二拍手一禮」的儀式：先以45度鞠躬，上下大力搖動頭頂的鈴鐺，告訴神明你在這裏。神明來了，再以90度鞠一次躬，拍兩下手掌，並默唸自己的願望，最後向賽錢箱再鞠躬一次，這樣便完成整個參拜過程了。

遇上地震須知

如果旅遊期間遇上地震，保持冷靜，看清楚自己身處的地方是否安全，特別要留意從上方掉下來的物件或碎片。

A. 如在酒店或民宿內：

1. 地震劇烈並造成搖晃時，宜躲進廁所內，或找堅固的桌子躲在桌底，或者站在主要柱子旁或水泥牆邊。
2. 不要留在櫥櫃或雪櫃旁邊，也不要站在燈飾或照明裝置的下方。
3. 盡快關掉爐頭、煤氣、電源，並打開大門，以免大門被壓毀，阻礙了逃生出口。
4. 不要赤腳，避免被地上碎片割傷。
5. 劇烈搖晃過後，呼叫同住親友，協助幼童與長者，立即從門口逃生，並關緊大門，避免火災蔓延。
6. 切勿使用電梯離開，應走樓梯逃生，盡量靠牆而行。
7. 立即跑到空曠地方，遠離樹木、建築物、廣告或店鋪招牌、電線、電線桿及燈柱。

B. 如身處公共交通工具內：

安靜並聽從職員指示或廣播，下車時切勿爭先恐後。

C. 如在公共場所內：

保持冷靜，聽從廣播指引，留意逃生出口位置，不要驚慌及不可推擠。

認識東京周邊　旅費預算　旅行裝備Checklist　必備資料

Part 3

前往東京周邊
及
暢遊周邊交通

要前往東京周邊各縣市，首先要從香港或台灣乘搭飛機到東京成田機場或羽田機場，然後從東京機場乘長途巴士或在東京市區乘搭鐵路。

Step 1：飛往東京

東京機場

東京周邊地區只有茨城縣台北有直航(P.41)，而香港及台灣一般無直航機前往各縣，因此大部分旅客都會先直飛東京的成田機場或羽田機場，再轉乘新幹線或高速巴士前往各縣。

東京有兩個機場，分別是成田機場及羽田機場。來往東京的國際航班主要在成田機場起飛降落，而羽田機場第一和第二航廈以國內航線為主，國際線在第三航廈。成田機場位於日本千葉縣成田市，是東京主要的國際機場，亦是日本最大的國際機場；而羽田機場位於日本東京都大田區，離東京市中心較近。

相比之下，成田機場的優點是航班班次較羽田機場多，時間上的選擇亦相應較多；羽田機場前往市中心的交通費則較便宜，車程也較短，而通關手續也較快。

飛往東京航班

從香港國際機場出發往東京的直航航班非常多，例如國泰航空、香港航空和香港快運航空等，飛行時間約4小時至4小時30分鐘；而由台北或高雄出發的航班主要有中華航空、長榮航空和樂桃航空，飛行時間約3小時30分鐘至4小時，注意：**乘搭中華或長榮航空的話，飛往成田機場的台北航班都是使用桃園機場的，若想飛往羽田機場，則必須使用松山機場。**

如想訂購機票，可比較不同旅行網站或代理的價格，但從網絡購票是最方便及便宜的方法，確認機位及成功付款後會收到電子機票，出發當天只需攜帶護照及電子機票即可辦理登機。

由香港出發

國泰航空 www.cathaypacific.com

成田機場			
香港出發	到達時間*	東京出發*	到達時間
1:20	6:45*	9:15*	13:15
8:10	13:40*	10:40*	14:40
10:30	16:05*	14:50*	18:55
15:10	20:35*	17:15*	21:20
羽田機場			
香港出發	到達時間*	東京出發*	到達時間
08:45	13:55*	09:55*	13:30
15:15	20:25*	10:05*	13:50
16:20	21:35*	16:25*	20:00

以上航班資料只供參考，計劃行程前宜先瀏覽航空公司網站。
*日本時間。

飛往東京

暢遊東京周邊各縣市

香港航空 www.hongkongairlines.com

成田機場			
香港出發	到達時間*	東京出發*	到達時間
9:15	14:55*	15:55*	20:00
13:55	19:20*	21:55*	02:00

香港快運 www.hkexpress.com

成田機場			
香港出發	到達時間*	東京出發*	到達時間
10:35	16:05*	17:05*	21:00
13:00	18:25*	19:20*	23:15
14:00	19:30*	20:25*	00:20
15:00	20:30*	21:15*	01:10

羽田機場			
香港出發	到達時間*	東京出發*	到達時間
17:35	22:50*	01:00*	04:40
20:05	01:20*	06:35*	10:15
23:40	04:55*	/	/

由台北出發

中華航空 www.china-airlines.com

成田機場(由桃園機場出發)			
台北出發	到達時間*	東京出發*	到達時間
08:50	13:15*	14:30*	17:20
10:00	14:20*	18:20*	21:10
12:40	16:55*	/	/

羽田機場(由松山機場出發)			
台北出發	到達時間*	東京出發*	到達時間
09:00	13:10*	07:55*	10:35
09:10	13:20*	08:55*	11:30
14:20	18:35*	14:30*	16:55
18:05	22:05*	18:20*	20:55

樂桃航空 www.flypeach.com

羽田機場(由桃園機場出發)			
台北出發	到達時間*	東京出發*	到達時間
20:25	00:40*	05:55*	08:30

註：以上航班資料只供參考，計劃行程前宜先瀏覽航空公司網站。

*日本時間

長榮航空 www.evaair.com

成田機場(由桃園機場出發)			
台北出發	到達時間*	東京出發*	到達時間
08:00	12:25*	13:25*	16:05
08:50	13:15*	14:15*	16:55
15:20	19:40*	20:40*	23:20

羽田機場(由松山機場出發)			
台北出發	到達時間*	東京出發*	到達時間
07:30	11:35*	09:50*	12:25
13:35	17:45*	10:50*	13:30
16:00	20:05*	12:40*	15:05
16:50	20:50*	13:20*	15:50

由高雄出發

中華航空 www.china-airlines.com

成田機場			
高雄出發	到達時間*	東京出發*	到達時間
07:45	12:15*	13:15*	16:15

長榮航空 www.evaair.com

成田機場			
高雄出發	到達時間*	東京出發*	到達時間
07:00	11:45*	12:45*	15:40

飛往茨城航班

如果台灣旅客的目的地是茨城縣，可考慮在台北桃園機場乘搭飛機直接前往，有關班次如下：

由台北出發

台灣虎航 www.tigerairtw.com

茨城機場(由桃園機場出發)			
台北出發	到達時間*	茨城出發*	到達時間
09:30	14:00*	15:00*	17:40

註：逢星期四、日開出。

註：以上航班資料只供參考，計劃行程前宜先瀏覽航空公司網站。

*日本時間。

網上訂購機票

　　除了親身前往旅行社，亦可上網到航空公司官網或訂購機票網站訂購自遊行機票。建議購買前先比較不同網站的價格，或會找到更省錢的優惠。以下為透過skyscanner及hutchgo.com預訂機票流程：

skyscanner　www.skyscanner.com.hk

STEP 1
▲前往網站，按需要選擇來回或單程機票，鍵入出發地及目的地，再選擇出發與回程的日子，以及一起同行的人數，按「搜尋航班」搜尋適合的機票。

STEP 2
▲網站會搜尋符合你要求的機票(可在網站上面選擇不同航空公司)，並列出航班的出發與回程時間。要留意一些航班需要轉機，謹記小心看清楚，或只勾選「直飛」。

STEP 3
▲選好航班後，系統會列出不同網站的機票價錢，選擇合適的網站。

STEP 4
▲選擇在Expedia網站購票，便會轉至Expedia購票頁面。檢查航班資料，選擇是否要一併預訂酒店。

STEP 5
▲輸入個人資料，選擇是否要加購保險。

STEP 6
▲輸入信用卡資料，在最底輸入電郵，完成訂票。

hutchgo.com　www.hutchgo.com.hk

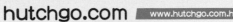

STEP 1
▲前往 hutchgo.com，以英文填上目的地的名稱或代號（如東京成田可輸入 NRT）。再選離港日期、回港日期與機票數量，然後按「立即搜尋」。

STEP 2
▲ hutchgo.com 會搜尋符合你要求的機票，並列出航班的出發與回程時間。小心留意其中一些機票需要轉機。選擇好航班後，可按「立即訂購」。

STEP 3
▲系統會列出航班的詳細資料，並會幫你勾選購買旅遊保險，若沒需要可取消勾選。核對資料後便按「繼續」。

STEP 4
▲填上個人資料如姓名、出生日期、護照號碼等，然後按「繼續」。

STEP 5

◀最後再檢查一次資料無誤，然後結賬。網站會寄電子機票至你的電郵戶口，所以切記不要填錯電郵！出發時拿着電子機票至航空公司櫃位辦理登機手續，愉快的旅程正在等待着你呢。

Step 2：由東京機場前往周邊各縣

要從東京機場前往周邊各縣，有兩個方法，分別是在機場乘搭長途巴士直接前往各縣，以及先由機場前往東京市區，再在市區各站轉乘新幹線或高速巴士。

選擇一：在機場乘搭長途巴士前往各縣

長途巴士雖然較便宜，但要考慮從機場出發的巴士路線未能覆蓋所有地點，而且車程較長，容易受路面交通情況而影響抵達時間。

前往神奈川縣 京浜急行巴士www.keikyu-bus.co.jp/airport/、羽田京急巴士www.ycat.co.jp

成田機場出發：乘搭京浜急行巴士「成田空港──橫浜駅」路線前往**橫浜站**，車程約2小時，車費成人￥3,700(HK$264)，小童￥1,850(HK$132)。

羽田機場出發：乘搭京浜急行巴士「羽田空港──大船駅・鎌倉駅」路線前往**鎌倉站**，車程約1小時35分鐘，車費成人￥1,500(HK$88)，小童￥750(HK$44)；

乘搭羽田京急巴士到**橫浜站**，車程約45分鐘，車費成人￥590(HK$42)，小童￥300(HK$21)；

乘搭京浜急行巴士「羽田空港・橫浜駅──御殿場・箱根桃源台」路線到**箱根桃源台**，車程約2小時50分鐘，車費成人￥2,200(HK$129)，小童￥1,100(HK$65)。

前往富士五湖(山梨縣) 京成巴士www.keiseibus.co.jp、京浜急行巴士www.keikyu-bus.co.jp/airport

成田機場出發：乘搭京成巴士「富士山・河口湖──成田空港」路線到**河口湖站**，車程約3小時30分鐘，車費成人￥4,800(HK$282)，小童￥2,400(HK$141)。

羽田機場出發：乘搭京浜急行巴士「羽田空港・品川駅──河口湖駅・富士山駅」路線到**河口湖站**，車程約2小時45分鐘，車費成人￥2,520(HK$148)，小童￥1,260(HK$91)。

前往長野縣 Alpico高速巴士www.alpico.co.jp/access、京浜急行巴士www.keikyu-bus.co.jp/airport

成田機場出發：乘搭Alpico高速巴士「長野・松本──成田空港」路線到**長野站**或**松本站**，車程約10小時，車費成人￥7,500(HK$441)，小童￥3,750(HK$221)。

羽田機場出發：乘搭京浜急行巴士「橫浜駅・羽田空港・品川──輕井沢」到**輕井沢站**，車程約3小時35分鐘，車費成人￥3,300(HK$242)，小童￥1,650(HK$121)。

前往栃木縣 関東自動車巴士www.kantobus.co.jp

成田機場出發：乘搭関東自動車巴士「宇都宮・鹿沼・日光・佐野・真岡・境古河──成田空港マロ二工号」路線到**日光站**，車程約4小時，車費成人￥4,800(HK$282)，小童￥2,400(HK$141)。

羽田機場出發：乘搭関東自動車巴士「宇都宮・鹿沼・佐野──羽田空港」路線到**宇都宮站**，車程約3小時，車費成人￥3,900(HK$229)，小童￥1,950(HK$115)。

選擇❶：先從機場前往東京市區，再轉乘新幹線或高速巴士 (本部份圖文：Him)

從機場前往東京市區及周邊各縣

本文分別介紹成田和羽田機場進入東京市區的交通。到達東京市區後，可轉乘新幹線或高速巴士前往周邊各縣市，詳細的交通方法可參考該縣市篇章的介紹。

A. 成田國際機場

成田國際機場是海外前往東京最主要的國際機場，位於成田市，離市區較遠。鐵路(Narita Express、京成電鐵)和巴士是兩種主要前往市區的交通工具。

1. Narita Express

Narita Express為JR東日本的機場鐵路，直達東京都及近郊不同區域，包括東京、新宿、品川、池袋、涉谷、橫濱等地。抵達新宿、池袋、品川、涉谷，單程車費為¥3,250(HK\$191)；東京車站為¥3,070(HK\$181)；橫浜站為¥4,370(HK\$257)。

不同班次的Narita Express，目的地都會不同，所以上車前請先留意列車的終點站，以免上錯車。

N'EX東京來回車票

遊客乘搭Narita Express，可以購買「N'EX東京來回車票」而不用按原價付車資。這個來回車票為¥4,070(HK\$239)，平均每程為¥2,035(HK\$120)，每程節省至少約¥1,035(HK\$61)。對於在東京成田機場降落和離開的遊客來説，十分方便和划算！車票可在機場的JR EAST Travel Service Center購買，須出示護照。

N'EX東京來回車票
www.jreast.co.jp/tc/pass/nex_round.html

Narita Express時間表
www.jreast-timetable.jp/

▲ JR EAST Travel Service Center。

Narita Express路線圖

八王子　立川　国分寺　三鷹　吉祥寺　新宿　　　　　　✈ 成田空港(1號客運大樓)

高尾　　　　　　　　　　　　涉谷　　　　　　　✈ 空港第2ビル(2號、3號客運大樓)

武藏小杉　品川　東京　千葉　四街道　佐倉　成田

横浜

大船　戸塚

2. 京成電鐵

京成電鐵為東京至成田的私營鐵路公司，來往成田機場和東京上野和日暮里，為居住在南千住和淺草一帶的交通選擇。京成電鐵往返機場的鐵路有以下三條：

a. Skyliner

簡介	車費 / 套票優惠
 Skyliner 於 2010 年通車，為三條線中最短且車費最昂貴：36 分鐘直達日暮里，41 分鐘抵達上野。 全線只有成田機場 1 號及 2 號大樓站、日暮里站及上野站，沒有中途站。每小時 2 班。  ►套票包括車票套，一張 Skyliner 單程車票，及 Tokyo Subway Ticket 車票。	單程成人 ¥2,570(HK$151)，小童 ¥1,290(HK$76) **Keisei Skyliner Tokyo Subway Ticket** Skyliner 與東京地下鐵及都營地下鐵設套票優惠，在 B1F 車站之售票處可以較便宜的價格購買 Skyliner 車票及 Tokyo Subway Ticket 車票，價格視乎 Skyliner 單程還是來回，以及 Tokyo Subway Ticket 的有效期天數： • Skyliner 單程 +Tokyo Subway Ticket 一天：¥2,890，HK$170 (小童 ¥1,450，HK$85) • Skyliner 單程 +Tokyo Subway Ticket 兩天：¥3,290，HK$194 (小童 ¥1,650，HK$97) • Skyliner 單程 +Tokyo Subway Ticket 三天：¥3,590，HK$211 (小童 ¥1,800，HK$106) • Skyliner 來回 +Tokyo Subway Ticket 一天：¥4,880，HK$287 (小童 ¥2,440，HK$144) • Skyliner 來回 +Tokyo Subway Ticket 兩天：¥5,280，HK$311 (小童 ¥2,640，HK$155) • Skyliner 來回 +Tokyo Subway Ticket 三天：¥5,580，HK$328 (小童 ¥2,790，HK$164)

b. ACCESS特快

簡介	車費 / 套票優惠
羽田機場國際大樓開放後，京成電鐵網絡與**都營地下鐵及京急電鐵**往羽田的範圍互相**打通**，令「ACCESS特快」能夠**由成田機場直通羽田機場**，途中經過東京東部地區如淺草、日本橋、新橋（銀座）和品川。 留意「ACCESS特快」有兩個不同的目的地：上野及羽田機場，若前往東京東部地區，須選擇羽田機場的班次，這些班次在日間（平日下午 3 時之前，星期六、日及公眾假期下午 5 時前）**每小時只有 1 至 2 班**，晚上只以上野為目的地。	「ACCESS特快」由成田機場到以下區域車程及車資如下： • 由成田到淺草約 1 小時，單程 ¥1,290(HK$94) • 日本橋約 1 小時 10 分，單程 ¥1,330(HK$97) • 東銀座約 1 小時 15 分，單程 ¥1,330(HK$97) • 羽田機場約 1 小時 40 分，單程 ¥1,800(HK$132)  ◄班次比京成本線少，所以如果要等一段長時間，可改乘 Skyliner 或京成本線。

c. 京成本線

簡介	車費
京成本線為連接機場至市區的一般列車，乘搭京成本線時，請選擇最快的「特急」列車；其他列車會停更多的車站。「特急」列車全程需 1 小時 15 分鐘，每小時約 3 班。	單程 ¥1,030(HK$75)

京成電鐵路線圖

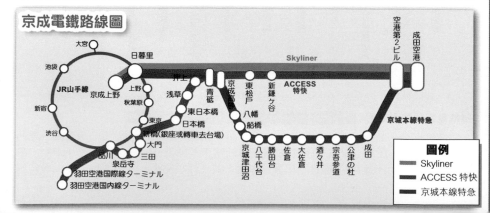

3. 機場巴士　www.narita-airport.jp/ch2/access/bus

　　成田機場也有巴士前往東京市區多個區域，如日本橋、銀座、涉谷等地，單程車費約 ¥ 1,300~ 3,700(約 HK$76~218) 不等。

> **Tips!**
> 以上成田機場往市區眾多交通工具中，最便宜的莫過於京成本線 (P.45)，不過所需時間長。如要同時衡量時間和價格，建議搭乘 Skyliner，購買其套票版；如果前往東京以外的地區如橫濱，機場巴士或 Narita Express 比較適合。

▲ 機場巴士。

B. 羽田國際機場

　　在成田機場落成前，羽田機場是東京唯一一個國際機場。成田機場曾取代羽田機場作為國際樞紐的地位。不過，自從羽田興建新國際線客運大樓後，國際航線航機再次降落羽田。要前往市區，可乘搭鐵路(東京單軌電車、京急電鐵)和機場巴士。

1. 東京單軌電車　www.tokyo-monorail.co.jp

　　東京單軌電車的浜松町站可轉乘 JR 或都營地下鐵前往東京不同區域。單軌電車 (依停站數目多至少) 設有三種列車：「空港快速」、「区間快速」、「普通」，其中空港快速列車停站數目最少，由機場 (羽田空港国際線ビル站) 前往浜松町只需要 14 分鐘。由浜松町到羽田機場，單程車資為 ¥ 500(HK$36)。

▲ 東京單軌電車。

東京單軌電車路線圖

JR/都營　百合海鷗號　　　　京急線

空港快速列車
区間快速列車
普通列車

浜松町　天王洲アイル　大井競馬場前　流通センター　昭和島　整備場　天空橋　羽田空港国際線ターミナル　新整備場　羽田空港第1ビル　羽田空港第2ビル

單軌電車的優惠車票　www.tokyo-monorail.co.jp/tickets/value/yamanote.html

　　在星期六、日、公眾假期及特定日子，於羽田機場購買「モノレール&山手線內割引きっぷ」，便可以¥500(HK$36)搭乘單軌電車並轉乘JR山手線到東京市中心，最高可節省¥270(HK$18)，適合羽田機場降落，並下榻於新宿、池袋等山手線沿線的旅客。

2. 京急電鐵　www.haneda-tokyo-access.com/tc

因為京急電鐵和都營地下鐵、京成電鐵網絡打通，所以京急電鐵能直達的地區比東京單軌電車更廣泛，包括橫濱、品川、新橋、銀座、淺草、成田。要從機場(羽田空港国際線ターミナル站)前往東京或橫浜站，須在2號月台候車。上車前請留意列車目的地，凡以「印旛日本医大」、「印西牧の原」、「京成高砂」、「京成佐倉」、「成田空港」、「青砥」為目的地的列車都能直達品川(可轉乘JR山手線)、新橋、東銀座和淺草站；凡以「京急久里浜」、「金沢文庫」、「新逗子」為終站的列車均直達橫浜站。

由機場到橫濱約需23分鐘，到東京市內大概45至50分鐘不等。京急電鐵由機場到品川單程車資為￥292(HK$17)，轉乘山手線、都營大江戶線(品川或大門站轉車)￥700(HK$51)起，直達橫浜站則為￥340(HK$20)。

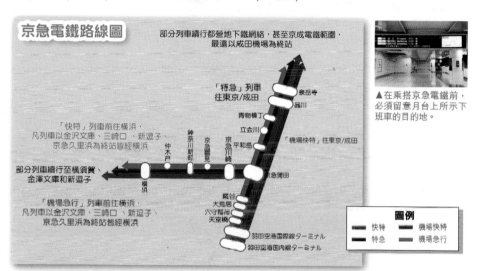

▲在乘搭京急電鐵前，必須留意月台上所示下班車的目的地。

京急電鐵的優惠車票

1. **Welcome! Tokyo Subway 24-hour Ticket**：包括京急電鐵羽田機場國際大樓站到泉岳寺站單程票，以及Tokyo Subway Ticket 1/2/3日車票，票價由￥1,360-2,060(HK$80-121)不等。只限遊客購買。

2. **東京一日/二日/三日遊通票**：此套票包括京急電鐵羽田機場國際大樓站到泉岳寺站單程票，以及都營地下鐵1/2/3日任乘車票，票價為￥1,300~2,000(HK$76~118)。

3. **京急羽田/地鐵通票**：包括京急電鐵羽田機場國際大樓站到泉岳寺的單程車票，以及東京地鐵(都營地下鐵、東京地下鐵)的1日任乘車票，票價為￥1,200(HK$71)。

以上優惠車票均可於京急旅遊服務中心購買。

3. 機場巴士(Airport Limousine)　www.limousinebus.co.jp/ch2/bus_services/narita/index

機場巴士能到達不同目的地，包括東京站/日本橋、池袋、新宿、淺草、銀座、橫濱、迪士尼樂園等。單程車資由￥3,200-3,700(HK$188-218)不等。

Tips!

羽田機場往市區交通的比較
從羽田機場往橫濱或東京，鐵路交通舊約￥440-600(HK$31-43)，所以是往市區最快捷和最便宜的方法。如果考慮行李問題，巴士也不失為一個選擇。

暢遊東京周邊各縣市

要暢遊東京周邊各縣，可選擇乘搭方便的新幹線，或選擇自駕遊，下文整理了這兩種交通方法的貼士 (東京周邊各縣市的交通資訊詳見有關篇章的介紹)。

JR

由東京前往周邊地區，可在 JR 東京站乘 JR 前往，例子由東京前往伊豆地區可乘搭 **JR 特急踴子號**，而前往長野縣地區可乘搭 **JR 北陸新幹線**。(新幹線路線圖見便攜大地圖；車程見封面摺頁。) 出發前可至 JR 東日本官網 (www.jreast.co.jp，選擇「乘換 • 運賃」) 查看班次。車票方面，購買周遊券 (詳見 P.50~51) 不但可節省旅費，更可免費預約座位，輕鬆前往東北東京周邊各縣。(JR 東京站前往周邊各縣鐵路資訊見各縣市篇章首頁交通表格)。

乘搭JR小知識

1. JR 列車種類

JR 的列車種類繁多，主要分成普通列車與急行列車兩大類，急行列車需要另購急行券才可乘搭，而手持火車證 (詳見 P.50~51) 則可免卻加購急行券 (部分列車除外) 的麻煩了！以下詳細介紹普通列車與急行列車：

- 普通列車：普通列車分為「各停」(每站均會停車)、「快速」(部分車站不停站) 及「区間快速」(某區域不停站) 等。簡單來說除各停外，其他列車都能較快抵達目的地。留意「快速列車」與「急行列車」是不一樣的。

- 急行列車：稱為「急行列車」的班次都必須另購急行券，「特急列車」則需另購特急券，而持有火車證則不需要額外購買也可隨時乘車 (留意不是全部急行都可乘搭)。

2. 指定席、自由席的分別

JR 一些長途列車或新幹線都設有自由席與指定席。

指定席必須預先在 JR 售票處 (亦稱為綠色窗口，日文為「みどりの窗口」) 或 JR 旅行服務中心 (JR East Travel Service Center) 預約座位，然後乘車時乘坐指定座位便可以。自由席即沒有預約座位，只要持有火車證，自由席車廂內的座位都可以隨便坐 (像台北的區間車)，旺季時或會出現沒有座位的危機，所以最好事先計劃好行程及預約座位，那便萬無一失。為免影響其他旅客，若行程有變的話請到售票處取消座位，好讓其他有需要的乘客能預約座位。

(撰文：Li)

Tips!

東京周邊特色 JR

東京周邊各縣都有不少特色 JR，例如伊豆 Craile 號和 JR 飯山線 Oykot 號。前者是一架行駛於小田原與伊豆急下田站之間的度假列車，由 4 節車廂組成，3 節為座席車廂，1 節為吧台及休息室。乘客既可以在車上欣賞壯麗的海景，也可以品嚐到由伊豆食材烹製的美食，並享受美酒；後者則是行駛於長野站與十日町站之間的主題觀光列車，以「日本人心靈故鄉」為主題，特地以 Tokyo 的相反拼法 Oykot 來命名，讓人聯想到鄉下與故鄉。列車的內部設計雅致，更會為旅客提供野澤菜的醬菜，讓旅客一邊欣賞美麗的田園風光，一邊感受彷如回到鄉下的親切感。

車票種類及優惠套票

東京的鐵路有 3 大類車票，分別是單程票、輕觸儲值卡和優惠套票。

1. 單程車票

日本的單程車票是一張細的背磁式車票，根據乘客購買車票的時間和票價而列出相關資料，這些車票在出閘時被收回，不能再重用。以下是購買單程票的方法：

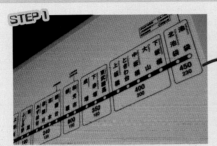

▲ 每個車站都有一個路線圖，包含由該站至目的地的資料，所以第一步是查詢你所到車站的車資，例如想到池袋，車資是 ¥450(HK$32)。

▲ 現時絕大部分車站的自動購票機都設有英文畫面，所以可以先按入英文畫面，跟隨指示購買單程票。然後，選擇你要到該站的車資，即 ¥450(HK$32)。

▲ 依指示付錢，一般紙鈔、硬幣都可以，除了 ¥1 和 ¥5。

▲ 單程票的樣子。

Tips!

補車費差額：精算機

當旅行途中未決定去哪裏，可以先買一張最低票價的車票，到決定下哪個車站，才在該站的「精算機」補回車費的差額。

若買錯了車票，出閘時也可以補差額，但要注意的是，多付了車費，精算機是不會退還多付的車資！

2. 輕觸儲值卡

　　東京主要有兩種輕觸儲值卡，包括SUICA和PASMO，兩種儲值卡都適合遊客使用。SUICA是由JR發行，吉祥物是企鵝，車票可在JR車站售票機購買。PASMO由另一間公司開發，卡上有電車和巴士圖案。

◀ SUICA。

◀ Pasmo。

使用範圍： SUICA 和 PASMO 的覆蓋範圍完全一樣，絕大部分的交通工具都能使用。不能使用兩卡的情況很少，例子包括鎌倉的湘南單軌電車、河口湖的富士急行線。更適用於部分商店、自動販賣機及儲物櫃。

車票售價： 兩者售價視乎自己所要求的儲值額而定，購買金額的選擇有 ¥1,000、¥2,000、¥3,000、¥4,000、¥5,000、¥10,000，當中包括 ¥500 按金。

餘額不足需增值： SUICA 及 PASMO 均不能透支，即餘額不能為負值。餘額若低於鐵路最低車資 (如餘額為 ¥ 110，有關鐵路最低收費用為 ¥ 130)，也不能入閘。若出閘發現餘額不足，可前往精算機增值才能出閘。增值金額為 ¥ 500~20,000(約 HK$29~1,176) 紙幣不等。

退票： 可在車站退還 SUICA 或 PASMO，請向站務人員查詢，職員會先從儲值卡餘額扣上限 ¥ 220(HK$16) 的手續費，再將之款項及按金退還。

有效期： 最後一次使用後，假若 10 年內沒有再用，儲值卡將會失效，所以如果 10 年內再到東京玩，儲值卡還是可以再次使用。

> **Tips!**
>
> **SUICA 實體卡停售**
> 　　由於半導體不足，JR 東日本公司於 2023 年 6 月 8 日起停售不記名實體 SUICA 卡，遊客可轉用 SUICA app，在手機應用程式內購買 SUICA 數碼交通卡，直接以手機使用，還能直接在手機內增值。另外，PASMO 亦有同樣的手機應用程式。
> SUICA app：www.jreast.co.jp/mobilesuica/index.html
> PASMO app：www.pasmo.co.jp/mp/app/

(撰文：Him)

---

3. 優惠套票(JR周遊券)

　　選乘新幹線雖然較為快捷和方便，但價錢頗貴，因此建議購買JR推出的周遊券：

1. JR東京廣域周遊券

　　持有JR東京廣域周遊券(JR Tokyo Wide Pass)的遊客，可於3天內不限次數乘坐區域內的新幹線和特快列車(只限普通車廂的指定座席)，可乘搭的列車包括：

- JR東日本線全線
- 東京單軌電車
- 伊豆急行線全線
- 富士急行線全線
- 上信電鐵全線
- 埼玉新都市交通(新穿梭)(大宮~鐵道博物館)

- 東京臨海高速鐵道線全線
- 東武鐵道線(下今市~東武日光、鬼怒川溫泉的普通線)

🅢 成人¥10,180(HK$599)，兒童 ¥5,090(HK$299)
🌐 www.jreast.co.jp/tc/tokyo widepass

INFO

2. JR東日本鐵路周遊券(長野、新潟地區)

　　持有JR東日本鐵路周遊券(JR East Pass)的遊客,可從發票日起計14天內任選5天,覆蓋範圍內的新幹線和特快列車(只限普通車廂的指定座席),可乘搭的列車包括:

- JR東日本線全線
- 伊豆急行線全線
- 北越急行線全線
- 越後TOKImeki鐵道(直江津~新井區)
- 東京單軌電車全線

- 東武鐵道線下今市(下今市~東武日光、鬼怒川溫泉的普通線)

Ⓢ 日本境內售價成人¥18,000(HK\$1,318),
　兒童¥9,000(HK\$659)
Ⓦ www.jreast.co.jp/tc/eastpass_n

INFO

使用周遊券注意事項

- 只有持外國護照的遊客才可購買周遊券。
- 火車證僅限登記人使用,不得轉讓。
- 預購及兌換方法:先於海外旅行社或在日本 JR 站 (購票地點可瀏覽:www.jreast.co.jp/tc/eastpass_t/) 購買周遊券,然後在 3 個月內前往當地指定的 JR 車站兌換 (如在 JR 站購票便可直接兌換),並在 14 天內任擇 5 天使用。兌換點包括成田機場、羽田機場、東京站等的 JR EAST Travel Service Center(JR 東日本旅行服務中心) 兌換。

- 持 JR 東日本鐵路周遊券不能免費乘搭東海道新幹線及 JR 巴士。
- 兌換好周遊券,可在綠色窗口 (みどりの窗口) 或售票處預約指定席。

▲一些較大型的車站內都可找到綠色窗口,較小的車站直接在售票處也可預約座位。

自駕遊

申請國際駕駛執照

　　香港的旅客如要在日本自駕遊,必先向運輸署申請國際駕駛執照。香港居民須帶同3個月內發出的住址證明文件、身份證、2張50mm長 X 40mm闊相片與申請費用HK\$80,前往各牌照事務處填妥TD51表格辦理手續,可於即日取得執照。如不能親身前往申請的人士亦可透過郵遞申請,需時約10個工作天,運輸署會以掛號形式把國際駕駛執照寄給申請人。執照的有效期限為簽發日期起計1年內。(圖文:Li)

▲以自駕方式遊東京周邊,可深入不同縣的景點。

租車

1. 東京及周邊自駕錦囊

　　在日本租借汽車自駕遊,常見的租車公司有Toyota、Nippon、Nissan、Times等。雖然機場抵達大廳會有租車公司的櫃台,但現時一般都是先於出發前在網上租車,到埗直接去取車。辦理取車手續時,需要提交的資料為國際駕駛執照、護照及信用卡(因為大多數租車公司只接受以信用卡結帳)。

　　租車費用按不同車型及租用日數等而有所不同,以Nissan為例,租借Nissan Note 24小時為¥8,316(HK\$609),超過24小時以後每天(每24小時)的費用為¥6,804(HK\$498)。

東京周邊地區幅員遼闊，很適合自駕遊，但若你去周邊地區的同時，也會去東京市中心，就要小心安排自駕事宜，以下是一些小提示：

租車時

東京及周邊地區有很多收費公路，租車時可要求一併租用ETC卡以便走可自動付款的通道，使用ETC卡也會有優惠收費。

取車

若在成田機場取車，現時機場內租車櫃位很多時候是沒有職員駐守的，遊客需要使用櫃面的免費直通電話和租車公司職員聯絡，安排接駁巴士乘往附近取車處，部分職員可以英文交流。

▲租車櫃位都有直通電話。

東京灣橫斷道路

▲東京灣跨海大橋。

東京灣跨海公路(東京湾アクアライン)連接川崎市和千葉縣木更津市，是一條由海底隧道與跨海大橋結合成的高速公路，中間還有觀景台，對自駕者來說是有趣的體驗，不妨走一次看看。(跨海公路收費：普通車單程￥3,140 (HK$185)，ETC優惠收費平日￥800(HK$47)，周末及假日￥1,200 (HK$70))

山手隧道

▲隧道內要看出口指示以免錯過。

山手隧道全線位於東京都地底，來往豐島區和品川區，全長18.2公里，從羽田空港往北就有機會進入這條隧道。要留意隧道內會因無法上網而導航失靈，要靠隧道內的指示找出口，錯過出口的話要走冤枉路。

Tips!

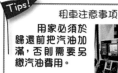

租車注意事項

用家必須於歸還前把汽油加滿，否則需要另繳汽油費用。

停車場

◀自助停車場的收費和使用方法一般在自動販賣機上都有清楚指示如何操作，不會日文問題也不大。

東京周邊地區的旅遊點大多有附設的停車場，但東京市中心則是停車位很少而且收費貴的，還好東京有很多小型自助收費停車場，找到停車位不太難，但收費確是要留意是每隔1小時還是20分鐘的。一般來說，一兩小時的收費大約是￥300-￥600 (HK$17-35)，24小時(包括酒店停車場)大約是￥1,000-￥3,000 (HK$59-174)。

2. 網上租車

除了親身到機場租車外，旅客還可以預先網上訂車。下文介紹不同租車公司的特色：

1. 最大型租車公司 Toyota Rent a Car (豐田)

豐田為全日本最大型的租車公司，現已推出中文網頁供旅客於網上預約租車。綜合經驗所得，豐田租車的GPS較為可靠，不過價錢亦是較昂貴的，但旅客可挑選自己喜歡的車種，相對其他公司較有彈性。部分車輛只有日語導航與語音訊息，大部分分店提供英語和國語導航系統。

`rent.toyota.co.jp/zh-tw/`

2. 方便事前規劃 Nissan Rent a Car (日產)

除了豐田外，日產亦是日本另一大車廠，近年網站推出中英文版面供海外人士預約租車，價錢比豐田較為便宜。雖然不能選定某些車款，不過部分型號會清楚展示車尾箱大小，多人出遊的話可事前計劃一下行李問題，非常窩心方便！

`nissan-rentacar.com/tc/`

3. 價錢實惠 ToCoo!租車旅遊網

ToCoo!是日本綜合租車網站，集合了多間租車公司的汽車。除了提供多個語言的GPS，還可租到較便宜的豐田或日產車輛。

`www2.tocoo.jp/cn`

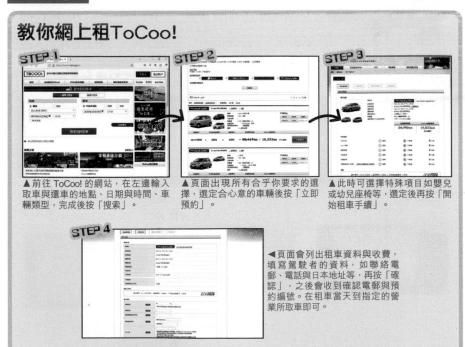

教你網上租ToCoo!

▲ 前往 ToCoo! 的網站，在左邊輸入取車與還車的地點、日期與時間、車輛類型，完成後按「搜索」。

▲ 頁面出現所有合乎你要求的選擇，選定合心意的車輛後按「立即預約」。

▲ 此時可選擇特殊項目如嬰兒或幼兒座椅等，選定後再按「開始租車手續」。

◀頁面會列出租車資料與收費，填寫駕駛者的資料，如聯絡電郵、電話與日本地址等，再按「確認」，之後會收到確認電郵與預約編號。在租車當天到指定的營業所取車即可。

GPS大解構

雖然不同租車的公司的GPS系統都略有不同，偶然還會碰上日文版本的GPS，但基本操作方法大同小異。日本的GPS採用輕觸式操控，可透過不同方法找尋目的地，包括電話號碼、マップコード(Mapcode)。只要按照以下步驟，瞬間便可找到前往目的地的路線：

STEP 1

STEP 2

STEP 3

▲按 Menu(メニュー) 或 Navi 按鈕，即可看到以上畫面。一般利用「電話番号」(電話號碼) 找尋目的地，若沒有提供電話號碼，「マップコード」(Mapcode) 便是你自駕的好伙伴。

▲輸入目的地的電話號碼，然後按「検索」即可，「戻る」即返回上一頁。不小心輸入錯了？按「修正」更改便可。

▲搜尋結果出現後，可按「案内スタート」以現時顯示的途徑出發，或按「別ルート」看看有沒有其他路線亦可。黃色的路線便是即將前往的路線，祝各位一路順風！

> **Tips：** 旅客應於開車前設定好 GPS，保障駕駛安全。另外，比起 Mapcode，輸入電話號碼能顯示更多資料，例如停車場位置。

自助入油Easy job!

▲日本其中一間著名的油站 ENEOS。

在日本自駕遊，少不免會遇上需要加油的情況。日本的油站分為傳統與自助形式，傳統的有工作人員為你服務，自助的則需要自己入油。日本的油價比香港較為便宜，不同地區的油站收費亦略有不同。現時日本不少自助入油站都提供中文顯示，大家只要跟着螢幕指示入油便可。下面是螢幕為日文顯示時的入油方法。

自助入油6步曲

STEP 1

STEP 2

STEP 3

▲在螢幕上先按「現金」的按鈕，表示以現金付款。

▲選擇油種，記着選中間的「レギュラー」喔！

▲選擇要入多少油，上方為以升作為容量，下方為入多少錢，不想麻煩的話就按最左方的「満タン」，也就是入滿油。

STEP 4

STEP 5

STEP 6

▲筆者選了「満タン」，先投進¥10,000(HK$732)，然後按確認開始入油吧！

▲別忘了現在是自助入油，所以就要自己打開車子的油箱蓋，再把加油油器插進去囉！當然還需要按着手掣才能開始加油啦！而螢幕會顯示給油中，請稍候。

▲車子吃飽後便會自動停止給油，你可以從螢幕上看到車子喝了多少油，確認後扣除應收款項就會給你帳單及找續。

(圖文：Li)

安全自駕遊Q & A

Q1. 日本的交通標誌與香港、台灣的有分別嗎？

日本的交通標誌與港台有少許不同，以下是最常見的交通標誌：

禁止通行

車輛禁止通行

禁止超車

專用通行道

指定方向
以外禁止通行

單行道

禁止暫停或停車

禁止停車

限速

禁止回轉

國道

停車

Q2. 取車、還車時有甚麼需要留意？

取車時職員會向客人指出車輛上的刮痕以作記錄，另外也要檢查一下車內裝置如CD播放器、車頭燈等是否操作正常。

大部分租車公司都會要求旅客歸還車輛前，要把油缸注滿，否則會被罰款。另外旅客亦應保留最後的入油單據，以證明在還車前已把油缸注滿(自助入油操作見左頁)。

Q3. 日本人駕車有沒有特別的習慣，或在道路上有甚麼要注意？

日本和香港一樣，也是靠左行駛。車輛紅燈亮起時所有車輛都必須停車，除非另有綠色箭頭燈亮着，才可按箭頭方向行駛。不過，在日本某些情況，車輛轉彎的綠燈號及行人綠燈號或會同時亮起，這時候，車輛可依綠燈轉彎，行人亦可依綠燈過馬路，但司機須遵「行人優先」原則，讓行人過完馬路才繼續行駛。而日本人的駕駛態度均十分忍讓，只會在有危險時才會響號，不要為了小小的擠塞就沉不住氣喔！

另外，日本對酒後駕駛採取零容忍手段，作為司機又想一嘗美酒，可能要留待晚上回酒店後才可以呢！

Q4. 駕車時不幸遇上意外，該怎麼辦？

駕駛途中萬一遇到意外，必須報警作記錄(日本警察熱線為110)，保險公司才會負責為事故賠償。

Q5. 入油時工作人員都會説日文，那應怎樣回答才好呢？

油站大多會問客人要入哪一款汽油、需要入多少與如何付款等。以下為常用的入油日語：

- 「レギュラー」即英文的Regular，意即一般汽油，大部分出租車均使用該種汽油。
- 「満タン」音為 "Mantan" ，即替油缸入滿。
- 「カード」音為 "Kado" ，即卡的統稱，購物時指使用信用卡付款。

(撰文：Li)

Part 4
住宿攻略

▲S201
S202▼

本部分(P.57~76)住宿價格只供參考，一切以酒店公佈為準。

網上訂房

目前有很多網站提供日本旅館的線上訂房服務，服務主要分為國內訂房及國際訂房。價錢雖然不會差太多，但也建議多比較房價，以及酒店提供的優惠住宿計劃，例如一泊二食(即包早、晚餐)，並多留意網站的售前、售後服務，然後才按自己的喜好選擇使用哪一個網站訂房。

國際訂房網站：Agoda、Expedia、Hotels.com、Booking.com、e路東瀛JAPANiCAN
國際比價網站：Hotelscombined　　日本訂房網站：Jalan、樂天、一休

住宿精選

千葉縣

東橫INN成田機場新館　 ☑免費早餐

貫徹整潔明亮的商務酒店風格，房間內基本設備齊全，如冰箱、電熱水壺、加濕器、洗浴用品和睡衣等，位置就近成田國際機場，與機場之間有免費接駁巴士，是經濟實惠之選！

▶房間簡約乾淨。

🏠 千葉縣成田市取香560
🚌 成田機場和酒店之間的免費接駁巴士(班次參考網站：www.toyoko-inn.com/feature/pickup/airport/narita)
🕐 Check in/out時間：16:00/10:00　☎ 476-33-1045
💲 兩人房一晚¥9,300～11,000(HK$547～647)
🌐 www.toyoko-inn.com/search/detail/00288?utm INFO

(撰文：Hei，攝影：蘇飛)

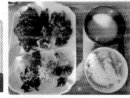

▲提供自助早餐。

埼玉縣

川越王子飯店

(川越プリンスホテル)

川越王子飯店鄰近車站，交通方便，與川越市歷史悠久的藏造老街也只有20分鐘步程。內裡裝潢寬敞明亮，給人整潔的感覺，有三種房型包括雙床房、雙人房和和室套房，另外提供日式及西式自助式早餐，酒店內亦有和式料理、中式餐廳以及酒吧，可事前向酒店預約。

▲酒店位處本川越站旁。

🏠 埼玉縣川越市新富町1-22
🚌 乘西武新宿線至本川越站可直達，或JR線、東武東上線至川越站步行約10分鐘
🕐 Check in/out時間：14:00/11:00
💲 雙床房一晚包早餐 ¥17,695~18,657 (HK$1041~1097)
☎ 049-227-1111
🌐 www.princehotels.co.jp/kawagoe/ INFO

▶客房以米白色為主。

(撰文：HEI，攝影：蘇飛)

▲大堂寬敞明亮。

神奈川縣

宿在鎌倉市

高性價比的經濟住宿 WeBase Hostel

地圖P.92　背包客之選

☑免費早餐　☑浴場

　　WeBase Hostel是一間經濟型的青年旅館，提供各種房型，例如多人房、家庭房和女性專用多人房等，讓背包客、一家大小，甚至一群朋友都能一起入住。旅館的設施完備而新穎，設有大浴場、庭院和瑜珈場地，還會不定期地舉辦瑜珈、茶道體驗、戶外活動等活動，十分多元化。

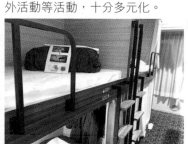

▲ WeBase Hostel 的入口。

▲ 女性專用多人房，房間光亮舒適。

Tips! 「浴場」、「風呂」和「溫泉」的分別
一些住宿會提供浴場、風呂或溫泉，浴場即日文的「錢湯」，意思是公共浴池，主要供一般民眾使用；而風呂指的是澡堂或浴缸；溫泉則是一種由地下自然湧出的天然泉水。要注意錢湯和風呂所使用的不一定是溫泉，可能只是水喉水加了溫泉濃縮入浴劑。

📍 神奈川県鎌倉市由比ヶ浜4-10-7
🚉 江之島電鐵線「由比ヶ浜」站下車，步行約3分鐘
🕐 Check in/out時間：16:00~22:00/11:00
💲 雙人房約¥23,200(HK$1,365)起，家庭4人房約¥27,200(HK$1,600)起，和室6人房約¥61,200(HK$3,600)起
☎ 0467-22-1221
🌐 we-base.jp/kamakura
INFO

俯瞰江之島及富士山 鎌倉王子大酒店

地圖P.92

（鎌倉プリンスホテル）

　　鎌倉王子大酒店的外形特別，是一幢兩層樓的弧形建築，鄰近相模灣、江之島。由於酒店的客房均沿着海岸線而建，因此大部分客房都是海景房，天氣好的時候更能看到富士山。酒店內設有高爾夫球場和室外游泳池等設施，適合旅客度假散心。

Tips! 鎌倉王子大酒店提供免費接駁巴士，來往江之島電鐵線七里ヶ浜站和酒店，從電鐵站開出時間為 09:35、10:05、10:35、11:35、12:20、14:35、15:35、16:05、16:35、17:05、17:35，車程約 5 分鐘。

📍 神奈川県鎌倉市七里ガ浜東1-2-18
🚉 江之島電鐵線「七里ヶ浜」站下車，步行約8分鐘，到達宴會場(Banquet hall)後，搭乘酒店專屬的電梯即達酒店大堂(電梯開放時間07:00~23:00)
🕐 Check in/out時間：15:00/12:00　☎ 0467-32-1111
💲 一泊二食雙人房約¥56,650(HK$3,332)起
🌐 www.princehotels.co.jp/kamakura
INFO

奢華住宿之選 鎌倉公園酒店 （鎌倉パークホテル）

地圖P.92

　　鎌倉公園酒店的格調高貴奢華，主要提供洋式房間，家具也是從意大利進口，房內設有大理石浴室，充滿歐陸風情之餘，也帶給人高級優雅的感覺。酒店提供的晚餐有日本料理或法國料理，兩者均用上最新鮮的鎌倉食材，例如當地的蔬菜，以及相模灣的海鮮，精緻的料理亦是酒店賣點之一。

📍 神奈川県鎌倉市坂ノ下33-6
🚉 江之島電鐵線「長谷」站下車，步行約12分鐘；或「鎌倉」站下車，轉乘的士，車程約10分鐘(可請酒店協助電召的士)
🕐 Check in/out時間：14:00/11:00
💲 一泊二食雙人房約¥60,000(HK$4,392)起
☎ 0467-25-5121
🌐 www.kamakuraparkhotel.co.jp
INFO

宿在橫濱市

以親民價格享優質服務 **APA Hotel 横浜関内**

アパホテル（横浜関内） ☑免費早餐 ☑浴場

　　APA酒店以提供優惠價格和優質服務為宗旨，深受旅客歡迎。APA Hotel横浜関内位於關內站附近，離中華街及紅磚倉庫約15分鐘步行距離，位置方便。酒店有400多間房，主要為單人房及雙人房，空間雖然不大，但乾淨舒適，14樓更設有大浴池，設備完善。

- 神奈川県横浜市中区住吉町3丁目37-2
- JR「関内」站下車，從北口步行約3分鐘；或市營地下鐵「関内」站下車，從3號出口步行約1分鐘
- Check in/out時間：15:00/10:00
- 雙人房約¥9,700(HK$710)起
- 045-650-6111
- www.apahotel.com/page.jsp?id=12&hotel_id=32

▶ APA Hotel 横浜関内。

經濟型住宿好選擇
Richmond Hotel Yokohama Bashamichi

リッチモンドホテル横浜馬車道 ☑免費早餐

　　酒店提供200多間房，有3種房型：分別為大床房、雙床房及豪華雙床房，3人入住的話可加床。這裏還有洗衣機（每次使用需付¥200，HK$15）、自動販賣機和微波爐等設備，方便上班一族及旅客，而且往來中華街及紅磚倉庫只需15分鐘，位置便利。

- 神奈川県横浜市中区住吉町5-59
- JR「関内」站下車，從北口步行約5分鐘；或市營地下鐵「関内」站下車，從9號出口步行約1分鐘
- Check in/out時間：14:00/11:00
- 045-228-6655
- 雙人房約¥15,700(HK$1,149)起
- richmondhotel.jp/yokohama/?hotel_id=9

▶酒店入口。

實惠高質的商務旅館 **Super Hotel Yokohama Kannai**

スーパーホテル横浜・関内 ☑免費早餐

　　Super Hotel是很有名的廉價商旅，性價比很高，深受旅客喜愛，雖然房價便宜，但服務非常貼心，例如住客可自由選擇適合自己的枕頭。另外，酒店的健康早餐着重食材，使用的大豆、米和野菜都是有機種植的，還有自家研製的沙律醬，也是不可錯過的一環。

- 神奈川県横浜市中区山下町195-1
- JR「関内」站下車，從南口步行約7分鐘；或市營地下鐵「関内」站下車，從1號出口步行約8分鐘
- Check in/out時間：15:00/10:00
- 045-650-9000
- 雙人房約¥6,800(HK$498)起
- www.superhotel.co.jp/s_hotels/kannai/kannai.html

▲ Super Hotel Yokohama Kannai

鄰近中華街 Rose Hotel Yokohama

ローズホテル　☑免費早餐

▲酒店入口。

酒店位置極佳，距離中華街不到2分鐘路程，方便觀光。酒店全館禁煙，有多款房型，包括標準、高級和豪華客房，大部分房間的大小為26.5平方米，十分寬敞，因此廣受家庭觀光旅客的喜愛。

⚲ 神奈川県橫浜市中区山下町77
🚃 港未來線「元町‧中華街」站下車，從2號出口步行約2分鐘
⏰ Check in/out時間：14:00/11:00　☎ 045-681-3311
💲 雙人房約¥14,580(HK$1,067)起
🌐 www.rosehotelyokohama.com

INFO

宿在箱根町

度過尊尚的浸溫泉時光 吉池旅館　泡湯

吉池旅館是一間傳統日式旅館，以佔地約1萬坪、極廣闊的回遊式日式庭園而聞名，漫步其中能感受四季的變化，放鬆身心。旅館共設有64個房間，以和室為設計，主要分為附露天風呂的特別室、庭園側及山側的客房。旅館還設有男性和女性專用的露天溫泉，溫泉水直接由源頭流入，非常珍貴。

▲吉池旅館。

⚲ 神奈川県足柄下郡箱根町湯本597
🚃 箱根登山電車「箱根湯本」站下車，步行約7分鐘；或在下車後左轉，下樓梯到巴士站轉乘箱根旅館送迎巴士(A路線)，於「吉池旅館」站下車
⏰ Check in/out時間：14:00/10:00　☎ 0460-85-5711
💲 一泊二食雙人房約¥45,576(HK$3,336)起
🌐 www.yoshiike.org

INFO

絕佳窗外景觀 Tonosawa Quatre Saisons

塔ノ沢 キャトルセゾン　☑浴場

▲旅館免費提供日式饅頭予住客，配茶喝正好。

▲面向早川溪谷的房間(川側ツイン洋室)，擁有漂亮的山景。

Tonosawa Quatre Saisons被大自然包圍，綠意盎然，地理位置絕佳。部分房間更能欣賞到早川溪谷和吊橋，讓人感到舒適自在。雖然館內設施較舊，但勝在景觀壯麗，而且價錢在同區來說算是便宜。另外，由於館內的浴場較細，住客可以選擇步行1~2分鐘到一の湯本館免費泡湯。

川溪谷和吊橋的風景如畫。
秋天時從川側的房間望出去，早

◀旅館提供的日式早餐，有干物、漬物、納豆和溫泉蛋。

⚲ 神奈川県足柄下郡箱根町塔ノ沢120
🚃 箱根登山電車「箱根湯本」站下車，轉乘箱根登山巴士(H或T路線)，於「上塔ノ沢」站下車，步行約5分鐘
⏰ Check in/out時間：15:00/10:00
☎ 0460-85-5331
💲 一泊二食雙人房約¥22,638(HK$1,332)起
🌐 www.ichinoyu.co.jp/tounosawaqs

INFO

臨近大涌谷 Mervielle Hakone Gora  泡湯

メルヴェール箱根強羅

　　來到箱根，住宿一般有兩個選擇，一是於元箱根溫泉投宿，二是選擇到強羅。這間在強羅的酒店就相當不錯，臨近箱根的著名景點大涌谷及小涌谷溫泉，而附近亦有纜車站，可登上山頂的蘆之湖、遙望富士山。酒店有大浴場、按摩池等，住客可以泡一泡有名的強羅溫泉；酒店的食物也相當不錯，是傳統的日式料理，風味十足。

▲ Mervielle Hakone Gora

◀雙人房每晚 ￥17,600（HK$1,288）。

> ⌂ 神奈川縣足柄下郡箱根町強羅1300-70
> 🚃 箱根登山電車「強羅」站下車，步行約5分鐘
> ⏰ Check in/out時間：15:00/10:00
> ☎ 0570-783-144
> 💲 雙人房約￥35,200（HK$2,071），一泊二食雙人房約￥42,240（HK$2,485）
> 🌐 www.merveille-hakone.jp

（撰文：IKiC，攝影：蘇飛）

▲晚餐是會席（竹），十分豐富！　▲早餐是傳統的日式料理。

享受私人風呂 季之湯 雪月花  泡湯

　　季之湯 雪月花與知名連鎖酒店Dormy Inn屬同一集團，鄰近箱根登山纜車強羅站，方便旅客到強羅公園觀光。旅館的房間主要是和洋室，設備很新，而且十分乾淨。除了公共露天溫泉及大浴場外，館內所有房間都附設私人檜木露天風呂，私隱度較高。而旅館的早晚餐均是精緻的日式料理，深受旅客歡迎。

> ⌂ 神奈川縣足柄下郡箱根町強羅1300-34
> 🚃 箱根登山電車「強羅」站下車，步行約1分鐘
> ⏰ Check in/out時間：15:00/11:00
> ☎ 0460-86-1333
> 💲 一泊二食雙人房約￥49,000（HK$3,587）起
> 🌐 www.hotespa.net/hotels/setsugetsuka/

▶季之湯 雪月花。

設有溫泉的青年旅舍 Hakone Tent  泡湯 背包客之選

　　對於旅費有限的旅客來說，Hakone Tent是少數交通便利之餘，價錢又便宜的住宿選擇。這間青年旅舍前身是一間日式傳統旅館，裝修後才搖身一變成為充滿日式木系風格的新式旅館，房間分為單人房、雙人房及3人房，以及男性、女性專用的4~6人和室房。特別的是，這裏除了設有公共廚房之外，更設有溫泉與酒吧。當中的溫泉是所有住客也可以使用的，以先到先得形式運作，進去後可以上鎖，單獨享受浸浴時光。

▲女性專用的多人和室房。　▲ Hakone Tent

> ⌂ 神奈川縣足柄下郡箱根町強羅1320-257
> 🚃 箱根登山電車「強羅」站下車，步行約3分鐘
> ⏰ Check in/out時間：15:00/10:00
> ☎ 0460-83-8021
> 💲 4~6人和室房每人約￥3,500（HK$256）起，雙人房約￥9,000（HK$659）起
> 🌐 hakonetent.com

▶酒吧後的公共空間。

///////////////// 靜岡縣 /////////////////

📍 宿在熱海市

面向相模灣 大江戶溫泉物語あたみ

酒店共有70多間房，主要為和式房，部分房間面向廣闊的相模灣，享有碧海藍天的景觀，價格親民，設備完善，而且服務不俗。館內設有向海的露天風呂，據說溫泉水的鹽份可達到美肌效果。旅館提供一泊二食，早晚餐均為自助餐，提供當地的海鮮和蔬菜，亦可額外付費追加天婦羅、刺身等美食。

◀ 大江戶溫泉物語あたみ。

⌂ 静岡県熱海市咲見町8-3
🚃 JR「熱海」站下車，步行約7分鐘
🕐 Check in/out時間：15:00~18:00/11:00
☎ 0570-07-1126
💲 一泊二食雙人房約¥12,800（HK$937）起
🌐 atami.ooedoonsen.jp

☑ 免費早餐

人氣便宜商務酒店 東橫INN熱海駅前

東橫INN在日本擁有不少分館，而且房價不算十分昂貴，是不少遊客的心水選擇。這一間座落在JR熱海站附近的東橫INN，交通相當便利，酒店距離熱海灘亦只有十數分鐘的路程，無論是夏天想觀賞花火大會，還是平日想到海邊享受足湯都

十分方便。此外，餐廳於早上會提供免費自助早餐，預算不高的朋友不妨入住。

◀ 雙人房。

▲ 東橫 INN 熱海駅。

◀ 餐廳有家常的溫馨感覺。

⌂ 静岡県熱海市春日町12-4
🚃 JR「熱海」站下車，步行約4分鐘
🕐 Check in/out時間：16:00/10:00　　☎ 0557-86-1045
💲 雙人房約¥9,900（HK$582）
🌐 www.toyoko-inn.com/c_hotel/00166
🅿 每晚¥1,000（HK$59）

▲ 酒店有免費自助早餐。

（撰文：IKiC，攝影：蘇飛）

宿在伊東市

在星空下泡湯 DHC赤沢温泉鄉 | 地圖P.164 泡湯

　　DHC赤沢温泉鄉的房間全部都是向海的，還設有和洋室和附露天風呂的房間，最多5人入住，空間十分寬敞。館內的溫泉都是天然溫泉，屋頂更設有屋上展望露天風呂『天穹の湯』，晚上泡溫泉時可看到滿天繁星。晚餐方面，旅館提供當季最新鮮的海鮮，更非常貼心地為有特別需要的客人準備了「低糖質」的餐牌，配合餐廳絕色的太平洋海景，讓人身心放鬆。

▶旅館是由化妝品品牌 DHC 管理的，旅客入住時可享用該品牌的護膚品樣本。

▲旅館大堂面向大海。

▲可一邊享用早餐，一邊享受美景。

▶還有獨特的冰鎮蕎麥麵。

▲早餐採用自助形式。

▶晚餐的前菜有海膽豆腐、鮎魚、穴子壽司和京水菜等，非常開胃。

▲和洋室。

🏠 静岡県伊東市赤沢字浮山163-1
🚃 伊豆急行線「伊豆高原」站下車，出站後左轉，下樓梯到巴士站轉乘酒店提供的免費接駁巴士，巴士每小時大約2~3班，車程約15分鐘
🕐 Check in/out時間：15:00/11:00，保齡球場開放時間10:00~22:00
💲 雙人房約¥10,500(HK$618)起，一泊二食雙人房約¥18,800(HK$1,318)起
☎ 0557-53-5555
🌐 top.dhc.co.jp/akazawa

INFO

▶館內設有保齡球場一赤沢ボウル，開放時間為10:00~22:00，有20條球道。每局每人 ¥515(HK$38)，租鞋每對 ¥210(HK$15)。

網上訂房　住宿精選

宿在河津町

豪華料理絕讚住宿 今井莊 泡湯

▲昭和天皇曾入住的今井莊。

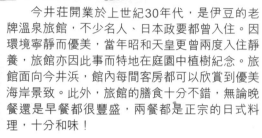

今井莊開業於上世紀30年代，是伊豆的老牌溫泉旅館，不少名人、日本政要都曾入住。因環境寧靜而優美，當年昭和天皇更曾兩度入住靜養，旅館亦因此事而特地在庭園中植樹紀念。旅館面向今井浜，館內每間客房都可以欣賞到優美海岸景致。此外，旅館的膳食十分不錯，無論晚餐還是早餐都很豐盛，兩餐都是正宗的日式料理，十分和味！

▲寬敞的和室。

▲日落時，金黃色的海面與多彩的雲霞是在海邊才可以看到的景色。

◀今井莊外就是今井浜海灘，步行不過3分鐘。

▲▶超級豐盛的晚餐，更有全隻鮑魚！

▲連早餐都十分豐盛！

▶草莓櫻花慕絲，賣相精緻得捨不得吃！

📍 静岡県賀茂郡河津町見高127
🚃 伊豆急行線「今井浜海岸」站下車，步行約3分鐘
🕐 Check in/out時間：15:00/11:00
💰 一泊二食和室2人房約￥31,320(HK$2,293)
📞 0558-34-1155　🌐 www.imaiso.jp

INFO

（撰文：IKiC，攝影：蘇飛）

物超所值 伊豆今井浜東急ホテル

　　東急集團旗下的伊豆今井浜東急ホテル與今井莊毗鄰，面向大海，海景客房更提供大陽台，讓住客能舒適地欣賞海岸的景色。最吸引的是，酒店擁有私人海灘，除住客外，外人不能夠進入，無論任何時候都可以獨佔海灘，自由暢泳。想到海邊嬉玩，又不想人逼人的話，這間酒店是個不錯的選擇。

🏠 靜岡県賀茂郡河津町見高今井35-1
🚉 伊豆急行線「今井浜海岸」站下車，步行約3分鐘　📞 0558-32-0109
🕐 Check in/out時間：15:00/11:00　💲 單人房約￥14,100(HK$829)
🌐 www.tokyuhotels.co.jp/imaihama-h/index.html

（撰文：IKiC，攝影：蘇飛）

▲伊豆今井浜東急ホテル。

📍 宿在下田市

享受壯麗海景 下田美景酒店  泡湯

下田ビューホテル

　　下田市位於河津町附近，市內有不少酒店，旅客可考慮這裏的住宿。下田美景酒店是一間傳統日式旅館，提供海景客房，景觀壯麗。房內設有露天的石製、木製或陶瓷浴缸，讓住客享受浸浴的樂趣。館內還有公共大浴場、露天風呂和室外游泳池，適合一家大小來度假。餐飲方面，酒店晚餐除了提供以海鮮為主的日式料理外，還設有一間意大利餐廳。

◀和室房間。　▶房間窗外的海景。

◀晚餐有刺身和當地名產金目鯛。

🏠 靜岡県下田市柿崎633　🕐 Check in/out時間：15:00~18:00/10:00　📞 0120-289-489
🚉 伊豆急行線「下田」站下車，轉乘酒店提供的免費接駁巴士，車程約6分鐘
💲 一泊二食雙人房約￥28,000(HK$2,050)起　🌐 www.viewhotel.co.jp

（攝影：Kate）

富士五湖(山梨縣)

📍 宿在河口湖

工業文藝風設計 背包客之選

kagelow Mt.Fuji Hostel Kawaguchiko

　　雖然kagelow是一間富現代感的青年旅館，但其實館內大部分木材都來自一間有150年歷史的古宅。這裏的設計新舊交融，創造出一種獨有的美感。旅館的1樓是餐廳、12人房、共用廚房和浴室，2樓是4人房及其他獨立客房，所有房型的洗手間和浴室均需共用。

◀12人房。

▲極具現代感的青年旅館。

🏠 山梨県南都留郡富士河口湖町船津3111-1
🚉 富士急行線「河口湖」站下車，步行約9分鐘
🕐 Check in/out時間：15:00/10:00
💲 12人房每人約￥3,000(HK$220)起，2人房約￥8,600(HK$630)起
📞 0555-72-1357　🌐 kagelow.jp

▲從餐廳望出去能看到富士山。

◀看似粗曠卻充滿細節的工業風設計。

位置方便、價錢實惠 K's House Mt.Fuji 地圖P.183 背包客之選

K's House Mt.Fuji地理位置方便，附近有便利店、超級市場和餐廳等，而且只需步行約3~4分鐘便能到達河口湖畔。房型方面，旅館提供和室及6人或9人入住的多人房，某些和室附帶浴室及洗手間，價錢便宜吸引，適合背包客入住。

▲ K's House Mt.Fuji

▲和室設計的公共空間。

▲館內有一個設備齊全的公共廚房。

▲ 9人房。

- 🏠 山梨県南都留郡富士河口湖町船津6713-108
- 🚃 富士急行線「河口湖」站下車，步行13分鐘；或在下車後轉乘甲府北口線巴士，於「大木」站下車，步行約2分鐘
- 🕐 Check in/out時間：15:00/11:00
- ☎ 0555-83-5556
- 💲 9人房每人約¥2,500(HK$183)起，和室2人房約¥8,800(HK$644)起
- 🌐 kshouse.jp/fuji-j
INFO

受台灣人喜愛 風之露台Kukuna 地圖P.183 泡湯

風之露台提供和室、洋室和附有露天風呂的套房，可直接眺望河口湖和富士山美景。旅館根據各間房的等級分為3個館，9樓設有展望大浴場，住客能一邊浸浴，一邊欣賞富士山的景色。旅館提供的晚餐為西洋風的會席料理，餐牌創新特別，有別於傳統旅館的日式料理。

▲風之露台 Kukuna。

- 🏠 山梨県南都留郡富士河口湖町浅川70
- 🚃 富士急行線「河口湖」站下車，聯絡酒店，酒店會提供免費接送服務，接送車會於10分鐘內到達車站，需要回程服務的話可跟前台工作人員查詢
- 🕐 Check in/out時間：15:00/10:00
- 💲 一泊二食雙人房約¥36,720(HK$2,688)起
- ☎ 0555-83-3333
- 🌐 kukuna.jp
INFO

一人旅行恩物 一富士莊 地圖P.183 背包客之選

☑浴場

▲晚餐主菜為壽喜燒，使用了山梨縣特有的甲州牛肉。

▲日式早餐非常豐富，有沙律、玉子燒、味增湯和燒魚等。

一富士莊位置靠近河口湖，環境較寧靜舒適。民宿有公共大浴場及8間不附獨立浴室的和室，設備簡單，但勝在價錢經濟。訂房時可選擇不包早晚餐(即日語中的素泊)、包早餐或包早晚餐，適合「一人旅」的旅客入住。

- 🏠 山梨県南都留郡富士河口湖町船津4005
- 🚃 富士急行線「河口湖」站下車，民宿會提供免費接送服務，建議在預約時先告知對方
- 🕐 Check in/out時間：15:00/10:00
- ☎ 0555-72-0700
- 💲 雙人房約¥7,000(HK$512)起，一泊一食雙人房約¥18,000(HK$1,059)起
- 🌐 murkta.com/117yamanas/10555720700.html
INFO

(攝影：Rose)

享受富士山絕景 秀峰閣湖月 地圖P.183 泡湯

秀峰閣湖月擁有絕佳的地理位置，於全館客房以及室內外的大浴場望出去均能看到完整的富士山和河口湖，於不同時間觀賞能發現富士山不同的面貌，吸引不少遊客慕名而來。旅館提供的晚餐為精緻的日式會席料理，餐牌會隨季節變更，務求使用最當季最新鮮的食材製作。

▲ 12畳大的和室。

◀燒三文魚及筍沒有過分調味，吃得到原材料的鮮味。

▲ 海鮮鍋有野菜、帶子及蟹鉗，湯頭十分清甜。

▲ 和室的露台設有寬敞開闊的露天風呂。

◀露台有兩張舒適的躺椅，能夠眺望壯觀的富士山景觀。

🏠 山梨縣南都留郡富士河口湖町河口2312
🚌 富士急行線「河口湖」站下車，聯絡酒店，酒店會提供免費接送服務，服務時間為14:30~19:00，翌日需要回程接送服務的話可跟前台職員查詢，服務時間為08:00~10:15
🕐 Check in/out時間：15:00/10:00　☎ 0555-76-8888
💲 一泊二食雙人房約￥42,900(HK\$2,524)起
🌐 www.kogetu.com

(攝影：Rose)

隱世寧靜好選擇 Shoji Mount Hotel 地圖P.182 泡湯

精進マウントホテル

Shoji Mount Hotel位於精進湖旁邊，被大自然包圍。旅館附近沒有便利店或商店，環境簡樸、氣氛淡雅，而且所有面向精進湖的房間都能眺望富士山，讓住客真正投入大自然的懷抱。雖然旅館的規模不大，設施也不多，但食物質素毫不遜色，例如以溶岩燒方式呈上的A4級富士山和牛，極具特色，而旅館提供的野菜均為自家種植的，保證新鮮。

▲ Shoji Mount Hotel

溶岩燒和牛

▲ 和牛入口即溶，非常美味。

▲ 晚餐的前菜有新鮮的鮮魚刺身。

▶和式房。

🏠 山梨縣南都留郡富士河口湖町精進301
🚌 富士急行線「河口湖」站下車，轉乘新富士線巴士，於「ふじみ荘前」站下車，步行約1分鐘
🕐 Check in/out時間：15:00/10:00　💲 雙人房每人約￥13,200(HK\$776)起
☎ 0555-87-2200　🌐 www.shojiko.com

長野縣

宿在**輕井澤町**

中等價錢、高級享受 輕井澤圭音羽之森酒店 推介

旧軽井沢ホテル音羽ノ森　地圖P.208

音羽之森酒店走舊式歐洲風格，裝潢、燈飾和家具都值得住客用心欣賞。酒店分Standard、Deluxe和Suite 3種房型，設計典雅乾淨，適合旅客度假休息。餐飲方面，酒店提供的早餐雖然只是簡單的沙律、雞蛋和火腿，但由於所有食材都來自長野縣，簡單的烹調反而能突顯食材的鮮味。此外，推薦在酒店本館餐廳內品嚐晚餐，晚餐為高檔的法國料理，分￥7,020(HK$514)、￥9,180(HK$672)及￥17,820(HK$1,304)等價位，所有食材都是嚴選的新鮮野菜，擺盤和味道都別出心裁。

◀ High Deluxe Room(ハイデラックスルーム)。

▲酒店大堂設有燒火柴的壁爐，非常溫暖。

▲酒店內有一個庭園。

▲餐廳的入口有種世家大宅的氣派。

▲晚餐的前菜是信州三文魚配沙律菜，碟上的花朵也可吃的，味道清爽開胃。

◀本館餐廳提供法國料理，環境優雅。

◀晚餐主菜。

南瓜慕絲(Mousse)。
▲飯後甜品為雲呢拿雪糕及

INFO
🏠 長野県北佐久郡軽井沢町軽井沢1323-980
🚃 JR或信濃鐵道「軽井沢」站下車，步行約18分鐘；或轉乘的士，車程約6分鐘
🕐 Check in/out時間：14:00/11:00
☎ 0267-42-7711
💲 一泊二食雙人房約￥45,870(HK$2,698)起

📍 宿在**長野市**

品嚐當地特色早餐 長野日航都市酒店 地圖P.231

ホテルJALシティ長野

　　長野日航交通便利，衛生乾淨，是一間有質素保證的連鎖大型酒店。店內共有16層及242間客房(一半以上為單人房)，頂層餐廳提供的「白馬早餐」有多種調味料和配菜，例如野沢菜、醬油豆、秋葵、味噌、豆腐等，可自由配搭，在長野縣非常有名，是酒店的賣點之一。

▲長野日航都市酒店。

▲雙人房。

▲酒店餐廳的窗外能看到長野市的景觀。

◀白馬早餐。

> 🏠 長野縣長野市間御所町1221
> 🚃 JR「長野」站下車，步行約7分鐘
> ⏰ Check in/out時間：14:00/11:00
> 💲 雙人房約¥9,972(HK$587)起
> ☎ 026-225-1131　🌐 www.nagano.jalcity.co.jp　INFO

📍 宿在**白馬村**

充滿歐式風情的度假勝地 白馬東急酒店 地圖P.241 泡湯

白馬ホテル東急ホテル

　　酒店位於北阿爾卑斯山腳下，被大自然風光與雄偉壯麗的景色包圍，四處都洋溢着高雅的歐洲風情，是來白馬滑雪的最佳度假勝地。酒店的房間全為洋室，有多種雙人房選擇，例如Economy Twin和Standard Twin等，亦可選擇住套房，晚餐可選日本料理或法國料理。酒店提供接送巴士到白馬村多個滑雪場，方便滑雪人士，詳細時間表可向酒店前台查詢。

▲白馬東急酒店。

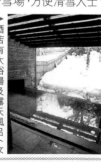
▲酒店有大浴場及露天風呂(女湯)，圖為大浴場。

▲法國料理餐廳 Chamonix 環境優雅。

▲設有露台的 Deluxe Twin 空間寬敞，適合一家大小入住。

> 🏠 長野縣北安曇郡白馬村大字北城4688
> 🚃 JR「白馬」站或「八方」巴士站下車，酒店會提供免費接送服務，須提前向酒店預約
> ⏰ Check in/out時間：15:00/11:00
> ☎ 0261-72-3001
> 💲 一泊二食雙人房約¥39,400(HK$2,318)起
> 🌐 www.hakuba-h.tokyuhotels.co.jp/ja　INFO

Tips!
日本的阿爾卑斯山
　除了歐洲的阿爾卑斯山，日本的中部山嶽同樣稱作阿爾卑斯山。山嶽包括飛驒山脈(北阿爾卑斯)、木曾山脈(中央阿爾卑斯)，以及赤石山脈(南阿爾卑斯)。

多種戶外活動體驗 五龍館酒店 泡湯

地圖P.241

ホテル五龍館

▲五龍館酒店。

位於北阿爾卑斯山腳下的五龍館酒店雖然已有80多年歷史，但館內的設備仍然保得很好，部分房間更面對着北阿爾卑斯山，景觀一流。酒店餐廳提供鐵板燒、壽喜燒、壽司和石烤披薩等，食物種類十分多元化。另外，酒店提供許多滑雪以外的戶外活動體驗，例如溯溪、泛舟、滑翔傘和熱氣球等，建議入住前先跟酒店預約，方便酒店安排。

▲冬天時泡露天風呂，更覺舒服和溫暖。

▲睡不慣榻榻米的話可選擇35平方米的洋室。

▶能看到北阿爾卑斯山的和室。

⌂ 長野縣北安曇郡白馬村大字北城3353
🚌 JR「白馬」站或「八方」巴士站下車，酒店會提供免費接送服務，須提前向酒店預約
🕐 Check in/out時間：15:00/10:00
💲 一泊二食雙人房約¥27,120(HK$1,985)起
☎ 0261-72-3939
🌐 www.goryukan.jp

 INFO

📍 宿在上田市

主題房間「真田戰國屋」 上松屋旅館 泡湯

便攜大地圖

位於上田市溫泉街上的上松屋旅館有100多年歷史，老闆娘是一位遠嫁到日本的台灣人，十分熱情貼心，會用住客國籍的國旗摺一隻紙鶴，用餐時放於餐廳的桌子上，每個細節都讓旅客有賓至如歸的感覺。旅館提供的房型有7種，其中有一間以戰國時代為主題的房間，名為「真田戰國部屋」。部屋以真田幸村的代表色紅色為基調，設計成單人房。餐飲方面，旅館選用了信州味增、信州米、淡水培育的三文魚、馬肉刺身、黑毛和牛等新鮮食材，讓人深深感受到長野縣的飲食文化。

▲以紅色為基調的「真田戰国部屋」。

◀◀豐盛的晚餐有刺身及和牛。

▲晚餐會場內有4塊屏風，屏風上面是巨型的剪紙，講述真田幸村與德川家康決戰的故事。

▲流水式純天然溫泉。

⌂ 長野縣上田市別所溫泉1628
🚌 上田電鐵別所線「別所溫泉」站下車，轉乘酒店提供的免費接駁巴士，服務時間為14:00~18:00，不用預約
🕐 Check in/out時間：15:00~18:00/11:00
💲 一泊二食「真田戰國部屋」單人房約¥21,000(HK$1,537)起，雙人房約¥28,000(HK$2,050)起
☎ 0268-38-2300
🌐 www.uematsuya.com

 INFO

宿在松本市

遠眺飛驒山脈 **Hotel Shoho** 地圖P.248 泡湯

Hotel Shoho分為西館、中央館及東館，佔地廣闊，有足湯、露天風呂、大浴場和供私人租借的貸切風呂等設施，讓人享受多種泡湯的樂趣。從酒店大堂、房間亦能遠眺到連綿不斷的飛驒山脈群，與腳下的松本市相映成趣。

餐飲方面，酒店提供的早餐是自助餐形式的，而晚餐則為傳統的日式料理，廚房是半開放式的，能看到廚師即炸天婦羅。

▲附設展望風呂的雙人房。

▲旅館中的露天溫泉旁邊有露天 Jacuzzi(按摩浴缸)。浴缸中的超音波量氣泡有助放鬆筋骨。

▲晚餐的餐前酒是開胃的柚子酒，前菜有清爽的梅豆腐、手製麻糬和墨魚刺身等。

▲來到長野縣，不能錯過信州三文魚刺身。

◀從房間望出去，可看到壯麗的飛驒山脈。

- 長野県松本市大字里山辺527
- JR「松本」站下車，轉乘酒店提供的免費接駁巴士，巴士會於16:00、17:00及18:30到達，不用預約
- Check in/out時間：15:00/10:00
- 一泊二食雙人房約￥43,000(HK$3,148)起
- 0263-38-7711　www.hotel-shoho.jp　INFO

宿在諏訪地區

私隱度十足的奢華五星級住宿 **萃sui-諏訪湖** 地圖P.258 泡湯

位於諏訪湖旁的萃只有8間以天然木為主調的和洋室，每間都設有半露天風呂，可以飽覽諏訪湖的美景，而且設備完善，有藍芽喇叭、咖啡機和蒸面機等。晚餐方面，酒店會安排住客於每一層的獨立房間用餐，確保他們不會受到打擾。晚餐的食材嚴選了諏訪的當季食材、酒、味噌和醬油等，烹調方法一絲不苟。如果想拋開日常生活的煩惱，不妨選擇在萃放鬆心情，度過美好的旅行時光。

▶萃 sui- 諏訪湖。

▲ 45 平方米的基本客房 (スタンダードタイプ)。

▲頂樓的露天風呂「綿雫」可以望到諏訪湖美景。

燒、三文魚和白粥等。早餐極為豐盛，有多種小菜、漬物、玉子

早餐

菇類後，上濃厚的醬酒，味道更香。信州牛陶板燒配加入

- 長野県諏訪市湖岸通り2-5-27
- JR「上諏訪」站下車，步行約11分鐘；或提前聯絡酒店，酒店會提供免費接送服務
- Check in/out時間：15:00/11:00
- 一泊二食雙人房約￥68,200(HK$4,012)起
- 0266-58-3434
- www.sui-suwako.jp　INFO

▲不少得長野縣名物──信州三文魚。

◀晚餐的綠豆蓉茶碗蒸。

▲野菜及土魚鍋飯。

網上訂房

住宿精選

親子度假首選 白樺湖 池之平度假酒店

地圖P.258 泡湯

白樺リゾート 池の平ホテル

池之平度假酒店坐落於白樺河畔，是一座綜合優閒度假村。酒店設有長野縣內最大的溫泉水療設施，住客可以在露天溫泉看着白樺高原的美景泡湯，放鬆身心。此外，這裏還有滑雪場、室內泳池、遊樂場、美術館、保齡球和高爾夫球場等設施，住客只要留在酒店就能滿足所有願望。有別於其他酒店，池之平會提供各項活動予住客參加，例如滑雪課程、摘士多啤梨團、觀星和騎馬體驗等，十分適合一家大小參加，一起享受度假的樂趣！

▲酒店入口。

◀酒店位於白樺河畔。

▲露天混浴溫泉 (男女入浴時必須穿泳衣，每晚指定時間會有投影動畫播放，住客可邊觀賞動畫邊享受溫泉)。

▲酒店內的滑雪場。

▲標準房洋室。

▲位於酒店最高層的房間：星級NAGOMI和洋室，適合 2~4 人入住，冬天房間內會設有暖桌。

▲酒店設有滑雪學校，學校有英語教練，提供 1 對 1 教學課程，適合初學者。

▲酒店自助餐提供的食物種類豐富，料理會根據當季時令食材而有所不同，圖片只供參考。

(相片由白樺湖 池之平度假酒店提供)

住宿優惠

凡入住白樺湖 池之平度假酒店的讀者，只要向酒店職員出示此書，就能在午飯時段獲得酒店餐廳「花」(Hana) 送贈指定飲品一杯。

🏠 長野縣北佐久郡立科町芦田八ケ野1596
🚌 JR「茅野」站下車，於東口轉乘酒店提供的免費接駁巴士，巴士會於11:40及15:30到達，須提前向酒店預約；或JR「新宿」站下車，從西口出口步行約8分鐘，至新宿中心大廈前乘坐酒店接駁巴士，住客優惠來回¥4,000(連稅)，必須預約
🕐 Check in/out時間：15:00/10:00
💰 一泊二食標準洋室/和洋室每人¥17,600(HK$1,035)起
📞 0266-68-2100
💻 hotel.ikenotaira-resort.co.jp，可電郵至reservation-dept@ikenotaira-resort.co.jp查詢(提供中文服務)

INFO

網上訂房　住宿精選

宿在 阿智村

讓身心都得到治癒的溫泉旅館 日長庵 桂月

泡湯

　　日長庵 桂月是一間用大量木材建造的純日式旅館，位於信州昼神溫泉鄉，是南信州地區著名的溫泉鄉。館內的房間全部都是和式房間，需要睡榻榻米，大浴場設有露天風呂，使用純天然的泉水，據說具美肌功效。旅館提供的晚餐極為豐富，每一道菜都用心烹調，一年四季的料理皆不同，務求能讓住客享用最新鮮的食材，而且員工的服務細緻，帶給人驚喜而難忘的用餐體驗。

▲日長庵桂月。

▲▶南信州的豚肉紙火鍋，豚肉口感柔嫩，肉質甘甜。

香氣十足。

炭火燒山女魚，

私人風呂

和室。 ▲▶館內所有客房均為

🏠 長野縣下伊那郡阿智村智里425
🚆 JR「飯田」站下車，轉乘信南交通駒場線巴士，於「昼神溫泉」站下車，車程約40分鐘
🕐 Check in/out時間：15:00/11:00
💲 一泊二食雙人房約¥36,000(HK$2,635)起
📞 0265-43-3500
🌐 keigetu.co.jp

iNFO

群馬縣

傳統日式旅館 草津溫泉飯店度假村

地圖P.278
泡湯

（草津溫泉ホテルリゾート）

　　飯店是一間舊式旅館，設有室內和露天溫泉浴場，讓住客能享受馳名的草津溫泉。飯店還提供卡啦OK、遊戲機、手信店等設施，四處都洋溢着懷舊溫馨的氣氛，適合一家大小前來度假。此外，酒店餐廳的餐飲皆以當地的食材烹調，款式多樣，住在這裏能享受到最質樸的樂趣。

▶和風雙人房。

草津溫泉飯店度假村。

🏠 群馬縣吾妻郡草津町15-8
🚆 JR「長野原草津口」或「軽井沢」站下車，轉乘「草津溫泉行」的路線巴士，於「草津溫泉バスターミナル」站下車，步行約5分鐘或乘搭酒店提供的免費接駁巴士(必須預約)
🕐 Check-in/out：15:00/10:00
💲 一泊二食雙人房每人約¥20,240 (HK$1,191)起
📞 0279-88-2109
🌐 www.kusatsu-resort.com

iNFO

▲▶早餐採自助形式，食物的款式多樣。

（撰文：Pak，攝影：蘇飛）

栃木縣

宿在日光市

鄰近日光車站 Nikko Station Hotel Classic 泡湯

日光ステーションホテルクラシック 地圖P.298

Nikko Station Hotel位於JR日光站出口，離東武日光站也只有1分鐘的路程，位置極方便。酒店房間分為洋式及現代日式，風格和設計各有特色，而且設備齊全，更設有源於天然温泉的露天風呂和室內風呂，住客可以免費使用，紓解身心疲勞。另外，酒店設有咖啡廳、西式、日式及自助餐餐廳。

◀ Nikko Station Hotel

INFO
- 栃木県日光市相生町3-1
- JR「日光」站下車，步行約1分鐘
- Check in/out時間：15:00~23:00/10:00
- 雙人房約¥16,000(HK$940)起
- 0288-53-1000
- www.nikko-stationhotel.jp

可徒步前往日光景點 Nikko Tokino Yuu 地圖P.298 背包客之選

日光 季の遊 ☑浴場

旅館位於神橋附近，著名景點如日光東照宮、輪王寺及二荒山神社都可徒步到達，佔盡地理優勢。旅館提供的房間皆為和室，館內有大浴場，有些房間不設洗手間。旅館以「素泊專門旅館」著稱，即只提供住宿，不包早晚餐，但住客仍可另外加購輕便的早餐。

▲ Nikko Tokino Yuu

INFO
- 栃木県日光市上鉢石町1030
- 東武鐵道「東武日光」站下車，轉乘東武路線巴士Y、YK或C線(往「中禅寺温泉」或「湯元温泉」方向)的巴士，於「神橋」站下車，步行約1分鐘
- Check in/out時間：15:00/10:00
- 雙人房約￥19,360(HK$1,139)起
- 0288-54-1150
- www.tokinoyuu.com

首屈一指的精品旅館 界 日光 地圖P.297 泡湯

界 日光鄰近中禪寺湖和男體山，環境廣闊，景致迷人，加上設計以傳統日式風格為主，環境靜謐。館內的溫泉分為室內與露天兩種，前者為檜木風呂，後者則由岩石組成，配合露天的風景，令人忘記煩囂，放鬆身心。大部分房間面向中禪寺湖，某些則面向山，全室60平方米以上，非常寬闊。

▲鑰匙的掛飾很可愛。

◀和室房間。

▲房內有兩張大床。

▲窗外便是中禪寺湖的美景。

INFO
- 栃木県日光市中宮祠2482-1
- 東武鐵道「東武日光」站下車，轉乘東武路線巴士Y、YK或C線(往「中禅寺温泉」或「湯元温泉」方向)的巴士，於「中禅寺温泉」站下車，旅館會提供免費接駁巴士，車程約3分鐘
- Check in/out時間：15:00/12:00
- 一泊二食雙人房約￥42,130(HK$3,084)起
- 050-3134-8092
- kai-ryokan.jp/nikko

📍 宿在**中禪寺湖**

飽覽湖光山色 湖上苑 地圖P.297 泡湯

　　湖上苑的前身是一間外國大使館，因此會有一種歐洲建築的感覺。旅館位於中禪寺湖旁，館內每間房都是向湖的，住客只要留在房間就能飽覽秀麗的湖光山色。旅館設有室內和露天浴池，而且所有泉水都是天然的硫黃泉，能讓人好好紓緩疲勞。若想與家人一起享受浸浴的話，這裏還有家庭風呂呢！

▶ 旅館內的貸切風呂。

◀ 雙床房。

◀ 住客能從房內看到中禪寺湖的美景。

◀ 在餐廳裏也能欣賞湖景。

> ⓐ 栃木縣日光市中宮祠2478
> 🚃 JR「日光」或東武鐵道「東武日光」站下車，轉乘「湯元溫泉行」的東武巴士，於「船の駅中禪寺」站下車，步行約3分鐘
> 🕙 Check-in/out：14:00/10:00
> Ⓢ 一泊二食雙人房每人約¥16,500(HK$971)起
> ☎ 0288-55-0500　🌐 www.kojoen.com
> INFO

(撰文：Pak，攝影：蘇飛)

📍 宿在**鬼怒川**

超划算日式旅館 大瀧酒店 地圖P.297 泡湯

ホテル大滝

　　大瀧酒店為高級的商務旅館，價錢便宜，在鬼怒川溫泉區來説算是物超所值。酒店內所有房型都是雙床房，簡單舒適。雖然酒店不設公共大浴場，但想泡湯的住客仍可選擇另付約¥3,100(HK$227)，包租使用50分鐘私人露天溫泉，或者付¥500(HK$37)到其姊妹館鬼怒川Plaza酒店的大浴場泡湯，酒店每天07:00~09:00及16:00~23:00會提供免費接駁巴士往來兩館。

▶ 和式房間的榻榻米上放了兩張床。

> ⓐ 栃木縣日光市鬼怒川溫泉滝155-1
> 🚃 東武鐵道「鬼怒川溫泉」站下車，步行約15分鐘；或轉乘的士，車程約5分鐘
> 🕙 Check in/out時間：16:00/10:00
> ☎ 0288-77-3355
> Ⓢ 雙人房約¥11,800(HK$864)起
> 🌐 travel.rakuten.co.jp/HOTEL/13074
> 3/130743.html
> INFO

▶ 公共空間放有許多漫畫，供住客翻閱。

(攝影：Kate)

茨城縣

宿在日立市

環境舒適、位置便利

Hotel Terrace The Square Hitachi 地圖P.323

甫踏出日立車站，就能看見這間酒店，可見其交通十分便利。酒店的設備完善，房間舒適而潔淨，而且酒店的職員態度良好，樂於幫助住客，讓住客感受到賓至如歸的感覺。如果旅程住宿的預算不多，但又對住宿略有要求的話，選擇這間酒店絕對物有所值。

▲酒店的規模頗大。

◀雙人房。

◀酒店的自助早餐。

◀酒店大堂。

> ⌂ 茨城縣日立市幸町1-20-3
> 🚊 JR「日立」站下車，步行約1分鐘
> ⏰ Check-in/out：13:00/11:00
> 💲 雙人房約¥9,974(HK$587)起
> ☎ 0294-22-5531
> 🌐 www.square-hitachi.jp
> INFO

（撰文：Pak，攝影：蘇飛）

宿在水戶市

鄰近購物區 Daiwa Roynet Hotel Mito 地圖P.332

ダイワロイネットホテル水戶

Daiwa是著名的連鎖酒店品牌，其位於水戶市的酒店鄰近JR水戶站，而且從酒店出發還能徒步前往市內多個景點和購物區，交通十分方便之餘，也能滿足喜歡逛街和購物的遊客。酒店的房間明亮舒適，而且設備齊全，對於到茨城縣旅行的遊客來説是不錯的選擇。

▲雙人房。

◀從房間望出窗外，可以看到火車。

▲酒店提供水戶市的名物納豆。

▲還有各種魚生。

> ⌂ 茨城縣水戶市宮町1-7-44
> 🚊 JR「水戶」站下車，從南口步行約1分鐘
> ⏰ Check-in/out：14:00/11:00
> 💲 雙人房約¥9,500(HK$559)起
> ☎ 029-303-3311
> 🌐 www.daiwaroynet.jp/mito
> INFO

（撰文：Pak，攝影：蘇飛）

Part 5

10大行程建議

行程1

細味城市、自然風光
神奈川縣 4 天遊

📍 橫濱市→箱根町

Day 1

抵達東京成田／羽田機場
↓（巴士／鐵道）
東京站
↓（乘JR至「元町」站）
到訪山下公園、中華街

↓（步行）
在紅磚倉庫逛街及吃午餐

↓（步行）
參觀合味道紀念館

▲製作杯麵的配料。（攝影：Him）

↓（步行）
在 World Porters 逛街
↓（步行）
在 Cosmo World 乘坐摩天輪看夜景

↓（乘地下鐵至「橫浜」站）
到 SOGO 及 0101 逛街、吃晚餐

🏨 宿在橫濱市

Day 2

早上從酒店出發
↓（巴士）
在御殿場 Premium Outlets 逛街、吃午餐

（攝影：Him）

↓（巴士）
回箱根溫泉旅館吃晚餐

🏨 宿在箱根町

Day 3

從旅館出發
↓（箱根登山電車至「早雲山」站，轉乘箱根空中纜車到「大涌谷」站）

參觀大涌谷、到黑玉子茶屋吃黑玉子

▲以溫泉水煮成的黑玉子。

↓（步行）
在極樂茶屋吃午餐

↓（乘箱根空中纜車至「桃源台」站）

乘箱根海賊船遊覽蘆之湖

↓（到元箱根港口下船）
參觀箱根神社
↓（乘箱根登山巴士中縛車至「箱根湯本」站）

在茶房うちだ或はつ花そば本店吃晚餐

▲茶房うちだ提供的紅豆湯及煎年糕。

↓（乘小田急電鐵至「小田原」站，轉乘 JR）
東京站

🏨 宿在東京市區

Day 4

東京站
↓（巴士／鐵道）
成田／羽田機場

行程2 盡情觀光購物
神奈川縣 5 天遊

📍 鎌倉市→江之島→箱根町

Day 1

抵達東京成田 / 羽田機場
↓（巴士 / 鐵道）
東京站
↓（乘JR至「鎌倉」站）
在若宮大路小町通り逛街
↓（步行）

參觀鶴岡八幡宮

↓（步行）

在 House Yuigahama 午餐

▲ 餐廳提供的牛排套餐。

↓（乘江之電至「長谷」站）

參觀高德院鎌倉大佛、長谷寺

▲ 高德院鎌倉大佛是日本第二大佛像。

↓（乘江之電至「鎌倉高校前」站）

到訪鎌倉高校前平交道

↓（乘江之電至「七里ヶ浜」站）

在 bills 吃晚餐

🚈 宿在鎌倉市

Day 2

早上從酒店出發
↓（乘江之電至「江之島」站）
到訪江島神社、江之島展望燈塔、あさひ本店

↓（步行）

在しらす問屋吃午餐
↓（步行）

參觀新江ノ島水族館、到海邊散步

↓（乘江之電至「鎌倉」站）

在ソラフネ吃晚餐

🚈 宿在鎌倉市

Day 3

從酒店出發
↓（乘江之電至「七里ヶ浜」站）
在 Amalfi Della Sera 吃午餐
↓（乘江之電至「藤沢」站，轉乘 JR 至「小田原」站轉箱根登山電車到「箱根湯本」站）
在箱根湯本站附近逛街
↓（乘箱根登山電車至「早雲山」站，轉箱根空中纜車至「大涌谷」站）

Day 3（續）

參觀大涌谷、到黑玉子茶屋吃黑玉子

回旅館吃晚餐

🚈 宿在箱根町

Day 4

從酒店出發
↓（巴士）
在御殿場 Premium Outlets 吃午餐及逛街
回旅館吃晚餐

🚈 宿在箱根町

Day 5

從酒店出發
↓（箱根登山巴士）
乘箱根海賊船遊覽蘆之湖

↓（乘箱根登山巴士至「箱根湯本」站）
在車站買便當作吃午餐
↓（乘箱根登山電車至「小田原」站，轉乘 JR）
東京站
↓（巴士 / 鐵道）
成田 / 羽田機場

行程3

愜意打卡、悠閒散策

●●● 神奈川縣 **5** 天遊 ●●●

📍 橫濱市→鎌倉市→江之島

Day 1

抵達東京成田/羽田機場
↓（巴士／鐵道）
東京站
↓（乘JR至「石川町」站）
到訪山下公園、中華街

◀山下公園。

▲中華街。

↓（步行）
在景德鎮吃午餐
↓（步行）
在元町商店街逛街

↓（步行）
參觀橫濱外國人墓地、
港の見える丘公園

◀港の見える丘公園。

↓（乘市營地下鐵到「關內」站）
在馬車道十番館吃晚餐

🛏宿在橫濱市

Day 2

早上從酒店出發
↓（乘港未來線在「みなとみらい」站）
參觀合味道紀念館
↓（乘港未來線在「橫浜」站）
在橫浜站附近吃午餐
↓（乘JR至「鎌倉」站）
在若宮大路、小町通り逛街
↓（步行）
參觀鶴岡八幡宮

↓（步行）
在鎌倉站附近吃晚餐

🛏宿在鎌倉市

Day 3

從酒店出發
↓（乘江之電至「長谷」站）
參觀高德院鎌倉大佛、長谷寺

▲長谷寺是賞紅葉勝地。

↓（乘JR至「鎌倉」站）
在ソラフネ吃午餐
↓（乘江之電至「江之島」站）
到訪江島神社、江之島展望燈
塔、あさひ本店

↓（乘江之電至「七里ヶ浜」站）
在 bills 吃晚餐

▲以芝士班戟作晚餐，非常
「邪惡」。

🛏宿在鎌倉市

Day 4

從酒店出發
↓（乘江之電至「江之島」站）
參觀新江ノ島水族館
↓（步行）
在 Eggs'n Things 吃午餐

↓（乘江之電至「藤沢」站，轉
乘JR到「東京」站）
在東京市區觀光

🛏宿在東京市區

Day 5

從酒店出發
↓（巴士／鐵道）
成田/羽田機場

行程4

文化、自然深度遊

神奈川、靜岡縣 **6** 天遊

鎌倉市→江之島→熱海市→伊東市→河津町

Day 1

抵達東京成田/羽田機場
↓(巴士/鐵道)
東京站
↓(乘JR至「鎌倉」站)
在ソラフネ吃午餐
↓(乘JR至「北鎌倉」站)
到円覚寺賞紅葉
↓(步行)
參觀明月院最著名的「開悟之窗」

↓(乘JR至「鎌倉」站,轉乘江之電到「七里ヶ浜」站)
以 Amalfi Della Sera 的意大利料理為晚餐

🏨 宿在鎌倉市

Day 2

早上從酒店出發
↓(乘小田急電鐵至「片瀬江ノ島」站)
在 Moke's HAWAII 享用早餐
↓(步行)
參觀江島神社
↓(步行)
在江之島展望燈塔俯瞰海景
↓(步行)

到いも吉館吃紫薯雪糕

▶ 紫薯抹茶雪糕

↓(乘江之電至「七里ヶ浜」站)
在珊瑚礁吃晚餐

🏨 宿在鎌倉市

Day 3

從酒店出發
↓(乘江之電至「江ノ島」站)

參觀新江ノ島水族館、到海邊散步

▲水族館外觀。
↓(步行)
在 Garb 吃午餐
↓(乘江之電至「藤沢」站,轉乘JR到「熱海」站)
在 Lusca、熱海站附近逛街
↓(旅館接駁巴士)
在旅館吃晚餐

🏨 宿在熱海市

Day 4

從旅館出發
↓(巴士)
到訪親水公園、在熱海陽光沙灘散步

↓(乘JR至「伊東」站)
到訪道の駅伊東 Marine Town
↓(步行)
在ばんばん食堂吃午餐
↓(巴士)

登上大室山
↓(巴士)
回旅館吃晚餐

🏨 宿在伊東市

Day 5

從旅館出發
↓(乘伊豆急行線至「河津」站)
到訪河津七滝
↓(巴士)
在わさび園かどや吃午餐、買新鮮山葵
↓(巴士)
到河津站兩岸看夜櫻

🏨 宿在河津町

Day 6

從旅館出發
↓(巴士)
到訪河津櫻祭典

↓(乘伊豆急行線至「伊東」站,轉乘JR)
東京站
↓(巴士/鐵道)
成田/羽田機場

行程5

玩遍靜岡嘆溫泉
靜岡縣 5 天遊

📍 熱海市→伊豆市→伊東市→河津町

Day 1

抵達東京成田／羽田機場
↓（巴士／鐵遊）
東京站
↓（乘 JR 至「熱海」站）
在 Lusca 吃午餐
↓（步行）
在 Lusca 及熱海站附近買手信

▲ Lusca 內有很多物產手信。

↓（巴士／步行）
到訪親水公園、在熱海陽光沙灘散步

◀ 親水公園。

↓（步行）
在旅館吃晚餐
🏨 宿在熱海市

Day 2

早上從旅館出發
↓（乘 JR 至「修善寺」站轉乘巴士）
到訪修善寺溫泉區浸溫泉
↓（步行）
到訪日枝神社、竹林小徑

◀ 日枝神社。

↓（步行）
在旅館吃晚餐
🏨 宿在修善寺（伊豆市）

Day 3

從旅館出發
↓（乘 JR 至「伊東」站）
到訪道の駅伊東 Marine Town

↓（步行）
在ばんばん食堂吃午餐

▲ 蒲燒鰻魚定食。

↓（巴士）
登上大室山

↓（巴士）
回旅館吃晚餐
🏨 宿在伊東市

Day 4

從旅館出發
↓（乘伊豆急行線至「河津」站）
到訪河津櫻祭典

◀ 祭典有很多攤檔擺賣。

↓（巴士）
在わさび園かどや
吃午餐、買新鮮山葵

↓（巴士）
到訪河津七滝

▲ 七滝中的初景滝。

🏨 宿在河津町

Day 5

從旅館出發
↓（巴士）
到訪峰溫泉大噴湯公園

↓（乘伊豆急行線至「伊東」站，轉乘 JR）
東京站
↓（巴士／鐵遊）
成田／羽田機場

行程6

上山下湖看絕景
神奈川、富士五湖地區
6 天遊

📍 箱根町→河口湖→山中湖

Day 1

抵達東京成田 / 羽田機場
↓（巴士／鐵道）
新宿站
↓（乘小田急電鐵浪漫特快線至「箱根湯本」站）
在箱根湯本站附近逛街
↓（乘箱根登山電車至「彫刻の森」站）
參觀彫刻の森美術館

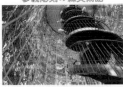

↓（步行）
在奈可むら吃午餐
↓（乘箱根登山電車至「強羅」站）
參觀強羅公園

 宿在鎌倉市

Day 2

早上從酒店出發
↓（箱根登山電車至「早雲山」站，轉乘箱根空中纜車至「大涌谷」站）
參觀大涌谷、到黑玉子茶屋吃黑玉子
↓（步行）
在極樂茶屋吃午餐
↓（乘箱根空中纜車至「桃源台」站）
乘箱根海賊船遊覽蘆之湖
↓（到元箱根港口下船）
參觀箱根神社
↓（乘箱根登山巴士至「箱根湯本」站）
在茶房うちだ或はつ花そば本店吃晚餐

 宿在箱根町

Day 3

從酒店出發
↓（巴士）
在御殿場 Premium Outlets 逛街、吃午餐
↓（巴士）
在河口湖旅館吃晚餐

 宿在河口湖

Day 4

從旅館出發
↓（巴士）
參觀河口湖自然生活館
↓（巴士）
參觀河口湖香草館

（攝影：Him）

↓（巴士）
在小作吃午餐
↓（步行）
參觀赤富士ワインセラー

 宿在河口湖

Day 5

從旅館出發
↓（巴士）
到長池親水公園散步

Day（續）

↓（步行）
觀賞山中湖美景

↓（步行）
在ドライブイン鶴塚買手信
↓（巴士）
到和十郎吃午餐

▲ 和十郎的番茄豚肉粗烏冬。

↓（巴士）
回東京市區觀光

 宿在東京市區

Day 6

從酒店出發
↓（巴士／鐵道）
成田 / 羽田機場

行程7

朝聖富士山

富士五湖地區 **6** 天遊

📍 西湖→河口湖→御殿場

Day 1

抵達東京成田 / 羽田機場
↓（巴士 / 鐵遊）
東京站
↓（乘 JR 至「大月」站，轉乘
富士急行線至「河口湖站」轉
參觀西湖療癒之里根場及在附
近吃午餐

↓（巴士）
參觀富岳風穴、鳴沢冰穴

▲ 鳴沢冰穴內的環境。
（攝影：Him）

↓（巴士）
在西湖旅館吃晚餐

🏨 宿在西湖

Day 2

早上從旅館出發
↓（巴士）
參觀河口湖自然生活館

▲ 生活館外的景致。

↓（步行）
在自然生活館附近吃午餐
↓（巴士）

到紅葉迴廊賞楓

↓（巴士）
到河口湖美術館參觀

↓（巴士）
在河口湖旅館吃晚餐

🏨 宿在河口湖

Day 3

從旅館出發
↓（巴士）
參觀河口湖香草館
↓（步行）
在小作吃午餐

◀ 小作的南瓜粗烏冬。

↓（巴士）
到訪忍野八海

↓（巴士）
在河口湖旅館吃晚餐

Day 4

從旅館出發
↓（巴士）
到富士急 HighLand 遊玩

🏨 宿在河口湖

Day 5

從旅館出發
↓（巴士）
在御殿場 Premium Outlets 逛
街、吃午餐

↓（巴士）
回東京市區觀光

🏨 宿在東京市區

Day 6

從酒店出發
↓（巴士 / 鐵遊）
成田 / 羽田機場

行程8

=體驗滑雪、漫遊古蹟=

長野縣 5 天遊

 白馬村→長野市→輕井澤町

Day 1

抵達東京成田／羽田機場
↓（巴士／鐵道）
新宿站
↓（巴士）
抵達白馬村，在酒店吃午餐
↓（約步行／自駕）
到 Spicy Rental 租借滑雪用品

↓（酒店接駁巴士／自駕）
到白馬八方尾根滑雪場滑雪

↓（酒店接駁巴士／自駕）
回酒店休息及吃晚餐

🏨 宿在白馬村

Day 2

早上從酒店出發
↓（酒店接駁巴士／自駕）
到白馬岩岳雪原滑雪、吃午餐

（相片由白馬岩岳雪原提供）
↓（酒店接駁巴士／自駕）
酒店休息及吃晚餐

🏨 宿在白馬村

Day 3

從酒店出發
↓（酒店接駁巴士／自駕）
在 Sounds like cafe 吃午餐

▲ Cafe 提供的豚肉漢堡。

↓（巴士）
抵達長野市，參觀善光寺

↓（步行）
逛仲見世通、到古薰體驗製作香袋
↓（步行）
到 Heigoro 品嘗蛋糕

↓（步行）
在みそ屋吃晚餐

🏨 宿在長野市

Day 4

從酒店出發
↓（乘 JR 至「輕井沢」站）
到舊輕井沢銀座街逛街、吃午餐
↓（步行）
參觀旧輕井沢森ノ美術館、聖保羅天主教堂
↓（步行）
在雲場池散步

↓（巴士）
到 Natural Cafeina 吃晚餐

🏨 宿在輕井澤町

Day 5

從酒店出發
↓（巴士）
到訪白絲瀑布

↓（乘巴士至「輕井沢」站、轉乘 JR 至「東京」站）
在東京市區觀光、吃晚餐
↓（巴士／鐵道）
成田／羽田機場

行程9
穿梭巷弄村落、參加各種好玩體驗
長野縣 **6** 天遊

小布施町→上田市→松本市→諏訪地區→駒ヶ根市→阿智村

Day 1

抵達東京成田／羽田機場
↓（巴士／鐵道）
東京站
↓（乘JR至「長野」站，轉乘長野電鐵至「小布施」站）
參觀岩松院、北齋館

▲岩松院。

↓（步行）
在竹風堂吃午餐

▲山家定食。

在小布施町逛街、購買便當作晚餐
↓（乘JR至「上田」站）
抵達上田市

🚇 宿在上田市

Day 2

從酒店出發
↓（巴士）
參觀上田城
↓（步行）
到みすい飴賣啫喱糖

↓（巴士）
在「上田」站附近吃午餐
↓（乘JR至「松本」站）
到繩手通、中町通逛街
↓（步行）
在 Caffé & Bar COO 吃晚餐

▲餐廳提供意粉。

🚇 宿在上田市

Day 3

從酒店出發
↓（乘JR至「松本」站）
參觀松本城
↓（步行）
在「松本」站附近午餐
↓（乘JR至「上諏訪」站，轉乘巴士）
到 SUWA ガラスの里體驗製作玻璃

↓（步行）
到諏訪湖いちご園摘士多啤梨
↓（巴士／鐵道）
回旅館吃晚餐

🚇 宿在諏訪市

Day 4

從旅館出發
↓（乘JR到「駒根」站，轉乘巴士及空中纜車）
參觀千疊敷
↓（步行）
在千疊敷飯店吃午餐
↓（巴士）
參加 Star Village 阿智的觀星活動

↓（酒店接駁巴士）
在酒店吃晚餐

🚇 宿在阿智村

Day 5

從酒店出發
↓（巴士）
到昼神溫泉鄉逛逛

▲朝市販賣的野菜。

↓（乘JR至「東京」站）
在東京市區觀光、吃晚餐

🚇 宿在東京市區

Day 6

從酒店出發
↓（巴士／鐵道）
成田／羽田機場

行程10

世界遺產巡禮

日光市 5 天遊

Day 1

抵達東京成田 / 羽田機場
↓（巴士 / 鐵遊）
新宿站
↓（乘JR至「下今市」站，轉
乘東武日光線至「東武日光」
站，轉乘巴士）
在湖畔 cafe 吃午餐
↓（步行）
參觀中禪寺湖、華嚴瀑布

↓（步行 / 巴士）
回旅館吃晚餐

宿在日光市

Day 2

從旅館出發
↓（巴士）
參觀二荒山神社、日光山輪王
寺、日光東照宮

▲日光東照宮。

↓（巴士）
在明治の館吃午餐

↓（步行）
參觀神橋、到日光物産商会買
手信

▲日光物産商会。

↓（巴士）
到「東武日光」站附近逛街
↓（乘鐵遊至「下今市」站）
在日光珈琲吃晚餐

宿在日光市

Day 3

從酒店出發
↓（乘鐵遊至「鬼怒川溫泉」站）
參觀鬼怒楯岩大吊橋

（攝影：Kate）

↓（步行）

在「鬼怒川溫泉」站附近吃午餐
↓（巴士）
參觀日光江戶村
↓（巴士）
回旅館吃晚餐

宿在日光市

Day 4

從酒店出發
↓（乘鐵遊至「下今市」站）

參觀杉並木街道

↓（步行）
在日光珈琲吃午餐

▲豚肉法國可麗餅。

↓（乘JR至「淺草」站）
在東京市區觀光、吃晚餐

宿在東京市區

Day 5

從酒店出發
↓（巴士）
成田 / 羽田機場

87

Part 6

神奈川縣
Kanagawa

　　神奈川縣位於關東地區的西南方，東面鄰近東京，西面鄰近山梨縣和靜岡縣，南面則是東京灣及相模灣，氣候溫暖。由於神奈川縣的自然環境變化多端，因此縣內各個區域都各具特色，例如有歷史古都鎌倉、能飽覽湘南海岸的江之島和溫泉之鄉箱根，而它的首府橫濱近年逐漸發展起來，成為縣內的行政及經濟中心，也是不少旅客的觀光勝地。

6.1

日本三大古都之一

鎌倉市
Kamakura

鎌倉是「鎌倉幕府」的起源地，與奈良、京都並列為日本最具代表性的古都，深受旅客歡迎，加上鄰近江之島，很多人會在兩地安排即日來回或兩日一夜的小旅行。鎌倉三面環山、一面靠海，仕複雜的地形中，保留了許多重要的文化遺跡和自然美景，其中以鎌倉大佛最有名；北鎌倉聚集了許多寺院，例如長谷寺 (P.102) 和円覚寺 (P.100)，有時間不妨把它們編進行程裏，漫遊古都；南邊的海岸線有「湘南海岸」之稱，沿岸有不少坐擁美景的 cafe，天氣好的話更能望到富士山，還有動漫迷朝聖必到的鎌倉高校前站平交道。

鎌倉市觀光協會：www.kamakura-info.jp

前往鎌倉市的交通

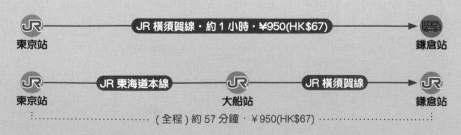

JR 東京站	JR 橫須賀線・約 1 小時・¥950(HK$67)		鎌倉站

JR 東京站 — JR 東海道本線 — JR 大船站 — JR 橫須賀線 — JR 鎌倉站
(全程) 約 57 分鐘・¥950(HK$67)

JR 池袋 / 新宿 / 渋谷站 — JR 湘南新宿線・約 53 分鐘 ~1 小時 10 分鐘・¥950(HK$67) — JR 鎌倉站

註：以上車費為自由席，乘搭指定席車費較貴。車費及時間僅供參考。

由於鎌倉和江之島使用相同的交通網絡，交通優惠券也是以這兩個地方為使用範圍，所以本部分會同時介紹鎌倉市及江之島的交通資訊。

1. 江之島電鐵 ← 路線圖P.90

江之島電鐵(簡稱江之電)從鎌倉站開到藤沢站，途經長谷、江ノ島等站，全程約33分鐘。乘車時可從車窗看到湘南海岸，又能到達鎌倉及江之島的主要景點，是遊客最常用的觀光交通工具。

◀江ノ島站及江之島電鐵。

☎ 0466-24-2713
🌐 www.enoden.co.jp/train

2. 湘南單軌電車 ← 路線圖P.90

電車從大船站開到湘南江の島站，車程約14分鐘，沿途會看到大船觀音和鎌倉山，天氣好的時候更能眺望富士山。

☎ 0467-45-3181
🌐 電車官網：www.shonan-monorail.co.jp
🌐 路線圖：www.shonan-monorail.co.jp/ticket

江之島鐵路路線圖

© 跨版生活圖書出版

3. 江之電巴士

　　江之電巴士主要從鎌倉站、大船站和藤沢站開出，提供多條路線，雖然比較複雜，但好處是路線能覆蓋湘南區許多地方，而且班次頻密，當中以S1(大船站——北鎌倉——鎌倉站)、S6(大船站——江之島)、S22(鎌倉站——大佛——藤沢站南口)、S23(鎌倉站——大佛——藤沢站南口)、S32及S32(藤沢站南口——江之島)6條巴士路線最為常用，遊客可在官網檢索巴士的時間表。

☎ 0466-24-2714
🌐 www.enoden.co.jp/bus
🚌 路線圖: www.enoden.co.jp/bus/regular/route-map/
🕐 時間表檢索: www.enoden.co.jp/bus/regular/search/
　　#SearchTime

1. 江之島—鎌倉1日周遊券

江の島・鎌倉フリーパス

　　「江之島—鎌倉1日周遊券」由小田急電鐵發售，可在新宿的小田急旅遊服務中心或小田急線各車站的自動售票機購買，適合從新宿出發往鎌倉、計劃一日來回的旅客。周遊券包括小田急線區間(出發車站至藤沢站)的來回車票，並可在指定區間內自由乘搭江之電及小田急線(藤沢站至片瀨江ノ島站)，有效期為1日。

主要出發站	價錢	
	成人	兒童
新宿站	￥1,640(HK$96)	￥430(HK$25)
藤沢站	￥810(HK$48)	￥410(HK$24)

www.odakyu.jp/tc/passes/enoshima_kamakura

Tips! 持有周遊券者可另外加購特快車票，即可乘搭小田急浪漫特快線，以及可指定座位(必須預約)。

2. 江之島-鎌倉周遊券(有效期限1天)

江の島・鎌倉フリーパス

　　遊覽江之島地區可選擇購買這套超值套票，內容包括小田急線往返車票(出發車站至藤澤站，去程及回程各限用1次)、自由搭乘江之電及小田急線(藤澤~片瀨江之島)，更享有周邊寺院、觀光設施等，約20處設施的優惠及折扣！從新宿出發，成人￥1,640(HK$96)，兒童￥430(HK$25)，從藤澤出發，成人￥810(HK$48)，兒童￥410(HK$24)。江之島~鎌倉周遊券可在網站、小田急旅遊服務中心或各車站的售票機購買。

enokama.jp/tc/ticket01/

鎌倉市景點地圖

相模灣

WeBase Hostel (P.58)

由比方兵
梅水浴場

鎌倉公園酒店 (P.58)

稻村ヶ崎

鎌倉王子大
酒店 (P.58)

bills (P.104)

珊瑚礁 (P.104)

Amalfi Della Sera (P.103)

鎌倉高校前
站平交道 (P.103)

鶴岡八幡宮 (P.94)

JR 鎌倉站

鎌倉站周邊地圖 (P.93)

橫濱橫
須賀線

北鎌倉站

佐助稻荷神社

鎌倉文學館

由比ヶ浜站

稻村ww站

長谷寺 (P.102)

長谷站

御霊神社

極楽寺站

高德院鎌倉
大佛 (P.94)

鎌倉中央公園

蒲田公園

湘南町屋站

湘南梁沢站

圓覺寺 (P.100)

北鎌倉站

圓覺寺 (P.100)

明月院 (P.101)

葉洋明美術館

北鎌倉古民家

博物館

鎌倉市立村
丁崎附屬學校

神奈川県立七里
力浜高等學校

七里ヶ浜站

鎌倉高校前站

鎌倉高校前站

圖例

國道
縣道
景點
住宿
食肆
寺廟/神社
公園

學校
郵局
警局
巴士站
JR車站
小田急線車站
江之島電鐵車站

湘南單軌電車站
江之島電鐵線
湘南單軌電車線
JR東海道本線
JR橫須賀線
小田急江ノ島線

西鎌倉站

鵠沼山下站

自由が丘站

片瀬山站

湘南江の島站

江ノ島站

腰越站

片瀬江ノ島站

湘南海岸公園站

鎌倉海濱
公園站

鎌倉沼海岸站

柳小路站

本鵠沼站

鵠沼站

湘南海岸站

本鎌沼站

藤沢站

JR東海道本線

片瀬江ノ島站

江之島 (P.105)

江之島 (P.105)

江之島景點地圖 (P.106)

湘南海岸景點地圖 (P.106)

500 公尺

© 跨版生活圖書出版

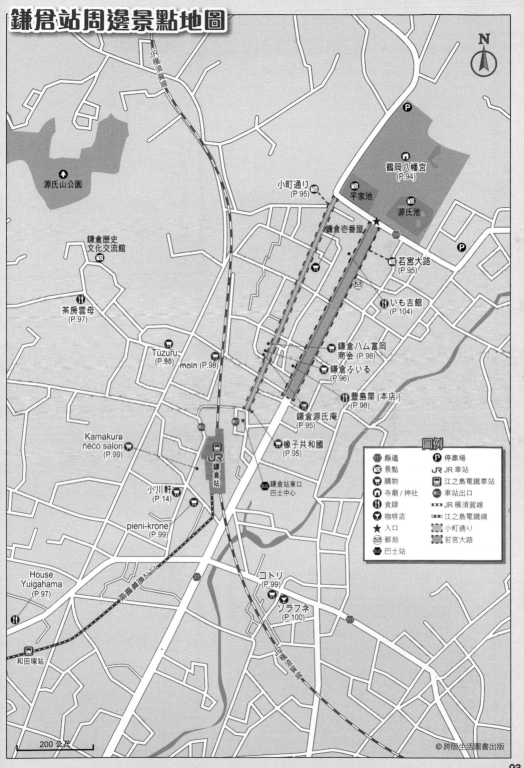

鎌倉站周邊景點地圖

JR橫須賀線

源氏山公園

小町通り
(P.95)

鎌倉歷史
文化交流館

鶴岡八幡宮
(P.94)

平家池

源氏池

鎌倉壱番屋

若宮大路
(P.95)

茶房雲母
(P.97)

いも吉館
(P.104)

Tūzuru
(P.98)

moln (P.98)

鎌倉ハム富岡
商会 (P.98)

鎌倉ふいる
(P.96)

豊島屋 (本店)
(P.98)

Kamakura
neco salon
(P.99)

鎌倉源氏庵
(P.95)

橡子共和國
(P.95)

JR
鎌倉站

鎌倉站東口
巴士中心

小川軒
(P.14)

pieni-krone
(P.99)

House
Yuigahama
(P.97)

コトリ
(P.99)

ソラフネ
(P.100)

江ノ電鎌倉線

和田塚站

圖例

縣道		停車場	
景點		JR 車站	
購物		江之島電鐵車站	
寺廟 / 神社		車站出口	
食肆		JR 橫須賀線	
咖啡店		江之島電鐵線	
入口		小町通り	
郵局		若宮大路	
巴士站			

200 公尺

© 跨版生活圖書出版

PART 6

神奈川縣

靜岡縣

富士五湖

長野縣

群馬縣

栃木縣

茨城縣

埼玉縣

千葉縣

日本第二大佛像 高德院鎌倉大佛 地圖P.92

高德院為日本淨土宗的佛教寺院，院內供奉的大佛被稱為鎌倉大佛，高度(包括台座)約13米，重約121噸，以青銅鑄造出來，僅次於奈良東大寺的大佛，是日本第二大的佛像，也有重要的歷史價值。大佛內部是空心的，只要額外付￥50便可走進裏面參觀大佛的內部結構，非常有趣。

◀▲高德院鎌倉大佛。

▲寺內有售賣食品手信的店鋪。

▲排隊參觀大佛的內部結構。

- 🏠 神奈川県鎌倉市長谷4-2-28
- 🚃 江之島電鐵「長谷」站下車，步行約7分鐘
- 🕐 4月~9月08:00~17:30，10月~3月08:00~17:00
- 💲 一般￥300(HK$18)，小學生￥150(HK$11)，參觀大佛內部另付￥50(HK$3)
- ☎ 0467-22-0703
- 🌐 www.kotoku-in.jp

INFO

鎌倉最具代表性的神社 鶴岡八幡宮 地圖P.92、93 MAPCODE 8 247 543*21

鶴岡八幡宮由幕府時代的武將源賴朝所建，是鎌倉最大的神社。自鎌倉幕府成立後，八幡神便成為了守護武士的武神，亦是保護關東地區的總守護神，至今仍然有着重要的歷史地位。八幡宮的本殿是歷史悠久的江戶建築，前來參拜的民眾絡繹不絕，是鎌倉必去的觀光景點。登上樓梯抵達八幡宮正殿後，可眺望若宮大路的熱鬧街景。

必到

▶不少人會購買「祈願繪馬」￥1,000(HK$73)，並寫上自己的願望，掛在神社。

▲鶴岡八幡宮。細心看，就會發現圖額上的「八」字是由兩隻鴿子組成的。

- 🏠 神奈川県鎌倉市雪ノ下2-1-31
- 🚃 JR「鎌倉」站下車，從東口沿若宮大路走，步行約12分鐘
- 🕐 4月~9月05:00~21:00，10月~3月06:00~21:00
- 💲 免費；參觀寶物殿一般￥200(HK$15)，小學生￥100(HK$7)，未就學兒童免費
- ☎ 0467-22-0315
- 🌐 www.hachimangu.or.jp
- 🅿 首2小時免費

INFO

熱鬧好逛的商店街 若宮大路、小町通り 地圖P.93 人氣

　　若宮大路和小町通り是兩條緊密相依的街道：若宮大路是通往鶴岡八幡宮的參道，小町通り則是位於內街的商店街，入口有一個搶眼的紅色鳥居。兩條街都是整個鎌倉市最熱鬧和最好逛的區域，街道兩旁有多間特色店鋪和餐廳，售賣手工藝品及日本傳統食品，適合購買手信和紀念品。

📍 JR「鎌倉」站下車，從東口步行約1分鐘，會先到達小町通り，再往前走，在路口轉右，便會到達若宮大路 **INFO**

▲若宮大路中間有一條人行步道。

◀小町通り入口的鳥居。

★ 小町通り內精選 ★

集合宮崎駿的周邊商品 橡子共和國 地圖P.93

どんぐり共和国

　　橡子共和國是宮崎駿「吉卜力工作室」的周邊商品專賣店，在日本設有多間分店。旅客可在這裏找到《魔女宅急便》、《天空之城》、《風之谷》等動畫相關的商品，是宮崎駿迷不可錯過的店。這間分店門前面更放了一隻可愛的龍貓木板，讓旅客跟它合照。

🏠 神奈川縣鎌倉市小町1-5-6松秀ビル
🚃 JR「鎌倉」站下車，從東口沿小町通り走，步行約1分鐘
🕐 10:00~19:00　📞 0467-24-7705
🌐 benelic.com/donguri **INFO**

▶橡子共和國店前可愛的龍貓。

試食超多種口味的豆菓子 鎌倉源氏庵 地圖P.93 推介

　　豆菓子即利用不同豆類為材料，所製成的日式菓子。鎌倉源氏庵售賣多種不同煮法和口味的豆菓子，有些較香脆，有些較甜，例如有各種風味的花生、甘納豆(先把生豆煮熟，再反複塗上蜜漬的菓子)、小磯豆(裏頭包裹着花生的豆菓子)等，偶爾更會提供試食。豆菓子的包裝輕便，加上價格相宜，適合當手信。

▶店內有多種口味的豆菓子可供試食。

🏠 神奈川縣鎌倉市小町2-2-22
🚃 JR「鎌倉」站下車，從東口沿小町通り走，步行約3分鐘
🕐 11:00~18:00　📞 0465-43-6248
🌐 kamakuragenjian.alix-corp.co.jp/ **INFO**

▲不少人慕名到鎌倉源氏庵試食。

PART
6
神奈川縣

靜岡縣

富士五湖

長野縣

群馬縣

栃木縣

茨城縣

埼玉縣

千葉縣

傳統布製品專門店 鎌倉ふぃる 地圖P.93

鎌倉ふぃる出售多款和風特色商品，例如手帕、小錢包、小袋子和扇子，每款商品更提供多種顏色及「和柄」(即日本風圖案或日式花紋)供顧客選擇，而且商品的價錢相宜，例如¥1,100(HK$65)能買到三條傳統日式手帕，手工精緻。

◀鎌倉ふぃる 小町通り店。

⌂ 神奈川県鎌倉市小町2-10-2
🚉 JR「鎌倉」站下車，從東口沿小町通り走，步行約3分鐘
🕙 10:00～19:00
☎ 0467-23-0201
🌐 ameblo.jp/kamakura-feel
INFO

傳承110年的傳統味道 鎌倉ハム富岡商会 地圖P.93

ハム是火腿的日語，鎌倉ハム富岡商会是一間著名的鎌倉老店，以嚴格的品質管理及傳統古法，精心製作出高級的鎌倉火腿、煙肉和香腸等肉類製品。店鋪開業至今已有110年歷史，老店獨有的味道仍吸引了許多當地人和旅客購買。

◀店鋪是鎌倉市的本店。

⌂ 神奈川県鎌倉市小町2-2-19相模屋ビル
🚉 JR「鎌倉」站下車，從東口沿小町通り走，步行約3分鐘
🕙 10:00～18:00　　　❌ 週三及年末年始
☎ 0467-25-1864
🌐 www.kamakuraham-tomioka.co.jp
INFO

以鴿子餅乾著名 豐島屋 地圖P.93

售賣受歡迎的鴿子餅乾(鳩サブレー)的豐島屋，於1894年明治時期開業，現在有百多年的歷史。鴿子餅乾的成份有小麥粉、砂糖及奶油。鴿子餅很大塊的，吃起來口感鬆脆。它是鎌倉重要手信，不少日本人都會購一袋、一盒甚至一罐。如果要買這款手信，記得要小心保護裏面的餅乾啊！

▲豐島屋有百多年歷史。

▲鴿子餅乾的模樣。

◀ 這是4件餅乾的包袋(¥540，HK$32)，印上了大鴿仔，另一面的圖案是鎌倉店獨有的。

⌂ 神奈川県鎌倉市小町2-11-19
🚉 JR・江ノ電鎌倉站東口步行5分鐘
🕙 09:00-19:00　　❌ 週三不定期　　🌐 www.hato.co.jp
INFO

(圖文 :HIM)

是咖啡店，還是圖書館？ House Yuigahama 地圖P.93

House Yuigahama咖啡店有近乎圖書館的功能，店內其中一面牆放了400多本書，店家把書籍分類，包括旅行、家居設計、生活風格等，並用英文A-Z排列次序，如某些書籍談論市鎮，就分類到「T」(Town)。書籍不設外借服務，食客在這裏除了真正的食物，也可找到你的精神食糧。

▶一整面牆都是分門別類好的圖書。

▶正門。

▶用餐環境。

▲ Mango Cheese Cake(￥600，HK$43)，充滿淡淡芒果香味，附送一球雪糕。另加￥350(HK$25)可轉飲Latte。

> 🏠 神奈川県鎌倉市由比ガ浜1-12-8
> 🚉 江ノ電和田塚站步行2分鐘　🕐 10:00-當天日落時間
> 🚫 週三　🌐 www.lnstagram.com/houseyuigahama/

(圖文 :HIM)

現點現煮的白玉湯圓 茶房雲母 地圖P.93 必吃

在鎌倉市的巷弄之間，沿着斜路走到住宅區，會找到一間隱蔽的日式甜點店。店鋪本來是一間傳統的日式房子，改建成甜點店後，吸引了不少人慕名而來。店內最受歡迎的甜點是宇治白玉クリームあんみつ(￥900，HK$53)，白玉即湯圓，あんみつ則是一碗盛滿了紅豆泥、白玉和寒天等材料的甜點，每一碗都是現點現煮的，飽滿的白玉非常彈牙，配上抹茶蜜和紅豆泥，令人一試難忘。

▲茶房雲母。

> 🏠 神奈川県鎌倉市御成町16-7
> 🚉 JR「鎌倉」站下車，從西口步行約11分鐘
> 🕐 週一至五11:00-18:00，週六、日及假日
> 　10:30-18:00
> ☎ 0467-24-9741

鎌倉市　江之島　橫濱市　箱根町

PART
6
神奈川縣
靜岡縣
富士五湖
長野縣
群馬縣
栃木縣
茨城縣
埼玉縣
千葉縣

文具控注意！超吸引的文具選物店 Tuzuru 地圖P.93

文具店的老闆出生於充滿歷史文化的的鎌倉，而且從小熱愛文具，一直希望能設立一間代表着鎌倉及宣揚鎌倉文化的文具店。他終於在2008年實現夢想，在鎌倉設店了這家文具店。從鋼筆、信紙、文具，還有具鎌倉特色的明信片，所有商品都經過老闆的精挑細選。另外，店內設計由老闆一手包辦，用心打造出一個日式洋風的寫意空間。

◀ Tuzuru

☖ 神奈川県鎌倉市御成町13-41
🚃 JR「鎌倉」站下車，從西口步行約2分鐘
🕐 11:00~18:00　　　🚫 週三
☎ 0467-24-6569
🌐 www.tuzuru-kamakura.com
INFO

日系可愛選物店 moln 地圖P.93

這間小店位於鎌倉站的鐵路旁，老闆嚴選了多款日本手作人設計和製作的商品，例如毛巾、陶瓷和吊飾等，放在店內出售，因此，每一件商品都反映了老闆的個性。老闆還特意從法國及英國進口不同的二手古董，希望把每一件商品背後的故事傳遞開去，使店內的商品彷彿在訴說自己的身世似的，有一種讓人平靜下來的魔力。

▲ 選物店的飾物很多都是日本當地品牌。

◀ moln 位於2樓，看到牌後上樓梯，便可到達。

◀ 店內環境。

◀ 店家嚴選的小物質素都極高。

Tips!
日語中的1階即香港人所說的地下 G/F，2階即香港人所說的1樓。

☖ 神奈川県鎌倉市御成町13-32 2F
🚃 JR「鎌倉」站下車，從西口步行約4分鐘
🕐 11:00~18:00
🚫 週一、二
☎ 0467-38-6336
🌐 moln.jp
INFO

鎌倉市　江之島　橫濱市　箱根町

文青必訪的北歐雜貨店 pieni-krone　地圖P.93

pieni-krone以北歐品牌為中心，精心進口了多種雜貨，當中最為人熟悉的是姆明的產品。店內商品還有多款廚具、裝飾品和北歐當地的手工藝品，例如芬蘭品牌的木杯Kuksa、白樺木吊飾等，希望能為顧客的平凡生活帶來樂趣和幸福感，讓人珍惜在家的時間。

- 🏠 神奈川縣鎌倉市御成町5-61-C
- 🚃 JR「鎌倉」站下車，從西口步行約4分鐘
- 🕙 10:30~18:00
- 🛑 週三
- ☎ 0467-25-0847
- 🌐 www.krone-kamakura.com

◀▲ pleni-krone

可愛貓咪雜貨店 Kamakura neco salon　地圖P.93

neco是「貓」的日語，Kamakura neco salon的老闆花盡心思，收集了大量與貓有關的雜貨，如襪子、杯子、紙膠帶和毛巾等，相信一眾愛貓之人必定無法抗拒店內的商品。不過，如果在鎌倉時錯過了本店，回東京後也可逛逛位於東京吉祥寺的分店。

▶ Kamakura neco salon 鎌倉本店。

◀ 所有商品都印有貓咪圖案。

- 🏠 神奈川縣鎌倉市御成町1-5
- 🚃 JR「鎌倉」站下車，從西口步行約1分鐘
- 🕙 10:00~18:00
- 🛑 週三
- ☎ 0467-84-7240
- 🌐 www.necosalon.com

文具雜貨迷必訪 コトリ　地圖P.93

コトリ位於寧靜的街道上，附近都是民居和小店。在安逸氣氛和環境下逛這間文具雜貨店，能發掘小物的美好，感受慢生活的溫暖。店內有不少自家品牌的文具，例如便條紙、信紙、筆袋和筆等，都令人愛不釋手。

▲コトリ的外觀也很有特色。

▶店內有大量極具風格的文具，可以買來當紀念品。

◀老闆自家製的信紙和明信片　設計可愛。

- 🏠 神奈川縣鎌倉市大町2-1-11
- 🚃 JR「鎌倉」站下車，從東口步行約7分鐘
- 🕙 11:00~18:00　🛑 週一不定休
- ☎ 0467-40-4913
- 🌐 www.kamakura-kotori.com

百年古民家Cafe ソラフネ 地圖P.93

這間咖啡店由日式古宅改建而成，提供輕食和飲品，擺設和氣氛都古色古香。咖啡店主打健康路線，使用無農藥或低農藥的有機野菜，悉心製作出各種日式定食，深受女士們歡迎。飲品方面，店家選用了有機咖啡豆、豆乳和茶葉，還有罕有的玄米咖啡。

▲ソラフネ的入口藏於一般民居之中，十分隱蔽。

▲咖啡店大門。

🏠 神奈川縣鎌倉市大町2-2-2
🚃 JR「鎌倉」站下車，從東口步行約7分鐘
🕐 11:00~15:30
✖ 週六、日及公眾假期
☎ 0467-38-4085

歷史悠久的寺院 円覚寺 地圖P.92 賞紅葉

幕府時期，為了祭奠和悼念在戰爭死去的士兵，當時的將軍北條時宗創建了円覚寺。円覚寺建於北鎌倉的小山坡上，佔地廣闊，內有十八座廟宇、茶館及庭園。許多著名的高僧都在此坐禪而參悟佛法，例如日本知名作家夏目漱石為了養病曾在此參禪，更將寺院寫入自己的作品之中。另外円覚寺是欣賞紅葉的好地方，12月初更為最佳的賞楓時機。

▲一踏出車站月台，就能看到円覚寺的入口。

◀▲踏入紅葉季節，兩旁階梯會被楓樹包圍，吸引許多旅客駐足拍照。

▲寺廟內設有茶館，讓旅客在清靜美麗的環境品茗，入場費￥100(HK$7)，抹茶￥500(HK$37)。

▲寺內如詩如畫般的景致。

🏠 神奈川縣鎌倉市山ノ內409
🚃 JR「北鎌倉」站下車，步行約1分鐘
🕐 3月~11月08:00~16:30，12月~2月08:00~16:00
💲 成人￥500(HK$29)，兒童￥200(HK$12)
☎ 0467-22-0478　🌐 www.engakuji.or.jp

如藝術品般的窗外風光 明月院

地圖P.92 推介 賞紅葉 賞櫻

明月院是一間屬於臨濟宗建長寺派的寺院,於6月至7月時能看到藍色、紫色、白色的繡球花,色彩鮮麗迷人,開花時節吸引大批人前來欣賞。除了夏天的繡球花,明月院隨季節有着不同的美麗風光,例如春季時能賞櫻,秋季能賞紅葉。庭院內有一扇名為「開悟之窗」(悟りの窓)的圓形窗戶,由於窗外是後庭園,而庭院景色隨四季而變更,所以每天所觀賞到景色都獨一無二。後庭園只有在特定期間,例如6月及紅葉季節時才開放予大眾,須另外付費入場。

▶明月院入口。

▶想要拍出一張好照片,別忘了排隊觀看「開悟之窗」。

開悟之窗

▶美得讓人悸動。

▶▼走到後庭園,感受秋天的靜謐。

神奈川県鎌倉市山ノ内189
JR「北鎌倉」站下車,步行約9分鐘
09:00~16:00,6月08:30~17:00
高中生或以上¥500(HK$37),小學及初中生¥300(HK$22);6月¥500(HK$37),參觀後庭園另付¥500(HK$37)
0467-24-3437
trip-kamakura.com/place/230.html

鎌倉市 江之島 橫濱市 箱根町

靜岡縣　富士五湖　長野縣　群馬縣　栃木縣　茨城縣　埼玉縣　千葉縣

古色古香的寺院 長谷寺

地圖P.92　賞紅葉

　　長谷寺是鎌倉時代以前便已經建成的寺院，以日本傳統的回遊式庭園設計，沿着寺內的妙智池和放生池走，可欣賞到全寺的景色。寺內的觀音堂供奉着貼滿了金箔的「十一面觀音菩薩像」。觀音像總共有十一面，高達9米，是日本最大的佛像。此外，在寺內的見晴台眺望，可看到鎌倉的海景和街景，一覽蜿蜒的海岸線，是絕佳的觀景勝地。

▲秋季時，庭園會滿佈紅葉。

▶寺院的景物在紅葉點綴下，更賞心悅目。

▲庭園中有三尊可愛的良緣地藏。

▲支援日文、英文及中文的自助售票機。

▲跟着售票機的指示，便能輕易買票。

▲通往見晴台的樓梯。

▶眺望三浦半島美景。

　🏠 神奈川県鎌倉市長谷 3-11-2　　🚋 江之島電鐵「長谷」站下車，步行約5分鐘
　🕐 4月~6月08:00~17:00，7月~3月08:00~16:30
　💰 成人￥400(HK\$24)，小學生￥200(HK\$12)
　☎ 0467-22-6300　　🌐 www.hasedera.jp　　🅿 每30分鐘￥350(HK\$21)

INFO

《男兒當入樽》經典場景 鎌倉高校前站平交道 地圖P.92

位於鎌倉高校前站的平交道，是漫畫《男兒當入樽》(《灌籃高手》)片頭曲裏，主角櫻木花道跟赤木晴子相遇的地方。迷人的海景配上行駛在湘南海岸旁的江之電，造就了經典的漫畫場面，吸引不少動漫迷前來朝聖。

推介 必到

▲車站。

▶海天一色的景致，構成了浪漫的畫面。

Tips!

由於平交道的範圍狹窄，遊客走出馬路拍照會影響交通，因此當地觀光局於2019年4月把平交道列為禁止拍攝區域，遊客如果想拍照，請盡量站於行人道或其他比較安全的地方。

🏠 神奈川県鎌倉市腰越1-1
🚉 江之島電鐵「鎌倉高校前」站下車，出站即達

INFO

坐擁180度美麗景致 Amalfi Della Sera 地圖P.92

Amalfi Della Sera設有一個享有180度美景露台：左自葉山海岸，右至江之島及富士山，著名景點集結於同一個視角，加上碧海藍天的海岸線，令人讚嘆不已。食物方面，餐廳提供薄底披薩、燴飯等口味正宗的意大利料理，吸引不少當地人到來。

🏠 神奈川県鎌倉市七里ガ浜 1-5-10
🚉 江之島電鐵「七里ヶ浜」站下車，往海邊方向步行約5分鐘
🕐 10:30~21:30(隨節日更改)
☎ 0467-32-2001
🌐 www.be-value.co.jp/restaurant/amalfi_DELLASERA.html

INFO

▲餐廳外部。

▲餐廳位於山坡上，需要走一段斜路才能到達。看到這塊指示牌後，沿着樓梯走就能到達。

靜岡縣

富士五湖

長野縣

群馬縣

栃木縣

茨城縣

埼玉縣

千葉縣

海邊吃咖喱 珊瑚礁 地圖P.92

珊瑚礁於鎌倉市設有兩家分店,其中モアナマカイ店靠近海邊,不論是白天或夜晚,同樣環境一流,氣氛清幽。餐廳人氣第一的食品為各種日式咖喱,例如野菜咖喱、帆立貝咖喱和茨城產的地雞咖喱等。此外,餐廳的前菜亦很豐富,有燒豬肋骨、煎魚和海螺等。

◀ 珊瑚礁位於モアナマカイ的分店。

⌂ 神奈川県鎌倉市七里ガ浜1-3-22
🚃 江之島電鐵「七里ヶ浜」站下車,往海邊方向步行約2分鐘
🕙 10:30~14:30,16:30~20:00
☎ 0467-31-5040
🌐 www.sangosho.net/moana.html

世界第一早餐 bills 地圖P.92 必吃

號稱世界第一早餐的bills來自澳洲,其招牌菜為加了Ricotta cheese的香蕉班戟,口感軟綿美味,令人一試難忘。相對於東京其他分店來説,位於七里ヶ浜的bills不用排隊,而且坐擁無敵海景,予人輕鬆悠閒的感覺。

◀ bills 位於 2 樓,能飽覽美麗海景。

▲餐廳面向湘南海岸,景致迷人。

◀ Ricotta 芝士班戟配香蕉及蜂巢奶油,￥1,500(HK$110)。

⌂ 神奈川県鎌倉市七里ガ浜 1-1-1 Weekend House Alley 2F
🚃 江之島電鐵「七里ヶ浜」站下車,往海邊方向步行約2分鐘
🕙 週一07:00~17:00,週二至日 07:00~21:00
☎ 0467-39-2244
🌐 billsjapan.com/jp

超濃厚紫薯雪糕 いも吉館 地圖P.93

いも吉館以番薯系列聞名,產品有雪糕、可樂餅及日式小點心。雪糕方面,店鋪提供紫薯、甜薯、宇治抹茶及雲呢拿等多種口味,不論是味道或是顏色都非常吸引。鎮店之寶紫薯雪糕味道濃厚,用料新鮮,特別受旅客歡迎。

但紫薯及抹茶雪糕,兩種口味的口感均很濃厚,紫薯口味偏甜(￥350,HK$26)。

▲店內有多種紫薯產品,例如年輪蛋糕(￥1,000,HK$73)。

⌂ 鎌倉市雪ノ下1-9-21
🚃 JR・江ノ電鎌倉站下車,步行約10分鐘
🕙 10:00~18:00
☎ 0467-25-6038
🌐 imoyoshi.com

6.2

在海邊享受悠閒時光

江之島
Enoshima

江之島位於片瀨海岸的大海上，風景宜人，天氣好的時候能眺望到富士山，每逢夏季都吸引大量旅客來海灘戲水，欣賞綿延海岸線的迷人景致。而且江之島是一個位於鎌倉旁的小島，與鎌倉只相距 20 多分鐘車程，兩地交通連接方便，也都是熱門的觀光景點，很多旅客都會把兩地的行程安排在一起。江之島內的交通見 P.90~91。

▲ 天氣晴朗時從江之島能遙望富士山。

▲ 右邊的島嶼為江之島。

▲ 令人着迷的湘南海岸。

前往江之島的交通

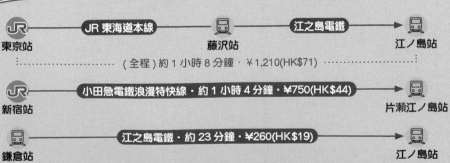

JR 東京站	JR 東海道本線	藤沢站	江之島電鐵	江ノ島站

（全程）約 1 小時 8 分鐘．￥1,210(HK$71)

JR 新宿站	小田急電鐵浪漫特快線．約 1 小時 4 分鐘．￥750(HK$44)	片瀨江ノ島站

鎌倉站	江之島電鐵．約 23 分鐘．￥260(HK$19)	江ノ島站

註：以上車費為自由席，乘搭指定席車費較貴。車費及時間僅供參考。

江之島景點地圖

相模灣

片瀬西浜海水浴場

新江ノ島水族館 (P.108)

Garb (P.107)

Eggs 'n Things (P.107)

O'penBic Cafe
Hemingway (P.108)

腰越海水浴場

湘南白百合
学園小学校

片瀬江ノ島站

湘南江の島站

江ノ島站

江の島大橋

しらす問屋
とびっちょ
(P.109)

湘南港北
緑地公園

Moke's HAWAII
(P.109)

江ノ島站

江之島展望
燈塔 (P.111)

あさひ本店
(P.109)

Fujimi-Chaya (P.111)

江島神社
(P.110)

湘南港灯台

富士見亭
(P.107)

龍宮

稚児ヶ淵 (P.110)

亀ヶ岡広場

しまカフェ
江のまる (P.111)

圖例

國道	公園	江之島電鐵車站
縣道	學校	湘南單軌電車車站
景點	警局	車站出口
咖啡店	郵局	江之島電鐵線
食肆	橋	湘南單軌電車線
寺廟 / 神社	巴士站	小田急江ノ島線
便利店	小田急線車站	行人路

200 公尺

© 跨版生活圖書出版

飽覽太平洋的餐廳 富士見亭 地圖 P.106

富士見亭面向太平洋、西面的伊豆半島和富士山,如果能見度高的話可看到富士山!這裏有一些鎌倉特色美食,如釜揚蓋飯しらす丼(¥1,250,HK$74):利用在相模灣捕獲的「シラウオ」(即香港俗稱的白飯魚),大量蓋在飯上,再灑上芝麻、葱、紫菜,成為美味的菜式。

▲室外用餐環境。

▲能見度高的時候,從富士見亭可見富士山。

⌂ 神奈川縣藤沢市江の島2-5-5
⊙ 09:00-日落
▶しらす丼(¥1,250,HK$74),飯面有不少白飯魚。
INFO

(圖文:HIM)

超人氣奶油班戟 Eggs 'n Things 地圖 P.106 人氣

喜歡吃班戟的人,對Eggs 'n Things應該不會陌生。Eggs 'n Things來自夏威夷,於日本已開設了10幾家分店,各間分店門前的人流不斷,可見它具有一定程度的人氣。湘南江之島分店能眺望江之島和相模灣,位置一級棒。食物方面,奶油班戟(¥1,380,HK$81)是顧客必點的食品,奶油份量像山一樣高,入口即溶,沒想像中油膩。　　▶ Eggs 'n Things 門外經常大排長龍。

⌂ 神奈川縣藤沢市片瀬海岸2-17-23 The Beach House
🚃 小田急電鐵「片瀬江ノ島」站下車,步行約3分鐘
⊙ 09:00~22:30　☎ 0466-54-0606
🌐 www.eggsnthingsjapan.com/shonan
INFO

必試石窯披薩 Garb 地圖 P.106 推介

Garb是一間意式餐廳,主要提供披薩及意大利粉。餐廳有3層,店內有一個用來烤製披薩的石窯,風味十足,2樓和3樓為主要的用餐位置,窗外能看到江之島,開放感十足;4樓屋頂為BBQ室外場,能夠一邊對着壯麗的相模灣,一邊BBQ,天氣好的時候更能眺望富士山。BBQ每位¥5,200(HK$366),包BBQ用品、食材及90分鐘任飲飲品。

▶ Garb

⌂ 神奈川縣藤沢市片瀬海岸2-17-23 The Beach House 2F
🚃 小田急電鐵「片瀬江ノ島」站下車,步行約3分鐘
⊙ 週一至五11:00~14:00,17:00~21:00,週六、日及假日11:00~22:00
☎ 0466-22-3355　🌐 www.garb-enoshima.com
INFO

靜岡縣 富士五湖 長野縣 群馬縣 栃木縣 茨城縣 埼玉縣 千葉縣

探索日本的海底世界 新江ノ島水族館 地圖P.106 親子

▲新江ノ島水族館。

日本四面環海，海洋生物繁多，新江ノ島水族館展示了生活在相模灣和太平洋的海洋生物形態，是一個海洋生物寶庫。館內分為幾個區域，有水母展廳、企鵝海豹展區、海豚表演場和海洋生物觸摸池等。入場人士除了可以吸收各種海洋知識外，還有機會與海洋生物互動，達到寓教於樂的目的。

ⓝ 神奈川県藤沢市片瀬海岸2-19-1
ⓢ 小田急電鐵「片瀬江ノ島」站下車，步行約3分鐘；或江之島電鐵「江ノ島」站下車，步行約10分鐘
ⓣ 3月~11月09:00~17:00，12月~2月10:00~17:00(聖誕期間會延長開放至20:00，新年期間會提早於09:00開門，詳見官網)
ⓢ 成人¥2,500(HK$147)，高中生¥1,700(HK$100)，初中、小學生¥1,200(HK$71)，兒童(3歲或以上)¥800(HK$47)
ⓒ 0466-29-9960　ⓦ www.enosui.com　INFO

Tips!
持有「江之島一鎌倉1日周遊券」者，於購買水族館入場券時出示周遊券，即可享八折優惠。(詳見P.91)

坐擁海景的餐廳 O'penBic Cafe Hemingway 地圖P.106

カフェ・バー ヘミングウェイ 江の島

O'penBic Cafe Hemingway是一間位於海邊的餐廳，能眺望江之島。餐廳的午

▲餐廳位於海傍。

市套餐較晚餐划算，只需¥1,100(HK$64)，包主食、沙律、湯及飲品，主食可選湯咖哩、意粉或丼飯。此外，酒類的選擇亦很豐富，一杯紅酒約¥200(HK$15)起。不少團體會包場在2樓舉辦派對，氣氛輕鬆又熱鬧。

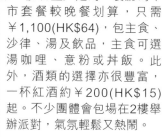

◀O'penBic Cafe Hemingway 位於2樓。

ⓝ 神奈川県藤沢市片瀬海岸1-12-4 ちょっとヨットビーチマリーナ2F
ⓢ 小田急電鐵「片瀬江ノ島」站下車，步行約3分鐘
ⓣ 11:00~22:00(目前11:00~20:00)
ⓒ 0120-997-659
ⓦ www.hemingway.cafe　INFO

白飯魚料理 しらす問屋 とびっちょ 〔地圖P.106〕

　　しらす問屋的宗旨都是提供最新鮮和豐富的白飯魚料理，由最基本的白飯魚刺身飯、炸白飯魚飯，到滑蛋白飯魚海螺飯、白飯魚玉子燒等都應有盡有，為看似平平無奇的白飯魚料理增添了不少色彩。

▶餐廳外部。

Tips!
餐廳在休漁期（1-3月）不會提供白飯魚刺身飯。

🏠 神奈川縣藤沢市江の島2-1-9
🚉 小田急電鐵「片瀬江ノ島」站下車，步行約12分鐘
🕐 11:00~21:00　📞 0466-29-9090
🌐 tobiccho.com/shops/benzaiten　INFO

▲若嫌白飯魚飯單調，可配搭多款刺身。

超大原隻海鮮仙貝 あさひ本店 〔地圖P.106〕

　　在前往江之島神社的老街上，會經過一家經常出現長長人龍的名店。這間店專門售賣江之島名物：海鮮仙貝。老闆會將新鮮的原隻龍蝦或章魚攤平放在高壓機器上，利用兩片鐵板的高溫和高壓烤製出超大片海鮮仙貝。每塊仙貝即叫即製，非常新鮮，曾多次獲雜誌及電視台採訪，難怪旅客和本地人紛紛慕名而來。

▶章魚仙貝
（￥400，HK\$29）。

🏠 神奈川縣藤沢市江の島1-4-8
🚉 小田急電鐵「片瀬江ノ島」站下車，步行約10分鐘
🕐 09:00~18:00　休 週四
📞 0466-23-1775
🌐 www.murasaki-imo.com　INFO

（攝影：Laushuting）

夏威夷風情 Moké's HAWAII 〔地圖P.106〕

　　餐廳以前的店名為Aloha Beach Café，主打與巴西莓(Acai Berry)相關的飲品和食物，巴西莓酸酸甜甜的，具抗氧化的功效，近年深受日本人喜愛。另外，店鋪提供的夏威夷班戟也很受顧客歡迎，夏威夷果仁醬班戟是店內人氣第一的班戟食品。勇於挑戰新口味的朋友，可嘗試別處吃不到的白飯魚班戟。

▶餐廳現已改名為 Moké's HAWAII。

🏠 神奈川縣藤沢市江の島1-6-8
🚉 小田急電鐵「片瀬江ノ島」站下車，步行約10分鐘
🕐 10:00~22:00
📞 0466-47-7794　🌐 www.mokeskailua-japan.com　INFO

祈求財運 江島神社 地圖P.106 人氣

江之島內的邊津宮、中津宮和奧津宮，三個合稱「江島神社」。江島神社為日本三大弁財天神社之一(弁財天乃日本神話中的七福神之一)，可以說是一間祈求財運的神社。神社依山而建，上山的階梯一路往上延伸，從紅色鳥居作為起點，會經過辺津宮、奉安殿、中津宮及奧津宮等重要景點，全程約20多分鐘，沿途除了能欣賞眾多傳統日式建築外，更能俯瞰江之島周圍的風景。走到盡頭便會到達稚児ヶ淵，一望無際的蔚藍大海呈現眼前。

▲攀登江島神社前，會經過一條商店街。

▲江島神社入口的鳥居。

辺津宮

中津宮

奉安殿

◀奉安殿內供奉了八臂弁財天和妙音弁財天。

奧津宮

▶走到盡頭會到達江之島的另一端，繼續往前走便抵達稚児ヶ淵。

稚児ヶ淵

▲來到稚児ヶ淵後，可放慢節奏，一邊散步，一邊欣賞壯闊無邊的海洋。

Tips!

想節省一點力氣，可選擇乘搭扶手電梯，但只限上山。成人￥360(HK$26)，兒童￥180(HK$13)，持有「江之島─鎌倉1日周遊券」者，於付費時出示周遊券，可享優惠。(詳見P.91)

▲扶手電梯的售票處和入口位於紅色鳥居旁。

🏠 神奈川県藤沢市江の島 2-3-8
🚃 小田急電鐵「片瀬江ノ島」站下車，步行約15分鐘；或江之島電鐵「江ノ島」站下車，步行約20分鐘
🕐 08:30~17:00
💰 免費，參觀奉安殿成人￥200 (HK$15)，中學生￥100(HK$7)，小學生￥50(HK$4)
📞 0466-22-4020
🌐 enoshimajin ja.or.jp
INFO

飽覽太平洋絕景 江之島展望燈塔 地圖P.106

江の島シーキャンドル

為了紀念開業100週年，江之電於2002年興建了江之島展望燈塔，成為了湘南的地標。站在展望台，可飽覽遼闊的太平洋，非常壯觀。此外，每年11月底至2月中會有「湘南之寶石」的大規模夜間點燈活動。在夜空的襯托之下，展望塔下的花園(Samuel Cocking Garden)內的裝飾以及燈塔都閃閃生輝，十分浪漫。

▶江之島展望燈塔。

Tips!
持有「江之島一鎌倉1日周遊券」者，於購買燈塔入場券時出示周遊券，成人可享￥30優惠，兒童則享￥10優惠。(詳見P.91)

▶「湘南之寶石」活動進行期間，園內的裝飾都會發亮。

- ⌂ 神奈川縣藤沢市江の島2-3
- 🚉 小田急電鐵「片瀬江ノ島」站下車，步行約20分鐘；或江之島電鐵「江ノ島」站下車，步行約25分鐘
- 🕐 09:00~20:00
- 💲 **展望燈塔**：成人￥500(HK$29)、兒童￥250(HK$14)；**Samuel Cocking Garden**：成人￥500 (HK$29)、兒童￥250(HK$14)
- ☎ 0466-23-2444
- 🌐 enoshima-seacandle.com

INFO

特色古民家Cafe しまカフェ 江のまる 地圖P.106

しまカフエ本身為大正時期的古民家，現已改建成一間古樸的咖啡店。店內的設計以素色木系擺設為主，營造出治療人心的空間。咖啡店提供咖啡、甜點及酒，其中以自家製香蕉蛋糕最具人氣。此外，店鋪會在中午時段提供主食，例如江之島名物白飯魚飯及吞拿魚牛油果丼。

▶店鋪的外觀給人溫暖的感覺。

- ⌂ 神奈川縣藤沢市江の島2-3-37
- 🚉 小田急電鐵「片瀬江ノ島」站下車，步行約15分鐘
- 🕐 11:00~日落　休 週三
- ☎ 0466-47-6408

INFO

美味班戟配上江之島絕景 Fujimi-Chaya 地圖P.106

フジミチャヤ

這間班戟專門店位於江之島岬角的尖端，向着大海，擁有一流的景致。店內氣氛悠閒，是放慢生活步調的好地方，特別推薦於露台用餐，能飽覽一望無際的海景。店家所售的班戟有蘋果、雜莓配雪糕和香蕉焦糖等口味選擇。

- ⌂ 神奈川縣藤沢市江の島2-5-3
- 🚉 小田急電鐵「片瀬江ノ島」站下車，步行約25分鐘
- 🕐 12:00~17:00　☎ 0466-23-7605
- 🌐 www.enoshimapancake.com

INFO

▲ Fujimi-Chaya

6.3

異國情調魅力

橫濱市
Yokohama

橫濱（横浜）是日本關東地區第一個開港港口，透過1859年的開港契機，西方文化正式傳入日本，改變了當地人的生活、飲食習慣與建築風格，令當地的文化東西合璧，極具特色。橫濱不僅到處都是歷史留下的痕跡，也是當地人喜歡到訪的地方，因為這裏有美麗港灣夜景、充滿美食的中華街、逛不膩的大型購物商場、年輕人最愛的紅磚倉庫、好玩的合味道紀念館和浪漫的摩天輪等，成為了橫濱獨有的魅力。

特別是位於橫濱港沿線的港灣未來21(MM21)區 (P.119)，該區廣佈購物中心、商業大廈、酒店、遊樂園和美術館等設施，加上美麗的港灣夜景，形成了橫濱獨有的魅力。

橫濱市觀光協會：www.welcome.city.yokohama.jp/ja

前往橫濱市的交通

JR 東京站 — JR 京浜東北線 / 東海道本線 / 橫須賀線‧約 18~31 分鐘‧¥470(HK$34) → JR 橫浜站

浅草 / 押上 / 人形町站 — 都營地下鐵浅草線 → 泉岳寺站 — 京急電鐵京急本線 → 橫浜站
（全程）約 33~40 分鐘‧¥530~580(HK$39~42)

渋谷 / 中目黑 / 自由が丘站 — 東急電鐵東橫線‧約 18~31 分鐘‧¥250~270(HK$18~20) → 橫浜站

新宿三丁目 / 明治神宮前站 — 東京地下鐵副都心線 → 渋谷站 — 東急電鐵東橫線 → 橫浜站
（全程）約 34~35 分鐘‧¥440(HK$32)

註：以上車費為自由席；乘搭指定席車費較貴。車費及時間僅供參考。

橫濱市內交通

　　橫濱市內的主要交通工具為港未來線(みなとみらい線)、紅鞋觀光巴士(あかいくつ号)、市營地下鐵及JR。

1. 鐵路「港未來線」 みなとみらい線

　　港未來線有6個站，班次密集，駛經各個主要觀光區，例如合味道紀念館、Cosmo World、紅磚倉庫、元町商店街和中華街等。此外，由於港未來線連接在渋谷站轉乘的東急東橫線，因此是旅客最常用及最方便的鐵路。

☎ 045-664-0629
🌐 www.mm21railway.co.jp INFO

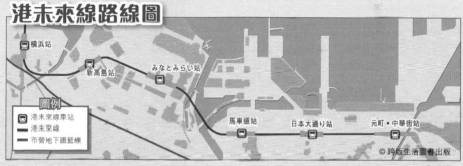

2. 紅鞋觀光巴士 あかいくつ号

　　雖然港未來線會駛經主要觀光區，但車站距離某些景點還有一段路程(約10分鐘)，加上某些景點位於山丘上，乘搭巴士會比較方便。紅鞋觀光巴士環繞港未來21及山手地區而行，分為兩條路線，名為「あかいくつ周遊ルート」，會行經桜木町站、合味道紀念館、World Porters、紅磚倉庫等主要觀光景點。另一條較短的路線來回桜木町站前和ハンマーヘッド，車程約8～9分鐘。

紅鞋觀光巴士「あかいくつ周遊ルート」時刻表

主要車站	平日 (每16~20分鐘一班)		週六、日及假日 (每12~15分鐘一班)	
	首班車	尾班車	首班車	尾班車
桜木町駅前站	10:02	18:02	10:02	18:32
赤レンガ倉庫・マリン＆ウォーク站	10:15	18:15	10:18	18:48
港の見える丘公園前站	10:35	18:35	10:40	19:10
山下公園前站	10:42	18:42	10:47	19:17
桜木町駅前站	11:10	19:10	11:20	19:50

💲 成人￥220(HK$16)，兒童￥110 (HK$8)
☎ 045-664-2525
🌐 www.city.yokohama.lg.jp/kotsu/bus/norikata/akaikutsu.html

紅鞋觀光巴士「桜木町駅前発 ハンマーヘッド行き」時刻表

主要車站	平日 (每約1小時一班)				週六、日及假日 (每約1小時一班)			
	早班車		晚班車 (首班每半小時其後每1小時一班)		早班車		尾班車	
桜木町駅前(市役所口)	/	9:30	/		/	9:30	/	
桜木町駅前站	8:33	9:33	18:30	22:00	8:48	9:48	19:00	22:00
馬車道駅前	8:36	9:36	18:33	22:03	8:51	9:51	19:03	22:03
万国橋・ワールドポーターズ前	8:38	9:38	18:35	22:05	8:53	9:53	19:05	22:05
ハンマーヘッド	8:43	9:43	18:40	22:10	8:58	9:58	19:10	22:10

3. 市營地下鐵

横濱市營地下鐵分為藍色線與綠色線，遊客最常用到藍色線，往來橫浜、桜木町及関内等站。

Ⓢ 成人￥210~550(HK$15~40)，兒童￥60~140 (HK$4~10)
☎ 045-664-2525
🌐 navi.hamabus.city.yokohama.lg.jp/koutuu/pc/map/Top?window=trainRailMap

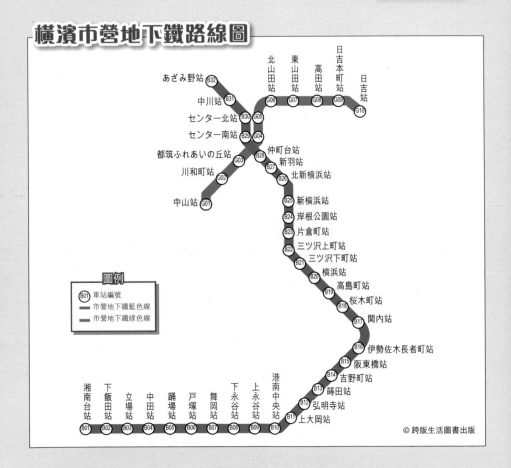

© 跨版生活圖書出版

4. JR

JR橫濱線途經新橫浜站，連接東神奈川站至八王子站。若要前往橫浜站，必須於東神奈川站轉乘JR根岸線。相比起其他交通工具，旅客較少使用JR。最常用的站為橫浜、桜木町、関内及石川町站。

☎ 050-2016-1603
🌐 www.jreast.co.jp/railway

　　由於橫濱市內有多款公共交通工具，旅客可根據出發點及自己想去的目的地去規劃路線，估計自己會使用哪一種交通工具較多，再決定購買以下哪一款交通優惠券。

1. 橫濱一日車票　横浜1DAYきっぷ

　　「橫濱一日車票」包括於京急電鐵任何站往返橫浜站一次，及不限次數乘搭港未來線、紅鞋觀光巴士、橫濱市營巴士指定路線、京急線橫浜站至上大岡站，以及市營地下鐵藍色線(横浜站~伊勢佐木長者町站、上大岡站)，有效期為1日，適合乘搭都營浅草線或京急本線往返橫浜站，並會多次使用橫濱市內公共交通工具的旅客。

購買地點：京急電鐵各車站(「泉岳寺」站除外)的售票處			
主要出發站	成人	兒童
品川站	￥1,120(HK$66)	￥570(HK$34)
橫浜~上大岡站	￥840(HK$81)	￥430(HK$25)
金沢文庫站	￥950(HK$56)	￥480(HK$28)
橫須賀中央站	￥1,070(HK$63)	￥540(HK$32)
www.keikyu.co.jp/visit/otoku/otoku_yokohama.html			

2. 東急港未來車票　みなとみらいチケット

　　「東急港未來車票」包括於東急電鐵任何站往返橫濱一次，以及不限次數乘搭港未來線，有效期為1日。由於從渋谷站搭乘東急東橫線往返橫浜站需要￥560(HK$40)，而港未來線一日觀光車票需要￥460(HK$34)，故購買東急港未來車票更划算。車票適合會在一天內乘搭東急東橫線往返橫浜站，並搭乘港未來線前往各景點的旅客。

購買地點：東急電鐵各車站的售票機			
主要出發站	成人	兒童
渋谷站	￥920(HK$54)	￥470(HK$28)
自由が丘站	￥910(HK$54)	￥460(HK$28)
目黑站	￥920(HK$54)	￥470(HK$28)
多摩川站	￥910(HK$54)	￥460(HK$28)
www.tokyu.co.jp/railway/ticket/types/value_ticket/ minatomirai_ticket.html			

3. 港未來線一日觀光車票　みなとみらい線一日乘車券

　　「港未來線一日觀光車票」包括不限次數乘搭港未來線，有效期為1日，適合會在1天內多次搭乘港未來線的旅客，觀光車票基本上只要乘搭港未來線3次或以上即可回本。

- 購買地點：港未來線各車站的售票機
- 成人￥460(HK$34)，兒童￥230(HK$17)
- www.mm21railway.co.jp/info/oneday.html

4. 港灣漫遊車票　みなとぶらりチケット

　　「港灣漫遊車票」包括1天內不限次數搭乘橫浜站至伊勢佐木長者町站的市營地下鐵藍色線、紅鞋觀光巴士、Burari觀光巴士，以及横浜站至元町、港之見丘公園、三溪園站的橫濱市營巴士。市營地下鐵單程約￥210(HK$15)，觀光巴士單程約￥220(HK$16)，因此只要在1天內搭乘上述交通工具3次或以上即可回本，適合多次搭乘市營地下鐵、市營巴士及觀光巴士的旅客。

- 購買地點：市營地下鐵藍色線的車站、市營巴士內
- 成人￥500(HK$37)，兒童￥250(HK$18)
- www.city.yokohama.lg.jp/kotsu/bus/unchin/minatoburari.html

橫濱市景點地圖

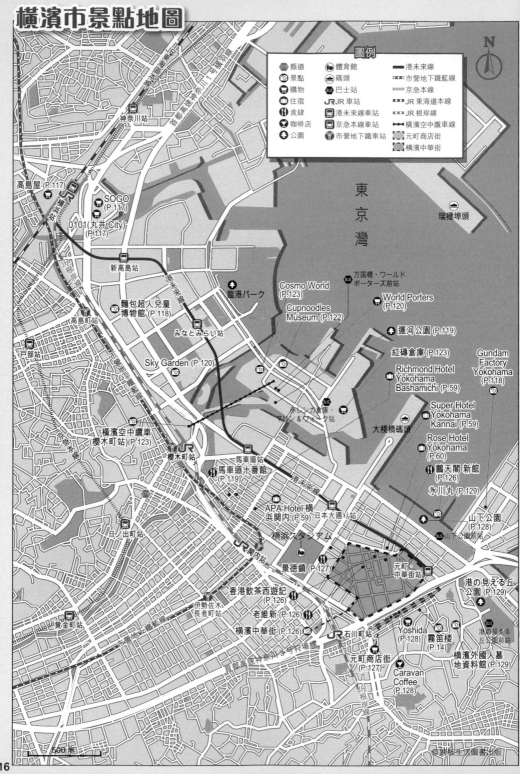

横浜站周邊景點

地圖P.116

日本百貨公司代表 高島屋

（横浜タカシマヤ）

高島屋以高級品牌為中心，是一座高11層的大型百貨公司。百貨公司的B1及B2層專售食品，有超級市場、洋菓子(即西式點心)店，和熟食外帶店等，提供多款日式小吃、便當和漬物，1樓至7樓是一般商鋪，8樓則集結了多間餐廳，例如著名壽喜燒餐廳人形町・今半，以及天婦羅老店銀座天一等。

▶高島屋。

- 🏠 神奈川縣橫浜市西區南幸1-6-31
- 🚇 JR「橫浜」站下車，從西口步行1分鐘
- 🕐 10:00~20:00，8樓餐飲店11:00~22:30
- ☎ 045-311-5111
- 🌐 www.takashimaya.co.jp/yokohama
- INFO

搜尋日本流行商品 SOGO

地圖P.116

（そごう）

橫浜站附近的SOGO不但匯集了各個日本和海外的高級品牌，還設有無印良品，以及售賣文具及雜貨的LOFT，男女服飾、化妝品和精品都一應俱全。此外，商場的6樓經常舉辦美術展覽，8樓則不定期設有日本各地的物產展，售賣各地特色的冷食和熱食，而10樓是餐飲街，有各式各樣的選擇，例如日本料理、中華料理、抹茶甜品店，讓遊客逛街後好好休息用餐。

Tips!
SOGO 的退稅櫃台設於 6 樓，旅客可在那裏辦理退稅手續（詳見P.34）。

▶廣為香港人熟悉的SOGO。

- 🏠 神奈川縣橫浜市西區高島2-18-1
- 🚇 JR「橫浜」站下車，從東口出站即達
- 🕐 地庫2樓~8樓10:00~20:00；10樓11:00~22:00
- ☎ 045-465-2111
- 🌐 www.sogo-seibu.jp/yokohama
- INFO

日本潮流品牌集中地 0101(丸井City)

地圖P.116

（マルイシティ横浜）

0101集中了各種男女流行時裝、化妝品、珠寶首飾和生活雜貨。此外，商場的2樓及4樓設有5間輕食及咖啡店，包括售賣蜜瓜包的東京淺草的名店花月堂、抹茶專門店nana's green tea和源於美國的咖啡店Pour Over等，是逛街後的歇腳好去處。

▲ 0101 的 B2 入口。

- 🏠 神奈川縣橫浜市西區高島2-19-12
- 🚇 JR「橫浜」站下車，從東口經過Lumine百貨公司後下一層，步行約3分鐘
- 🕐 10:30~20:30　☎ 045-451-0101
- 🌐 www.0101.co.jp/077
- INFO

鎌倉市　江之島　橫濱市　箱根町

歡樂天地 麵包超人兒童博物館

地圖P.116 親子

▲麵包超人與他的夥伴在入口處歡迎入場人士。

麵包超人自1988年至今是日本電視動畫的長壽節目，深受小孩喜愛。麵包超人兒童博物館把麵包超人帶來現實世界，實現了不少小孩與童心未泯的大人的夢想，有機會與麵包超人互動玩耍。這裏分為博物館區、購物商場區及餐廳，逛完3層內容精彩的博物館區後，可到購物商場區購買限定週邊商品，更可到以麵包超人與他的夥伴們為主題的餐廳用餐。

▲館內不時見到麵包超人和夥伴們的蹤影。

◀印有麵包超人圖案的麵包是餐廳的人氣商品，造型非常可愛。

可以戴上頭套，裝扮成麵包超人。

▲館內會不停播放麵包超人的卡通片段。

▲主題餐廳內的麵包師傅認真地為麵包超人繪上面容。

⌂ 神奈川県横浜市西区みなとみらい6-2-9
🚇 港未來線「新高島」站下車，從2號出口步行約7分鐘；或市營地下鐵「高島町」站下車，從2號出口步行約7分鐘
🕐 博物館區10:00~17:00，購物商場、主題餐廳10:00~18:00
💲 1歲或以上￥2,200~2,600(HK\$129~153)
☎ 045-227-8855
🌐 www.yokohama-anpanman.jp
INFO

1:1「可動高達」延長至2024年3月31日！！

Gundam Factory Yokohama

地圖P.116 推介

現身於橫濱海岸的1:1「RX-78F00高達」是期間限定的特別展覽，為受疫情影響而無法前往觀賞的粉絲，官方決定延長展期至2024年3月31日！

1:1 RX-78F00高達全身加入可動關節，可以做出下蹲及模擬步行等動作，每小時兩次配合聲光效果演出「起動實驗」和「待機模式」，另外還有新演出「F00/AI Awakening！」，而且白天與夜晚亮燈後會展現出兩種不同的視覺效果，想一次看到兩種效果，就要抓緊日落前後的時間進場。另外，模擬格納調整設施的高架觀景台「GUNDAM-DOCK TOWER」，可讓遊客從15至18米的高度近距離觀察「RX-78F00高達」的頭部和身體，同樣是令人震撼的觀賞角度。

▲不親眼一睹就太可惜的帥氣身姿！ （撰文：HEI）

⌂ 神奈川県横浜市中区山下町279番25 山下ふ頭内
🚇 從港未來線元町中華街站4號出口(橫濱海洋塔出口)步行7分鐘
🕐 (展出期間)2020年12月19日至2024年3月31日；平日 11:00~20:00 (19:00 最後入場)，星期六日假期10:00~20:00(19:00最後入場) *閉館日和開放時間隨日子變動，請參閱官方網站
❌ 星期二　🌐 gundam-factory.net
💲 成人(13歲以上)￥1,650 (HK\$97)，兒童(7至12歲)￥1,100 (HK\$64)；「GUNDAM-DOCK TOWER」￥3,300(HK\$194)
INFO

高級懷舊風餐廳 馬車道十番館 地圖P.116

　　馬車道十番館於1967年建造，用以紀念明治100周年，是一幢富有歷史意義的建築。十番館的設計仿照了明治時代的西洋建築，連室內的燈飾、桌椅和餐具都非常懷舊。館內1樓是喫茶店，2樓是走英國風的酒吧，3樓則是餐廳，雖然價錢偏貴，但食物水準很高，無論是想吃一份正餐、點一份輕食搭配咖啡，或是晚上喝杯酒，都十分適合。

◀館外的燈古色古香。

▲▶馬車道十番館的裝潢包含西方元素。

▶館外保留了古時給牛馬喝水的水池。

> ⌂ 神奈川県横浜市中区常盤町5-67
> 🚇 市營地下鐵「関內」站下車，從9號出口步行約1分鐘；或港未來線「馬車道」站下車，從5號出口步行3分鐘；或JR「関內」站下車，從北口步行約6分鐘
> 🕐 喫茶店10:00~22:00，酒吧16:00~23:00，餐廳11:00~22:00
> ☎ 045-651-2621
> 🌐 www.yokohama-jyubankan.co.jp

INFO

港灣未來21區 景點

散心好去處 運河公園 地圖P.116

　　運河公園位於商場World Porters(P.120)前，沿着運河而建，環境舒適，適合散步，讓遊人感受橫濱市悠閒的氣氛。入夜時，不但可以在公園欣賞到日落，更可觀看橫濱灣高樓林立的夜景。

▲閃閃光亮的橫濱摩天輪。

> ⌂ 神奈川県横浜市中区新港2-1-1
> 🚇 港未來線「馬車道」站下車，步行約6分鐘；或港未來線「みなとみらい」站下車，步行約15分鐘

INFO

▲美不勝收的夜景。

鎌倉市　江之島　橫濱市　箱根町

360度無死角景觀 Sky Garden
地圖P.116

Sky Garden位於橫濱地標塔大廈69樓，坐擁無與倫比的夜景。於大廈2樓的大廳乘搭速度每分鐘750公尺的電梯，能在40秒內直達69樓。Sky Garden擁有360度全景，能俯瞰到迷人的港灣夜景，把橫濱美景盡收眼底。

◄樓高73層的橫濱地標塔大廈。

- 神奈川県横浜市西区みなとみらい2-2-1
- 港未來線「みなとみらい」站下車，從出口轉左通過Queen's Tower，步行約8分鐘
- 10:00~21:00，週六10:00~22:00
- 成人￥1,000(HK$73)，65歲或以上及高中生￥800(HK$59)，中小學生￥500(HK$37)，4歲或以上￥200(HK$15)
- 045-222-5030
- www.yokohama-landmark.jp/skygarden

消閒購物天堂 World Porters
地圖P.116

橫浜ワールドポーターズ

位於港灣未來21區的World Porters有6層高，匯集了世界各地的品牌，有服裝店、運動用品店、家居雜貨店和餐廳等，總共200多家店鋪。商場集購物、美食及消閒於一身，5樓設有電影院及娛樂設施，空間十分寬敞，附近更是公園及遊憩步道，難怪會成為觀光和散步的熱門景點。

▲ World Porters

- 神奈川県横浜市中区新港2-2-1
- 港未來線「みなとみらい」或「馬車道」站下車，同樣從4號出口步行約10分鐘；或JR「桜木町」站下車，轉乘紅鞋觀光巴士「港灣未來線(M線)」，於「万国橋・ワールドポーターズ前」站下車即達
- 商店10:30~21:00，餐廳11:00~23:00
- 045-222-2000
- www.yim.co.jp

★World Porters內精選★

價廉物美古着店 Mosh Pit

◄ Mosh Pit

由於日本人把舊物保存得很好，所以日本是買古着的聖地。古着即二手服飾，而Mosh Pit兼售男、女裝古着，極富個性，既復古又充滿時尚感，而且價錢合理，適合二手衣物迷來尋寶。

- World Porters 3F
- 10:30~21:00
- 045-222-2137

年輕女裝品牌 Honeys

　　Honeys出品的時裝設計簡約，款式多，容易配搭出百搭造型，是廣為年輕人熟悉的時尚女裝品牌，在日本國內有不少分店。雖然品牌走平價路線，但由於品質、做工和剪裁不錯，因此都有不少支持者。

▶ Honeys

🏠 World Porters 1F
🕐 10:30~21:00
☎ 045-681-0205
INFO

海灣購物區 Mitsui Outlet Park 橫濱港灣

　　位於鳥濱站的Mitsui Outlet Park是一個室外特賣場，時裝品牌如Coach、adidas、Michael Kors等一應俱全。

風格。
翻新後換上簡約時尚設計

🏠 神奈川縣橫濱市金沢區白帆5-2
🚉 濱新都市交通(Seaside Line)鳥濱站步行10分鐘
🕐 店鋪10:00 ~ 20:00 餐廳11:00~21:00 (因店鋪而異) 美食廣場10:30~21:00
🌐 mitsui-shopping-park.com/mop/yokohama/
INFO

▲ 行累了，可以到二樓 Bayside Food Hall 吃點東西，休息一下。

▲ Mitsui Outlet Park 有 不 少時裝品牌的特賣場。

★ Mitsui Outlet Park內精選 ★

既是主題公園亦是購物中心 Uniqlo Park橫濱ベイサイド店 親子

　　「Uniqlo Park橫濱港灣店」是全球首座融合商舖和主題公園的購物中心，由日本建築師藤本壯介設計，場內包括1樓UNIQLO、2樓GU、3樓GU童裝區，提供最新、最齊全的服飾配件，還有為小朋友設計的叢林體育場、遊戲區等遊樂設施，父母不用擔心在購物期間小朋友會到處搗蛋。購物完畢亦可到戶外綠化休憩區放鬆休息。

🏠 神奈川縣橫濱市金沢區白帆6-5
🚉 東京、橫濱方面前往：JR橫濱站轉乘京濱東北根岸線到新杉田站，再轉乘Seaside Line到鳥濱站，步行約8分鐘
🕐 10:00 ~ 20:00　☎ 045-350-5057
🌐 map.uniqlo.com/jp/ja/detail/10101653
INFO

▲純白簡單的外型配上鮮明奪目的「Uniqlo Park」。

▲建築物屋頂設計成給小朋友玩耍的溜滑梯。

（撰文：HEI，攝影：蘇飛）

側欄（直排文字）：鎌倉市　江之島　橫濱市　箱根町

體驗型博物館 Cupnoodles Museum　地圖P.116　 親子

　　博物館又名合味道紀念館、日清杯麵博物館，館內設有展覽廳和放映廳，介紹日清的歷史，以及最早發明即食麵的安藤百福先生，讓參觀者學習何謂創造性思維。此外，參觀者可以親身體驗製作杯麵，過程非常有趣，玩味十足，先在杯子上自由繪畫，然後從4種湯料中自選1種，再從12種配料中自選4種，製作出由自己設計、獨一無二的杯麵，每個¥580(HK$29)。

▲外形現代化的博物館是親子好去處。

◀裏面有不同年代杯麵包裝。

★ 製作杯麵的過程 ★

▲先買杯麵：¥500(HK$29)，並洗手消毒。

▲在杯麵上畫畫。

▲轉圈把麵放入杯裏。

完成了

▲再包裝便完成啦！

▲為杯麵封膠。

▲▶選擇材料及調味料。

Tips!
　　參觀者還可以從搓麵粉開始，親自製作雞湯即食麵（過程約1小時30分鐘），但必須事前打電話或上網預約，費用為小學生¥600(HK$35)，中學生或以上¥1,000(HK$59)。

🏠 神奈川県横浜市中区新港2-3-4
🚃 港未來線「みなとみらい」或「馬車道」站下車，同樣從4號出口步行約11分鐘；或JR「桜木町」站下車，轉乘紅鞋觀光巴士「港灣未來線(M線)」，於「万国橋・ワールドポーターズ前」站下車，步行約5分鐘
💲 成人¥500(HK$37)，中學生或以下免費，自製杯麵另付¥500(HK$29)
🕐 10:00~18:00　🚫 週二(如遇假期則延至翌日)、12月31日、1月1日
📞 045-345-0918
🌐 www.cupnoodles-museum.jp/ja/yokohama

INFO

（攝影：Him）

右側直欄（由右至左）：
鎌倉市　江之島　橫濱市　箱根町

乘坐摩天輪看夜景 Cosmo World 地圖P.116

Cosmo World是一個靠海的遊樂場，入場費全免，設施則個別收費。除了機動遊戲，Cosmo World有一個極具人氣的「大觀覽車」，即大型摩天輪。摩天輪直徑約100米，共有60個車廂，乘車一周約需15分鐘，建議於黃昏或入夜後乘坐，就能在高空中俯瞰醉人的港灣夜景。

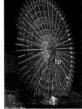

▶摩天輪的燈光隨時間而轉換，並附有時鐘，因此只看到摩天輪便能知道時間，一目了然。

- 🏠 神奈川県横浜市中区新港2-8-1
- 🚊 港未來線「みなとみらい」站下車，步行約10分鐘；或JR或市營地下鐵「桜木町」站下車，步行約15分鐘
- 🕚 11:00~21:00(個別日子有所不同，詳見官網)
- 🈺 週四　💲 入場免費，乘搭摩天輪￥900(HK$53)
- ☎ 045-641-6591　🌐 cosmoworld.jp

空中散步 橫濱空中纜車「Yokohama Air Cabin」

橫濱空中纜車連接JR櫻木町站和新港地區的運河公園，作為橫濱港全新的觀光設施展示出橫濱未來的魅力。纜車全程約630公尺，需時約5分鐘，讓乘客既能體驗空中漫步的樂趣，亦能更便捷地移動到橫濱港的觀光景點。另外，車廂和車站大樓邀請了世界著名照明設計師石井元子女士監督，展現出與白天不同的面貌。 地圖P.116

- 🏠 橫濱市中區新港2丁目1-2
- 🚊 JR櫻木町站東口，步行約1分鐘
- 🕙 10:00～21:00　☎ 045-319-4931
- 💲 成人(初中或以上) 單程￥1,000(HK$59) 來回￥1,800(HK$106)，兒童(3歲至小學生) 單程￥500(HK$29) 來回￥900(HK$53)
- 🌐 yokohama-air-cabin.jp

(撰文：HEI，攝影：蘇飛)

Tips!
購買纜車連橫濱大摩天輪 Cosmo Clock 21 套票更划算！成人(初中或以上) 單程￥1,500(HK$88)，來回 ￥2,300(HK$135)，兒童(3歲至小學生) 單程￥1,200(HK$71)，來回￥1,500(HK$88)。

▲車廂最多乘8人。

見證歷史的復古建築 紅磚倉庫 地圖P.116

(横浜赤レンガ倉庫)

紅磚倉庫建於1911年，見證日本結束鎖國政策，是當年開港通商的重要倉庫。目前的紅磚倉庫是2002年改裝而成的，是橫濱近年來極具代表性的觀光、購物及遊憩景點。倉庫靠海，環境舒適，1號館主要是展示空間，而2號館則是餐廳和商鋪。

▲紅磚倉庫。

- 🏠 神奈川県横浜市中区新港1-1
- 🚊 港未來線「馬車道」站或「日本大通り」站下車，步行約6分鐘；或JR及市營地下鐵「関内」站下車，步行約15分鐘；或JR及市營地下鐵「桜木町」站下車，轉乘紅鞋觀光巴士「中華街・元町線(C線)」，於「赤レンガ倉庫・マリン&ウォーク」站下車，步行約1分鐘
- 🕙 1號館10:00~19:00；2號館11:00~20:00
- ☎ 1號館045-211-1555；2號館045-227-2002
- 🌐 www.yokohama-akarenga.jp

▲倉庫坐落於海傍。

▲2號館內有較多餐廳和商鋪，商品主要產自日本。

◀左邊為1號館，右邊為2號館。

◀倉庫在聖誕期間設有市集，吸引了不少當地人和旅客。

PART 6

神奈川縣

靜岡縣

富士五湖

長野縣

群馬縣

栃木縣

茨城縣

埼玉縣

千葉縣

★ 紅磚倉庫內精選 ★

橫濱紅磚倉庫2號館 橫濱紅磚倉庫草莓祭典

　　每年1、2月士多啤梨收成季節，橫濱紅磚倉庫都會舉辦「ヨコハマストロベリーフエスティバル(橫濱紅磚倉庫草莓祭典)」，屆時會以士多啤梨作主題將場內裝飾成少女感爆棚的粉色系，還有琳瑯滿目的士多啤梨、士多啤梨甜點飲料和士多啤梨周邊雜貨，是拍照打卡的首選去處！

▲各種士多啤梨甜品。

▶會場中央巨型士多啤梨裝飾。

INFO
- 橫濱紅磚倉庫活動廣場
- 每年2月至3月10:00～18:00(準確日程請查閱官方網站)
- ¥300(HK$18)(小學以下免費入場)
- www.yokohama-akarenga.jp/strawberryfes/

(撰文：HEI，攝影：蘇飛)

日本製的精緻木製品 Hacoa

　　Hacoa以木製品著稱，以使用天然木材製造富質感的商品為理念，一手包辦產品的設計和製作，店內的木製品都經過悉心設計，每個工序、細節都充分展現了日本職人的專業精神，而且非常多元化，有手機殼、便攜式充電器和手錶等。

▼天然木製手機殼十分受歡迎，強調握在手裏也擁有好的手感，是店內的人氣商品。

▲Hacoa的裝潢具工業風。

▲木製手錶和時鐘的理念頗為創新。

INFO
- 紅磚倉庫2號館 2F
- 11:00~20:00
- 045-263-9250
- www.hacoa.com

真材實料的傳統蘋果批 Granny Smith

　　這間蘋果批專門店傳承傳統口味，希望做出像家裏奶奶手作的蘋果批一樣，為客人帶來親切感。店家堅持採用日本國產，例如長野及青森的蘋果，真材實料。蘋果批主要有4種常規口味，分別為美國家庭裏常出現的Dutch Crumble、加了蘭姆酒葡萄乾的Classic Rum Raisin、加入杏仁奶油的法式French D'Mandes和加入吉士的England Custard。另外還有季節性的限定口味，例如朱古力香蕉口味、士多啤梨芝士餅口味等。

▲4種常規口味的蘋果批。

▲店鋪的裝潢感覺復古。

◀Dutch Crumble 堂食(附雲呢拿雪糕)¥820(HK$48)，外帶¥550(HK$32)。

INFO
- 紅磚倉庫2號館 1F
- 11:00~21:00
- 045-264-9981
- grannysmith-pie.com

必買紅磚倉庫限定商品 Plame Collome 推介

Plame Collome精選了多國雜貨和裝飾品，也有一些自家出品的雜貨，款式精緻又特別。此外，店家更出售20種以上紅磚倉庫的限定商品，例如有許多紅鞋女孩的周邊商品，在別的分店找不到，適合買來當手信。

▲▲限定商品放於店鋪的當眼位置。

◀店內的精品十分可愛。

▶飾物花多眼亂，女生不容錯過。

🏠 紅磚倉庫2號館 2F
🕐 11:00~20:00
☎ 045-641-5881
🌐 www.j-retail.jp/brand/plame
collome/tenpo

INFO

Tips!

紅鞋女孩的故事

橫濱售賣的紀念品很多都有紅鞋女孩的蹤影，其實這個女孩背後有個悲傷的故事：有個母親因為工作關係，把3歲的女兒交託給一名牧師，希望牧師能帶她到美國過新生活。可是，女孩不幸染上肺結核，並在9歲那年過世。女孩母親一直不知情，還以為她在外國過着幸福生活。

夏威夷人氣漢堡包 Kua'Aina

クア・アイナ

Kua 'Aina是來自夏威夷歐胡島的人氣漢堡包店，暫時只有日本、台灣及英國有分店。店家的漢堡包採用100%高級牛肉，肉汁飽滿，搭配新鮮番茄、生菜及醬料，大口咬下去能吃到多種層次，口感豐富，據說連美國前總統奧巴馬也愛吃。而薯條是細長形的，炸得香口酥脆。

▶店面頗有夏威夷風。

🏠 紅磚倉庫2號館 1F
🕐 11:00~21:00
☎ 045-227-5300
🌐 www.kua-aina.com

INFO

▶ Cheese Hamburger 1/3lb，
¥927(HK$68)。

PART
6
神奈川縣

靜岡縣

富士五湖

長野縣

群馬縣

栃木縣

茨城縣

埼玉縣

千葉縣

元町・中華街站 周邊景點

日本最大的唐人街 橫濱中華街 地圖P.116

橫濱中華街是華人聚居的區域，因此極具中國特色，散發着獨特的魅力。這裏聚集了許多餐廳、中華超級市場和雜貨店，而且隨處可見生煎包、月餅和油條等中國傳統食品，有種莫名的親切感。這裏的華人主要來自廣東省，所以餐館多數提供廣東料理，可是，不少餐廳都因應日本人的口味，製作出味道偏甜的食物。

▲橫濱中華街。　　▲▶中華街仿如中國某城市的街頭。

🚇 港未來線「元町・中華街」站下車
🌐 www.chinatown.or.jp

肉汁滿溢的生煎包 鵬天閣 新館 地圖P.116 人氣

鵬天閣在中華街開設了3間店，這間新館是上海小籠包專賣店，專賣小籠包及生煎包。餐館1樓是外賣專區，2樓及3樓是餐廳。店內人氣最高的美食為生煎包，可選豬肉餡或海鮮餡，白色外皮的是豬肉餡，綠色外皮的是海鮮餡。生煎包摺口朝下，煎得非常酥香，肉汁充沛，香甜鮮美。撒上葱花和芝麻後，好看又好吃，難怪經常看到長長的人龍在1樓排隊。

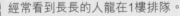

▲一鍋煎了多隻生煎包。　　▲餐廳門外經常堆滿人群。

🏠 神奈川県横浜市中区山下町192-15
🚇 港未來線「元町・中華街」站下車，從2號出口步行約2分鐘
🕐 11:00~22:00
☎ 045-681-9016
🌐 www.houtenkaku.com

人氣小熊貓包 老維新 地圖P.116

1930年以華人雜貨店面世，1955年起開始售賣可愛的熊貓蒸包而開始引人注目，現已推出9款卡通包子，有巧克力、草莓、豆沙、肉餡等，而且每月都會推出新角色包子，像是2月限定舞獅子包，內餡是叉燒芝士。另外店內亦有出售林林總總的具中華特色的服飾、武器、擺設和日常用品，可以順道看看。

◀可愛小熊貓售價¥380(HK$22)。

🏠 神奈川縣橫濱市中區山下町145
🚇 元町・中華街站下車，步行約9分鐘
🕐 10:30～21:00　☎ 045-681-6811
🌐 www.rouishin.com

（撰文：HEI・攝影：蘇飛）

鎮倉市　江之島　**橫濱市**　箱根町

正宗四川料理 景德鎮 地圖P.116

景德鎮是中華街內少數提供四川料理的餐廳，店鋪使用四川省出產的辣椒、胡椒和山椒，由中國的一流廚師掌勺，烹調出獨特的風味。又麻又辣的麻婆豆腐是店內的人氣菜式，色香味俱全，讓人一試難忘。餐廳曾多次接受電視採訪，在日本國內人氣十足。

▶景德鎮的外觀。

> 神奈川県橫浜市中区山下町190
> 港未來線「元町・中華街」站，從2號出口步行約6分鐘
> 11:30~22:00　045-641-4688
> www.keitokuchin.co.jp
> INFO

香港風味 香港飲茶西遊記  地圖P.116

香港點心專賣店「西遊記」提供多種由專業點心師傅製作的手工點心，百分百重現香港茶樓的味道，即叫即蒸的嫩滑腸粉自然是必點例牌。在西遊記還有一品獨創點心是一定要試，那就是炭烤叉燒菠蘿包「叉燒メロンバン」，口感鬆脆，一天能賣5萬的人氣點心，就算不入內堂食，亦可以外賣帶回酒店吃，一盒3個￥660(HK$39)。

> 神奈川縣橫濱市中区山下町149-1-4
> 元町・中華街站下車，步行約5分鐘
> 10:00 ~ 22:00　050-5868-3916
> saiyuki.co.jp
> INFO

（撰文：HEI，攝影：蘇飛）

▲店內主要是卡位，乾淨企理，好有香港 feel！

充滿西洋風情 元町商店街 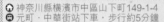 地圖P.116

橫濱開港以後，劃分成外國人居住區和日本人商業貿易區。元町商店街剛好是兩區的交界，成為了連結兩區的橋樑。從前，元町的居民主要從事漁業，後來因為外國人的遷入，逐漸成為以外國人為銷售對象的商業區，陸續有花店、西洋家具店及咖啡店進駐，充滿異國情調。現在，商店街還開設時裝服飾店和藥妝店，十分熱鬧。

▶元町商店街。

> 神奈川県橫浜市中区元町
> 港未來線「元町・中華街」站下車，從元町出口步行約1分鐘；或JR「石川町」站下車，從元町口步行約2分鐘
> 045-641-1557　www.motomachi.or.jp
> INFO

PART 6
神奈川縣

靜岡縣
富士五湖
長野縣
群馬縣
栃木縣
茨城縣
埼玉縣
千葉縣

 元町商店街內精選

可愛風雜貨店 Yoshida 地圖P.116 親子

▲店內一角有許多可愛的毛公仔。

Yoshida是一間雜貨店,在神奈川縣開設了十多間分店。位於元町的Yoshida是本店,於1927年開業至今,具相當悠長的歷史。店內售賣文具、公仔、家具用品和吊飾等雜貨,走甜美可愛路線,特別受小孩歡迎。

▲外觀非常搶眼。

▲Yoshida的粉紅色

- 神奈川県横浜市中区元町3-122
- 港未來線「元町・中華街」站下車,從元町出口步行約5分鐘;或JR「石川町」站下車,從元町口步行約6分鐘
- 10:30~19:00,週六、日及假日 10:30~19:30
- 週一不定休
- 045-641-1518
- www.motomachi-yoshida.jp

 INFO

自家咖啡品牌 Caravan Coffee 地圖P.116

◀ Caravan Coffee

Caravan Coffee的本店位於馬車道,早於1928年開始焙煎咖啡,在1947年才搬到元町。店鋪重視咖啡豆的品質,主打種類繁多的自家烘焙咖啡豆,及自家沖調咖啡。如果在店內喝完香濃的咖啡後想把味道帶走,可以在店內購買咖啡豆回家自行沖調。

- 神奈川県横浜市中区元町4-177
- 港未來線「元町・中華街」站或JR「石川町」站下車,從元町出口步行約6分鐘
- 09:00~19:00
- www.caravan-coffee.jp/corporate.html

 INFO

沿岸感受美好風光 山下公園 地圖P.116

山下公園面向橫濱港,全長約1公里,是日本第一個臨海公園,擁有悠久的歷史。沿岸的步道寬闊,迎着陣陣海風,適合散步與放空。此外,園內有許多的雕像,例如紅鞋女孩雕像(赤い靴はいてた女の子の像)、美國聖地亞哥市贈送的護水神像(水の守護神)等,旅客可一邊散步,一邊了解橫濱的歷史和文化。

▶護水神像。(攝影:Him)

▲公園環境寧靜。

- 神奈川県横浜市中区山下町279
- 港未來線「元町・中華街」站下車,從4號出口步行約5分鐘;或JR「石川町」站下車,步行約15分鐘;或JR「桜木町」站下車,轉乘26號巴士於「山下公園前」站下車,步行約1分鐘

INFO

漂浮於海上的文化遺產 氷川丸 地圖P.116

停靠於山下公園碼頭的氷川丸,是一艘豪華的高速客船,在第二次世界大戰時曾被徵用為醫療船,據說,連著名喜劇演員差利卓別靈(Charlie Chaplin)也曾乘搭此船。2008年,船隻經過翻新後,重新開放予民眾參觀,是日本指定的文化遺產之一。到訪者可進船參觀舊日的食堂、客室和船長室,到了週六、日及公眾假期,甲板範圍更會開放參觀。

▲英姿颯颯的氷川丸。

> ⌂ 神奈川縣橫浜市中區山下町山下公園附近
> 🚇 港未來線「元町・中華街」站下車,從4號出口步行約5分鐘;或JR「石川町」站下車,步行約15分鐘;或JR「桜木町」站下車,轉乘26號巴士於「山下公園前」站下車,步行約5分鐘
> ⊙ 10:00~17:00　　休 週一(如遇假期則延至翌日)
> Ⓢ 成人￥300(HK$22)、中小學生￥100(HK$7),65歲或以上￥200(HK$15)
> ☎ 045-641-4362　　🌐 www.nyk.com/rekishi　　INFO

展望橫濱美景 港の見える丘公園 地圖P.116

這個公園位於小山丘上,登上展望台後,能夠眺望橫濱跨海大橋及山下的景致,十分浪漫。公園旁有數個庭園,以英國風設計,於2016年展開了綠化工程。翻新後,玫瑰園總共有300多朵玫瑰,百花綻放,多姿多彩,最佳的賞花時間為春天和秋天。

▶喜歡拍攝的朋友絕對不能錯過此景點!

▲想看到玫瑰園內的玫瑰盛放,就要配合花期。

▶公園展望台。

▶橫濱跨海大橋映入眼簾。

> ⌂ 神奈川縣橫浜市中區山手町114
> 🚇 港未來線「元町・中華街」站下車,從6號出口步行約5分鐘;或JR及市營地下鐵「桜木町」站下車,轉乘紅鞋觀光巴士「港灣未來線(M線)」,於「港の見える丘公園前」站下車,步行約1分鐘
> 🌐 www.city.yokohama.lg.jp/kankyo/park/yokohama/kouen007.html　　INFO

歷史紀念地 橫濱外國人墓地資料館 地圖P.116

自橫濱開港,愈來愈多外國人移居日本,因而需要增設外國人專用的墓地。橫濱外國人墓地位於山手地區的一個小山丘上,佔地約18,500平方米,安葬了4,000多位外國人。園內的資料館記錄了這些外國人的生平,參觀期間可了解更多橫濱的歷史。注意墓地範圍僅於週六、日的12:00~16:00開放。

> ⌂ 神奈川縣橫浜市中區山手町96
> 🚇 港未來線「元町・中華街」站下車,從6號出口步行約3分鐘;或JR及市營地下鐵「桜木町」站下車,轉乘紅鞋觀光巴士「港灣未來線(M線)」,於「港の見える丘公園前」站下車,步行約1分鐘
> ⊙ 9:00~17:00　　休 週一
> Ⓢ 資料館入場免費,入園採用募金制,約￥200~300 (HK$15~22),用於維護基地
> ☎ 045-622-1311
> 🌐 www.yfgc-japan.com　　INFO

▲第一次世界大戰紀念碑。

▲橫濱外國人墓地的正門入口。

6.4

首屈一指的溫泉鄉

箱根町
Hakone

　　箱根位於神奈川縣西南部，是著名的天然溫泉鄉，也是廣為人知的觀光勝地。由於箱根的交通配套完善，自然及人文景觀豐富，因此大部分第一次去東京周邊的旅客，都會選擇這裏為首站。清幽的蘆之湖、壯觀的大涌谷，以及花卉名勝箱根強羅公園等景點，令箱根到處皆是明媚的風光。建議觀光日數為 2 至 3 日。

> 箱根觀光協會：www.hakone.or.jp

前往箱根町的交通

🚇 ─── 小田急電鐵小田原線 ─── 🚇 ─── 箱根登山電車／巴士 ─── 🚇 🚌
新宿站　　　　　　　　　　　　　小田原站　　　　　　　　　　　　　箱根湯本站

(全程) 約 1 小時 35 分鐘 ~2 小時・¥2,470(HK$145)

🚇 ─── 小田急電鐵浪漫特快線・約 1 小時 23 分鐘 ~1 小時 43 分鐘・¥2,470(HK$145) ───➤ 🚇
新宿站　　　　　　　　　　　　　　　　　　　　　　　　　　　　　　　箱根湯本站

註：以上車費為自由席，乘搭指定席車費較貴。車費及時間僅供參考。

由於箱根的景點集中在淺間山、神山和箱根山上,所以町內的主要交通工具多在山路行駛,有登山電車、登山纜車、空中纜車、登山巴士和伊豆箱根巴士。

1. 箱根登山電車 路線圖P.131

登山電車全線共有11站,分成平地段的小田原至箱根湯本站,以及山區段的箱根湯本至強羅站。2段電車獨立運行,從小田原站前往強羅站的乘客必須於箱根湯本站轉乘另一班列車。在強羅站下車後,可轉乘登山纜車。

- 0465-32-6823
- www.hakone-tozan.co.jp

2. 箱根登山纜車 （箱根登山ケーブルカー） 路線圖P.131

箱根登山纜車全線共有6個站,分別是強羅、公園下、公園上、中強羅、上強羅和早雲山站,適合要前往強羅公園、大涌谷和桃源台的旅客乘搭。

- 0465-32-6823
- www.hakone-tozan.co.jp

箱根登山電車及纜車路線圖

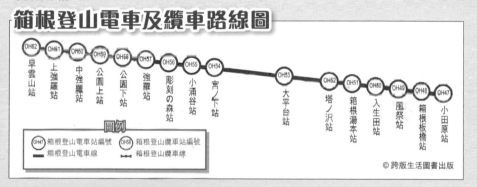

© 跨版生活圖書出版

3. 箱根空中纜車 （箱根ロープウェイ）

箱根空中纜車全線共有4個站,分別是早雲山、大涌谷、姥子和桃源台站,並分為早雲山至大涌谷站,以及大涌谷至桃源台站兩個方向獨立運行,從早雲山站前往桃源台站的旅客都必須於大涌谷站轉乘另一方向的纜車。(詳細介紹見P.145)

- 平日0465-32-2205,週六、日及假日0460-84-8439
- www.hakoneropeway.co.jp

4. 箱根登山巴士 （箱根登山バス）

登山巴士共有11條路線,覆蓋了箱根大部分的觀光景點,建議使用官方網站「箱根乘車指南」查詢巴士路線,能準確顯示箱根登山巴士的班次與路線。登山巴士方便前往小王子博物館、箱根小涌園Yunessun等離電車及纜車站較遠的景點。此外,如果要從桃源台、箱根町、元箱根等地區返回強羅、箱根湯本或小田原站的話,搭乘箱根巴士也會較方便。

- 箱根登山巴士:www.hakone-tozanbus.co.jp
巴士乘車指南:hakone-tozanbus.jcld.jp/HakoneRouteFinder/defaultHN.htm

5. 伊豆箱根巴士 （伊豆箱根バス）

　　伊豆箱根巴士共有5條路線，覆蓋了小田原、熱海和湯河原等地區，適合同時暢遊熱海及箱根的旅客，當中「小田原駅·箱根線」(經小涌園、早雲山站、大涌谷、姥子等站)、「熱海市內·熱海箱根線」為其中兩條最常用的路線。注意，**箱根周遊券並不包括此交通工具。**

☎ 0465-34-0333
🌐 www.izuhakone.co.jp/bus
「小田原駅·箱根線」路線及時間表：
www.izuhakone.co.jp/bus_odawara_hakone.pdf
「熱海市內·熱海箱根線」路線及時間表：www.izuhakone.co.jp/file/bus_atami_hakone.pdf

交通優惠券

1. 箱根周遊券 （箱根フリーパス）

　　箱根周遊券由小田急電鐵發售，包括在2天或3天內乘搭新宿站往返小田原站的小田急普通列車來回各一趟，以及不限次數乘搭箱根登山電車、登山纜車、空中纜車、箱根海賊船(P.147)和登山巴士等交通工具，基本上已包含箱根大部分觀光路線的交通工具。此外，旅客在遊覽各指定景點時出示周遊券，就能享有門票折扣優惠。

🏠 購買地點：小田急旅遊服務中心或小田急各車站的自動售票機
💲

出發站	2天有效期		3天有效期	
	成人票	兒童票(6~12歲)	成人票	兒童票(6~12歲)
新宿	¥6,100(HK$359)	¥1,100(HK$65)	6,500(HK$382)	¥1,350(HK$79)
町田	¥5,820(HK$342)	¥1,100(HK$65)	6,220(HK$366)	¥1,350(HK$79)
藤沢	¥6,050(HK$356)	¥1,100(HK$65)	6,450(HK$379)	¥1,350(HK$79)
小田原	¥5,000(HK$294)	¥1,000(HK$59)	5,400(HK$318)	¥1,250(HK$74)

🌐 www.hakonenavi.jp/transportation/ticket/freepass/
ℹ 持有從小田原或町田站出發的周遊券者，不適用於乘搭新宿站往返小田原站的小田急電鐵小田原線，但其餘條款與從新宿站出發的周遊券相同。

2. 富士箱根周遊券 （富士箱根フリーパス）

　　富士箱根周遊券是箱根周遊券的進階版，同樣由小田急電鐵發行，是一張可周遊富士、箱根地區的折扣周遊券。使用期間為3天。周遊券有兩種，第一種是從新宿站出發的優惠往返旅行套票，可搭乘新宿站往返小田原站的小田急普通列車去程或回程1次，以及新宿往返河口湖的富士急高速巴士或京王高速巴士去程或回程1次；第二種是從大月/河口湖出發的套票，不包括往返新宿站的交通，遊客可根據旅行計劃與出發地而決定購買哪一款套票。兩者都能不限次數搭乘箱根、富士地區適用範圍內的交通工具，並且包含超過90間美術館、商店和餐廳的折扣優惠，方便又超值，適合準備於3天內從新宿出發暢遊富士五湖和箱根地區的遊客。

🏠 購買地點：「新宿」或「大月/河口湖」站的小田急旅遊服務中心（「大月/河口湖」站沒有售賣從新宿出發的周遊券）
💲

出發站	價錢	
	成人	兒童
新宿站	¥9,340(HK$549)	¥2,850(HK$168)
大月/河口湖	¥9,340(HK$549)	¥2,850(HK$168)

🌐 www.odakyu.jp/tc/passes/fujihakone/

箱根町景點地圖

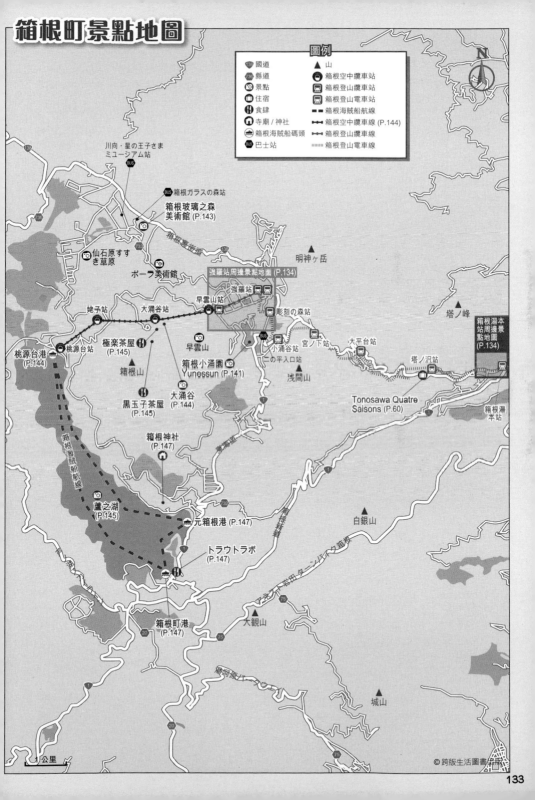

圖例

國道		▲ 山	
縣道		箱根空中纜車站	
景點		箱根登山纜車站	
住宿		箱根登山電車站	
食肆		箱根海賊船航線	
寺廟 / 神社		箱根空中纜車線 (P.144)	
箱根海賊船碼頭		箱根登山纜車線	
巴士站		箱根登山電車線	

川向・星の王子さま
ミュージアム站

箱根ガラスの森站
箱根玻璃之森
美術館 (P.143)

仙石原すす
き草原

明神ヶ岳

ポーラ美術館

強羅站周邊景點地圖 (P.134)
強羅站

塔ノ峰

箱根湯本
站周邊景
點地圖
(P.134)

姥子站　大涌谷站　早雲山站
彫刻の森站

大平台站

極楽茶屋
(P.145)

早雲山

宮ノ下站

塔ノ沢站

桃源台港
(P.144)
桃源台站

箱根山

箱根小涌園
Yunessun (P.141)

小涌谷站
二の平入口站
浅間山

黒玉子茶屋
(P.145)

大涌谷
(P.144)

Tonosawa Quatre
Saisons (P.60)

箱根湯
本站

箱根神社
(P.147)

蘆之湖
(P.145)

白銀山

元箱根港 (P.147)

トラウトラボ
(P.147)

箱根町港
(P.147)

大観山

城山

公里

箱根湯本站周邊景點地圖

圖例
- 🅝 國道
- 🛍 購物
- 🏨 住宿
- 🍴 食肆
- 🏪 便利店
- ⛲ 公園
- 🚃 箱根登山電車站
- ⋯⋯⋯ 箱根登山電車線

箱根の市 (P.135)
箱根湯本站
菜の花 (P.137)
菊川 (P.136)
Grande Riviere (P.137)
丸嶋本店 (P.136)
Sagamiya (P.135)
箱根登山電車線
東海道
籠屋清次郎 (P.136)
箱根水明莊
竹いち (P.138)
箱根焙煎珈琲 (P.137)
山安箱根湯本店 (P.138)
茶房うちだ (P.139)
ちもと (P.138)
箱根湯本ほたる公園
ホテル河鹿莊
はつ花そば 本店 (P.139)
豆腐処 萩野 (P.139)
吉池旅館 (P.60)

100 公尺

© 跨版生活圖書出版

強羅站周邊景點地圖

田むら 銀かつ亭 (P.140)
Hakone Tent (P.61)
強羅站
箱根美術館 (P.140)
公園下站
銀かつ工房 (P.140)
強羅公園 (P.141)
季之湯 雪月花 (P.61)
公園上站
中強羅站
Mervielle Hakone Gora (P.61)
箱根登山電車線
上強羅站
彫刻の森站
早雲山站 (P.145)
奈可むら (P.141)
彫刻の森 美術館 (P.142)

圖例
- 🛣 縣道
- 📷 景點
- 🏨 住宿
- 🍴 食肆
- ⛲ 公園
- 🚡 纜車站
- 🚋 箱根登山纜車站
- 🚃 箱根登山電車站
- ━━ 箱根登山纜車線
- ⋯⋯⋯ 箱根登山電車線

200 公尺

© 跨版生活圖書出版

箱根湯本站周邊景點

手信集中地 箱根の市 [地圖P.134]

　　箱根の市位於箱根湯本站內，集齊了箱根的手信、特產，還有主要的人氣商品，旅客可在到達箱根時順道購買。商品種類有溫泉饅頭、海產類、便當和紀念品等。

▶店鋪外觀。

▲箱根登山鐵道的電話繩 ¥500 (HK$37)
▶大涌谷黑朱古力 ¥1,000 (HK$73)。

🏠 神奈川縣足柄下郡箱根町湯本 707(箱根湯本站內)
🚉 箱根登山電車「箱根湯本」站下車，出站即達
🕐 09:00~20:00
☎ 0460-85-7428

▶可購買便當於電車上享用。

歐式小點心 Sagamiya [地圖P.134] 人氣

　　Sagamiya專賣自家製歐式小點心，店內人氣第一的商品為nuts vessel(ナッツヴェセル)，是一種使用了7種堅果和焦糖合製而成的朱古力，味道濃厚，分為3種大小，有迷你版、3分之1大小的和一整塊，送禮或自用都適合。其他小點心包括德國的聖誕節麵包(Stollen)和曲奇等。

▲店內的空間頗大，客人可慢慢選購。

◀獨立包裝適合買來當手信。

1/3大小的朱古力。▶

🏠 神奈川縣足柄下郡箱根町湯本 706-35
🚉 箱根登山電車「箱根湯本」站下車，步行約1分鐘
🕐 平日09:30~16:30，週六、日09:00~17:00
☎ 0460-85-6610
🌐 sagamiya-honten.co.jp

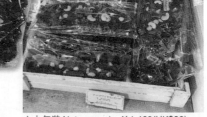
▲大包裝 Nuts vessel，¥1,469(HK$86)

現做現賣的小饅頭 菊川 地圖P.134 人氣

菊川位於車站對面，專賣各式箱根特產，例如魚餅和漬物等，鎮店名物是現做現賣的日式小饅頭。小饅頭精巧可愛，軟綿綿的外皮包裹着白豆沙餡，而且每一個都是熱呼呼的，只需￥80(HK$5)，值得一試。

◀菊川的人流頗多。

▲已包裝好的饅頭(紅豆內餡)，￥1,200(HK$7)15個。

◀▲一踏進店門，就看到製作饅頭的大型機器，顧客可現場觀看小饅頭的生產過程。

> 🏠 神奈川県足柄下郡箱根町湯本706-17
> 🚃 箱根登山電車「箱根湯本」站下車，步行約2分鐘
> 🕐 平日08:00~18:00，週六、日及假日08:00~19:00
> ✖ 週四　☎ 0460-85-5036
> INFO

元祖溫泉饅頭 丸嶋本店 地圖P.134

箱根有多間售賣饅頭的商鋪，當中的老字號丸嶋本店已經創立了接近100年，一直專注製作傳統的日式小饅頭。店內只售賣兩款饅頭，分別為啡色和白色的饅頭，差別在於前者加入了黑蜜。由於這些手工饅頭都沒有添加防腐劑，因此必須在兩三天內吃掉。

▲丸嶋本店。

◀饅頭按數量分成了多種禮盒。

> 🏠 神奈川県足柄下郡箱根町湯本706
> 🚃 箱根登山電車「箱根湯本」站下車，步行約2分鐘
> 🕐 08:30~18:00
> ☎ 0460-85-5031
> 🌐 www.marushima-honten.com
> INFO

小田原老鋪 籠屋清次郎 地圖P.134

籠屋清次郎專賣由工場直接運送的炸魚漿製品。工場把新鮮的魚肉混入蝦、芝士或蔬菜等食材，製成不同口味，裹成漿後放入油鍋炸，成為一個個美味的魚餅。魚餅每個約￥220(HK$16)，香酥即炸的外皮包裹着魚餅，口感紮實又彈牙。

◀籠屋清次郎。

▲店內提供多種口味的魚餅。

> 🏠 神奈川県足柄下郡箱根町湯本702
> 🚃 箱根登山電車「箱根湯本」站下車，步行約2分鐘
> 🕐 平日09:00~18:00，週六、日及假日09:00~19:00
> ✖ 週二　☎ 0460-83-8411
> 🌐 www.kagosei.co.jp
> INFO

和菓子專門店 菜の花 ← 地圖P.134 人氣

菜の花是一間著名的和菓子專門店,在神奈川縣內有多間分店。店內的銅鑼燒使用北海道十勝紅豆、日本國產小麥粉,以及三重縣雞蛋製成,用料新鮮。此外,店內其他和菓子的品質亦十分高,深受日本人愛戴。

▲普通黑糖饅頭(箱根のお月さま),
15個¥1,740(HK$102)。

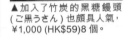

▲加入了竹炭的黑糖饅頭
(ご黒うさん)也頗具人氣,
¥1,000 (HK$59)8個。

▶菜の花深受當地人歡迎。

▲不同口味的和菓子。

- 🏠 神奈川縣足柄下郡箱根町湯本705
- 🚉 箱根登山電車「箱根湯本」站下車,步行約1分鐘
- 🕐 平日08:30~17:30,週六、日及假日08:30~18:00
- ☎ 0460-85-7737
- 🌐 www.nanohana.co.jp
- INFO

人氣法國麵包脆餅 Grande Riviere ← 地圖P.134 推介

Grande Riviere的麵包脆餅在箱根非常有名,一包包法國麵包脆餅排列在貨架上,店內瀰漫着陣陣奶油香味。這些脆餅口感酥脆,充滿奶油香味,而且包裝輕巧,每一片都是獨立包裝的,適合買回家當手信。麵包脆餅除了原味外,更有楓糖、香蒜和格雷伯爵茶等口味。

▶ Grande Riviere 是箱根的名店。

▶不同口味的脆餅。

▶原味砂糖杏仁脆餅¥510(HK$37)。

- 🏠 神奈川縣足柄下郡箱根町湯本704
- 🚉 箱根登山電車「箱根湯本」下車,步行約2分鐘
- 🕐 10:00~18:00
- ☎ 0460-83-8226
- 🌐 www.hakonerusk.com
- INFO

香濃咖啡牛乳雪糕 箱根焙煎珈琲 ← 地圖P.134

箱根焙煎珈琲是烘焙咖啡豆的專門店,店內總瀰漫着咖啡香。咖啡牛乳雪糕是店鋪人氣第一的商品,咖啡與牛乳完美配搭,味道香濃好吃,入口香滑而不膩,店內沒有座位,買完雪糕可於店外的木櫈享用。

▶店鋪人流很多。

- 🏠 神奈川縣足柄下郡箱根町湯本702
- 🚉 箱根登山電車「箱根湯本」站下車,步行約2分鐘
- 🕐 10:00~17:00   ☎ 0460-85-5139
- 🌐 www.cafe-andante.com
- INFO

▲箱根焙煎珈琲。

PART
6

神奈川縣

靜岡縣

富士五湖

長野縣

群馬縣

栃木縣

茨城縣

埼玉縣

千葉縣

即場烤及品嚐免費干物 **山安箱根湯本店** 地圖P.134

ひもの店山里

▲山安箱根湯本店是售賣干物的老字號。

山安箱根湯本店是專賣干物(魚乾)的老店,對於食物素材、製法、鹽和水都很講究,務求製作出高品質的干物。此外,店外設置了燒烤爐,顧客可以即場燒烤店家免費提供的干物。因此店外經常聚集了一大堆人,等待品嚐鹹香又開胃的干物,十分熱鬧。

◀▲大家一起燒店家提供的免費干物。

⚐ 神奈川県足柄下郡箱根町湯本692
🚉 箱根登山電車「箱根湯本」站下車,步行約4分鐘
🕐 09:00~17:00
☎ 0460-85-5805
🌐 www.hakoneyumoto.com/shopping/11

INFO

箱根特產魚餅 **竹いち** 地圖P.134

竹いち有接近30年歷史,店鋪的人氣商品為傳統日本料理中的すり身団子,即採用白身魚的肉,再加入青森縣的牛蒡,或北海道的洋蔥油炸而成的,口感彈牙,還帶點蔬菜的甜味。店內所有魚餅都是當日新鮮製作,過程中絕不加入防腐劑,有時候中午已全部售罄。

店鋪外牆的顏色也配合店名中的「竹」字。

⚐ 神奈川県足柄下郡箱根町湯本729
🚉 箱根登山電車「箱根湯本」站下車,步行約3分鐘
🕐 09:00~17:00
🚫 週四、每月第3個週三
☎ 0460-85-6556
🌐 www.take-ichi.com

INFO

擁有60多年歷史的和菓子店 **ちもと** 地圖P.134

ちもと是一間和菓子店,店鋪的名物是湯もち和外形像鈴鐺的八里。湯もち即年糕,外皮使用國產糯米製成,內餡加入了切到細碎的羊羹,據說浮在年糕中的羊羹代表了流經箱根湯本的早川。八里則以箱根八里的馬夫使用的鈴鐺為原形,內餡是紅豆,以紅、紫和白色的三色繩串起來。

這個禮盒內各有5個湯もち和八里,¥2,538(HK$186)。

店內亦有販售其他和菓子,例如櫻餅。

▲店鋪外觀。

⚐ 神奈川県足柄下郡箱根町湯本690
🚉 箱根登山電車「箱根湯本」站下車,步行約4分鐘
🕐 09:00~17:00
☎ 0460-85-5632
🌐 www.yumochi.com

INFO

老字號蕎麥麵店 はつ花そば本店 地圖P.134

　　はつ花そば位於湯本橋旁，是元祖級蕎麥麵店，店外經常大排長龍，深受旅客與當地人喜愛。店鋪提供的蕎麥麵以蕎麥麵粉、野生山藥(日文為自然薯)和雞蛋揉合而成，過程中並沒有使用半滴水，可謂真材實料。山藥具有保護胃壁的功效，有很高的營養價值，因此這裏的蕎麥麵既健康又美味。

▶過了橋後就可見到店家。

▶店外人頭湧湧。

一次過享用正餐和甜品 茶房うちだ 地圖P.134

　　茶房うちだ是一間甘味處(即可以坐下來享受甜品的地方)，提供甘味(甜點)、輕食和飲品，適合顧客喝杯茶休息一下，或吃一份正餐。食物方面，甘味有紅豆年糕湯、雪糕，以及使用「葛」這種植物的根部所取出的澱粉製作而成的「葛切」等。另外，每天售完即止的戚風蛋糕(シフォンケーキ)也是人氣名物。輕食有乾咖喱飯(即沒有汁的咖喱)、日式意粉等，評價不錯。

▲舖面看似不起眼，卻是一間極具水準的甘味處。

▶店內的環境安靜而舒適。

使用北海道紅豆製作的紅豆湯及煎年糕(焼きもちのしるこ)，¥850(HK$59)。

大豆製品專門店 豆腐処 萩野 地圖P.134

　　萩野是一間於江戶時代開業的老店，由古至今堅持使用日本產大豆和天然水，製作最優質的大豆製品。店鋪的人氣商品為嫩豆腐，購買後可立即食用，豆腐的大豆味道濃厚，蘸一點醬油吃剛好。喜歡特別口味的話，可以嚐嚐芝麻豆腐、豆乳杏仁豆腐或新鮮腐皮。

▶豆腐処萩野。

▲店內就是豆腐工場。

▶嫩豆腐，¥380 (HK$19)。

鎌倉市　江之島　橫濱市　箱根町

PART
6
神奈川縣

靜岡縣

富士五湖

長野縣

群馬縣

栃木縣

茨城縣

埼玉縣

千葉縣

強羅站周邊景點

人氣炸豆腐豬排 田むら 銀かつ亭 地圖P.134

銀かつ亭是箱根的名店，其主打菜式為炸豆腐豬排(豆腐かつ煮)，做法是把一些碎豬肉加入豆腐，然後裹上麵衣油炸。這道料理看似普通，但餐廳選用箱根手工銀豆腐，豆香濃郁，而且質感柔嫩，若吸滿鹹中帶甜的湯汁，配着米飯吃，味道保證令人一試難忘。

◄店鋪有古老大宅的感覺。

> 🏠 神奈川県足柄下郡箱根町強羅1300-739
> 🚃 箱根登山電車及纜車「強羅」站下車，步行約2分鐘
> 🕐 週一、四至日11:00~14:00、17:30~19:00，週二 11:00~14:30
> 🚫 週三　☎ 0460-82-1440　🌐 ginkatsutei.jp
> INFO

炸豬排三明治 銀かつ工房 地圖P.134

銀かつ工房為銀かつ亭的姊妹店，兩者相距很近。此店專賣炸豬排三明治、漢堡、可樂餅，以及由箱根銀豆腐所製成的豆乳雪糕、豆腐排三明治等甜品和輕食。店內環境像咖啡廳，只有17個座位，比較適合外賣。

◄工房位於銀かつ亭附近。

> 🏠 神奈川県足柄下郡箱根町強羅1300-694
> 🚃 箱根登山電車及纜車「強羅」站下車，步行約2分鐘
> 🕐 10:00~16:00　🚫 週三
> ☎ 0460-83-3501　🌐 ginkatsutei.jp
> INFO

日式庭園之美 箱根美術館 地圖P.134

於1952年開館的箱根美術館主要展示日本及其他東方國家的傳統藝術品，內裏的展品大多都是由創立人岡田茂吉所收集。館內的收藏品眾多，包括古代中國和朝鮮地區的畫作及書法，更有不少日本史前至江戶時期的陶器。館外是日式庭園，除了可一睹日式庭園之美外，更有不少石製藝術品擺放其中，十分值得參觀。此外，庭園內還有一間名為真和亭的茶室，專門提供無添加農藥的抹茶，以及會隨四季而變更樣式的和菓子。注意，館內禁止攝影。

◄日式庭園內當然少不得拱橋。

◄苔庭是美術館其中一個設施，滿地的青苔，全是翠綠的景色，相當清新。

◄竹林也是日式庭園的要素。

> 🏠 神奈川県足柄下郡箱根町強羅1300
> 🚃 箱根登山電車「公園上」站下車即達
> 🕐 4月~11月09:30~16:30，12月~3月09:30~16:00，茶室 真和亭 10:00~15:30
> 🚫 週四(公眾假期除外)及年末年始
> 💲 成人¥900(HK$66)，高中及大學生¥400(HK$29)，初中生或以下免費
> ☎ 0460-82-2623　🌐 www.moaart.or.jp/hakone
> INFO

(撰文：IKiC・攝影：Him)

西式庭園 強羅公園 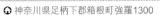 賞櫻

強羅公園擁有近百年歷史，是日本早年少數的西式庭園。公園倚着陡峭的山坡而建，標高近600米。園內有花園、植物館、茶室和工藝坊等設施。花園種植了多種植物，例如櫻花、杜鵑花和繡球花，讓人四季都欣賞到不同的自然風情。

▶園內的西式噴水池。

- ⌂ 神奈川縣足柄下郡箱根町強羅1300
- ⊟ 箱根登山電車及纜車「強羅」站下車，步行約10分鐘
- ⊙ 09:00~17:00
- ⑤ 成人￥550(HK$40)
- ☎ 0460-82-2825
- ⊕ www.hakone-tozan.co.jp/gorapark

石磨蕎麥麵 奈可むら

奈可むら製作的蕎麥麵以北海道的玄蕎麥為原材料，並使用石磨磨出100%以蕎麥粉製成的麵條。把蕎麥粉和麵粉比例為8：2的二八蕎麥麵(つなぎ)沾上醬汁，吃起來口感清爽，嚐到蕎麥最原始的香氣。除了蕎麥麵，使用新鮮蔬菜油炸而成的天婦羅亦值得一試。

- ⌂ 神奈川縣足柄下郡箱根町二ノ平1156
- ⊟ 箱根登山電車「彫刻の森」站下車，步行約1分鐘
- ⊙ 11:00~19:00
- ㊡ 週四
- ☎ 0460-82-1643
- ⊕ soba-nakamura.jp

▲民家改建而成的蕎麥麵店。

▶山藥配蕎麥麵(とろろそば)，￥1,200(HK$88)。

溫泉水上樂園 箱根小涌園Yunessun 親子 泡湯

箱根小涌園ユネッサン　MAPCODE 57 245 352*61

箱根小涌園Yunessun是一個以溫泉為主題的水上樂園，讓旅客一邊玩樂，一邊享受箱根的經典溫泉。樂園分為兩個區域，分別是Yunessun區域和森之湯區域。進入Yunessun區域必須穿泳衣，裏面有各種主題的浴池，例如紅酒溫泉、咖啡溫泉和綠茶溫泉等。而森之湯是一個大型庭園溫泉，浴池融入自然景觀，幫助消除疲勞，放鬆身心。

- ⌂ 神奈川縣足柄下郡箱根町二ノ平1297
- ⊟ 箱根登山電車「箱根湯本」站下車，轉乘箱根登山巴士(H路線)或伊豆箱根巴士，於「小涌園」站下車，過馬路即達
- ⊙ Yunessun區域09:00~19:00，森之湯區域11:00~20:00
- ⑤ **Yunessun區域**：成人￥2,500(HK$147)；兒童￥1,700(HK$100)；**森之湯區域**：成人￥1,500(HK$88)；兒童￥1,100(HK$65)；**兩個區域套票**：成人￥3,500(HK$206)；兒童￥2,200(HK$129)
- ☎ 0460-82-4126
- ⊕ www.yunessun.com

▲樂園的規模頗大。

雕刻與自然的對話 彫刻の森美術館

 親子 推介

地圖P.134

MAPCODE 57 246 856*24

彫刻の森美術館以雕刻為主題，於戶內、外展覽許多歐洲和日本藝術家的雕刻作品，某些作品更可供小孩玩樂，適合一家大小同遊。美術館被群山圍繞，背景為無邊無際的大自然。沿着步道欣賞藝術與自然的迷人魔力，給人心靈喘息的空間，重新喚醒五官。

▲美術館入口。

◀沿着步道走，會發現到處都是藝術品。

▲池內的懦人雕塑。

▲美術館設有畢加索館，放置了300多件展品。

▲館內的咖啡廳開放感十足，可看到室外的展品。

◀▲18米高、以彩繪玻璃搭建的高塔，內部也極具氣勢 (シンフオニー彫刻)。

▲紀念品店。

▲しゃぼん玉のお城，讓兒童爬進去玩的有趣展品。

Tips!

遊覽美術館前，預先在網上下載優惠券，購票時便可享有票價優惠：成人 ¥1,500(HK$110)、大學生及高中生 ¥1,100(HK$81)、中小學生 ¥700(HK$51)。

www.hakone-oam.or.jp/corefiles/ticket.html

🏠 神奈川県足柄下郡箱根町二ノ平1121
🚃 箱根登山電車「彫刻の森」站下車，步行約4分鐘；或箱根登山電車「箱根湯本」站下車，轉乘登山巴士(H路線)或伊豆箱根巴士，於「二の平入口」站下車，步行約8分鐘
🕐 09:00~17:00
💲 成人 ¥1,600(HK$117)、大學生及高中生 ¥1,200(HK$88)、中小學生 ¥800(HK$59)
☎ 0460-82-1161 💻 www.hakone-oam.or.jp

INFO

夢幻威尼斯 箱根玻璃之森美術館 <small>地圖P.133</small> 推介

箱根ガラスの森美術館

日本有大大小小的博物館及美術館，每間都各有特色，而玻璃之森美術館就以威尼斯玻璃作賣點。美術館分成兩大部分──戶外庭園及主館，戶外庭園主要展示大型的玻璃藝術，如光之迴廊、玻璃噴泉等等，晶瑩剔透的玻璃裝飾十分夢幻；而主館則展示小型的玻璃藝術品，包括15至18世紀的威尼斯玻璃藝術及19世紀末期的威尼斯玻璃，每件藝術品都十分精細，相當值得參觀。

▶箱根玻璃之森美術館。

▲美術館內展示不同時期的威尼斯風格玻璃，連湖邊的樹也是由玻璃製成的。

▲美術館內有紀念品店。

▲光之迴廊即通往主館的橋，在陽光燦爛的日子，約16萬顆水晶玻璃會反射出不同顏色，十分漂亮。

▶不要以為這是個噴泉，它們全都是玻璃！

🏠 神奈川県足柄下郡箱根町仙石原940-48
🚃 登山電車「強羅」站下車，轉乘登山巴士(S路線)到「箱根玻璃之森」站，下車即達
🕐 10:00~17:30
💰 成人￥1,800(HK$106)，高中生及大學生￥1,300(HK$76)，小學及初中生￥600(HK$44)
☎ 0460-86-3111 🌐 www.ciao3.com

INFO

（撰文：IKiC，攝影：蘇飛）

鎌倉市 江之島 橫濱市 箱根町

箱根空中纜車景點

俯瞰箱根秀麗景色 箱根空中纜車 地圖P.133

箱根ロープウェイ

箱根空中纜車運行於早雲山站與蘆之湖湖畔的桃源台站之間，總車程約30分鐘，每台纜車可乘坐18人。由標高757米的早雲山站到標高1,044米的大涌谷站只需要8分鐘，從纜車的玻璃窗俯瞰下方，能觀賞到大自然絕佳之景，例如可清楚看到大涌谷的火山煙裊裊，天氣晴朗時的時候可以眺望壯觀的富士山景。纜車的終點站為桃源台站，途中可以觀賞到湛藍的蘆之湖。

▲空中纜車乘車處。

Tips!
空中纜車會不定期進行檢查與維修，期間必須改乘接駁巴士。建議旅客於出發前，先在官網確認纜車是否正常運行。

- 🚡 纜車路線：早雲山站──大涌谷站──姥子站──桃源台站
- 🕐 3月~11月09:00~17:00，12月~2月09:00~16:15
- 💰 由「早雲山」站至「桃源台」站，來回票成人￥2,800(HK\$165)，兒童￥850(HK\$50)
- ☎ 0465-32-2205
- 🌐 www.hakoneropeway.co.jp

INFO

雲霧繚繞 早雲山站 地圖P.134

早雲山屬強羅範圍，是乘空中纜車往大涌谷的中轉站，站內有等候區，方便乘客舒適地候車，亦有小賣店，內有不少手信可供購買，在候車期間不妨來到賣店看看；而站外亦有瞭望台，可以一覽強羅地區，但遊客要注意，不少日子都十分大霧，想看美景就要留意天氣。

▲雲霧中的早雲山站。

▲站中有不少手信可供購買。

台▶
早雲山站外有瞭望
可惜到訪時大霧。

- 📍 神奈川県足柄下郡箱根町強羅1300
- 🚃 箱根登山電車或箱根空中纜車「早雲山」站下車
- ☎ 0460-82-3052

INFO

（撰文：IKiC，攝影：蘇飛）

壯麗的火山奇觀 大涌谷 地圖P.133

大涌谷是一座活火山，地下巖縫會不斷噴出大量地熱蒸氣，霧氣騰騰，煙霧繚繞，令周邊的景物若隱若現，而且大量的硫磺蒸氣令這裏瀰漫着火山特有的硫磺味。天然的火山地形景觀，壯觀到令人屏息。

◀煙霧瀰漫的大涌谷。

- 📍 神奈川縣足柄下郡箱根町仙石原
- 🚃 箱根登山電車「早雲山」站下車，轉乘箱根空中纜車於「大涌谷」站下車即達

INFO

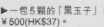

★ 大涌谷內精選 ★

地獄拉麵 極樂茶屋 地圖P.133

極樂茶屋是一間位於大涌谷的特產店兼餐廳,一方面販售大涌谷名物黑玉子、其他食品手信和紀念品,另一方面提供特別的日式料理,例如有紅色湯底的地獄拉麵、黑色的拉麵等,可一邊用餐,一邊欣賞窗外的美景。

⌂ 神奈川縣足柄下郡箱根町元箱根字大涌谷110-51
🕘 09:00~17:00,餐廳09:30~15:30
☎ 0460-84-7015
INFO

▲ 地獄拉麵的湯底是紅色的,有點辣。

能延長壽命的黑雞蛋 黑玉子茶屋 地圖P.133

黑玉子茶屋專賣大涌谷的特產黑玉子,即黑色的水煮蛋,據説吃用後可以延長壽命。為甚麼黑玉子會是黑色的?原來當地的溫泉水含有硫化鐵,把雞蛋放進去煮1小時後,蛋殼會變成黑色。不過,剝掉蛋殼後,裏面其實和普通水煮蛋一樣,但在充滿硫磺味的大涌谷上吃黑玉子,別有一番風味。

▲ 很多人聚在黑玉子茶屋前,希望嚐嚐能延長壽命的黑玉子。

▶ 一包5顆的「黑玉子」,
¥500(HK$37)。

⌂ 神奈川縣足柄下郡箱根町仙石原1251
🕘 09:00~16:40
☎ 0460-84-9605
🌐 www.owakudani.com/kurotama go_chaya
INFO

▶ 黑色的蛋殼和白色的蛋白形成強烈對比。

📍 蘆之湖及周邊景點

湖光山色 蘆之湖 地圖P.133 👑推介

蘆之湖因火山爆發而形成,背倚富士山,是神奈川縣面積最大的淡水湖。湖上有箱根海賊船航行,在山林簇擁的優美環境下,風景秀麗,天氣好的時候更能眺望富士山。即使不乘坐海賊船,亦可選擇在環湖步道上散步,景致怡人,令人心情得以放鬆。

⌂ 神奈川縣足柄下郡箱根町蘆之湖
🚌 見「箱根海賊船」的交通資訊(P.146)
INFO

▶ 優美的湖景。

鎌倉市 江之島 橫濱市 箱根町

★ 遊湖方式推介 ★

乘船遊覽蘆之湖　箱根海賊船　地圖P.133　推介

　　乘坐海賊船遊覽蘆之湖，可說是箱根旅行不能錯過的活動。海賊船在桃源台港、元箱根港和箱根町港之間航行，遊客可在各個港口的售票處購買船票。海賊船從桃源台港來往元箱根港或箱根町港需時約25~35分鐘，船身設計精緻華麗，極具氣派，船內還設有販售輕食、飲料和紀念品的小賣店。旅客亦可登上甲板飽覽宏偉壯觀的風景，以及無邊無際的蘆之湖，並遠眺富士山和箱根神社的大鳥居。此外，旅客可額外付費乘坐特等艙，艙內不但較少人，景觀亦較佳。

▲ 以蘆之湖作為背景的碼頭是一張美麗的風景照。

從桃源台港口出發

◄ 紅色的海賊船設計非常華麗。

▲ 船艙內的座位。

► 中途可眺望箱根神社的大鳥居（P.148）。

► 如不想坐在船艙裏，可到甲板站着看風景。

抵達箱根町港口

▲ 港口背後有群山圍繞。

Tips!
如旅客持有箱根周遊券，即可在海賊船航行區段內任何一站自由乘搭。

🚩 箱根町港：神奈川縣足柄下郡箱根町元箱根161
桃源台港：神奈川縣足柄下郡箱根町元箱根164
元箱根港：神奈川縣足柄下郡箱根町元箱根6-40
🚌 箱根登山電車「箱根湯本」站下車，轉乘相應的登山巴士（**往箱根町港**：H路線於「箱根町港」站下車，步行約5分鐘；**往桃源台港**：T路線於「桃源台」站下車即達；**往元箱根港**：H或K路線於「元箱根港」站下車即達）
💰

	單程(普通船室)	來回(普通船室)
箱根町港——元箱根港[1]	成人￥420(HK$25)；小學生￥210(HK$12)	成人￥2,220(HK$131)；小學生￥1,110(HK$65)
元箱根港/箱根町港——桃源台港[2]	成人￥1,200(HK$71)；小學生￥600(HK$37)	

[1]特等艙另付成人￥180(HK$11)；兒童￥90(HK$6)
[2]特等艙另付成人￥600(HK$35)；兒童￥300(HK$18)
☎ 0460-83-7722　🌐 www.hakone-kankosen.co.jp
INFO

馳名湖魚料理 トラウトラボ 地圖P.133

餐廳位於蘆之湖的下方，鄰近箱根町港碼頭，以湖魚產製作的料理而聞名。店內以提供和風料理及西方輕食為主，尤以魚料理最為有名，皆因店內使用的魚產都是從蘆之湖中捕獲，保證新鮮。兩道湖魚料理各有特色，紅鱒魚以牛油烤烘，味道香濃、肉質嫩滑；而公魚則以油炸，外脆內嫩，甚有鮮味。

▶餐廳內的裝潢以家庭式為主。

▲餐廳以從蘆之湖捕獲的魚製作料理而聞名。

◀公魚（胡瓜魚）油炸套餐（ワカサギフライ定食）－￥2,000（HK$118）。

🏠 神奈川県足柄下郡箱根町箱根81
🚃 箱根登山電車「箱根湯本」站下車，轉乘登山巴士(H路線)到「箱根町港」站，車程約55分鐘，下車即達
🕐 11:30~16:00
❌ 不定休　☎ 046-083-9406

▲牛油烤紅鱒魚套餐（虹鱒のバター焼きフライ定食），￥1,650(HK$121)。

（撰文：IKiC・攝影：蘇飛）

水中鳥居 箱根神社 地圖P.133 人氣

沿着蘆之湖畔步行，會到達箱根神社。箱根神社是少數建在水邊的神社，被高聳的林木包圍，環境清幽舒適。通往神社正門前，會經過一條綠樹成蔭的古道，古道上建有寶物殿，裏面保存了很多重要的文化遺產，須付費入場。而面向蘆之湖的方向走，會到達著名的水中鳥居平和の鳥居，是極受旅客歡迎的景點。

▲沿路都會見到大鳥居。

▲箱根神社的入口。

▶樹林茂密的山林古道。

平和の鳥居

🏠 神奈川県箱根町元箱根80-1
🚃 從元箱根港口步行約10分鐘；或箱根登山電車「箱根湯本」站下車，轉乘伊豆箱根巴士於「元箱根」站下車，步行約11分鐘；或「箱根湯本」站下車，轉乘登山巴士(H或K路線)於「箱根神社入口」站下車，步行約11分鐘
🕐 09:00~16:00
💲 入場免費，參觀寶物殿成人￥500(HK$37)，小學生￥300(HK$22)
☎ 0460-83-7123　🌐 hakonejinja.or.jp

▲屹立於蘆之湖上的水中鳥居。

坐小火車賞櫻 西平畑公園チェリーナの丘

賞櫻

西平畑公園位於松田山的半山腰，可將富士山和相模灣盡收眼底，亦能俯瞰足柄平原上的松田、大井、南足柄等城鎮，夜景更是神奈川夜景排行榜中名列第一。

除了景致美麗，園中櫻花樹和油菜花田也是令人賞心悅目的美景之一，每年二月初至三月初會舉行櫻花祭，遊客還可乘坐迷你蒸汽火車「ふるさと鉄道」穿梭花樹之中，優哉游哉地觀春天之色。距離市中心只需約1小時車程，是一處在都會中感受大自然風光的好去處。另外，公園內有香草園、自然館、兒童館等設施，讓大人小朋友都能親近、體驗大自然。

▲▶粉紅櫻花和亮黃油菜花相映美麗。

◀公園食店出售的天婦羅蕎麥麵 ￥700（HK$41）。

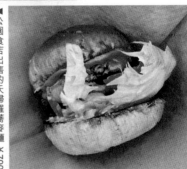

▲櫻花祭時園內攤位出售的櫻花漢堡 ￥1,400(HK$82)。

▲櫻花祭時園內攤位出售的石烤牛油紅薯 ￥500(HK$29)，香甜美味。

◀飛向天空的盪鞦韆。

◀小小列車穿梭花樹之間。

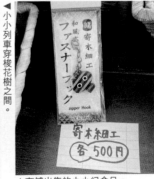

▲商舖出售的小小紀念品。

🏠 神奈川縣足柄上郡松田町松田惣領2951
🚃 新松田站下車，步行約25分鐘，或松田站下車，步行約20分鐘
🕐 西平畑公園 週三至週日(3～10月9:00-17:00；11～2月9:00-16:00)；ふるさと鉄道2月上旬～12月第2週的週六、日、假期10:00～15:35
💲 西平畑公園 免費；ふるさと鉄道 成人(初中或以上) ￥300(HK$18)，3歲至小學 ￥200(HK$12)，三歲以下免費
❌ 週一、週二(假日開館，無補休)、年末年初 🌐 nisihira-park.org
📞 0465-83-1228(松田町觀光経済課:平日8:30～17：00)

INFO

（撰文：HEI・攝影：蘇飛）

購物血拼天堂 御殿場Premium Outlets 地圖P.149 必到

MAPCODE 50 806 424*83

御殿場Premium Outlets雖然位於靜岡縣，但與箱根和富士山景區的距離都很近，是旅客的熱門景點之一。Outlets內的店鋪和品牌數量很多，例如有Alexander McQueen、Burberry、Pokemon Store、Urban Research等，價格更比香港的稍為便宜，是個不折不扣的購物天堂。此外，Outlets範圍內有免費Wi-Fi、自動販賣機、寄物櫃和自動櫃員機等，方便旅客盡情血拼。

▲ 接駁巴士。

▲ Outlets 的環境空曠。

▲ 御殿場 Premium Outlets 的規模很大。

▲ Outlets 還設有摩天輪及遊樂設施，適合一家大小到來。

右側欄（直排）：
鎌倉市　江之島　橫濱市　箱根町

INFO

🏠 静岡県御殿場市深沢1312
🚌 新宿、池袋、品川和東京、東京池袋大都會大飯店都有免費接駁巴士，直接到達「御殿場プレミアム・アウトレット」站，班次及車費參閱www.premiumoutlets.co.jp/gotemba/access/bus
🕐 3~11月10:00~20:00，12~2月10:00~19:00
🚫 2月第3個週四
☎ 0550-81-3122
🌐 www.premiumoutlets.co.jp/gotemba

(攝影：Him)

Tips!

血拼攻略

1. Outlets 內的店鋪大部分都於早上 10 點開始營業，如果想把握時間購物，建議乘搭早上 8 時多的巴士到達御殿場 Premium Outlets；
2. 外國旅客可於 Outlets 內的服務中心出示護照，以換取優惠券。不同店鋪有不同優惠，並可以和免稅優惠同時使用。

御殿場 Premium Outlets 位置地圖

圖例
🛣 國道　　🏛 寺廟/神社
縣道　　🅿 停車場
🛒 購物　　🚏 巴士站
⛲ 公園　　JR JR 車站
✉ 郵局　　JR御殿場線
✚ 醫院　　高速公路

浅間神社
富士見公園
鮎澤神社
JR 御殿場站
御殿場 Premium Outlets (P.149)
御殿場プレミアムアウトレット站
JR御殿場線

400 公尺

© 跨版生活圖書出版

Part 7

靜岡縣
Shizuoka

　　靜岡縣位於日本中央位置，其縣廳設於靜岡市。這裏有日本最高山峰富士山及其他火山，充滿着豐富的溫泉資源。此外，靜岡縣的海岸線沿着遠州灘、駿河灣和相模灣一直伸展，連綿不斷，因此，除了北部山區以外，縣內大部分地區都屬於溫和的海洋性氣候。海、山、湖各種優越的自然條件，不但造就靜岡獨特的魅力，更使它成為資源豐饒的農業大縣。縣內的旅遊景點主要分佈在熱海、伊東市、修善寺和河津町，而綠茶、新鮮山葵 (wasabi)、金槍魚、鰹魚和櫻花蝦等是其最具代表性的特產。

7.1

廣受歡迎的溫泉勝地

熱海市
Atami

熱海的溫泉有約千年的歷史，在江戶時代已受到德川家康及歷代大將軍喜愛，故熱海一直以來都以溫泉聞名。此外，由於地理位置靠近東京，依山傍水，風光明媚，因此，很多日本人放假時也會特意前往熱海浸溫泉令這裏成為休閒度假的首選。熱海的溫泉資源相當豐富，大大小小的溫泉旅館沿着海岸林立。除了有優美的大自然景觀，這裏亦有新鮮美味的海鮮，JR 熱海站旁還有兩條溫泉商店街，紀念品、咖啡、日式料理和雜貨店等應有盡有，建議在熱海預留一至兩日，悠閒地享受溫泉之樂。

熱海市觀光協會：www.ataminews.gr.jp

前往熱海市的交通

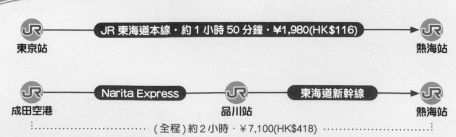

JR 東京站 ── JR 東海道本線．約 1 小時 50 分鐘．¥1,980(HK\$116) ── JR 熱海站

JR 成田空港 ── Narita Express ── JR 品川站 ── 東海道新幹線 ── JR 熱海站

(全程) 約 2 小時．¥7,100(HK\$418)

註：以上車費為自由席，乘搭指定席車費較貴。車費及時間僅供參考。

熱海市內的主要交通工具為湯遊巴士，遊客可購買湯遊巴士一日券。

湯遊巴士

湯〜遊〜バス

湯遊巴士由伊豆東海巴士熱海事業所營運，旅客可在JR熱海站前的0號巴士站上車，遊覽熱海城、MOA美術館、親水公園、熱海陽光沙灘等景點。巴士的資訊如下：

◀▲ 0 號巴士站就在 JR 熱海站旁 (圖右)。

行駛路線	熱海駅→春日町→大学病院前→お宮の松→サンビーチ→銀座→親水公園→マリンスパあたみ→錦ケ浦入口→熱海城→アカオハーブ&ローズガーデン→染殿橋→起雲閣西口→水口→大湯間歇泉→咲見町→熱海駅
班次	每30或40分鐘一班
運行時間	09:30~16:30(假日班次或有所改動，詳情可向車站職員查詢)
車費	成人￥250(HK$18)，兒童￥130(HK$10)

◀熱海站前有免費的足湯 (泡腳的溫泉池)。

☎ 0557-37-5121
🌐 www.tokaibus.jp/rosen/yu_yu_bus.html

INFO

湯遊巴士一日券

湯〜遊〜バスフリーきっぷを

「湯遊巴士一日券」由東海巴士發售，可在巴士上或熱海站前的旅客中心購買。一日券包括一天內無限乘搭湯遊巴士，成人￥800(HK$47)，兒童￥400(HK$24)。

熱海市景點地圖

© 跨版生活圖書出版

內圖：

熱海駅站

まる天 (P.155) Lusca (P.154)

阿部商店 (P.156)

泉屋 (P.155)

源楽 (P.156)

熱海駅前平和通り商店街 (P.154)

藍花 (P.157)

磯丸 (P.157)

寺子屋本舖 (P.156)

囲炉茶屋 (P.158)

仲見世通り商店街 (P.154)

100公尺

東横INN熱海駅前 (P.62)

石舟庵 (P.158)

大江戸温泉物語あたみ (P.62)

熱海陽光沙灘 (P.159)

サンビーチ站

銀座站

親水公園 (P.159)

親水公園站

相模灣

JR来宮站

熱海梅園 (P.160)

ヒルズ熱海

うおなお号

JR伊東線

興禅寺

錦ケ浦公園

熱海城

アカオ香草與玫瑰庭園 (P.160)

リソルパノーラ熱海桜沢

アカオハーブ＆ローズガーデン站

500公尺

圖例

國道		巴士站	
縣道		JR JR車站	
景點		JR東海道本線	
購物		JR東海道新幹線	
住宿		JR伊東線	
食肆		熱海駅前平和通り商店街	
海灘		仲見世通り商店街	
公園			
寺廟/神社			

© 跨版生活圖書出版

PART 7
神奈川縣
靜岡縣
富士五湖
長野縣
群馬縣
栃木縣
茨城縣
埼玉縣
千葉縣

一站式購買當地物產 Lusca

地圖P.153

Lusca位於熱海車站旁,是每個旅客必經的大型商場。這裏集結了各類店鋪,方便旅客乘車前購買所需物品。商場的1樓為觀光案內所,也有專賣伊豆手信的店鋪、食品店和熟食檔,而2樓為咖啡廳、手信及雜貨店,3樓則為餐廳及藥妝店,4樓是戶外廣場。

◀ Lusca 與熱海車站相連。

◀▲ 位於1樓的「伊豆·村の駅 農產物直賣所」售賣特色土產,例如新鮮水果及蔬菜。

▲ 位於2樓的海友售賣多種靜岡縣各地出產的食品手信。

▶ 採用靜岡出產的山葵製成的 wasabi (¥220,HK$16),成份天然,是手信之選。(攝影:蘇飛)

▲ 靜岡名物,姿煮金目鯛(¥2,000,HK$146)。(攝影:蘇飛)

🏠 靜岡県熱海市田原本町11-1
🚃 JR「熱海」站下車,出站後即達
🕐 店鋪09:00~19:00;餐廳11:00~21:00;
4樓戶外廣場09:00~18:00
☎ 0557-81-0900
🌐 www.lusca.co.jp/atami
INFO

地道小吃、料理雲集

熱海駅前平和通り商店街•仲見世通り商店街

地圖P.153

一出JR熱海站,右面就是兩條商店街的入口。街內有不少土產店、小吃店和著名地道料理,十分熱鬧!

▲ 一出站口就見到兩條商店街。

◀ 街內店鋪很多。

🏠 熱海市田原本町11田原
本町6-2及6-6
🚃 JR「熱海」站旁
🕐 約9:00~20:00(各店營
業時間不一)
🌐 atamiekimae.jp
INFO

(圖文:蘇飛)

熱海溫泉名物 泉屋 地圖P.153 必吃

來到熱海一定要嚐嚐溫泉饅頭!饅頭是日本和菓子,是不可或缺的小點心。泉屋提供黑糖、栗子及艾草3種不同口味的饅頭,外皮薄而柔軟,配搭飽滿的內餡,即蒸的話會更好吃。

▶栗子饅頭內的栗子茸,一個¥170(HK$11)。

▶泉屋是一間小店。

▲▶黑糖饅頭及艾草饅頭的內餡均為紅豆茸。

🏠 靜岡縣熱海市田原本町4-5
🚃 JR「熱海」站下車,步行約2分鐘
🕐 09:00~17:30
休 週四
☎ 0557-81-4288

香口的炸魚漿製品 まる天 地圖P.153

日語「磯揚げ」即油炸魚漿製品,是一種把新鮮的魚蝦和蔬菜裹漿,再放入油鍋油炸而成的小食,常加入芝士、蔬菜演變成不同的口味。まる天的磯揚げ每個約¥380(HK$20),新鮮的魚漿外皮香酥,吃來鮮甜、彈牙。

▶店外經常有長長的排隊人龍。

▶口味多得令人花多眼亂。

🏠 靜岡縣熱海市田原本町6-3
🚃 JR「熱海」站下車,步行約2分鐘
🕐 09:00~18:00
☎ 0557-85-3737
🌐 www.marutenn.co.jp

▲有多種口味的磯揚げ,每款都相當吸引。

熱海市 伊東市 伊豆市 河津町

PART 7

神奈川縣

靜岡縣

富士五湖

長野縣

群馬縣

栃木縣

茨城縣

埼玉縣

千葉縣

傳統日式小點心 阿部商店 地圖P.153 人氣

阿部商店是一間創業約60年的老鋪，曾多次獲日本雜誌介紹，人氣十足。店鋪出品的饅頭分啡色和白色兩種，前者為黑糖口味，後者則為白糖，兩種口味均受日本人歡迎。饅頭的外皮包裹着紅豆餡，最適合配搭熱茶一起享用。

▲阿部商店。

▲排列整齊的饅頭令人垂涎三尺。

◀新鮮蒸好的饅頭熱氣騰騰。

🏠 靜岡縣熱海市田原本町5-7
🚃 JR「熱海」站下車，步行約1分鐘
🕙 09:00~18:00　📞 0557-81-3731
💻 www.abeshouten.com　INFO

現烤仙貝 寺子屋本舖 地圖P.153 推介

寺子屋本舖源於京都，主要製作傳統的日式仙貝。店鋪出產的仙貝原材料均來自日本，每一塊都是由一粒一粒的糯米開始，再經過多重步驟製作而成，品質優良。店家更售賣即場現烤的仙貝，每塊約¥140(HK$9)起，有多種口味，酥脆口感，令人停不住口，值得一試。

▲仙貝分為多種口味，例如醬油味、沙律醬、甜味等，每塊¥120(HK$9)起。

▲寺子屋本舖。

🏠 靜岡縣熱海市田原本町5-6
🚃 JR「熱海」站下車，步行約2分鐘
🕙 09:30~17:30
📞 0557-81-3015
💻 www.terakoya honpo.jp　INFO

黑色芝麻饅頭 源楽 地圖P.153 人氣

源楽是一間日式饅頭專門店，曾多次接受雜誌和電視台採訪，非常受日本人歡迎。店鋪人氣第一的芝麻饅頭整個呈亮黑色澤，外皮加入了竹炭，內餡則為黑芝麻。此外，店鋪還提供艾草饅頭、黑糖饅頭、紫花豆饅頭等口味。

▲源楽。
▶可購買禮盒裝芝麻饅頭當手信，6個裝¥840(HK$49)。

◀芝麻饅頭，10個裝¥1,400(HK$82)。

🏠 靜岡縣熱海市田原本町3-10
🚃 從JR「熱海」站，步行約2分鐘
🕙 09:30~16:30
📞 0557-85-2224
💻 gen-raku.com　INFO

多款自家烘焙咖啡 藍花 地圖P.153

藍花是一間提供輕食、甜點與咖啡的咖啡店。輕食方面，有多士、三文治及便當；甜點則有蛋糕、以紅豆蜜為主的日式小點心；而咖啡方面，店鋪的咖啡豆均為自家烘焙，咖啡straight由單一種類咖啡豆烘焙而成，blend則由兩種以上咖啡豆調合而成，選擇非常多。

▲藍花。

◀店鋪走木系風格，感覺溫暖。

▲還出售茶葉和各種咖啡用具。

▲店內出售不同產地的咖啡生豆。

Tips!

工房藍花

有時間不妨到咖啡店旁的工房藍花逛逛。工房主要販售日本各地的工藝品，與咖啡店同屬一間公司，營業時間亦與咖啡店相同。

▶工房藍花的裝潢與咖啡店相似。

◀▲紅豆蜜配大美伊豆牧場出產的雪糕（クリームあんみつ），¥940(HK\$67)。雖然日本的紅豆蜜很甜，但加入了菠蘿、橙及奇異果，為整份甜品帶來了清新的口感。

🏠 靜岡縣熱海市田原本町7-6
🚃 JR「熱海」站下車，步行約2分鐘
🕙 10:00～17:00
☎ 0557-83-5566
🌐 www.aibana.com

INFO

平價美食之選 磯丸 地圖P.153 人氣

來到了磯丸，除了可以單點壽司，也可以點選丼飯或壽司套餐組合，價格由¥1,580(HK\$93)起，實惠划算，深受日本人和遊客愛戴，店外經常出現人龍。餐廳大部分食材都由沼津港直送，十分新鮮，品質有保證。

▶磯丸門外經常出現人龍。

🏠 靜岡縣熱海市田原本町7-1
🚃 JR「熱海」站下車，步行約2分鐘
🕙 11:00～20:00　🚫 週四
☎ 0557-81-2915
🌐 isomaru-sushi.jp/nakamise/

INFO

PART 7

神奈川縣

靜岡縣

富士五湖

長野縣

群馬縣

栃木縣

茨城縣

埼玉縣

千葉縣

當地高評價的魚料理 囲炉茶屋

 地圖 P.153

 推介

囲炉茶屋主要提供新鮮的海鮮料理，以及不同種類的日本酒，在日本的評價甚高。餐廳僅於午市及晚市營業，店內部分為榻榻米座位，充滿日式風情，晚市時段更提供串燒等小吃，令氣氛非常熱鬧。推薦各位吃金目鯛及竹筴魚（真あじ），其他海鮮如蠑螺和貝殼類海產亦值得品嚐。

◀囲炉茶屋的門面充滿日本風情。

▲入口的門簾很有風味。（攝影：蘇飛）

◀座位主要是榻榻米圍爐而坐。（攝影：蘇飛）

▲人氣美食·金目鯛煮付け（￥4,000，HK$293）起。（攝影：蘇飛）

◀金目鯛干刺身定食（￥2,650，HK$190）。（攝影：蘇飛）

静岡県熱海市田原本町2-6
JR「熱海」站下車，步行約2分鐘
11:30~15:00，17:00~22:00
週二
0557-81-6433
www.irorichaya.com

 INFO

看着海品嚐和菓子 石舟庵

地圖 P.153

▲石舟庵。

石舟庵是一間和菓子專門店，專賣靜岡縣產的日式點心。店家嚴選了最高品質的原材料，並使用伊豆特產，包括日向夏和櫻花葉，製作出獨特的和菓子風味，店內還有座位讓人一邊看海，一邊品嚐和菓子。此外，商店每月都會推出當季限定商品，例如春天的櫻花和菓子、夏天的冷凍紅豆湯等。

▲以丹那牛乳製成的布甸，一個 ￥345(HK$20)。

▲春日限定的櫻花和菓子。

▲「日向夏」口味的芝士撻，含有一絲酸香和清新感，一個 ￥189(HK$14)。

◀以海景配襯和菓子，十分寫意。

静岡県熱海市咲見9-2
JR「熱海」站下車，步行約6分鐘
09:00~17:00
0557-81-7776
www.sekishuan.co.jp/tenpo/atami.html

 INFO

盡情享受日光浴 熱海陽光沙灘 地圖P.153 親子

MAPLODE 116 654 347*61

熱海陽光沙灘水清沙幼，全長約400米，適合情侶或家庭散步。夏天時，沙灘聚集了許多享受日光浴的人，非常熱鬧，舉辦煙火大會期間更是人聲鼎沸。旅客不妨到此一遊，在海風和浪濤聲中徹底放鬆，感覺必定浪漫又愜意。

▲大大小小的酒店與旅館坐落於沙灘一旁。

▲沙灘旁的小路。

▲熱海陽光沙灘。

♠ 靜岡縣熱海市東海岸町
🚃 JR「熱海」站下車，步行約15分鐘；或JR「熱海」站下車，轉乘3號伊豆東海巴士，車程約5分鐘，於「サンビーチ」站下車，步行約3分鐘
🕐 09:00~16:00
☎ 0557-86-6218
🌐 www.ataminews.gr.jp/spot/119
INFO

▶漁船與海鷗合併成美好的景致。

浪漫看海好地方 親水公園 地圖P.153

沿着陽光沙灘一直走，會到達鄰近的親水公園。親水公園以地中海北部的度假村公園作為藍本，設計了4層向海的觀景台，以及沿海濱而建的步道。微微的海風令公園洋溢浪漫的氣氛，特別適合情侶同遊。

▶親水公園的標誌Moon Terrace。

▲沿海濱而建的步道。

▶公園的觀景台有4層。

♠ 靜岡縣熱海市渚町附近
🚃 JR「熱海」站下車，轉乘湯遊巴士，車程約10分鐘，於「銀座」或「親水公園」站下車
☎ 0557-86-6218
🌐 www.ataminews.gr.jp/spot/121
INFO

▲親水公園對面廣場有一株開得燦爛的櫻花樹，吸引不少途人的目光。（攝影：蘇飛）。

PART 7

神奈川縣

靜岡縣

富士五湖

長野縣

群馬縣

栃木縣

茨城縣

埼玉縣

千葉縣

淡淡梅花香 熱海梅園

 地圖P.153 　MAPCODE 116 652 285*03 　 賞梅

熱海梅園號稱是全日本最早綻放梅花的梅園,不但滿園都是梅樹,還有瀑布、橋和韓國庭院等適合拍攝的美景,是熱海市著名的景點。園內共有59個品種、合共472棵的梅樹,不少的梅樹都十分古老,有些更已超過百年樹齡。一到開花的季節,滿園都散發淡淡的梅花香。梅園每逢1~2月都會舉辦梅園祭,園內會有不少攤檔,售賣小食及小玩意等,更有免費足湯供遊客使用,來到靜岡縣賞梅的話,記得不要錯過!

▲熱海梅園的入口。

◀在園內瀑布和韓屋襯托下,梅花特別美!

▲滿園素白。

▲相迎。梅樹在道路兩旁夾道

梅園祭
◀梅園祭期間會有小食攤檔,售賣各式小食。

▲園內有免費的足湯,但只在梅園祭期間開放 (10:00~16:00)。

靜岡縣熱海市梅園町8-11
JR「来宮站」下車,步行約10分鐘
08:30~16:00,梅園祭每年大概1月7日~3月5日
成人¥300(HK$22),在熱海市住宿¥100(HK$7),初中生或以下免費,梅園祭期間免費
熱海市觀光協會0557-85-2222
www.ataminews.gr.jp/ume INFO

(撰文:IKiC,攝影:蘇飛)

花海與海 アカオ香草與玫瑰庭園

地圖P.153

アカオハーブ&ローズガーデン 　MAPCODE 116 594 152*42

這個臨近海邊的花園庭園以觀海及欣賞各式花海作招徠,並曾獲得2015年在法國里昂的世界玫瑰會議優秀庭園獎。園內共有12個主題庭園,其中以求婚庭園(プロポーズガーデン)最受歡迎,求婚庭園以玫瑰、鐵線蓮及繡球花做成一個個拱門,走在其中,煞是浪漫,難怪被起名為求婚花園。由於庭園位處高地,海岸景致一覽無遺,花海與海相映成趣,吸引不少遊客來到拍下一幀幀的美景。

▲アカオ香草與玫瑰庭園售票處。

◀園內會有巴士來往庭園及入口。

▲顏色繽紛的花。

靜岡縣熱海市上多賀1027-8
JR「熱海」站下車,轉乘湯遊巴士,於「アカオハーブ&ローズガーデン」站下車,車程約15分鐘
09:00~17:00(最後入園時間16:00)
12月及1月逢週二(12月29日~1月3日照常營業)
成人¥1,000(HK$73),小童¥500(HK$37),入場費或因季節而有所不同,詳見官網
0557-82-1221 　www.garden-akao.com INFO

(撰文:IKiC,攝影:蘇飛)

★ 庭園 內精選 ★

海景下嘆花樣美食 Mille Flore

　　餐廳位於庭園入口，不需購票就已經可以進內品嚐餐廳美食。餐廳提供意粉、糕點等西式料理為主，食材全採用當季最新鮮的材料烹製，味道不錯。推介海鮮意粉(ベスカトーレ)，在番茄醬汁的點綴下，加入大量的新鮮海鮮，非常鮮味。另外，餐廳面對相模灣，以一望無際的大海景佐餐一定能同時滿足味覺與視覺。

▲庭園中的餐廳 Mille Flore。

▲清香的花草茶(ハーブティー)，使用園中種植的花。

▶海鮮意粉(ベスカトーレ)。￥1,900(HK$139)。

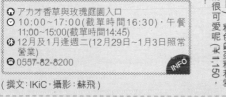

▶草莓蛋糕套餐(春色いちご日和セット)，粉色的蛋糕和雪糕，真的很可愛呢(￥1,150，HK$84)！

🏠 アカオ香草與玫瑰庭園入口
🕐 10:00~17:00 (截單時間16:30)，午餐11:00~15:00(截單時間14:45)
🚫 12月及1月逢週二(12月29日~1月3日照常營業)
☎ 0557-82-8200

(撰文：IKiC，攝影：蘇飛)

粉紅店面香草主題店 ハーブハウス

　　這家位於2樓的香草產品商店，以英國的鄉村生活作概念，主要圍繞「帶點時尚氣息的草本生活(ちょっとおしゃれなハーブ生活)」為主題，當中不乏可愛又與香草有關的產品。不少產品的造型都十分Kawaii，絕對會讓一眾女士愛不釋手！店內推介可自行配搭的混合花草茶，購買後更可到露台嚐嚐自己配搭的茶之餘，又可閒適地欣賞無邊際的相模灣，實在是寫意！

▲店內不少產品的包裝均十分可愛，實在令人難以抉擇。

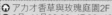

▲粉紅色的店面，相當配合鮮花的主題！

▲有時店內會有不同主題的展銷，如這個以櫻花為主題的展銷。

▶這些以羊咩咩作主題的產品，大至抱枕，小至毛公仔都十分討喜，而且價錢不算太貴。

🏠 アカオ香草與玫瑰庭園2F
🕐 3月~11月09:30~17:00，12月~2月10:00~17:00
🚫 12月及1月逢週二(12月29日~1月3日照常營業)
☎ 0557-82-1221

(撰文：IKiC，攝影：蘇飛)

PART 7

神奈川縣

靜岡縣

富士五湖

長野縣

群馬縣

栃木縣

茨城縣

埼玉縣

千葉縣

一年四季摘水果 伊豆水果公園

地圖P.162、便攜大地圖 親子

伊豆フルーツパーク 116 652 285*03

伊豆水果公園位於有「伊豆半島的玄關」之稱的三島市，遊客可從熱海乘搭JR前往。公園坐落在市郊的公路旁，外型普通，就像是一間隨處可見的工廠，但內有乾坤！園內有自家果園，可以供遊客一年四季採摘不同的水果，一般1~5月採摘草莓，6~9月採蜜瓜，10~12月則採蜜柑，遊客可即採即食，非常新鮮！園內更有手信店及芝士蛋糕、仙貝製作工場，想買新鮮手信就不要錯過了！

▲伊豆水果公園的外型就像一間工廠。

▲旁邊是溫室果園。

▲內有售賣手信的地方。

▶富士山熔岩糖（每包￥350，HK$26）。

▲櫻花蝦仙貝，在園內工場現製，一包14個（￥500，HK$37）。

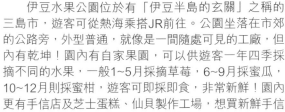
▲靜岡縣的特產草莓（一盒￥900，HK$66）。

🏠 静岡県三島市塚原新田181-1
🚃 JR「三島站」下車，轉乘往元箱根港方向或山中方向的東海巴士，於「伊豆フルーツパーク」站下車
🕙 10:00~15:00
💲 入場免費，採摘水果按月份及水果種類收費，詳見官網
☎ 055-971-1151
🌐 www.izupa.orepa.jp
INFO

（撰文：IKiC，攝影：蘇飛）

伊豆水果公園位置地圖

三島市民體育館
三島駅站
JR東海道新幹線
伊豆フルーツパーク站
旭ケ丘公園
JR三島站
JR東海道本線
伊豆水果公園（P.162）

圖例
● 國道　🚌 巴士站
🅟 景點　JR JR車站
△ 公園　JR東海道本線
🏢 體育館　JR東海道新幹線

400 公尺
©跨版生活圖書出版

7.2
被山水圍繞的度假勝地
伊東市
Itō

伊豆半島位於靜岡縣南端，而伊東市位於伊豆半島的東面，依靠着太平洋，景色秀麗，風光明媚。這裏被大自然所包圍，四季分明，既有地標景點大室山，又有豐富的溫泉湧泉，是日本著名的度假勝地。一年四季均有眾多遊客前來到訪。

伊東觀光協會：itospa.com

前往伊東市的交通

 東京站 → JR 特急踴子 (Odoriko) 號・約 1 小時 36 分鐘・¥6,970(HK$410) → 伊東站

 東京站 → JR 東海道本線 → 熱海站 → JR 伊東線 → 伊東站

（全程）約 2 小時 15 分鐘・¥2,310(HK$166)

 東京站 → JR 特急踴子 (Odoriko) 號・約 1 小時 56 分鐘・¥9,050(HK$532) → 伊豆高原站

註：以上車費為自由席，乘搭指定席車費較貴。
車費及時間僅供參考。

伊東市內交通

伊東市內的主要交通工具為東海巴士。

東海巴士 （東海バス）

東海巴士是遊客遊覽伊東市最常用的交通工具。巴士的班次雖然少，但覆蓋範圍廣，市內大多景點都能乘搭巴士抵達，以下是幾條常用的路線：

伊東站——マリンタウン：每天9:40~15:40逢00、20、40分開出，尾班車為15:40，車費¥170(HK$12)；

伊東站——一碧湖(途經シャボテン公園)：班次為09:40、11:00、12:20、13:40、15:00、16:05、17:40、18:45，車費¥560(HK$33)；

伊東站——海洋公園：班次為07:50、10:40、12:40、14:45、15:50、16:45、18:40，車費¥860(HK$51)

www.tokaibus.jp
路線圖：www.tokaibus.jp/tokaibus
zensen-freekippu/#rosen

INFO

伊東市景點地圖

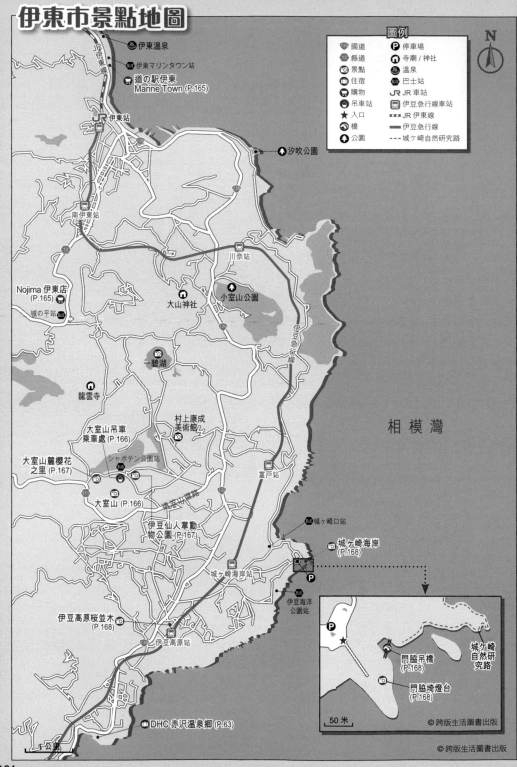

大型休息站 道の駅伊東Marine Town 地圖P.164 道の駅

道の駅伊東マリンタウン　MAPCODE 116 236 770*70

「道の駅」的意思是公路休息站。有別於其他休息站，道の駅伊東Marine Town 規模頗大，商鋪亦較多樣化，像一個小型商場。1樓是特產店，有不少店家及攤商販賣當地特產，例如海鮮乾貨和食物手信，產品琳瑯滿目、種類齊全。2樓是餐廳，有壽司店、烏冬店及海鮮料理店。

- 靜岡縣伊東市湯川571-19
- JR「伊東」站下車，轉乘「伊東站──馬林鎮」路線東海巴士，車程約5分鐘，於「伊東マリンタウン」站下車
- 09:00~18:00
- 0557-38-3811
- www.ito-marinetown.co.jp INFO

▲休息站的後方為遊艇碼頭。

▶伊東 Marine Town。

道の駅伊東Marine Town內精選

伊豆海鮮料理 ばんばん食堂

餐廳位於道の駅伊東Marine Town的2樓，主要提供日式海鮮料理，例如刺身、炸魚、煮魚定食，選擇豐富，而且用料新鮮。來到伊豆，特別推介品嚐這裏的名物金目鯛，價格合理，一條約¥2,160(HK$158)，新鮮的魚肉和醬汁搭配珍珠米吃實在是最好不過。

▲刺身定食 (¥1,299，HK$76) 的刺身種類豐富。

▶蒲燒鰻魚飯定食，附豆腐、漬物及味噌湯，¥1,399(HK$82)。

▶あら煮定食，¥1,099(HK$65)。

- 道の駅伊東マリンタウン2F
- 11:00~21:00
- 0557-37-0777
- www.banbanshokudo.jp INFO

便宜電器入手！ Nojima伊東店 地圖P.164 MAPCODE 116 085 372*18

發跡自神奈川縣的Nojima(ノジマ)以售賣家品電器為主，在日本全國各地已有200間分店。這家位於伊東的分店遠離伊東市區，交通略有不便，但因位處較僻遠的地區，店面積頗為廣闊，店內售賣不少家品電器，而且價錢便宜，每種家品亦有多款牌子可供選擇。如對日本電器情有獨鍾，亦不介意帶大型行李上機的話，不妨到這裏看看能否找到心水電器。

▲ノジマ伊東店。

▶迷你章魚燒機只售 ¥980(HK$72)，但要注意日本電壓與香港不同。

- 靜岡県伊東市鎌田1288-1
- 伊豆急行線「南伊東」站下車，轉乘前往「十足」方向的東海巴士於「城の平」站下車，步行約8分鐘
- 10:00~19:00
- 0557-35-3001
- www.nojima.co.jp INFO

▲有各式家品電器可供購買。

(撰文：IKiC，攝影：蘇飛)

沿着火山口散心 **大室山** 地圖P.164 ‖MAPCODE‖ 停車場：488 552 453*42 必到

大室山位於東伊豆半島，是伊東市一個重要的地標景點。它是一座死火山，形狀像一個倒轉的碗，高580米，想登頂的話只需花6分鐘乘搭吊車，非常方便，每年都吸引不少遊客到訪。山頂上設有約長1,000米的散步路線，可沿着火山口走一圈，眺望山腳下的風景，遼闊的視野令人感覺寫意。

▲大室山山腳。

◀吊車車票。

▲◀登頂的吊車。

◀山頂的火山口直徑有300米，深約70米，現時填平的火山口改建成為射箭遊樂場。

◀從山頂眺望下去的景觀。

◀山頂上的散步路線。

info
- ⌂ 靜岡縣伊東市富戶先原1317-5
- 🚉 JR「伊東」站或伊豆急行線「伊豆高原」站下車，轉乘前往「シャボテン公園」方向的巴士，於「シャボテン公園」站下車即達吊車乘車處
- 🕐 3月~9月9:00～17:00(山頂站尾班車17:15)，10月~2月9:00~16:00(山頂站尾班車16:15)
- 💲 吊車(來回)成人￥700(HK\$41)，兒童￥350(HK\$21)
- ☎ 0557-37-0777　　🌐 omuroyama.com

INFO

★登山吊車站手信店★

在登山口吊車站有手信和小吃店，這裏可以找到一些特色的地道手信，如靜岡限定的山葵KitKat朱古力餅和櫻花期限定的櫻花餅。

▶叫人捨不得吃的櫻花餅(￥650，HK\$48)。(攝影：蘇飛)

▲登山吊車站。攝影：蘇飛)

◀山葵KitKat朱古力餅(一盒￥870，HK\$64)。(攝影：蘇飛)

冬季限定水豚浴場 伊豆仙人掌動物公園 地圖P.164 親子

伊豆シャボテン動物公園 MAPCODE 停車場：488 552 453*55

　　伊豆仙人掌動物公園位於大室山登山吊車站對面。園內種植了1,500種仙人掌等多肉植物，更飼養了120種的動物，有不少更是採放養模式，包括松鼠猴、孔雀等等，遊客可以近距離接觸這些可愛的小動物。這裏的水豚浴場更是伊豆著名的冬季傳統，胖呼呼又憨態可掬的水豚浸泡在溫暖的溫泉之中，是親子的好去處！

- ⌂ 靜岡縣伊東市富戶1317-13
- 🚃 JR「伊東」站或伊豆急行線「伊豆高原」站下車，轉乘前往「シャボテン公園」方向的巴士，於「シャボテン公園」站下車
- ⊙ 3月~11月09:00~17:00，11月~2月09:00~16:00，7月~9月ナイト冒險ZOO期間18:00~21:00
- Ⓢ 成人￥2,600(HK$153)，小學生￥1,300(HK$76)，4~6歲小童￥700(HK$41)
- ☎ 0557-51-1111
- 🌐 izushaboten.com
- Ⓟ ￥500(HK$37)

▲動物公園是個親子遊的好地方。

（撰文：IKiC，攝影：蘇飛）

漫天櫻花飛舞 大室山麓櫻花之里 地圖P.164 賞櫻

大室山麓さくらの里 MAPCODE 488 551 367*31

　　櫻花之里是著名的賞櫻勝地，更入選最佳賞櫻地點100名之一。櫻花之里位於大室山的山麓，園內種有40種、近1,500棵櫻花樹，種類繁多。園內不同品種的櫻花綻放時間有別，最早的櫻花於9月綻放，最遲於5月凋謝，幾乎任何時間來到都有櫻花可賞！櫻花之里於每年4月上旬櫻花滿開之際會舉行櫻花祭，屆時，遊客可以坐在櫻花櫻樹下，邊賞漫天櫻花，邊欣賞在露天舞台上的歌舞表演。

▲在櫻花之里，可以同時觀賞櫻花及大室山之美，可惜採訪時，位於山腳的吉野櫻仍未開花。

▲►城ヶ崎櫻是伊東地區的櫻花，淡紫紅色的花開得燦爛。

►淡雅的櫻花實在有種獨特的魅力。

- ⌂ 靜岡縣伊東市富戶先原1317-4
- 🚃 JR「伊東」站或伊豆急行線「伊豆高原」站下車，轉乘前往「シャボテン公園」方向的巴士，於「シャボテン公園」站下車，步行約10分鐘
- ☎ 0557-37-6105(伊東觀光協會)
- 🌐 itospa.com/nature_park/np_sakuranosato

（撰文：IKiC，攝影：蘇飛）

伊東八景之一 城ヶ崎海岸

地圖P.164 MAPCODE 停車場：488 496 476*78 必到

城ヶ崎海岸於4,000年前形成，大室山爆發後產生熾熱的溶岩，流經海岸而入海，經過多年海水侵蝕而形成奇特的地貌。這些怪異的岩石吸引了無數的觀光客前來，為配合觀光發展，這裏亦興建了門脇吊橋，遊客走在橋上可以欣賞壯觀的海岸景色，橫過吊橋後便可抵達城ヶ崎海岸公園，近距離觀賞海岸上各式奇岩怪石。

▲驚濤拍岸，浪花飛濺，十分有氣勢！

◀見到圖中的門脇埼燈台左轉便可到達門脇吊橋。

▲在城ヶ崎海岸可以看到很多奇岩怪石。

門脇吊橋

▲在吊橋上可以看到深藍的海水和充滿怪石的海岸。

🏠 靜岡縣伊東市富戸
🚃 JR「伊東」站或伊豆急行線「伊豆高原」站下車，轉乘「伊東站──海洋公園」路線東海巴士，於「伊豆海洋公園」站或「城ヶ崎口」站下車

INFO

（撰文：IKiC，攝影：蘇飛）

櫻花伴路途 伊豆高原桜並木

地圖P.164 賞櫻

賞櫻不一定要到著名的賞櫻名勝、公園，在道路兩旁也會有漂亮如電影畫面的櫻花景點。日文的「並木道」指的是兩旁種滿喬木的道路，顧名思義，桜並木就是指兩旁種滿櫻花樹，在伊豆高原站附近的桜並木就是以路旁種滿櫻花樹而聞名。在櫻花滿開時節，抬頭就看到一簇簇的粉紅櫻花，但最漂亮的一定是櫻吹雪的時候！

▲未到桜並木，道路兩旁已有不少的櫻花樹。

◀道路兩旁都種了櫻花樹，可惜到訪時仍未滿開。

◀其中一棵初開的櫻花樹。

Tips!

櫻吹雪

在櫻花期將盡的時候，櫻花瓣會慢慢飄落，若乘風一吹，櫻花瓣隨風吹走，在半空中漸漸落下，驟眼看就好像粉紅色的細雪紛飛一樣，十分浪漫，日本人就稱這情景為櫻吹雪。

🏠 靜岡縣伊東市八幡野大室高原21-1
🚃 伊豆急行線「伊豆高原」站下車
🌐 www.izu-kogen.jp/pages/main-page.html

INFO

（撰文：IKiC，攝影：蘇飛）

7.3

「小京都」修善寺的所在地

伊豆市

Izu

伊豆市位於伊豆半島中央，市內的景點主要分佈在修善寺區，故本章集中介紹此區域。這裏是一個擁有古老溫泉鄉、歷史古蹟及自然風景的地區，因此被稱為「伊豆小京都」。區內的溫泉街沿桂川形成，建有許多傳統的日式旅館，脫離繁囂；而修禪寺是區內著名的寺院和觀光景點，由弘法大師創建。由於修善寺的主要景點與溫泉區都位於「修善寺溫泉」巴士站附近，景點之間的距離均在 15 分鐘以內的步程範圍，十分方便。

修善寺觀光協會：www.shuzenji-kankou.com

東京前往修善寺的交通

以下是從東京和伊東市前往修善寺的交通方法。由於修善寺的景點都集中於修善寺溫泉，遊客到達修善寺站後需轉乘東海巴士到修善寺溫泉站。

 東京站　── JR 東海道、山陽新幹線 ──　 三島站　── 伊豆箱根鉄道駿豆線 ──　修善寺站

（全程）約 1 小時 50 分鐘，￥4,590(HK$330)

伊東市前往修善寺的交通

 伊東站　── 往「観光荘・修善寺」方向東海巴士，約 55 分鐘，￥1,150(HK$83) ──　 修善寺站

修善寺前往修善寺溫泉的交通

 修善寺站　── 往「修善寺溫泉」或「ニュータウン・虹の郷・戸田」方向的東海巴士，約 8 分鐘，￥170(HK$10) ──　 修善寺溫泉站

註：以上車費為自由席，乘搭指定席車費較貴。車費及時間僅供參考。

PART 7

神奈川縣
靜岡縣
富士五湖
長野縣
群馬縣
栃木縣
茨城縣
埼玉縣
千葉縣

源氏悲劇舞台 **修禪寺** 地圖P.171 MAPCODE 116 186 170*03

  賞櫻 賞梅

不少人把修禪寺誤讀為修善寺(兩者日文讀音亦相同)，其實修善寺是地區名稱，而寺名應該是修禪寺。修禪寺位於仁川旁、修善寺溫泉區的中心地帶，傳說寺廟於9世紀

(公元807年)由空海(弘法大師)創建，當時名為桂谷山寺。修禪寺以賞寒櫻及梅花聞名，寺內有多棵寒櫻與梅花，在初春更可同時觀賞到兩種花的美態！

◄寺內的寒櫻。

◄於寺廟內的鐘曾於戰時損毀，戰後復原。

▲修禪寺。

◄▲梅花也是寺內的一大美景。

Tips!
源氏一族與修禪寺
在掌權人源賴朝死後，源氏權位被架空，賴朝之子賴家籌劃反抗，最終事敗流放到修禪寺，翌年被刺殺，最後一名直系血統亦於1234年死去，曾經顯赫一時的源氏一族最終黯然消亡。

🏠 靜岡県伊豆市修善寺964
🚌 「修善寺溫泉」巴士站下車，步行約8分鐘
🕐 平日08:30~16:00，4月~9月08:30~16:30
☎ 0558-72-0053
🌐 www.shuzenji-temple.jp
INFO

(撰文：IKiC，攝影：蘇飛)

古樸的鎮守神社 **日枝神社** 地圖P.171 MAPCODE 116 186 173*38

日枝神社位於修禪寺的東北方，亦即中國風水所說的「鬼方」、「鬼門」，因此這裏是修禪寺的鎮守神社。神社規模不大，設計樸實簡單，除了上方的匾額和一些擺飾之外，內裏沒有樹立任何神像。神社右邊有三棵巨大的杉樹，其中兩棵樹根部相連，中間設了鐵梯，遊客可以走過兩棵巨樹。

◄日枝神社。(攝影：Janice)

🏠 靜岡県伊豆市修善寺826
🚌 「修善寺溫泉」巴士站下車，步行約1分鐘
INFO

自然散步道 **竹林小徑** 地圖P.171

MAPCODE 116 156 885*56

竹林小徑擁有懾人的竹林美景，每年都吸引不少遊客特意前來到訪，是觀景散步的好去處。步道沿着桂川而建，一年四季均可感受到清涼的風徐徐吹來。在這裏一邊散步，一邊欣賞竹林美景、聆聽桂川的潺潺溪水聲，非常療癒。

◄竹林的翠綠與竹縫間灑落下來的陽光組成美麗的風景。
(攝影：Janice)

🏠 靜岡県伊豆市修善寺3463-1
🚌 「修善寺溫泉」巴士站下車，步行約8分鐘

INFO

冬寒賞古梅 修善寺梅林

MAPCODE 停車場：116 185 483*18

賞梅

廣袤無際的修善寺梅林位於修禪寺的後山上，位處修善寺溫泉區的北面。園內的梅樹眾多，有樹齡只有30年的年輕梅樹，亦有樹齡超過100年的古梅，而且栽種的品種不少，整個梅林大約有20種，多達1,000棵的梅樹分佈在3萬平方米的山頭上，每於花開季節，總有淡淡梅香瀰漫。每年的2月上旬~3月上旬，梅林都會舉辦一年一度的梅祭，不僅可以賞梅，更有大大小小不同的攤檔販售小食及土產呢！

▶園內有多種顏色的梅樹，一到花開時節，紅梅、白梅、粉梅等相繼競艷。

▲修善寺梅林以梅聞名，不少遊客在梅開時間專誠到來賞梅。

▲整個山頭都是梅花點點，梅香撲鼻。

◀粉白的梅花迎風傲立，難怪在中國素被視為君子的象徵。

🏠 靜岡県伊豆市修善寺
🚃 伊豆箱根鉄道「修善寺」站下車，轉乘往「虹の郷」、「ニュータウン口」、「もみじ林」或「戸田」的東海巴士到「梅林口」站，下車即達
🕐 梅祭2月上旬至3月上旬
📞 (伊豆市観光協会修善寺支部)0558-72-2501
🌐 www.shuzenji-kankou.com/ume.html

（撰文：IKiC，攝影：蘇飛）

熱海市　伊東市　伊豆市　河津町

修善寺溫泉區景點地圖

梅林口站

修善寺梅林 (P.171)

修善寺虹之郷遊樂園

柳生の庄

修善寺溫泉站

赤蛙公園　新井旅館

日枝神社 (P.170)

修禪寺 (P.170)

竹林小徑 (P.170)

圖例

🔵 國道	🔵 公園
🔵 縣道	🔵 巴士站
🔵 景點	伊豆箱根鐵道車站
🔵 寺廟 / 神社	—— 伊豆箱根鐵道駿豆線
🔵 住宿	=== 隧道

400 公尺

© 跨版生活圖書出版

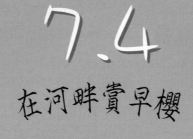

7.4

在河畔賞早櫻

河津町
Kawazu

　　河津町位於伊豆半島的中下方，離東京約 2 小時 40 分鐘火車車程。河津町是東京近郊賞早櫻的著名地點，每年都會舉辦櫻花祭，吸引許多當地人及遊客到訪。另外，這裏亦是首位日本人諾貝爾文學獎得主──川端康成著名作品「伊豆舞孃」的故事舞台之一。這裏亦因為有七處別具特色的溫泉（今井濱溫泉、河津濱溫泉、谷津溫泉、峰溫泉、湯野溫泉、大瀧溫泉、七瀧溫泉）而聞名，是日本著名的溫泉勝地。

河津町觀光協會：www.kawazu-onsen.com

前往河津町的交通

 東京站 ── JR 東海道新幹線 ── 熱海站 ── JR 伊東線 ── 伊東站 ── 伊豆急行線 ── 河津站

（全程）約 2 小時 20 分鐘 · ￥5,510(HK$324)

註：以上車費為自由席，乘搭指定席車費較貴。車費及時間僅供參考。

河津町景點地圖

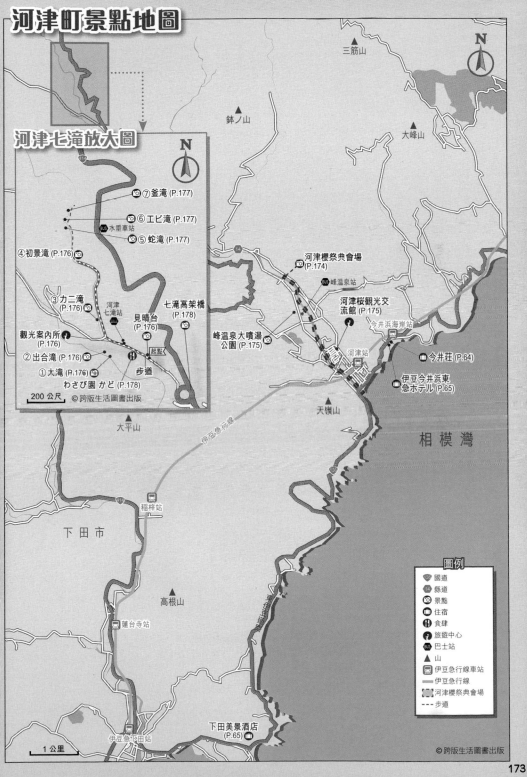

N

河津七滝放大圖

N

⑦ 釜滝 (P.177)
⑥ エビ滝 (P.177)
水垂車站
⑤ 蛇滝 (P.177)
④ 初景滝 (P.176)
③ カニ滝 (P.176)
河津七滝站
見晴台 (P.176)
觀光案内所 (P.176)
② 出合滝 (P.176)
① 大滝 (P.176)
わさび園 かど (P.178)
七滝高架橋 (P.178)
起點
步道

200 公尺
© 跨版生活圖書出版

大平山

三筋山
鉢ノ山
大峰山

14

河津櫻祭典會場 (P.174)
峰温泉站
河津桜觀光交流館 (P.175)
今井浜海岸站
峰温泉大噴湯公園 (P.175)
河津站
今井莊 (P.64)
伊豆今井浜東急ホテル (P.65)
天嶺山

伊豆急行線

相模灣

稻梓站

下田市

高根山

蓮台寺站

下田美景酒店 (P.65)
伊豆急下田站

1 公里

圖例

🛡 國道
14 縣道
📷 景點
🏠 住宿
🍴 食肆
ℹ 旅遊中心
🚌 巴士站
▲ 山
🚉 伊豆急行線車站
— 伊豆急行線
▦ 河津櫻祭典會場
--- 步道

© 跨版生活圖書出版

PART 7

神奈川縣

靜岡縣

富士五湖

長野縣

群馬縣

栃木縣

茨城縣

埼玉縣

千葉縣

早春限定 河津櫻祭典

地圖P.173 | MAPCODE 河津桜観光交流館 248 299 612*08 | 推介 賞櫻

　　河津櫻是東京近郊最早盛開的櫻花品種之一，一般東京地區以至日本各地的櫻花大多在3、4月才盛開，而河津櫻早於2月便會開花，因此成為早春的櫻花代表。河津櫻的花形大，而且比常見的吉野櫻更粉紅，現時於河津地區共有8,000棵櫻花樹。河津町在河津櫻盛開期間會舉行櫻花祭典，小食攤檔都會集中在河的左岸(面向河口)，遊人可以邊賞櫻花邊遊覽攤檔，享受祭典氣氛。

▲ 油菜花與河津櫻。

▲河岸兩旁都有櫻花樹，兩排整齊的粉紅花團，十分震撼。

▲俗稱「相思仔」的鳥「綠繡眼」，與粉紅色的櫻花十分相襯。

◀◀▶與日本各地常見的吉野櫻不同，河津櫻顏色較深，盛開時更為艷麗，而且開花時間較吉野櫻早。

▲▶祭典的攤檔大多在河的左岸(面向河口),而且有着各式各樣的小食購買。

◀▲櫻花滿開餅(さくら滿開餅)是河津櫻祭典的限定食品,外面是櫻花及櫻葉醃漬物。

▲內裏則是櫻花色的櫻花餡,一口滿滿都是櫻花香味!

▲自駕的朋友可以到河津桜観光交流館(地圖 P.173)泊車,而館內亦有不少旅遊資訊啊!

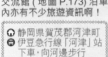

▲在河旁更有足湯,大家走得累了不妨來到泡一泡。

▶食攤檔祭典內還有其他的小

▶最特別的是祭典內有櫻花苗售賣,讓大家把櫻花帶回家!

🏠 静岡県賀茂郡河津町
🚃 伊豆急行線「河津」站下車,向河邊步行
🌐 www.kawazu-onsen.com/sakura

Tips!
早春綻放的河津櫻
河津櫻於 1955 年在河津町首次被發現,是大島櫻及寒緋花雜交而成的品種,比一般常見的櫻花早開,大概於 2 月上旬-3月下旬盛開。

(撰文:IKiC,攝影:蘇飛)

地球的呼吸 峰溫泉大噴湯公園 地圖 P.173

峰溫泉大噴湯的歷史可以追溯到奈良時代(約1,200年前),因周圍有一片的菖蒲花及燕子花,而得名花田之湯。花田之湯後來遭到荒廢,直至1926年峰溫泉突然噴發,這個溫泉又得以復興。現時,峰溫泉建設成大噴湯公園,噴泉定時逢30分噴發,噴發時會升到30米半空,甚為壯觀,不少遊客慕名而至,頗為熱鬧。

▲向噴泉進發!

▶峰溫泉噴發時可以去到 30 米的半空!

🏠 静岡県賀茂郡河津町峰446-1
🚃 伊豆急行線「河津」站下車,轉乘往「河津七滝」方向的東海巴士到「峰溫泉」站,下車即達
🕐 09:00~16:00,逢30分噴發 💲 免費
🌐 kankou.town.kawazu.shizuoka.jp/attraction/141/

▲大家可以在外面購買雞蛋來到這裏,利用溫泉水製成溫泉蛋。

與伊豆舞孃相會 河津七滝

地圖P.173　賞櫻

河津七滝是在河津川上七條瀑布的統稱，每條瀑布各有特色。河津七滝分別為大滝、出合滝、力二滝(蟹瀑布)、初景滝(初戀瀑布)、蛇滝、工ビ滝(蝦瀑布)及釜滝。遊客由大滝沿步道至釜滝，全程1.5公里，由於是上山路需要一點氣力和時間。全程來回約2小時，亦可抵達釜滝後向前行10分鐘石級路至水垂車站離開。最受歡迎的要數初景滝，著名的《伊豆舞孃》塑像就位於此處。

▲在七滝入口見晴台(地圖P.173)可以看到著名河津七滝ループ橋(河津七滝雙環橋)。

▲沿途有清晰路牌指示。

◀每年3月櫻花季，七滝觀光案內所一帶是片迷人的粉紅。

1. 大滝

◀見晴台傍邊就是大滝入口，可惜採訪當日大滝關閉維修，只能遠眺大滝附近的櫻花景色。

2. 出合滝

◀由兩段瀑布組成的出合滝，河水清澈，藍如寶石！

3. 力二滝

◀初景滝是河津七滝中人氣最高的一個，皆因《伊豆舞孃》的塑像就放於此處。

4. 初景滝

▲力二滝規模較小，特色是白色水花被綠色樹木包圍。

▶「舞孃與我（踊り子と私）」的場景，與這裏的環境十分和諧。「舞孃與我」的場景，與這裏的環境十分和諧。

▲在前往初景滝的途中看到這個用以發電的水車！

▲ 初見滝之後要走一段向上的木梯棧道往蛇滝。

5. 蛇滝

▶ 蛇滝因岩石斷層的紋理與蛇相似而得名。

▲ 過了エビ滝是河津涌子滝見橋，之後便是釜滝。

▶ エビ（海老）即蝦，有説エビ滝狀似蝦尾，你覺得呢？

6. エビ滝

▶ 還能走上高台，近距離感受釜滝瀑布的迫力！

7. 釜滝

Tips!

《伊豆舞孃》

　　《伊豆舞孃》是日本作家川端康成的作品，講述青年學子在遊學期間與伊豆的舞孃相識、相知、終相分的青澀戀情，小說曾改編成電影，最近一次的電影版由山口百惠及三浦友和主演。

🏠 静岡県賀茂郡河津町河津七滝
🚌 伊豆急行線「河津」站下車，轉乘往「河津七滝温泉」方向的東海巴士於「河津七滝温泉」站下車，依指示步行至各條瀑布
🌐 www.nanadaru.com

INFO

▲ 釜滝由玄武岩一躍而下，十分雄偉。

（撰文：IKiC，攝影：蘇飛）

神奈川縣

靜岡縣

富士五湖

長野縣

群馬縣

栃木縣

茨城縣

埼玉縣

千葉縣

河津秘境 七滝高架橋

河津七滝ループ橋　MAPCODE 248 443 541*83

駕車沿着伊豆半島中部的國道414號線向南行駛，便能看到位處山坳的一座雙環高架橋。這是在1981年建成，全長約1064米，高約45米，直徑約80米，為了克服險峻山路同時防止地震倒塌而特意設計的高架橋，還獲得日本土木工程師學會頒發的田中獎。而沿途山景和路旁櫻花亦值得一睹。

▲可以駛進停車場，慢慢拍照打卡。

從東名高速道路「沼津IC」「長泉沼津IC」，駕車約80分鐘

izugeopark.org/geosites/loop_bridge/

環路橋下設有停車場，位於國道414號線環橋南側，「河津七瀧」方向行駛

（撰文：HEI，攝影：蘇飛）

又食又買 わさび園かどや

地圖P.173

わさび園かどや是以新鮮山葵作招徠的店鋪，幾乎每一款餐點都會附送新鮮山葵，不怕會錯過。由於かどや較有名，所以大部分遊客都會來到這裏用膳，一般都需要等候，有興趣的朋友記得要留意。另外，店內除了餐廳，亦有商店，售賣山葵產品及新鮮山葵，如想在家也品嘗到新鮮山葵的滋味，就不要忘了到這裏來啊！

▲わさび園かどや就在觀光案內所對面。

▲要自己親手磨的 Wasabi。

Tips!

真・山葵

山葵（Wasabi）的產地不多，大部分在市面售賣的山葵產品都是以辣根及色素製成的仿製品。而日本部分的牙膏狀 Wasabi 含有真正的山葵，在包裝上會以「本わさび使用」及「本わさび入り」作識別，前者含有50%以上山葵，後者只有50%以下的山葵。

靜岡県賀茂郡河津町梨本371-1

伊豆急行線「河津」站下車，轉乘往「河津七滝」方向的東海巴士到「河津七滝」站下車即達

餐廳 09:30～14:00，商店 09:00～17:00

不定休，詳見官網

0558-35-7290

www.wasabien-kadoya.com

▲店內餐廳只供餐到 14:00，想品嘗的朋友記得預早去並有心理準備需等候。

（撰文：IKiC，攝影：蘇飛）

Part 3

富士五湖 (山梨縣)
Fujigoko

　　山梨縣 (Yamanashi) 位於日本本州的中心，自然環境優越，日照充足，適合栽培果樹，盛產的水果有蜜桃、葡萄等，產量和品質在日本數一數二。這裏有很多自然風景名勝，當中以富士山和富士五湖為最著名，富士山聳立於山梨縣與靜岡縣的交界，海拔 3,776 米，是日本第一高山，對每個日本人來說都是神聖而重要的；而富士五湖則指富士山下的山中湖、河口湖、西湖、精進湖及本栖湖，從五湖眺望，能欣賞到富士山的景致。由於縣內的景點都集中在富士五湖地區，故本篇章主要介紹此區。

山梨縣觀光協會：www.yamanashi-kankou.jp

富士五湖交通

　　富士五湖的主要交通工具為周遊巴士、富士湖號巴士、富士宮市定期觀光巴士和富士急行路線巴士。

周遊巴士　bus.fujikyu.co.jp/rosen/shuyu

　　富士五湖內，只有河口湖有鐵路站，其餘四湖只能乘搭巴士前往。為了方便遊客觀光，富士急推出幾條周遊巴士路線，讓遊客暢遊富士五湖。

A. 復古巴士　オムニバス

復古巴士路線	起點	主要途經車站	班次 (每天)
河口湖周遊巴士 (紅色線) (レッドライン)	河口湖站	河口湖遊覽船、河口湖美術館、河口湖音樂盒之森美術館、河口湖自然生活館	09:00~17:45， 每 20 或 30 分鐘 一班
西湖周遊巴士 (綠色線) (グリーンライン)		富岳風穴、龍宮洞穴、西湖いやしの里根場	09:10~16:10， 每 1 小時一班
鳴沢 • 精進湖 • 本栖湖周遊巴士 (藍色線) (ブルーライン)		鳴澤冰穴、富岳風穴、精進湖、本栖湖	09:35、13:35、 15:35

> **Tips!**　富士五湖的巴士基本票價起跳為 ¥160(HK$11)，並依里程計算。由於富士五湖相距甚遠，車資動輒要上千日圓，故遊客多購買不同的優惠套票 (詳見 P.181)。

路線圖
bus.fujikyu.co.jp/rosen/shuyuomuni

B. 富士吉田•忍野•山中湖周遊巴士　ふじっ湖号

　　富士吉田 • 忍野 • 山中湖周遊巴士即「富士湖號」巴士，分順時針和逆時針，兩條路線的主要途經車站都相同，只是行駛的方向不同(兩條路線都會從河口湖站出發先往南行，駛經富士山站、忍野八海、花之都公園等站，然後逆時針路線會先沿山中湖南邊逆時針行駛，再往北繞回紅富士之湯；順時針路線則先沿山中湖北邊順時針行駛，再往南繞回紅富士之湯)。

　　富士湖號主要途經的車站有淺間神社、忍野八海、花之都公園和紅富士之湯站。

○ **順時針路線**：河口湖站發車7:05、7:45、8:45、9:45、10:45、11:45、12:45、13:45、14:45、15:45、17:15
逆時針路線：河口湖站發車8:16、9:02、9:56、11:02、11:56、13:02、13:56、15:02、15:56、17:02、18:26
◎ 路線圖：bus.fujikyu.co.jp/rosen/shuyufujikkogo

INFO

C. 富士宮市定期觀光巴士　強力くん

　　富士宮市定期觀光巴士以靜岡縣內的富士山周邊景點為主，包括世界文化遺產和自然觀光景點，如山宮淺間神社、淺間大社、白糸之瀑、田貫湖等。由富士宮站出發，最後回到富士宮站下，路線分為9:30出發的上午線和13:00出發的下午線，兩條線途經景點各不同，可因應旅遊計劃選購上午、下午或一日乘車票，要注意的是「強力くん」不接受預約，先到先得，而且限定33人。

○ 週六、日及假期
$ 上午線：成人¥1,050(HK$62)，兒童¥530(HK$31)；下午線：成人¥1,550(HK$91)，兒童¥780(HK$46)；一日乘車票：成人¥2,250(HK$132)，兒童¥1,130(HK$66)
◎ bus.fujikyu.co.jp/lp/goriki

INFO

(撰文：HEI)

交通優惠券

1. 河口湖/西湖/鳴沢・精進湖・本栖湖 周遊巴士2日券

　　2日券可於河口湖站巴士售票處、周遊巴士內向司機購買，持票者可自由乘搭河口湖周遊巴士、西湖周遊巴士及鳴沢・精進湖・本栖湖周遊巴士，有效期為2天。

💲成人¥1,500(HK$110)，兒童¥750(HK$55) INFO

2. 富士吉田・忍野・山中湖周遊巴士2日券

　　2日券可於河口湖站巴士售票處、周遊巴士內向司機購買，持票者可在2日內不限次數乘搭富士吉田・忍野・山中湖周遊巴士，以及往來河口湖站、富士山站、富士吉田、忍野八海和山中湖的路線巴士。

💲成人¥1,500(HK$110)，兒童¥750(HK$55) INFO

3. 富士山・富士五湖passport 〔富士山・富士五湖パスポート〕

　　「富士山・富士五湖passport」由富士急行發行，覆蓋了所有富士五湖路線的電車及巴士，分為「普通版」和「富士急電車Set版」。

▶ bus.fujikyu.co.jp/otoku/fuji-passport

A. 普通版：富士山・富士五湖パスポート(2日間)

　　「富士山・富士五湖passport普通版」包括無限次乘搭周遊巴士、富士山世界遺產Loop Bus、富士急行路線巴士，以及在指定區間內乘搭富士急行電車(僅限河口湖站至下吉田站的普通列車)，有效期為2天，可於富士山、河口湖、旭日丘站的售票處購買。

💲成人¥2,600(HK$153)，兒童¥1,300(HK$76)

B. 富士急電車Set版：富士山・富士五湖パスポート 「富士急電車セット」(2日間)

　　「富士山・富士五湖 passport富士急電車Set版」是進階版，除了普通版涵蓋的周遊巴士、富士山世界遺產Loop Bus、富士急行路線巴士外，此券還包含無限次乘搭富士急行全線(河口湖站至大月站)的普通列車。

💲成人¥3,600(HK$212)，兒童¥1,800(HK$106)

181

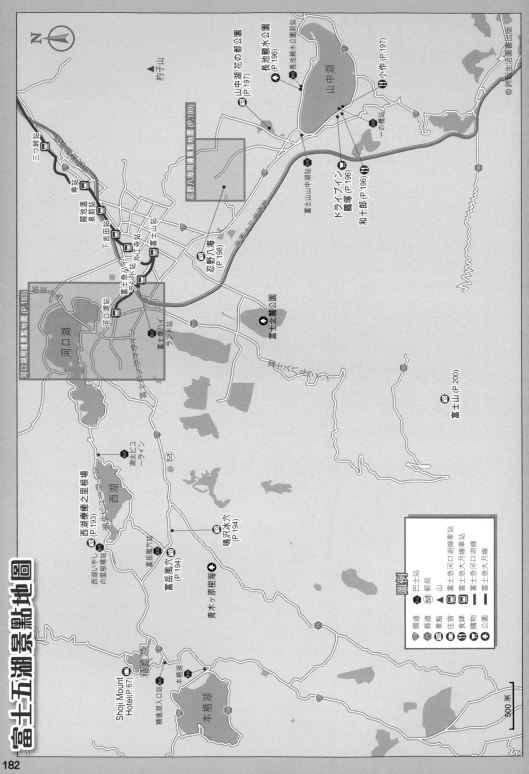

富士五湖景點地圖

N

杓子山

© 跨版生活圖書出版

山中湖花の都公園 (P.197)

長池親水公園 (P.196)

長池親水公園前站

山中湖

小作 (P.197)

忍野八海周邊景點地圖 (P.199)

一の橋站

三つ峠站

寿站

富士山中湖站

富士山中湖站

ドライブイン 鎧塚 (P.196)

河口湖温泉前站

下吉田站 月江寺站

富士山站

和十郎 (P.196)

忍野八海 (P.198)

河口湖周邊景點地圖 (P.183)

富士急ハイランド站 河口湖站

富士急ハイランド站

河口湖

富士北麓公園

富士山 (P.200)

西湖療癒之里根場 (P.193)

湖北ビューライン

西湖

富岳風穴站

鳴沢冰穴 (P.194)

西湖いやしの里根場站

富岳風穴 (P.194)

青木ヶ原樹海

Shoji Mount Hotel (P.67)

精進湖

精進湖入口站

本栖湖

本栖湖

圖例

巴士站

郵局

山

富士急河口湖線車站

富士急大月線車站

富士急河口湖線

富士急大月線

國道

縣道

景點

住宿

食肆

購物

公園

500 米

182

河口湖周邊景點地圖

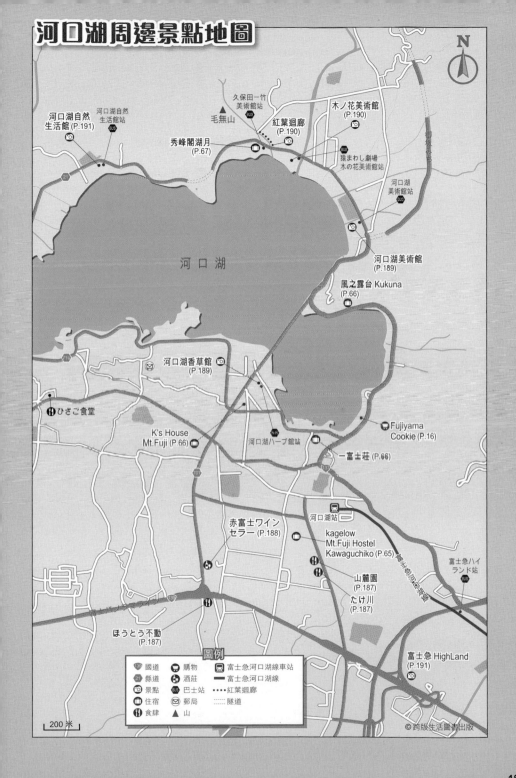

N

久保田一竹
美術館站

毛無山

木ノ花美術館 (P.190)

河口湖自然
生活館 (P.191)

河口湖自然
生活館站

紅葉迴廊
(P.190)

秀峰閣湖月
(P.67)

猿まわし劇場
木の花美術館站

河口湖
美術館站

河口湖

河口湖美術館
(P.189)

風之露台 Kukuna
(P.66)

河口湖香草館
(P.189)

ひさご食堂

Fujiyama
Cookie (P.16)

K's House
Mt.Fuji (P.66)

河口湖ハーブ館站

一富士莊 (P.66)

河口湖站

赤富士ワイン
セラー (P.188)

kagelow
Mt.Fuji Hostel
Kawaguchiko (P.65)

富士急ハイ
ランド站

山麓園
(P.187)

たけ川
(P.187)

ほうとう不動
(P.187)

富士急 HighLand
(P.191)

圖例

🏯 國道	🛒 購物	🚃 富士急河口湖線車站	
🔷 縣道	🍶 酒莊	━━ 富士急河口湖線	
🔶 景點	🚌 巴士站	•••• 紅葉迴廊	
🏠 住宿	✉ 郵局	⋯⋯ 隧道	
🍴 食肆	▲ 山		

200 米

©跨版生活圖書出版

01 五湖中最大 河口湖 〔地圖P.182、183〕 〔MAPCODE 161 272 891*43〕 人氣

　　河口湖位於富士山北方，是富士五湖內擁有最長湖岸線的湖。河口湖畔有各式各樣的觀光和室外休閒設施，例如公園、博物館、美術館和餐廳等，加上公共交通的配套最完善，到訪河口湖的遊客總是絡繹不絕。遊客還可乘坐遊覽船Ensoleille號(即法文「光線良好」的意思)遊湖，既可以悠閒舒適地眺望河口湖全景與富士山的景色，天氣好時更可走到2樓的甲板欣賞美景，運氣好的話還能看到美麗的「逆富士」！乘船碼頭位於河口湖畔的船津浜，船程約25分鐘。(河口湖周邊景點詳見P.186~191)

▲河口湖與富士山構成絕妙的風景。

▲湖畔的芒草為富士山添上蒼涼的氣氛。

🚃 富士急行線「河口湖」站下車，步行約10分鐘
💲 船費成人￥1,000(HK$73)，兒童￥500(HK$37)
🚢 遊覽船：www.fujigokokisen.jp/contents/ensoleille
INFO

02 結合鄉村風貌的湖 西湖 〔地圖P.182〕 〔MAPCODE 59 024 195*56〕

　　西湖位於河口湖旁，著名名勝為西湖療癒之里根場，此處重現了昔日鄉村的風貌，重建了多棟茅茸屋。(西湖周邊景點詳見P.192~194)

◀在西湖療癒之里根場觀看富士山，別有一番風味。

🚃 富士急行線「河口湖」站下車，轉乘復古巴士西湖周遊巴士到「西湖東口」站，下車即達

INFO

03 同時眺望富士山、大室山 精進湖 地圖P.182

MAPLADE 312 538 290*07

　　精進湖位於富士山西北方，面積最小。湖泊與富士山之間無任何建築物阻擋，景觀一流。於精進湖除了可欣賞富士山，更可看到富士山擁抱着大室山的壯闊景致。

▶精進湖。

INFO 富士急行線「河口湖」站下車，轉乘復古巴士鳴沢・精進湖・本栖湖周遊巴士到「精進湖入口」站，下車即達

04 細看「逆富士」 山中湖 地圖P.182 **MAPLADE** 161 012 638*73

　　山中湖標高約1,000米，因湖面所倒映出來的「逆富士」(於湖中看到富士山的倒影)景色而聞名，是繼河口湖最多遊客到訪的湖。湖附近的著名景點有忍野八海。(山中湖周邊景點詳見P.195~199)

▶必須在沒有刮風、湖面平靜的時候，才能看到「逆富士」。

INFO 富士急行線「富士山」站下車，轉乘富士湖號巴士，於「富士山•山中湖」站下車即達

05 湖水最深最清 本栖湖 地圖P.182 **MAPLADE** 312 477 350*05

　　本栖湖位於富士山的最西邊，是五湖中最深的湖，透明度極高，湖面顯得清澈平靜。從本栖湖北岸所見到的富士山倒影，正是￥1,000紙鈔上所印的圖案。由於本栖湖與西湖和精進湖擁有同一水脈，因此推測它們過去是同一個湖泊。

INFO 富士急行線「河口湖」站下車，轉乘復古巴士鳴沢・精進湖・本栖湖周遊巴士到「本栖湖」站，下車即達

富士五湖簡介　河口湖周邊　西湖周邊　山中湖周邊　富士山

8.1

人氣觀光勝地

河口湖周邊
Lake Kawaguchiko

富士五湖中，河口湖是最早開發作為觀光地的湖，至今仍廣受遊客歡迎。在河口湖周邊，你可以參觀不同主題的博物館，也可以隨着不同季節，以富士山為中心，觀看不同的絕美景色。

前往河口湖的交通

JR 東京站 → 中央本線快速（高尾行き） → **JR** 新宿站 → かいじ 23 号 → **JR** 大月站 → 富士急行線普通 → 河口湖 / 富士急ハイランド站

（全程）約 2 小時 34 分鐘 ~2 小時 37 分鐘・¥3,640~3,710(HK$214~218)

新宿 / 東京 / 渋谷巴士站 * → 高速巴士・約 2 小時・¥2,100~2,200(HK$124~129) → 河口湖巴士站

*新宿巴士站為「バスタ新宿〔新宿　新南口〕」、東京巴士站為「八重洲南口・JR・高速巴士總站」或「八重洲北口鐵鋼大廈利木津巴士站」、渋谷巴士站為「渋谷 MARK CITY 高速巴士總站」，以上巴士站皆位於JR站附近。

註：以上車費為自由席，乘搭指定席車費較貴。車費及時間僅供參考。

> **Tips!**
>
> **乘搭高速巴士須知**
>
> 由於巴士站的車票售完即止，加上前往河口湖的乘客非常多，建議預先在網上訂票。遊客可在富士急行巴士網站查詢巴士班次，然後到 Highway Bus 及 Willer Express 兩間高速巴士公司的官網訂票。
>
> 雖然高速巴士的車費較鐵路便宜，但週末及假日的路面經常堵塞，可能會導致巴士延遲 1 至 2 小時才抵達目的地。

INFO
- Highway Bus 訂票網站：www.highwaybus.com/gp/index
- Willer Express 訂票網站：travel.willer.co.jp
- 富士急行巴士：bus-tw.fujikyu.co.jp/highway

隱世烏冬小店 たけ川 地圖P.183

　　雖然這間烏冬專門店的位置有點偏僻，而且店面不起眼，僅於中午營業，但在當地卻非常有名，充滿了小店的實力與魅力。店鋪提供的烏冬麵條寬度較一般的粗，口感煙韌彈牙又有咬勁，配料有牛肉、生雞蛋等，一碗約￥300~600(HK$22~44)，價錢十分實惠。

▶たけ川門外。

> ⌂ 山梨縣南都留郡富士河口湖町船津3371
> 🚃 富士急行線「河口湖」站下車，步行約10分鐘
> ⏰ 10:30~13:45　休 週一　☎ 0555-72-5022
> 🌐 kashibesso.com/sub/udon/takekawa

傳統爐端燒 山麓園 地圖P.183

　　山麓園是一間爐端燒店，建築物是一幢有百多年歷史的古民房，據說是上一代的人把位於飛驒古豪的宅邸遷移過來的，保存了日本傳統文化。爐端燒是一種在居酒屋設置的火爐上燒烤的烹調方式，即煮即燒的香氣令人食慾大增。店鋪提供￥2,200~4,400(HK$146~293)的套餐，食材有多種肉類、海鮮、蔬菜串燒、鍋物等，顧客可按自己喜好選擇。

▶山麓園是一座珍貴的傳統建築。

> ⌂ 山梨縣南都留郡富士河口湖町船津3370-1
> 🚃 富士急行線「河口湖」站下車，步行約10分鐘
> ⏰ 10:00~19:30　休 週四
> ☎ 0555-73-1000

雲朵形狀的建築物 ほうとう不動 地圖P.183 火氣 推介

　　不動是山梨縣內數一數二的粗烏冬名店。東戀路分店由保坂猛建築都市設計事務所設計，外形雪白平滑，具有未來感，簡直是一件藝術品。店鋪非常大，約有300個座位，某些位置更面對着富士山，透過窗戶能欣賞到不同面貌的大自然景致。菜單上只有3種食物：粗烏冬、馬刺身及黑糖腐皮壽司。

▶進店時像走進山洞，非常有趣。

▲店家外形特別。

▲店鋪的標誌很特別：上方的倒V符號象徵富士山，下方的圓形則代表盛烏冬的湯碗。

▶富士山，在店外可遠眺。

▶還可以把烏冬買回家亨煮！

▲不動的粗烏冬是招牌美食，蔬菜加上味噌烹煮而成的湯底很清甜 ￥1,210 (HK$71)。

> ⌂ 山梨縣南都留郡富士河口湖町船津東戀路2458
> 🚃 富士急行線「河口湖」站下車，步行約23分鐘
> ⏰ 11:00~20:00　☎ 0555-72-8511
> 🌐 www.houtou-fudou.jp

地圖P.183

大獲好評的酒窖 赤富士ワインセラー

`MAPCODE` 161 241 756*07

山梨縣盛產水果，所種植的葡萄被稱為甲州葡萄，被譽為日本葡萄酒釀造的發祥地。赤富士ワインセラー是一個葡萄酒販售兼觀光的複合設施，展示了一些製造葡萄酒的工具等，亦提供多種葡萄酒試飲。除了酒類，還販售純葡萄汁、提子乾等相關產品。

▲赤富士ワインセラー。

◀釀製葡萄酒的橡木桶。

◀酒窖內的環境。

◀休息區。

◀酒窖內提供多種紅酒和白酒試飲。

◀還有葡萄乾售賣。

◀使用甜度較高的「特拉華葡萄」所製造的白酒，特別適合餐後飲用，オーナーズデラウェア（白）¥3,500(HK$256)。

📍 山梨県南都留郡富士河口湖町船津2020-1
🚃 富士急行線「河口湖」站下車，步行約20分鐘
🕘 09:00~18:00
☎ 0555-20-9222
🌐 akafuji-wine.com
ℹ 未成年切勿飲酒

INFO

體驗香草的治療力和魅力 河口湖香草館 地圖P.183

河口湖ハーブ館　MAPCODE 161 301 474*65

　　河口湖香草館以香草為主題，共分為兩層。1樓是商店，出售使用當地香草製作的天然產品，另設有香草溫室，裏面種滿了迷迭香、羅勒、薄荷等香草，還有香水專賣店，提供約100種不同味道的香水。2樓是製作乾花藝品的體驗教室，提供多種與押花相關的工作坊。

🏠 山梨県南都留郡富士河口湖町船津6713-18
🚌 富士急行線「河口湖」站下車，轉乘復古巴士河口湖周遊巴士(P.180)到「河口湖ハーブ館」站，下車即達
🕐 4月~10月09:00~18:00，11月~3月09:00~17:30
💰 免費
☎ 0555-72-3082
🌐 www.herbkan.jp

（攝影：Him）

▲河口湖香草館。

▲館內有薰衣草售賣。

▲還有薰衣草味肥皂。

於湖邊感受藝術 河口湖美術館 地圖P.183　MAPCODE 161 332 834*36

　　河口湖美術館的氣氛優雅恬靜，很適合欣賞不定期更換主題的藝術展覽。館內設有咖啡廳，即使不買票進場仍可進去坐坐。咖啡廳內的落地玻璃向着湖景和山景，若配上蛋糕和咖啡，別具詩意。館內的商店也值得一逛，裏面售賣各種與富士山、藝術和展覽相關的商品，明信片更較一般店鋪售賣的有美感。

▶美術館四周的環境優美。

▲河口湖美術館。

▶不妨點一杯咖啡，享受一個悠閒下午。

🏠 山梨県南都留郡富士河口湖町河口3170
🚌 富士急行線「河口湖」站下車，轉乘復古巴士河口湖周遊巴士(P.180)於「河口湖美術館」站下車，步行約5分鐘
🕐 10:00~16:00
🚫 週二、年末
💰 成人￥800(HK$59)、中學生￥500(HK$37)、小學生或以下免費
☎ 0555-73-8666
🌐 kgmuse.com

◀透過咖啡廳的落地玻璃，可欣賞到漂亮的湖景和山景。

富士五湖簡介　河口湖周邊　西湖周邊　山中湖周邊　富士山

走進奇幻世界 木ノ花美術館

地圖 P.183　MAPLODE 161 362 455*32

木ノ花美術館是以人氣繪本作家池田晶子筆下的達洋貓(Dayanダヤン)為主題的博物館，館內以達洋貓所在的世界Watchfield為藍本，展館外貌為達洋貓來到Watchfield看到的第一幢建築物，館內展示了池田老師的原畫及手稿，更有Watchfield世界的實物，如星球儀、小屋模型等等，讓遊客可以在現實空間真正感受到這個奇幻世界。

▲美術館主要展館。

▲館外還有可愛的裝飾呢！

▲來走進 Watchfield 的世界親親達洋貓吧！

 Tips!

達洋貓與 Watchfield

達洋貓原是地球一隻普通小貓，因受不了小主人與朋友開派對的吵鬧而出走，因緣際會之下來到了 Watchfield 這個奇幻的雪世界。

🏠 山梨縣南都留郡富士河口湖町河口3026-1
🚉 富士急行線「河口湖」站下車，轉乘復古巴士河口湖周遊巴士(P.180)到「猿まわし劇場 木の花美術館」站，下車即達
🕐 3月至11月09:00~17:00，12月至2月10:00~16:00
💲 大學生及成人￥500(HK$37)，中學生￥400(HK$29)，小學生或以下免費
☎ 0555-76-6789　🌐 www.konohana-muse.com　INFO

（撰文：IKiC，攝影：蘇飛）

賞楓人氣好去處 紅葉迴廊

地圖 P.183　賞紅葉

もみじ回廊　MAPLODE 161 361 655*10

紅葉迴廊長約1.5公里，兩旁盡是連綿不絕的紅葉巨木，每年秋季都吸引大量遊客前來賞楓。陽光照射下放眼向楓葉望去，會看到具層次的艷麗色彩，景色相當壯觀。每年11月還會有紅葉祭，迴廊於入黑後會有點燈活動，是人氣攝影觀光地，道路兩旁還設有小型市集、小吃攤、土產店和工藝品市集。

▲紅葉迴廊。

▲光與影、紅與黃融合在一起，美不勝收。

▲迴廊兩旁都是專程來賞楓的人。

▲襯托。楓樹旁還有一個花圃。

Tips!

紅葉祭

紅葉祭於每年11月上旬至下旬舉行（例如2018年的紅葉祭於11月1日至23日舉行），屆時紅葉迴廊兩旁的市集會於上午9時起開業，而點燈活動則會在黃昏至10時進行，建議出發前先查閱紅葉祭的舉行日期。

🏠 山梨縣富士河口湖町河口
🚉 富士急行線「河口湖」站下車，轉乘復古巴士河口湖周遊巴士(P.180)於「久保田一竹美術館」站下車，步行約5分鐘　INFO

一覽富士山全景 河口湖自然生活館 地圖 P.183

MAPCODE 59 089 198*20

　　河口湖自然生活館位於大石公園內,是眺望富士山的著名景點之一,於6、7月薰衣草季節前往,更能看到一片紫色的花海,非常壯觀。生活館內設有商店、咖啡店等,售賣多款與富士山相關及山梨縣限定的商品。

▶從大石公園眺望富士山的景致。

▲生活館外形特別。

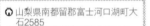

▲▶店內有與富士山相關的紀念品供遊客選購。

▲館內的咖啡店設室外座,面對富士山。

▶咖啡店提供雪糕。

🏠 山梨縣南都留郡富士河口湖町大石2585
🚌 富士急行線「河口湖」站下車,轉乘復古巴士河口湖周遊巴士(P.180)到「河口湖自然生活館」站,下車即達
🕐 商店4月~10月09:00~18:00、11月~3月09:00~17:30
📞 0555-76-8230
🌐 www.seikatsukan.jp
INFO

 Tips!

果醬體驗教室
生活館提供果醬體驗教室,參加者可親手製作果醬,全程約45分鐘,每位¥850(HK$62),兒童也可參加,但必須事前預約。

充滿歡笑和尖叫聲的遊樂園 富士急HighLand 親子

富士急ハイランド 地圖 P.183 MAPCODE 161 243 116*31

　　富士急HighLand為日本數一數二的遊樂園,擁有許多刺激好玩的機動遊戲,集結了世界紀錄等級的過山車,例如有時速高達130km/h、70米高低差的Fujiyama過山車、總旋轉數世界第一的過山車ええじゃないか。此外,還有52米高的跳樓機,以及全長900米的恐怖鬼屋,帶來嶄新的感官刺激。若擔心太過刺激,也有為小朋友而設的Thomas Land和哈姆太郎樂園,適合親子同樂。園內遊樂設施收費約¥500~2,000(HK$29~118)。

🏠 山梨縣富士吉田市新西原5-6-1
🚌 於「新宿」、「渋谷」、「池袋」或「東京」站乘搭富士急高速巴士,於「富士急ハイランド」站下車即達,車程約2小時;或從JR「新宿站」乘搭特急富士回遊列車,於「富士急HighLand」站下車
🕐 沒有固定的開放時間,宜出發前於網上確認
💲 入場費免費,遊戲設施另付:一日通票(無限次玩遊樂設施):成人¥6,000~6,800(HK$353~400)、中學生¥5,500~6,300(HK$324~371)、小學生¥4,400~5,000(HK$259~294)(售價隨日子浮動)
📞 0555-23-2111 🌐 www.fujiq.jp
INFO

▶富士急HighLand。

(攝影:Him)

8.2

感受鄉村風貌

西湖周邊
Lake Saiko

西湖是富士山爆發後形成的堰塞湖，湖邊最有名的景點是療癒之里根場，展現了古時日本人的鄉村生活。此外，這裏還有不同大小的冰穴，進入這些天然冷藏庫感受大自然的奧妙也是珍貴的體驗。

前往西湖的交通

河口湖站

復古巴士西湖周遊巴士．約 25 分鐘

西湖東口站

重現昔日鄉村的面貌 **西湖療癒之里根場** 地圖 P.182

西湖いやしの里根場 | map代碼 59 019 172*54

西湖療癒之里根場坐落於西湖旁，是一個為了傳承傳統文化而重建的景點。為了恢復昔日鄉村的舊貌，當局仿照古時日本居民聚居的地方，於2006年重建了多棟茅茸屋，屋內都是展覽室、商店、體驗室或餐廳，猶如一座露天的博物館，讓旅客有機會了解和發掘日本鄉村的美好。

▶里根場的售票處。

◀▲天氣好的時候，能從里根場眺望富士山。

▲▶傳統的茅茸屋。

▶里根場內的橋也是一個不錯的攝影位置。

▶還可在火の見屋（12號屋）試穿戰國時期的軍服。（攝影：Him）

▶おもいで屋（19號屋）內售賣的富士山紅豆餡餅。（攝影：Him）

⌂ 山梨縣南都留郡富士河口湖町西湖根場 2710
🚌 富士急行線「河口湖」站下車，轉乘復古巴士西湖周邊巴士（P.180）於「西湖いやしの里根場」站下車，步行約5分鐘
🕐 3月~11月09:00~17:00，12月~2月09:30~16:30
💰 成人¥500（HK$29）、兒童¥250（HK$15）
📞 0555-20-4677
🌐 saikoiyashinosatonenba.jp/

Tips! 里根場官網提供優惠券下載，下載後只要在購票時出示手機截取的畫面入場即可享¥50優惠，在某些部屋內消費亦能享有折扣（詳見 saikoiyashinosatonenba.jp/discount/）

INFO

天然的冷藏庫 富岳風穴、鳴沢冰穴 地圖P.182

MAPCODE 富岳風穴 689 514 071*61　　MAPCODE 鳴沢冰穴 689 485 581*88

富士山周圍有許多大小、形狀不一的洞窟，富岳風穴為其中一個著名的洞窟，屬於一個橫穴式洞穴，容易行走，參觀路線全長約15分鐘，適合一家大細一起參觀，裏面有冰柱、溶岩棚、繩狀溶岩等天然景觀。由於洞內氣溫平均為3度，而且一年四季都呈現結冰狀態，因此不論何時前往，都會感覺相當涼快。鳴沢冰穴則是一個豎穴式洞穴，與富岳風穴相距15分鐘路程，因超過1,150年前富士山爆發岩漿流下而形成，獲日本文部省指定為天然記念物。

富岳風穴

▲富岳風穴入口附近有一間紀念品店，售賣手信及各類爬山用品。（攝影·Him）

▲穴內的環境較暗。（攝影·Him）

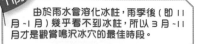
▲▲內有天然冷藏庫儲存種子。（攝影·Him）

鳴沢冰穴

▲冰穴入口。（攝影·Him）

▲洞內的路比較窄。（攝影·Him）

▲冰穴內的冰又高又厚。

▲洞內還有壯觀的冰柱。

🏠 富岳風穴：山梨県南都留郡富士河口湖町西湖青木ヶ原2068-1
鳴沢冰穴：山梨県南都留郡鳴沢村8533
🚌 富士急行線「河口湖」站下車，轉乘復古巴士鳴沢·精進湖·本栖湖周遊巴士（P.180）到「富岳風穴」或「鳴沢冰穴」站，下車即達
🕐 因不同月份而變更，宜出發前於網上確認
💲 富岳風穴和鳴沢冰穴的入場費分別為成人¥350(HK$26)，小學生¥200(HK$15)(可在官網下載¥50折扣券)
☎ 0555-85-2300　　🌐 www.mtfuji-cave.com

INFO

Tips!
由於雨水會溶化冰柱，雨季後（即11月~1月）幾乎看不到冰柱，所以3月~11月才是觀賞鳴沢冰穴的最佳時段。

8.3

坐擁富士山湧泉

山中湖周邊
Lake Yamanakako

山中湖是富士五湖中最大、最高的湖，周邊也是旅客的觀光勝地。其中不得不去的是長池親水公園及忍野八海，前者是觀看「逆富士」的絕佳景點，後者則是源於富士山的湧泉群，圍繞山中湖觀光絕對美不勝收。

前往山中湖的交通

JR	JR中央線	🚆	富士急行線	🚆	富士湖號巴士	🚌
新宿/東京站		大月站		富士山站		山中湖巴士站

⋯⋯⋯⋯（全程）約3小時・¥4,080(HK$240)⋯⋯⋯⋯

🚌	高速巴士・約2小時・¥2,600(HK$153)	🚌
新宿巴士站 *		山中湖巴士站

*高速巴士資料見P.186。

195

觀賞壯麗的富士山 長池親水公園

  地圖P.182 推介

MAPCODE 161 014 804*66

由於山中湖是最接近富士山的湖泊，因此位於湖北邊的長池親水公園不但是休憩的好去處，也是觀看富士山的必去景點。從親水公園能同時欣賞到山中湖和富士山，風景如畫，不少攝影師更為了拍攝實虛互映的「逆富士」而前來長池親水公園。

▲長池親水公園。

◀從親水公園能同時觀看山中湖及雄偉的富士山。（攝影：蘇飛）

⌂ 山梨県南都留郡山中湖村平野
🚍 富士急行線「富士山」站下車，轉乘富士湖號巴士（P.180）到「長池親水公園前」站，下車即達 INFO

山中湖最大規模的手信店 ドライブイン鶴塚

地圖P.182

MAPCODE 434 283 399*71

鶴塚是專賣當地特產的大型商店，提供當地特有、具人氣的食品或產品，例如信玄餅、粗烏冬和葡萄酒等，選擇多元，而且一應俱全，令人目不暇給，既可買來當手信，也可帶回家自用。

◀商店規模頗大。

⌂ 山梨県南都留郡山中湖村山中224
🚍 富士急行線「富士山」站下車，轉乘富士湖號巴士（P.180）到「一の橋」站，下車即達
🕐 09:00~18:00 休 週五
☎ 0555-62-0201 INFO

特色鄉土料理 和十郎

 地圖P.182 MAPCODE 434 283 345*55 推介

和十郎提供日本傳統的特色鄉土料理，餐廳的粗烏冬人氣雖然不及同區的「小作」，但味道有過之而無不及。粗烏冬的配菜可選甲州地雞、海鮮、叉燒、豚肉咖喱等新穎口味，而除了粗烏冬外，這裏亦提供蕎麥麵和日式定食等，水準相當高。

▲番茄豚肉粗烏冬 ￥1,600(HK$94)，番茄湯底喝起來很清爽，而且帶點酸酸甜甜的味道。

▲和十郎。

⌂ 山梨県南都留郡山中湖村山中232-7
🚍 富士急行線「富士山」站下車，轉乘富士湖號巴士（P.180）於「一の橋」站下車，步行約5分鐘
🕐 平日11:00~15:00、17:00~21:00，週六、日及假日11:00~21:00
休 週三 ☎ 0555-62-5700
🌐 wajuurou.com INFO

山梨縣名物粗烏冬 小作 ◄ 地圖P.182 | MAPCODE 434 283 258*06 | 人氣

來到山梨縣絕不能錯過當地限定的美食ほうとう，即味噌湯底的粗烏冬。小作在山梨縣開有十間分店，極具人氣。山中湖店設有150個座位，空間廣闊，店內人氣第一的菜式是南瓜粗烏冬，南瓜香甜鬆軟，溶入湯頭裏令味道層次更豐富。除了南瓜，顧客還可選擇豚肉、菇類等配菜。

▶南瓜粗烏冬（かぼちゃほうとう），¥1,300(HK$75)，湯底香濃，南瓜很大塊，吃完會非常有飽足感。

- 🏠 山梨県南都留郡山中湖村山中234
- 🚃 富士急行線「富士山」站下車，轉乘富士湖號巴士(P.180)於「一の橋」站下車，步行約5分鐘
- 🕐 11:00～20:00
- ☎ 0555-62-5392
- 🌐 www.kosaku.co.jp
- INFO

▲店內座位主要是和式榻榻米。　▲小作店外有一個大水車。

富士山下的花境 山中湖 花の都公園 ◄ 地圖P.182 | 人氣 親子

花之都公園位於山梨縣山中湖村，在此能遙望富士山。公園內種植四季不同的花卉，春天的粉蝶花、鬱金香，夏天的向日葵、滿天星，秋天秋櫻、蕎麥花，冬天有皚皚白雪景、霓虹燈展，同時可看到「鑽石富士」。即使冬天在玻璃溫室「フローラルドームふらら」亦能觀賞到不同的熱帶花朵和多肉植物。園內更設有親子同樂的主題公園「清流の里」，有水上遊樂園和溶岩樹型地下觀察體驗，也有10乘80米的巨大瀑布「明神の滝」及「岩清水の滝」。絕對是一日遊之選！

▲玻璃溫室外。

▶有點田園感覺的紀念品小店。

◀溫室內花卉裝飾也很漂亮。

- 🏠 山梨縣南都留郡山中湖村山中1650
- 🚃 乘坐富士急行到富士山站，再轉乘山中湖周遊巴士「富士湖號(ふじっ湖号)」到花之都公園巴士站下車
- 🕐 4/16～10/15 8:30～17:30，10/16～4/15 9:00～16:30
- 🅿 12月1日～3月15日的每週二休息
- 💰 4/16～10/15 成人￥600(HK$35)兒童￥240(HK$14)，10/16～11/30及3/16～4/15成人￥360(HK$26)兒童￥150(HK$9)，12/1～3/15 免費
- ☎ 0555-62-5587　🌐 www.hananomiyakokouen.jp
- INFO

▲園內可眺望到富士山。

（撰文：HEI，攝影：蘇飛）

富士五湖簡介

河口湖周邊

西湖周邊

山中湖周邊

富士山

源自富士山的湧泉群 忍野八海

地圖P.199　MAPCODE　停車場：161 130 609*05

　　忍野八海是位於山梨縣忍野村的湧泉群，指8個池塘：湧池、出口池、御釜池、濁池、鏡池、菖蒲池、底拔池和銚子池。相傳忍野村本來是一個湖，叫宇津湖，其後因富士山爆發而令宇津湖分割成山中湖以及忍野湖。由於河川侵蝕，使忍野湖乾枯而變為盆地，原本的湧水口則變成8處池水，亦即忍野八海。八海的池水都是長年累月降落於富士山高地的積雪與雨水，水質清澈剔透，而池塘旁有餐廳、資料館、商店等，吸引不少遊客來觀光。

湧池
▲直徑約12米、湧出量最大、最具代表性的湧池。

銚子池
▲清澈的銚子池。(攝影：蘇飛)

濁池
◀從這裏看過去就是濁池。(攝影：蘇飛)

中池
◀池本莊前面的中池是一個人工開鑿的池，並不是忍野八海其中一池。

▶池本莊一個小攤檔，販賣利用富士山泉水製作的豆腐及酒等當地特產。

▲可付¥150(HK$11)購買容器盛載富士山湧水。

◀來到忍野八海不能錯過草綠色的「草餅」，即用魁蒿及小麥粉製作的麻糬，裏面包着紅豆餡，卻不會太甜，一個¥100(HK$7)。

◀富士山湧水的湧出處。

⌂ 山梨県忍野村忍草
🚉 富士急行線「富士山」站下車，轉乘富士湖號巴士(P.180)到「忍野八海」站，下車即達
☎ 0555-84-3111
🌐 www.vill.oshino.yamanashi.jp/8lake.html

嘆蕎麥麵賞八海 池本茶屋　◀ 地圖P.199

在忍野八海中心的池本茶屋以售賣自家製蕎麥麵為主，每天以石臼研磨蕎麥，並使用這裏的名水製成，絕對新鮮，更因水質純淨而帶有清甜味道，蕎麥味濃且爽口彈牙，配上店內的蔥末及即磨Wasabi，十分清新。天婦羅亦相當不錯，外皮乾爽不油膩，而內餡不會太乾身，一級棒！此外，店內的烤魚同樣美味，有興趣的朋友不妨一試。

▲店內裝潢以木質為主。

▲池本茶屋就在湧池附近。

▶清茶是以銅水壺盛載，讓客人自行倒茶。

INFO
⌂ 山梨縣南都留郡忍野村忍草354
🚃 富士急行線「富士山」站下車，轉乘富士湖號巴士(P.180)到「忍野八海」站，下車即達
🕐 商店08:00~18:00，茶屋10:30~16:30/售完即止
☎ 0555-84-1009

▲天婦羅同樣是店內的王牌。

▲用八海的名水製作的蕎麥麵，吃起來似乎有種特殊的清甜味道。

(撰文：IKiC，攝影：蘇飛)

忍野八海周邊景點地圖

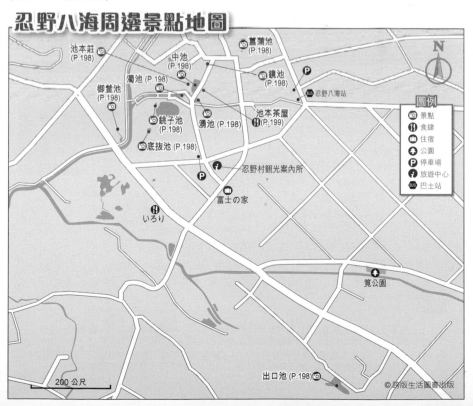

池本莊 (P.198)
菖蒲池 (P.198)
中池 (P.198)
濁池 (P.198)
鏡池 (P.198)
御釜池 (P.198)
忍野八海站
銚子池 (P.198)
湧池 (P.198)
池本茶屋 (P.199)
底拔池 (P.198)
忍野村観光案内所
富士の家
いろり
筧公園
出口池 (P.198)

圖例
🅟 景點
🄷 食肆
🅜 住宿
♠ 公園
🅟 停車場
ℹ 旅遊中心
🚌 巴士站

200 公尺

©跨版生活圖書出版

日本人心中的神聖絕景 富士山

地圖 P.182 🚩 必到 🏯 世界遺產 (本篇圖文：Him)

富士山高 3,776 米，每年 7、8 月開山，一般人都會乘坐巴士到五合目，即 2,305 米的高度，然後花大約 5 個小時登到頂峰。由於城市人遠足機會和經驗不多，加上富士山溫度較低、空氣稀薄，所以登高時必須有所準備，避免發生意外。富士山五合目的溫度大約 16 至 17℃，山頂大約 0℃ 左右，濕度隨高度上升可能愈來愈高。

富士山的登山徑早已將上山人士和下山人士分流，所以在上山時不會看到下山的人 (除非有需要突然折返)。因此，下山的時候需要依指示，由五合目的吉田口上來，最好透過吉田口下山。

◀ 7 月中旬在河口湖所拍的富士山。

Tips!
1. 富士山在其他月份一般不開放，若要上山的話，就必須先報警備案。
2. 由於很少機會登上這麼高的山，所以很難知道會否有高山症的問題。此外，即使曾上過高山沒發生任何健康問題，也不代表下次會沒事。因此，必須時刻留意自己的身體狀況，若覺不妥就不要勉強。

▲ 6 月上旬所拍的富士山，不是被雲蓋着，就是能見度低。

◀ 富士山五合目。

出發前的準備

1. 留意天氣預報： 如果遇到下雨或多雲的話，必會大大增加登山的難度。出發當日也要留意實際天氣狀況。

2. 預備適當衣物： 例如防滑的登山鞋、冬天衣物、帽子等，在河口湖一帶的便利店售賣的登山工具非常齊備，例如手套、木枴杖、氧氣罐、零食、水等。**其中，氧氣罐、手套、木枴杖必買！**氧氣罐在高山時可能有用，因為你不會知道會否感到呼吸困難，不要以為自己身體健康、多運動就不需要，有些身材健碩的人，反倒十分需要。

▲ 河口湖一帶便利店的登山專櫃。

3. 防曬： 山上紫外線指數更高，曝曬時間更長，因此需要帶備防曬乳液。

4. 電筒： 登山路程可能會橫跨日、夜，因此有電筒比較好，雖然晚上人山人海，可以靠人們的燈光，卻看不到地面，不小心絆倒就不好了。

Tips!

富士山不難走

在富士山的登山難度，不比在其他地區郊遊高。而且，7月和8月登山時，山上的人很多，近日出時間更看到點點燈光，因此迷路或發生意外無人拯救的情況幾乎不可能。

但是也不可以完全輕視登山的難度，如果不舒服仍要勉強，累了不休息的話，那麼即使途人願意伸出援手也是徒然。若天氣突然轉壞，如大大風或下雨，就必須放棄和下山。

一般登山路線與行山時間

登山路線有 4 條，分別是吉田口、須走口、御殿場口和富士宮口。吉田口是眾多路線中較易行及較多人前往，而且沿途的山小屋和商業設施較多，方便補給和休息。

有些人在河口湖乘搭最後一班巴士，利用凌晨時份上山，以省掉山小屋的金錢。除非你本身有登山經驗，否則也不建議。因為起初需要適應，更可能需要中途休息。筆者建議下午出發登山，剛開始步行時，不要行太快，而且中途必須休息。因為時間是充裕的。晚上在就近的山小屋休息，然後凌晨時份繼續登山，在頂峰看日出。

▶人們在努力登山中。

> **Tips!**
>
> **甚麼是山小屋？**
>
> 山小屋是富士山上的住宿，一晚約 ¥5,500-6,000(HK\$393-429) 不等，這個價錢並不是房價，而是床位，也不會像背包旅館著重和隱私保安，只是提供小小的空間，純粹給客人稍歇一下。這些小屋有一個服務，就是 morning call，令客人不會錯過繼續登山的時間。

▲山小屋的床位。

▲在吉田口入口處，有人會派傳單及地圖。

▲山頂上的茶屋。

有關洗手間和飲食補給

山上設有洗手間，每次需要付費，大約 ¥100-300 不等 (HK\$7-21)，需自備零錢，這是因為富士山上需要特別處理排泄物技術以避免山上生態受到破壞。

山小屋、商店均提供飲食，平常在市區以 ¥160(HK\$11) 能買到的飲料，在山上大約 ¥400(HK\$29)，不過這些飲料會浸在沸水桶加熱，在寒冷天氣下保暖。餐飲約 ¥1,000(HK\$71) 左右，但份量不多，主要作簡單能量補給，味道方面不要有太大期望。

▶山頂的自動販賣機。

PART
8

神奈川縣

靜岡縣

富士五湖

長野縣

群馬縣

栃木縣

茨城縣

埼玉縣

千葉縣

有關日出和山頂

很多人都希望在山上看到日出，然而日出往往比日落更難看到，所以要有心理準備會看不到。山頂上有茶屋，可以買飲品和食物補給；也有郵局可以寄信。在山頂也可以繞火山口走。

◀富士山頂。

Tips!

坐飛機欣賞富士山

想看到富士山不一定要在地平線上，從高空俯瞰一樣美麗！坐飛機同樣是欣賞富士山的好時機，從香港或台灣出發，挑選左邊位置，最好選擇早機，會有較好的視野；回程的話，則要選擇右邊的座位，就能看到富士山了！如果想要拍攝的話，謹記挑選機頭或機尾位置，就不會讓機翼阻擋到拍攝範圍了。

▶從飛機上俯瞰富士山，如要拍攝就要記得選擇機頭或機尾位置！（攝影：Kacy）

◀從高空俯瞰未融雪的富士山，也是難忘的體驗。

Part 9

長野縣
Nagano

　　長野縣古稱「信濃」、「信州」，亦與甲府並稱「甲信」。地形屬於南北狹長形，南北長約 200 多公里，北邊是新潟縣，南邊是愛知縣，是日本少數的內陸城市之一。長野縣內大多是高原或盆地，以及海拔超過兩千米的高山，所以有「日本屋脊」之稱，而其雄姿與歐洲的阿爾卑斯山相似，約在 140 年前被英國人稱為「日本的阿爾卑斯」而聞名。由於自然環境得天獨厚，擁有豐富的天然雪量，縣內就有約 67 個滑雪場，是公認的滑雪勝地。除了滑雪場，這裏亦是著名的溫泉鄉，溫泉數目繁多，例如有別所溫泉、上諏訪溫泉、野澤溫泉等。除了大自然景觀，縣內還充滿歷史古蹟，例如善光寺、上田城等。

Tips!

建議自駕遊
長野縣內很多地方都不是大城市，公共交通不算很發達，即使有電車或巴士，班次也不是很頻繁，因此建議自駕遊。

9.1

首屈一指的避暑勝地

輕井澤町
Karuizawa

輕井澤（軽井沢）位於長野縣東部，是極具人氣的度假勝地，連日本皇室及世界知名人士，例如披頭四成員之一 John Lennon 都喜愛這個地方。這裏以優美的自然環境、綠意盎然的森林及涼爽舒適的氣候著稱，即使是 7、8 月，日間氣溫也維持在大約攝氏 25 度，晚間則跌至 15 度左右，非常涼爽，成為眾所周知的避暑勝地。

在輕井澤，購物廣場、別墅、美術館、滑雪場和特色教堂等設施應有盡有，遊客既可在大自然之中散步、休息，又可以盡情購物、品嚐西式美食、欣賞藝術品等。由於美術館、博物館較多，想慢慢欣賞藝術品和感受自然風景的話，建議觀光天數為 2~3 天。由東京前往輕井澤，不論乘坐新幹線或開車，大約只需 70~90 分鐘左右。

輕井澤觀光協會：https://karuizawa-kankokyokai.jp

前往輕井澤町的交通

JR 東京／上野站 → JR 北陸新幹線・約 1 小時 15 分鐘・¥6,220(HK$366) → **JR** 軽井沢站

池袋站東口 → 西武高速巴士千曲線・約 3 小時・¥2,900(HK$171) → 軽井沢站

▸ 西武高速巴士千曲線網址
www.seibubus.co.jp/kousoku/line/line_chikuma.html

註：以上車費為自由席，乘搭指定席車費較貴。車費及時間僅供參考。

輕井澤區內交通

　　輕井澤區內的主要交通工具為巴士，各巴士路線幾乎能到達所有主要的觀光景點。行經輕井澤主要觀光景點的巴士路線約有4條，分別為草輕交通公司經營的「輕井沢——草津溫泉」路線巴士、西武高原巴士經營的「町內循環巴士(東・南廻り線)」、「町內循環巴士(西コース)」，以及西武觀光巴士。此外，不少遊客會選擇租單車暢遊輕井澤。以下詳細介紹上述交通方法：

1.「輕井沢——草津溫泉」路線巴士

　　「輕井沢——草津溫泉」路線巴士由輕井沢站北口出發，所經景點包括舊三笠酒店和白絲瀑布等。此路線每天約有16班車，其中幾個班次為急行線，不經主要景點以外的站，建議出發前先查閱。

> ⏱ 9:40、10:30、**11:20**、10:30、12:40、13:40、14:40、15:40
> (註：紅字為急行，不會途經每個站，**粗體為以北輕井澤為終點站**)
> 💲 **至三笠站**：成人¥270(HK$20)，兒童¥135(HK$10)；**至白糸の滝站**：成人¥720(HK$52)，兒童¥360(HK$26)
> 🕐 時間表：www.kkkg.co.jp/bus/timetable/kusakaru_sen20221124-.pdf

2. 町內循環巴士

(西コース)

　　從三ツ石公民館出發至輕井沢病院，途經西輕井澤、追分入口、追分昇進橋、信濃追分站、中輕井澤站等站，經過追分宿鄉土館、堀辰雄文學記念館、追分分去れ等景點，平日約7班，假日約6班車。

> 💲 成人¥100(HK$6)，兒童¥50(HK$3)
> 🕐 路線圖：www.town.karuizawa.lg.jp/www_contents/ 1001000000601/ simple/kitamawari.pdf

3. 町內循環巴士(東・南廻り線)

町內循環バス(東・南廻り線)

　　町內循環巴士由輕井沢站出發，分順時針(外回り線)及逆時針方向(內回り線)行駛，所經景點包括輕井沢銀座商店街、雲場池、聖保羅天主教堂、発地市庭等，每天約12班車。

- ⊙ **外回り線**：07:40、08:50、10:50、13:20、15:15、17:00　**內回り線**：08:00、09:15、11:40、12:50、14:20、18:20
- ⑤ 由輕井沢站出發，前往各站：成人￥100(HK$6)、兒童￥50(HK$3)
- ⊕ **時間表**：www.town.karuizawa.lg.jp/www/contents/10010000 00599/index.html

4. 西武觀光巴士

　　要前往星野Area(P.220)的遊客，可在JR輕井沢站北口1號巴士站，乘搭西武觀光巴士「鬼押出し園・万座・草津溫泉方面」，在星野溫泉トンボの湯站下車每天有8班車。

- ⊙ **輕井沢站出發**：08:30、09:10、10:00、10:40、11:15、11:45、12:10、13:05、13:35、14:00、16:25、17:30、18:00、18:30
- ⑤ 單程￥470(HK$34)
- ⊕ **時間表**：www.seibubus.co.jp/docs/rosen/karuizawa/eki.pdf

5. 單車

　　由於輕井澤以平路居多，而且沿路都有路標，容易認路，所以騎單車也是暢遊輕井澤的好方法。大部分單車出租店都聚集於輕井沢站的北口，各間收費不一，按車種、租借和還車時間而定，1天的收費大約為￥500~1,000(HK$37~73)，建議逐間比價。

交通優惠券

1. JR 東京廣域周遊券

　　JR東日本推出了僅限外國旅客購買的「JR東京廣域周遊券」，可於3天內不限次數乘搭東京市區及近郊的列車及新幹線，如從成田、羽田機場前往首都圈亦可使用，可以輕鬆到達輕井澤、Gala湯澤等著名觀光地，非常划算。(詳見P.50)

- ⑤ 成人￥10,180(HK$599)、兒童￥5,090(HK$299)
- ⊕ www.jreast.co.jp/multi/zh-CHT/pass/tokyo widepass.html

2. JR東日本鐵路周遊券(長野、新潟地區)

　　若打算在長野、新潟地區深度旅遊，可購買適用範圍包含輕井澤的JR東日本鐵路周遊券，從發票日起計14天內任選5天，不限次數乘搭長野和新潟地區的列車及新幹線。(詳見P.51)

- ⑤ 成人￥18,000(HK$1,318)、兒童￥9,000(HK$659)
- ⊕ www.jreast.co.jp/multi/zh-CHT/pass/eastpass_n.html

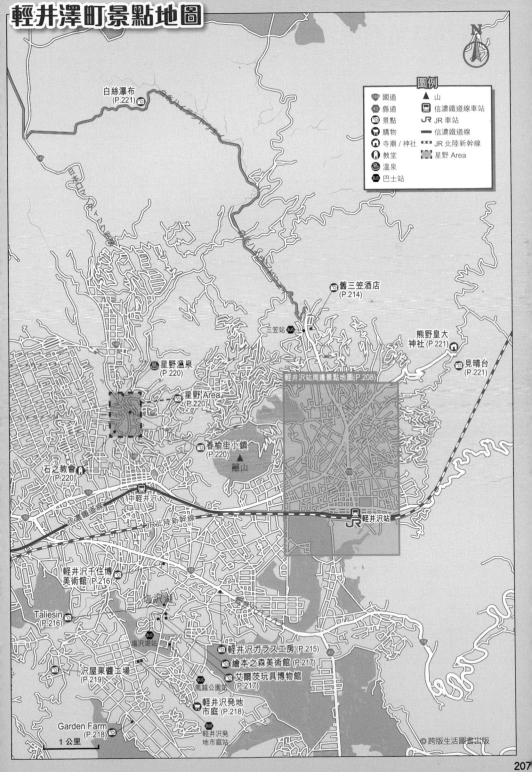

輕井澤町景點地圖

圖例

國道
縣道
景點
購物
寺廟 / 神社
教堂
溫泉
巴士站

山
信濃鐵道線車站
JR 車站
信濃鐵道線
JR 北陸新幹線
星野 Area

白絲瀑布 (P.221)

舊三笠酒店 (P.214)

三笠站

熊野皇大神社 (P.221)

見晴台 (P.221)

星野溫泉 (P.220)

輕井沢站周邊景點地圖 (P.208)

星野 Area (P.220)

春榆街小鎮 (P.220)

離山

石之教會 (P.220)

中輕井沢

輕井沢站

信濃鐵道線

JR 北陸新幹線

輕井沢千住博美術館 (P.216)

塩沢湖

Taliesin (P.216)

塩沢湖站

輕井沢ガラス工房 (P.215)

繪本之森美術館 (P.217)

艾爾茨玩具博物館 (P.217)

沢屋果醬工場 (P.219)

風越公園站

輕井沢発地市庭 (P.218)

Garden Farm (P.218)

輕井沢発地市庭站

1 公里

© 跨版生活圖書出版

軽井沢站周邊景點地圖

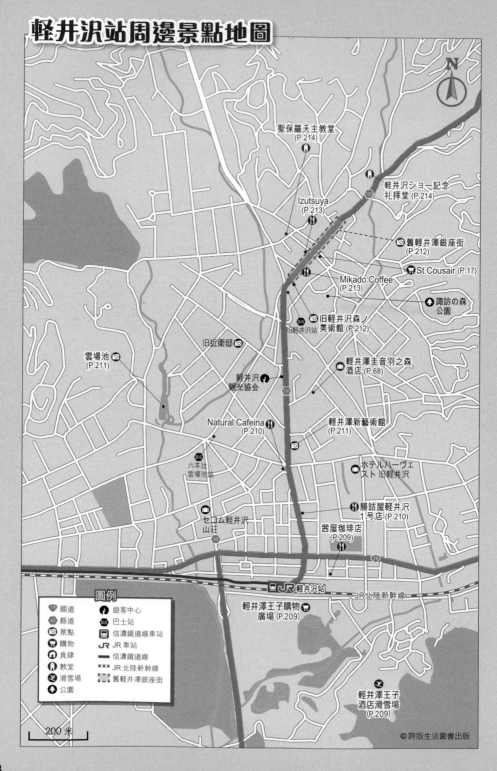

聖保羅天主教堂 (P.214)

軽井沢ショー記念 礼拝堂 (P.214)

Izutsuya (P.213)

舊輕井澤銀座街 (P.212)

St.Cousair (P.17)

Mikado Coffee (P.213)

諏訪の森 公園

旧軽井沢森ノ 美術館 (P.212)

旧近衛邸

輕井澤圭音羽之森 酒店 (P.68)

雲場池 (P.211)

軽井沢 観光協会

輕井澤新藝術館 (P.211)

Natural Cafeina (P.210)

六本辻・ 雲場池站

ホテルハーヴェ スト 旧軽井沢

セロム軽井沢 山荘

腸詰屋軽井沢 1号店 (P.210)

茜屋珈琲店 (P.209)

JR 軽井沢站

JR北陸新幹線

輕井澤王子購物 廣場 (P.209)

輕井澤王子 酒店滑雪場 (P.209)

圖例

國道		遊客中心	
縣道		巴士站	
景點		信濃鐵道線車站	
購物		JR 車站	
食肆		信濃鐵道線	
教堂		JR 北陸新幹線	
滑雪場		舊輕井澤銀座街	
公園			

200 米

©跨版生活圖書出版

同時滿足初學者、滑雪高手 **輕井澤王子酒店滑雪場**

 輕井沢プリンススキー場 地圖P.208 292 617 467
親子 人氣 滑雪

由輕井澤王子酒店管理的滑雪場位置方便，滑雪時還可以欣賞淺間山的景色，人氣十足。場內共有10條滑道，適合不同程度的滑雪者使用，例如初級滑道佔了5條，雪道寬闊易滑，適合初學者。酒店提供滑雪用品，可租借滑雪服、雙板、單板和靴子等。不會滑雪的旅客，可以坐雪橇和滑雪圈，享受冬季活動的樂趣。滑雪場的營業時期約為11月~4月。

▲輕井沢プリンススキー場。

- 長野県北佐久郡輕井沢町輕井沢
- JR「輕井沢」站下車，步行約10分鐘；或於南口乘搭免費接駁巴士
- 08:00~17:00
- $ 1日券：成人¥5,500(HK$324)起；兒童¥4,500(HK$265)起；4小時券：成人¥5,000(HK$294)起；兒童¥4,000(HK$235)起；玩雪橇和滑雪圈：¥5,500(HK$324)，兒童¥4,500(HK$265)；滑雪場的票價會於旺季時(12月尾至3月中)有所調整
- 0267-42-5588
- www.princehotels.co.jp/ski/karuizawa

INFO

時尚品牌集中地 **輕井澤王子購物廣場** 地圖P.208

位於JR輕井沢站附近的購物廣場總共有超過200間店鋪，聚集了全球品牌，包括時尚品牌、雜貨和運動戶外用品等，例如Jeanasis、Global Work、Coach、Gucci等，售價約為香港價錢的7~9折左右。

▲連室外也有商店。

▲輕井澤王子購物廣場。

- 長野県北佐久郡輕井沢町輕井沢
- JR「輕井沢」站下車，從南口步行約3分鐘
- 約10:00~19:00(各商鋪營業時間不一)
- 0267-42-5211
- www.karuizawa-psp.jp

INFO

(攝影：Him)

Tips!
購物廣場內有嬰兒車及輪椅的租借服務。

咖啡、果汁、輕食均不能錯過 **茜屋珈琲店** 地圖P.208
推介

茜屋珈琲店的老闆非常努力和用心經營，店內幾乎所有蛋糕、果醬和果汁均為自家製，特別推介100%鮮榨葡萄汁。葡萄汁選用了信州產的葡萄，散發出最自然的葡萄香，更可以選赤葡萄或白葡萄。主食方面，有火腿三文治及國產牛肉咖喱。此外，蛋糕擺設之精緻、餐具之講究，讓人不得不佩服日本人的細心。店家是家族生意，氣氛溫馨，坐在吧台前更可看着咖啡師專注地沖泡咖啡。

▶每杯咖啡。

咖啡師用心地沖泡

赤葡萄汁(1L)¥2,060(HK$151)。一杯¥800(HK$59)。一瓶

▲茜屋珈琲店。

▲芝士蛋糕配藍莓果醬，¥800(HK$59)。

- 長野県北佐久郡輕井沢町輕井沢東30-8
- JR「輕井沢」站下車，從北口步行約3分鐘
- 09:00~18:00
- 0267-42-5435

INFO

右側標籤（由上至下）：輕井澤町　小布施町　長野市　白馬村　上田市　松本市　諏訪地區　駒ヶ根市、飯田市、阿智村

著名香腸及火腿專賣店 腸詰屋輕井沢1号店 地圖P.208

腸詰屋以採用日本飼養的豬肉及牛肉製作的傳統德式香腸著稱，標榜不添加任何調味料、色素及防腐劑。店鋪提供的香腸、火腿排和漢堡排等套餐，都附有白飯或麵包，亦可單點熱狗或生火腿沙律。腸詰屋只於群馬、長野及栃木縣有分店，難得來到輕井澤絕對不能錯過這間店。

▲腸詰屋輕井沢1号店。

◀店內有大量肉類製品。

◀吃德式香腸當然不能少了店家自家製的芥末醬。

⌂ 長野縣北佐久郡輕井沢東19-5
🚉 JR「輕井沢」站下車，從北口步行約6分鐘
🕙 10:00~18:00
❌ 週三(黃金週及夏季無休)
📞 0267-42-3791
🌐 www.chozumeya.jp
INFO

▲午市套餐，¥1,430(HK$84)。(攝影：Isolde)

品嚐特色巴西美食 Natural Cafeina 地圖P.208

ナチュラル カフェイーナ

Natural Cafeina位於大街的角落，環境舒適，主要提供巴西料理，例如巴西海鮮燉菜(Moqueca)、巴西莓果碗(Acai Bowl)等，所有料理均為自家製。除了主食，店家還提供甜品、蛋糕及多款飲品。咖啡豆的選擇亦多，可讓人挑選最適合自己的咖啡豆，細心品味咖啡的原始風味。

▲餐廳是一間綠色小屋。

◀店內的裝潢讓人感覺放鬆。

◀Caffè latte(カフェイーナラテ)，¥660(HK$40)。

⌂ 長野縣北佐久郡輕井沢町輕井沢東25
🚉 JR「輕井沢」站下車，從北口步行約10分鐘
🕙 08:00~18:00，週六、日、假日及夏季07:00~18:00
❌ 週三
📞 0267-42-3562
🌐 www.natural-cafeina.com
INFO

▲季節限定的白桃撻，¥770(HK$40)。

國際藝術文化的交流據點 輕井澤新藝術館

地圖P.208

軽井沢ニューアートミュージアム

優惠券 於售票處出示本書，即享入場票9折優惠！

　　藝術館收藏日本戰後至今的藝術品，除了日本當地的藝術家，亦會舉辦其他國家藝術家的作品展，例如有當代法國藝術家Jean-Michel Othoniel的長期展覽，其玻璃珠藝術裝置吸引了許多藝術愛好者前來參觀。除了長期展覽，藝術館不定期有不同主題的展覽，大約每半年至一年更換一次。此外，館內設有一間環境不錯的餐廳，主要提供意大利料理。

▶圖左為藝術館入口，圖右則是餐廳入口。

▶不少人因法國藝術家Jean-Michel Othoniel 的藝術裝置慕名而來。

◀藝術館由著名建築師西森陸雄仿彷松樹林設計而成。

▲逛完展覽，可到館內的商店購買相關的藝術商品。

▲ 可到館內餐廳 Ristorante Pietrino 吃午餐，¥1,600(HK$117)(包前菜、意粉及飲品)。

> 🏠 長野縣北佐久郡輕井澤町輕井沢1151-5
> 🚃 JR「輕井沢」站下車，步行約12分鐘
> 🕐 10:00~17:00，7月~9月10:00~18:00
> ❌ 週二(8月照常開放)、1月中至尾
> 💰 2樓入場費：成人¥2,000(HK$118)，初中、小學生¥500(HK$29)，高中生、大學生、65歲或以上¥1,000(HK$59)
> ☎ 0267-46-8691 🌐 knam.jp

湖景隨四季變更 雲場池

地圖P.208

MAPCODE 292 645 768

賞紅葉 必到

　　雲場池又名天鵝池，是一個被大自然包圍的湖泊。平靜的湖面、豔綠的湖水與湛藍的天空相映成趣，形成獨有的美景。隨着季節更迭，這裏呈現不同樣貌與風情，秋季時更能欣賞到紅葉，景色怡人。池邊有一條環湖步道，時間夠的話可以繞湖一圈。

▶雲場池邊綠意盎然。(攝影：Him)

▶湖上有不少野鴨暢泳。(攝影：Him)

▶秋天能看到美麗的楓葉。(相片由輕井沢觀光協会提供)

> 🏠 長野縣北佐久郡輕井沢町
> 🚃 JR「輕井沢」站下車，於北口1號巴士站轉乘町內循環巴士(東・南廻り線)「內回り」，車程約6分鐘，於「六本辻・雲場池」站下車(班次見P.206)，步行約4分鐘

熱鬧購物區 舊輕井澤銀座街

 地圖P.208 必到

旧軽井沢銀座通り

▲銀座街上有不少特色商店。

▲輕井澤物產館內有不少當地的小吃售賣。

◄ Sawaya Jam(沢屋)的果醬是長野縣的必買的手信。

這條懷舊購物街大多是充滿歐陸風情、只有一兩層樓高的建築,令人有一種置身於古代歐洲的感覺。街道兩旁商店林立,店家相當多元化,有賣當地農產品、手工藝品的店,也有麵包店和咖啡店,甚至寫真館等,非常好逛。

⌂ 長野縣北佐久郡輕井沢町輕井沢
🚌 JR「輕井沢」站下車,於北口1號巴士站轉乘町內循環巴士(東・南廻り線)「內回り」或舊輕井沢接駁巴士,車程約4分鐘,於「旧輕井沢」站下車即達(班次見P.206) INFO

 精選

有趣錯覺藝術 旧軽井沢森ノ美術館 地圖P.208 親子

▲美術館的入口。

◄你覺得是畫還是立體物件?

這間美術館以錯覺為主題,用有趣的形式展示何謂視覺藝術。館內以不同的視覺錯覺製造出許多超現實現象,非常神奇好玩,而且允許攝影,只要找好位置和角度,照片便有立體的錯覺,再加點想像力和創意,便能拍出有趣的紀念照。

◄倒轉看看。

◄▲真的很不可思議。

⌂ 長野縣北佐久郡輕井沢町大字輕井沢809
🚌 於「旧輕井沢」巴士站下車,沿舊輕井澤銀座街步行約1分鐘
🕐 10:00~18:00,12~2月10:00~17:00
💰 成人¥1,500(HK$110)、小學生¥800(HK$59)、初中生¥900(HK$66)、高中生¥1,000(HK$73)、長者¥1,200(HK$88),3歲或以上¥500(HK$37),2歲以下免費
📞 0267-41-1122
🌐 art-karuizawa.com INFO

(攝影:Him)

神奈川縣 靜岡縣 富士五湖 長野縣 群馬縣 栃木縣 茨城縣 埼玉縣 千葉縣

必試摩卡味雪糕 Mikado Coffee ◀ 地圖P.208 必吃

ミカドコーヒー 輕井沢旧道店

Mikado Coffee擁有接近70年歷史，是有名的老店，於輕井澤便有數間分店。咖啡為自家焙煎，口感醇滑，加上店家嚴選世界各地的咖啡豆，質素有所保證。除了咖啡之外，摩卡口味的雪糕亦深受大眾歡迎，是店家的招牌。雪糕香濃回甘，不會太甜。

▶ Mikado Coffee(攝影：Isolde)

> 🏠 長野県北佐久郡輕井沢町大字輕井沢旧輕井沢786-2
> 🚌 於「旧輕井沢」巴士站下車，沿舊輕井澤銀座街步行約4分鐘
> 🕙 10:00~16:30　☎ 0267-42-2453
> 💻 mikado-coffee.com

INFO

▲摩卡口味的雪糕附西梅乾(杯裝)，￥600 (HK$31)。

黑毛和牛漢堡排 Izutsuya ◀ 地圖P.208 人氣

Izutsuya以自家製漢堡排聞名，店家採用鐵板網燒烤製漢堡排，香氣四溢，令人垂涎。店家百分百使用最上質的黑毛日本牛，是信心保證。漢堡排充滿肉汁，口感鬆軟。另外，漢堡排的形狀跟一般在市面上看到的漢堡排不一樣，是長形的，非常特別。

▶ Izutsuya 是一間樓上小店。

◀沙律。每份套餐都附湯和

▶ 160g 的香煎菲力牛排每客 ￥4,200 (HK$247)，牛排味十分濃郁！

▲自家製的 4 款醬汁，左起為：蕃茄汁、蒜蓉汁、牛肉燴醬和日式白蘿蔔醋汁，各有風味！

> 🏠 長野県北佐久郡輕井沢町輕井沢602-1
> 🚌 於「旧輕井沢」巴士站下車，沿舊輕井澤銀座街步行約5分鐘
> 🕙 11:30~15:00，17:00~20:00
> ❌ 週四(11月底~3月初不定時營業)
> ☎ 0267-41-3434

INFO

▲店家的漢堡排以上等黑毛和牛手打而成，漢堡排入口即溶，口感鬆軟，與市面上的漢堡排有很大分別。180g 價錢只需 ￥3,000(HK$176)。

(攝影：Li)

熱門婚禮場地 聖保羅天主教堂

地圖P.208 MAPCODE 292 676 703*13

聖パウロ カトリック教会

　　聖保羅天主教堂建於1935年，由美籍名建築師Antonin Raymond設計。這座木造建築榮獲多個獎項，稱得上是輕井澤最具代表性的教堂。優美的森林背景搭上古典的教堂建築，浪漫唯美，吸引了很多人在這裏進行結婚儀式。**教堂內沒進行結婚儀式或主日禮拜時，方可進內參觀。**

▲教堂旁有美麗的紅葉。(相片由輕井澤觀光協會提供)

▲聖保羅天主教堂是熱門的婚禮教堂。(攝影：Him)

↑ 長野県北佐久郡軽井沢町軽井沢179
🚌 「軽井沢」站下車，於北口1號巴士站轉乘町內循環巴士(東・南廻り線)「內回り」或舊輕井沢接駁巴士，車程約4分鐘，於「舊輕井沢」站下車(班次見P.206)，步行約6分鐘
🕙 07:00~18:00
☎ 0267-42-2429
🌐 www.town.karuizawa. lg.jp/www/contents/100 1000000701/index. html
INFO

最古老教堂 軽井沢ショー記念礼拝堂

地圖P.208

MAPCODE 292 707 061*16

　　禮拜堂由英國國教會的神父Alexander Croft Shaw於1895年建立，建築一直保存至今，是輕井澤的教堂中歷史最悠久的一間。這座木製建築的設計簡約莊嚴，聳立於樹林中，幽靜而恬淡，與大自然融為一體。

◀禮拜堂門口有該名神父的銅像。

↑ 長野県北佐久郡軽井沢町大字軽井沢57-1
🚌 「軽井沢」站下車，於北口1號巴士站轉乘町內循環巴士(東・南廻り線)「內回り」或舊輕井沢接駁巴士，車程約4分鐘(班次見P.206)，於「舊輕井沢」站下車，步行約15分鐘
🕙 09:00~17:00　　☎ 0267-42-4740
🌐 hnskk-chubu.org/church/16shaw/
INFO

復古木造建築 舊三笠酒店

地圖P.207 MAPCODE 292 735 375*70

旧三笠ホテル

　　舊三笠酒店興建時，是當年最時髦的五星級酒店，內裏裝潢奢華，設計走歐陸風。現今酒店雖已不再營業，但成為日本國家文化遺產之一，改為以博物館的形式供公眾參觀，整幢建築保存完整，昔日風貌依然，極具參觀價值。旅客可以進內參觀，回味昔日情懷。**目前維修休館至2025年夏季。**

▲舊三笠酒店。(攝影：Isolde)

↑ 長野県北佐久郡軽井沢町軽井沢1339-342
🚌 JR「軽井沢」站下車，於北口2號巴士站轉乘「軽井沢——草津温泉」路線巴士，於「三笠」站下車，步行約5分鐘
☎ 00267-42-7072
🌐 www.town.karuizawa.lg.jp/www/contents/10 01000000964/index.html
INFO

親手製作玻璃 軽井沢ガラス工房

地圖P.207　親子

`MAPCODE` 292 583 310*10

這間工房是玻璃製作體驗館。在工作人員的專業指導下，歡迎小學生以上人士參與親手製作玻璃的活動，享受製造玻璃的樂趣，過程約30分鐘。此外，在玻璃製品上繪畫圖案或製作風鈴，都是人氣體驗活動之一。除了體驗活動，也可購買店內多款現成的玻璃精品。

▶工房提供不同種類的玻璃製作體驗，¥1,375到¥3,850(HK$81~226) 不等。

▲軽井沢ガラス工房。

▲玻璃工房售賣多款玻璃精品。

🏠 長野縣北佐久郡軽井沢町長倉塩沢664-9
🚌 「軽井沢」站下車，於北口1號巴士站轉乘町內循環巴士(東‧南廻り線)(「內回り」及「外回り」皆可)，於「塩沢湖」站下車(班次見P.206)，步行約20分鐘
🕙 10:00~17:00　㊡ 不定
☎ 0267-48-0881　🌐 www.karuizawaglassstudio.com

Step 1

▲要製作玻璃，首先要有一部熔爐，熔化玻璃原料。

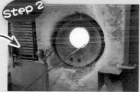

Step 2

▲利用鐵管從爐中取出原料。

Step 3

▲轉轉鐵管。

完成

Step 4

▲向着鐵管吹氣。

Step 7

▲再用鉗塑造形狀。

Step 6

▲用鉗開口。

Step 5

▲玻璃底部要平。

(攝影：Him)

輕井澤町　小布施町　長野市　白馬村　上田市　松本市　諏訪地區　駒ヶ根市、飯田市、阿智村

名畫家與建築師的完美合作 輕井沢千住博美術館 推介

地圖P.207　MAPCODE 292 582 781*72

美術館收藏了名畫家千住博從1978年至今的重要作品，其建築由名建築師西沢立衛根據輕井澤的自然地形設計，創造出充滿空間感及藝術性的環境，讓參觀者在舒服的環境下能更投入地欣賞名畫。此外，館內更有超過150種、60,000棵植物，幽靜的氣氛讓人感到逍遙自在。

◀美術館的裝潢令人放鬆。

▲千住博以「瀑布」為主題的畫作，圖為夏、秋兩季的瀑布。

▲夜間的瀑布。

> ⌂ 長野縣北佐久郡輕井沢町長倉815
> 🚃「輕井沢」站下車，於北口1號巴士站轉乘町內循環巴士(東‧南廻り線)(「內回り」及「外回り」皆可)，於「塩沢湖」站下車(班次見P.206)，步行約15分鐘
> ⏰ 09:30~17:00
> 💲 成人￥1,500(HK$88)、高中生及大學生￥1,000(HK$59)
> 🚫 週二(公眾假期、黃金週及7月~9月期間無休)、12月26日~2月底
> ☎ 0267-46-6565　🌐 www.senju-museum.jp

(攝影：Him)

複合式休閒設施 Taliesin 地圖P.207　MAPCODE 292 582 030*53 親子

　　Taliesin位於人工湖塩沢湖畔，是一個融合大自然與文化的遊樂區。園內有美術館(如ベイネ美術館)、遊樂設施、餐廳、手划船和賽車等多項遊樂設施，園外則有高原文庫及深沢紅子 野の花美術館等博物館。既可沿着塩沢湖欣賞展覽和舊建築，又可以享受散步之樂，是一個適合大人小孩一起前來悠閒放鬆的好地方。

▲園內有康樂設施，例如高爾夫球場。

▲塩沢湖是一個人工湖，圖中的建築物是原址舊輕井澤的睡鳩莊。

把乾糧撒落在湖中，魚兒便爭着吃，連鴨子也敵不過。

◀付￥100(HK$7)購買乾糧來餵鴨和魚。

> ⌂ 長野縣北佐久郡輕井沢町大字長倉217
> 🚃「輕井沢」站下車，於北口1號巴士站轉乘町內循環巴士(東‧南廻り線)(「內回り」及「外回り」皆可)，於「塩沢湖」站下車(班次見P.206)，步行約8分鐘
> ⏰ 09:00~17:00，12月~1月10:00~16:00
> 💲 入園：成人￥800(HK$59)、小學及初中生￥400(HK$29)；入園及園內的ベイネ美術館：成人￥1,000 (HK$59)、小學及初中生￥500(HK$37)；園外的輕井沢高原文庫：成人￥800(HK$51)、小學及初中生￥400(HK$22)；園外的深沢紅子 野の花美術館：成人￥600(HK$51)、小學及初中生￥600(HK$29)；套票(入園費及3個園外展館)：成人￥1,600(HK$94)、小學及初中生￥800(HK$59)
> 🚫 12月~1月部分日子休息(詳見官網)
> ☎ 0267-46-6161
> 🌐 www.karuizawataliesin.com

(攝影：Him)

隱身在森林之中的童話世界 繪本之森美術館 親子

地圖P.207　MapCode 292 552 721*40

繪本之森美術館開設於1990年，展示了近現代繪本家所畫的原畫、手稿、初版畫圖書等資料，非常珍貴。設計復古的美術館像一棟歐洲森林中的神秘房屋，編織着最美麗的大自然與人文風景，為童話世界增添一份神秘感。美術館會不時舉辦活動及特定展覽，活躍地發揚日本的「繪本」文化。

▲館內還有圖書館，可翻看童話書，但不能借走。

▲第2展館為特別展覽。

▲第1展館是一間木屋。

▲可以在手信店購買童話書，但內容是日語。

▲館內的庭園。

- 長野縣北佐久郡輕井沢町長倉182
- 「輕井沢」站下車，於北口1號巴士站轉乘町內循環巴士(東‧南廻り線)(「內回り」及「外回り」皆可)，於「風越公園」站或「塩沢湖」站下車(班次見P.206)，步行約2~8分鐘
- 3月~11月09:30~17:00，12月~1月10:00~16:00
- 成人￥950(HK$66)、中學生￥600(HK$44)、小學生￥450(HK$33)；**艾爾茨玩具博物館與繪本之森美術館的套票**：成人￥1,400(HK$82)、中學生￥900(HK$62)、小學生￥650(HK$48)
- 週二及冬季(1月中~2月底)；日本黃金週及7~9月無休
- 0267-48-3340
- www.museen.org/ehon

INFO

(攝影：Him)

玩具迷大飽眼福 艾爾茨玩具博物館 地圖P.207 親子

（エルツおもちゃ博物館）　MapCode 292 551 688*68

博物館展示了德國生產的傳統木製玩具，每件手工都非常精緻，琳瑯滿目。艾爾茨(Erzgebirge)地區指德國靠山脈一帶，此地林木資源豐富，其手工木製玩具造工精緻，聞名世界。想帶紀念品回家的玩具迷可以到館內專賣店挑選紀念品。

▶展館內。

▼木偶造型十分可愛。

- 長野縣北佐久郡輕井沢町長倉182
- 「輕井沢」站下車，於北口1號巴士站轉乘町內循環巴士(東‧南廻り線)(「內回り」及「外回り」皆可)，於「風越公園」站或「塩沢湖」站下車(班次見P.206)，步行約2~8分鐘
- 3月~11月09:30~17:00，12月~1月10:00~16:00
- 成人￥750(HK$51)、中學生￥500(HK$33)、小學生￥350(HK$26)；**艾爾茨玩具博物館與繪本之森美術館的套票**：成人￥1,400(HK$95)、中學生￥900(HK$62)、小學生￥650(HK$48)
- 週二及冬季(1月中~2月底)；日本黃金週及7~9月無休
- 0267-48-3340
- museen.org/erz

INFO

(攝影：Him)

輕井澤町　小布施町　長野市　白馬村　上田市　松本市　諏訪地區　駒ヶ根市、飯田市、阿智村

農產物大集合 軽井沢発地市庭

地圖P.207 MAPCODE 292 521 882*24

發地市庭是一個結合了餐廳、體驗教室、商店的複合設施。庭內的農產物等直売所猶如一個大型超級市場般，集合了當地農場出產，最新鮮的野菜、水果和當地特產品，令人目不暇給。有些產品適合買回家當作手信，例如果醬、花果茶茶包、餅乾類等。另外，在發地市庭附近有自助餐餐廳、意大利餐廳、主打健康豆腐料理的素食店，以及製作蕎麥麵的體驗教室。

▲発地市庭。

▲農產物等直売所內集結了許多當地的農產品。

◀主打健康豆腐料理的素食店白ほたるキッチン。

Tips!
由於冬天的農產品收穫不豐富，建議於其他季節到訪。

▲不少得長野縣特產信州蘋果汁。

▲製作蕎麥麵的體驗教室，半日 ¥1,500 (HK\$110)，1 日 ¥3,000 (HK\$220)，需要事先預約。

▲完熟トマト多喝梨果醬，一樽約 ¥1,000 (HK\$73)。

⌂ 長野県北佐久郡軽井沢町大字発地2564-1
🚃 「軽井沢」站下車，於北口1號巴士站轉乗町內循環巴士(東・南廻り線)(「内回り」及「外回り」皆可)，車程約20至30分鐘(班次見P.206)，於「軽井沢発地市庭」站下車即達
🕐 09:00~17:00(各商鋪營業時間不一)
☎ 0267-45-0037
🌐 karuizawa.hotchi-ichiba.com
INFO

任吃士多啤梨 Garden Farm

地圖P.207 親子

ガーデンファームいちご園 MAPCODE 292 491 665*45

Garden Farm內的士多啤梨都是在溫室種植，品質優良，吃起來特別香甜多汁。旅客除了可以在園內任摘士多啤梨，園區還提供任吃放題，任吃的士多啤梨主要有4種品種，分別為最甜的「紅ほっぺ」、帶點微酸的「かおり野」、較罕有，暗紅色的「真紅の美鈴」及體積較大的「やよいひめ」。每一種的味道都略有不同，但同樣新鮮好吃。任吃放題須於3日前電話或網上預約，可於官網查看預約狀況。

▲ Garden Farm 是一個士多啤梨園。

▲一排排士多啤梨。

▲這裏的士多啤梨很新鮮。

⌂ 長野県北佐久郡軽井沢町発地2062-1
🚃 JR「軽井沢」站北口有免費巴士接送服務，於10:00開始~14:00每小時整點開出
🕐 09:30~17:00，摘士多啤梨：夏秋09:00~15:00 　🚫 摘士多啤梨：週二
💰 任摘士多啤梨/只限一個品種：成人至小學生¥5,000(HK\$294)，4 ~6 歲兒童¥800(HK\$47)，3歲以下 免費
☎ 0267-48-3620 　🌐 www.karuizawagardenfarm.com
INFO

(攝影：Li)

親手做天然果醬 沢屋果醬工場

地圖P.207 MAPCODE 292 519 641*42

沢屋是輕井澤非常有名的果醬店，更設有工場讓大眾親手製作果醬，製成後可貼上自己的名字標籤，帶回家作獨一無二的紀念品，絕對不可錯過。製作的果醬口味會隨季節變更，例如春季為士多啤梨，夏季為藍莓或白桃，使用的原材料均為日本產的新鮮水果。製作果醬體驗分為多種課程，過程約需2小時，可透過電話或電郵預約。

◀製成的果醬還可免費貼上你的名字與日期呢！

▲選擇了下午茶體驗的話，等待加工期間就可品嚐不同種類的果醬，配上餅乾非常好吃！

▲沢屋可說是輕井澤最有名的果醬之一，現在就有機會讓你親手製作屬於自己的果醬！

Step 1

▲不同季節會利用不同水果製作果醬，10月份當造的水果就是蘋果！

Step 2

▲製作果醬的過程其實非常簡單，先把蘋果去皮，以開水把削下來的蘋果皮煮數分鐘，讓開水變成粉紅色，然後把蘋果皮撈出來。

Step 3

▲然後將蘋果切成細絲。

大功告成！

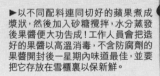

▶以不同配料連同切好的蘋果煮成漿狀，然後加入砂糖攪拌，水分蒸發後果醬便大功告成！工作人員會把造好的果醬以高溫消毒，不含防腐劑的果醬開封後一星期內味道最佳，並要把它存放在雪櫃裏以保新鮮。

🏠 長野縣北佐久郡輕井澤町発地2785-108
🚌 從JR「輕井澤」站駕車約20分鐘；或使用沢屋於「輕井澤」站及信濃鐵道「中輕井沢」站提供的接送服務，但必須提前聯絡
🕙 09:00~18:00　果醬體驗：週日，部分體驗於冬季休息　☎ 0267-46-2400
✉ info@sawaya-jam.com　🌐 www.sawaya-jam.com　❗ 課程必須於前1天中午前預約，最少2人同行

各個課程資訊：

課程	地址	時間	價錢
Course A工場見學與製作果醬體驗	長野縣北佐久郡輕井澤町発地2785-108	10:00、14:00（週日、年末年始休息）	每位¥3,500(HK$206)
Course B早餐與製作果醬體驗	長野縣北佐久郡輕井澤町長倉塩沢702	製作果醬體驗時間09:00~10:00、早餐時間10:00（週日、冬季休息）	每位¥4,200(HK$247)
Course C午餐與製作果醬體驗	長野縣北佐久郡輕井澤町長倉塩沢702	製作果醬體驗時間11:00~12:00、午餐時間12:00（週日、二、冬季休息）	每位¥5,500(HK$324)
Course D下午茶與製作果醬體驗	長野縣北佐久郡輕井澤町長倉塩沢702	製作果醬體驗時間14:00~15:00、午餐時間15:00（週日、冬季休息）	每位¥4,200(HK$247)

（攝影：Li）

高級度假勝地 星野Area

（星野エリア） MAPCODE 停車場 292 671 665*31

　　星野Area是一個結合了美食、溫泉、別墅、酒店、教堂、自然與文化的區域，極具現代風格，滿足不同旅人的需求。星野Area周圍被森林環繞，讓人舒適地度過悠閒的時光。另外，區內的餐廳集結於榆樹街小鎮中，鎮上有日式、法式、中式餐廳、咖啡店、雜貨店等。

⊙ 長野県軽井沢町星野
⊙ 於JR「軽井沢」站北口轉乘西武觀光巴士車庫線（班次見P.206），車程約20至30分鐘
⊙ www.hoshino-area.jp
INFO

 精選

美肌之湯 星野溫泉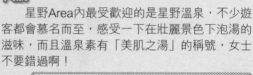

　　星野Area內最受歡迎的是星野溫泉，不少遊客都會慕名而至，感受一下在壯麗景色下泡湯的滋味，而且溫泉素有「美肌之湯」的稱號，女士不要錯過啊！

門外。星野溫泉 ◀

⊙ 10:00~22:00(個別季節開放時間不同，詳見官網)
Ⓢ 成人￥1,350(HK$79)，3歲至小學生￥800(HK$55)
☎ 0267-44-3580
INFO

（撰文：IKiC，攝影：Him）

悠閒購物 春榆街小鎮 （ハルニレテラス）

　　ハルニレ即春榆，顧名思義，這小鎮式商店街上真的種滿了春榆！在這條小街上種了超過100棵的春榆，綠樹林蔭，十分舒適，而商店外形設計亦貼合自然，共9幢的兩層式商店全是木造建築，內有14間食店、商店及精品店，更有按摩店呢！

⊙ 餐廳11:00~22:00，商店10:00~18:00

▲十分有日本風情的春榆街小鎮。

（撰文：IKiC，攝影：Him）

外形獨特的石造教堂 石之教會

　　建於1988年的石之教會是由以自然建築聞名的美國建築師Kendrick Kellogg設計，又稱為內村鑑三紀念堂。建築師以內村鑑三先生的「無教會思想」為設計概念，以石象徵男士、玻璃象徵女性，設計成不規則的石造教堂，代表一對新人自相識到婚姻生活中互相磨合的過程，十分有意義。

Tips!
內村鑑三的無教會思想
　　內村鑑三是明治及大正時期的思想家，他的無教會思想主張不需以參加教會等宗教儀式來實踐信仰，反對一味追求教堂實體建築，人與自然應屬一體，只要誠心禱告，大自然到處都是教堂。

▲外形獨特的石之教會又名為內村鑑三紀念堂。

（撰文：IKiC，攝影：Him）

風景如畫 白絲瀑布

地圖P.207　MAPCODE 停車場 292 851 710*77　推介

（白糸の滝）

　　位於輕井澤北邊的白絲瀑布高約3米，寬度達70米。來自地下水的水柱沿着蜿蜒曲折的岩石陡壁傾流而下，瀑布的動態更能突顯大自然的恬靜。隨着季節的變化，瀑布展現不同美態。夏天時，會感到水柱的清爽和微風帶來的涼快感覺，沁涼無比；秋天時，瀑布在楓葉的包圍下交織成動人的風景。

▶像白色的絲絹一樣。

▲白絲瀑布環境優雅，讓人能放鬆下來。

- 長野縣北佐久郡輕井沢町小
- JR「輕井沢」站下車，於北口2號巴士站轉乘「輕井沢──草津溫泉」路線巴士，車程約23分鐘，於「白糸の滝」站下車即達
- 巴士冬天時的班次較疏，一日約8班，詳見官網

▶瀑布附近的溪流也

遙望長野及群馬縣景色 見晴台

地圖P.207　MAPCODE 停車場 292 709 753*25

　　見晴台位於碓氷峠山頂，標高約1,200米，從展望公園可一次過觀賞長野縣和群馬縣的景色，例如可遙望赤石山脈及淺間山等風景，雄偉壯觀。同時，見晴台亦是賞楓勝地，建議於紅葉季節，大約10月時到訪，便能欣賞到漫天紅葉的壯麗美景。

賞紅葉

- 長野縣北佐久郡輕井沢町峠町20
- JR「輕井沢」站下車，轉乘計程車，車程約15分鐘；或於「ハーヴェストクラブ」巴士站乘搭紅色巴士（單程￥500，HK\$37；來回￥800，HK\$59），車程約30分鐘，於「見晴台」站下車，步行約5分鐘，巴士班次可參考www.karuizawa-on.com/kkbc

▲指示牌是長野和群馬縣的界線。
▶從見晴台遠眺群山的壯麗景色。

(攝影：Li)

一步之遙，兩縣之隔 熊野皇大神社

地圖P.207　賞紅葉

MAPCODE 停車場 292 709 844*74

　　熊野皇大神社位於長野縣及群馬縣的邊境之間。從往山上的參道開始，到主殿範圍皆分成兩半，各屬兩縣。由於兩邊屬不同神社，所以祭祀、御守販賣也是分開營運的。跨越一步便能穿梭兩縣之間，非常有趣。

▶神殿左右方有棵巨大的華東椴，樹樑中央空出的部分呈心形，據說圍繞一圈可助人覓得良緣！

▲群馬縣的神社。

▶從參道開始已分隔兩縣，連祭祀的神明也分成兩邊，據神社負責人表示賽錢箱也會各自交給兩縣！

- 長野縣北佐久郡輕井沢町峠町20
- JR「輕井沢」站下車，轉乘計程車，車程約15分鐘；或於「ハーヴェストクラブ」巴士站乘搭紅色巴士（單程￥500，HK\$37；來回￥800，HK\$59），車程約30分鐘，於「見晴台」站下車，步行約5分鐘，巴士班次可參考www.karuizawa-on.com/kkbc
- kumanokoutai.com

(攝影：Li)

9.2

盛產栗子之地

小布施町
Obuse

　　小布施是長野縣北部的一個町，在江戶時代曾為經濟中心，繁榮一時，現時街道上仍保留着北長野的歷史與文化。此外，小布施亦以浮世繪大師葛飾北齋和盛產栗子而聞名。葛飾北齋晚年曾逗留於小布施，當時所畫的畫展示在北齋館及岩松院，每幅親筆畫的作品都非常珍貴，值得參觀。而栗子在這裏約有 600 年的栽培歷史，以前用以進貢將軍，到了今天則成為了當地名產，無論在菓子店或雜貨店都能找到與栗子相關的商店。小布施的景點與店鋪集中於同一範圍，離車站約 10 至 20 分鐘步行距離，非常方便。

▷ 小布施町觀光協會：www.obusekanko.jp

前往小布施町的交通

JR
東京站 ──── JR 北陸新幹線 ────
長野站 ──── 長野電鐵 ────
小布施站

⋯⋯⋯⋯⋯⋯ （全程）約 2 小時 21 分鐘 · ￥8,490(HK$499) ⋯⋯⋯⋯⋯⋯

◀ 長野電鐵小布施站。

註：以上車費為自由席，乘搭指定席車費較貴。車費及時間僅供參考。

地酒酒莊 本吉乃川 地圖 P.227

　　本吉乃川·松葉屋本店擁有200年建築歷史，現今是一間製造地酒(使用當地原料釀造的酒)的酒莊。小布施町擁有優質的水源與米，加上良好的氣候，在足夠條件下製造出優良的日本酒。酒莊堅持使用長野縣的釀酒米和酵母來釀酒，秉持推廣在地特色的精神，呈現出地酒的最佳品質 ▶各種「北信流」的清酒。

▲本吉乃川·松葉屋本店。

◀酒莊提供簡單的見學體驗，建議預先聯絡店家。

- 長野県上高井郡小布施町大字小布施中町778
- 長野電鐵「小布施」站下車，步行約8分鐘
- 08:00~18:00
- 026-247-2019
- www.matsubaya-honten.co.jp
- 未成年切勿飲酒

多款口味手製果醬 Maronapple マロナップル 地圖 P.227

　　店鋪主要販售手製果醬，這些果醬是以當季最新鮮的水果製作的，口味有士多啤梨、巨峰提子、梨和蜜桃等，適合配搭乳酪或麵包吃，當店人氣第一的產品為「栗子醬」，推介配麵包或餅乾一起吃。另外，這裏還售賣牛乳布丁、栗子布丁、乳酪等，產品所使用的牛奶和雞蛋都是當地產的，保證新鮮。

▶店鋪門面。

▶牛乳布丁。

◀果醬的口味多不勝數。

▶使用當地名產栗子製成的栗子醬，一瓶￥864 (HK$73)。

▶店內設有試食，可品嚐各種口味後再決定買哪一種。

- 長野県上高井郡小布施町小布施上町982-2
- 長野電鐵「小布施」站下車，步行約9分鐘
- 10:00~17:00　026-247-5861
- maronapple.jp

輕井澤町　小布施町　長野市　白馬村　上田市　松本市　諏訪地區　駒ヶ根市、飯田市、阿智村

工藝品集中地 自在屋 地圖P.226

自在屋由日式古民家改建而成，位於竹風堂旁邊，是一間工藝雜貨店。這裏主要出售日本製的產品，同時集結了其他國家如印度、西班牙等地的工藝品，商品種類豐富，令人目不暇給。小布施當地的工藝品都跟栗子有關，創意十足，極具當地特色。

▲自在屋。

▲屋內放滿各種手工製品。

▶門外有一張木製的椅子。

▲▶跟栗子有關的工藝品，造型可愛。

🏠 長野縣上高井郡小布施町973
🚃 長野電鐵「小布施」站下車，步行約10分鐘
🕐 4月~10月09:30~18:00，11月~3月09:30~17:30
❌ 週三
☎ 026-247-5988
🌐 chikufudo.com/shop/556/

品嚐栗子料理 竹風堂 地圖P.226 必吃

小布施是日本著名的栗子產地，竹風堂是菓子店，主打以優質栗子製作點心與和菓子，絕不混合任何外國產的栗子。竹風堂在長野縣有多間店鋪，而本店設置於小布施町，店內名物為どら燒山，即栗子餡銅鑼燒。銅鑼燒內餡所用的是「粒餡」，因此可品嚐到一粒粒的栗子，在食品沒開封的狀態下能保存約10天。店鋪的1樓為小賣店，2樓為餐廳雁田，提供當地名物栗おこわ，即栗子飯，是北長野的特色鄉土料理。

▲1樓的環境。

▶栗子飯以竹器盛載，裏面有多顆栗子，粒粒晶瑩剔透的米飯也充滿栗子香。

▲2樓餐廳的環境。

▲栗子餡銅鑼燒每個 ¥216 (HK$16)。

▲山家定食 ¥1,890(HK$138)，內容包括栗子飯、漬物、甘露煮虹鱒魚、味噌湯等。

🏠 長野縣上高井郡小布施町973
🚃 長野電鐵「小布施」站下車，步行約10分鐘
🕐 店鋪08:00~18:00；餐廳10:00~18:00
☎ 026-247-2569
🌐 chikufudo.com

浮世繪大師的珍貴收藏 北齋館 地圖P.226 MAPCODE 54 383 853

北齋館是日本現時唯一一間展出浮世繪大師葛飾北齋真跡的展覽館，開館已有40年。葛飾北齋於晚年來到小布施，集中創作了40多幅畫作，現全數於館內展出。他於兩輛遊行花車頂上分別畫了龍與鳳凰、男浪與女浪的怒濤圖繪，畫功精緻，極具逼力。此外，館內亦有不少浮世繪風的紀念品出售，例如明信片、文件夾、T恤等。

▶商店販售浮世繪風的盒裝紙巾套。

▲門面標示了葛飾北齋的別號「畫狂人」。

▲北齋館。

▲繪有浮世繪的文件夾。

- 🏠 長野縣上高井郡小布施町大字小布施485
- 🚉 長野電鐵「小布施」站下車，步行約12分鐘
- 🕐 09:00~17:00，7月~8月09:00~18:00
- 🚫 12月31日
- 💰 成人¥1,000(HK$73)，高中生¥500(HK$37)，初中生、小學生¥300(HK$18)，小學以下免費
- ☎ 026-247-5206　🌐 www.hokusai-kan.com

INFO

必看浮世繪大師的最大作品 岩松院 地圖P.226 MAPCODE 54 415 403 必到

岩松院是一間佛寺，正殿內的大廳天花板上展示了一幅非常著名的天井畫「八方睨み鳳凰図」，是浮世繪大師葛飾北齋在晚年完成最大的作品。這幅畫的主題是鳳凰，雖然已經有超過160年歷史，而且從未進行過翻新，但由於畫作是使用來自中國的朱砂、孔雀石等礦石，以及金箔作為顏料，因此畫中的鳳凰至今仍保持鮮艷的顏色。

▲本堂。

▶▲岩松院入口。

▶岩松院全景。

- 🏠 長野縣上高井郡小布施町雁田
- 🚉 長野電鐵「小布施」站下車，步行約30分鐘
- 🕐 4月~10月09:00~16:30，11月09:00~16:00，12月~3月09:30~15:30
- 💰 成人¥500(HK$22)，小學生¥200(HK$7)
- ☎ 026-247-5504
- 🌐 www.gansho-in.or.jp
- ❶ 院內不准拍照

INFO

輕井澤町　小布施町　長野市　白馬村　上田市　松本市　諏訪地區　駒ヶ根市、飯田市、阿智村

用心經營的小酒莊 小布施ワイナリー

地圖P.226

隱藏在小巷裏的這幢建築物約有100年歷史，是一間非常有性格的小型酒莊。酒莊所用的葡萄均為自家農場種植，以確保釀製出最好品質的葡萄酒，絕不馬虎。店家提供試飲(需付費)，不用預約。酒莊亦與小布施町內一些餐廳合作，遊客可在那些餐廳品嚐到他們的美酒。

▲小布施ワイナリー。

◀酒莊提供試飲。

▲酒莊內的模樣。
◀釀酒的橡木桶上標明了酒的種類。

長野縣上高井郡小布施町大字押羽571
長野電鐵「小布施」站下車，步行約17分鐘
09:00~17:00
品酒室逢週三及公眾假期休息
026-247-2050
www.obusewinery.com
未成年切勿飲酒

小布施町景點地圖

小布施ワイナリー (P.226)
諏訪宮
長野電鐵
西證寺
都住站
梅松寺
圖例
國道
縣道
景點
購物
食肆
神社 / 寺廟
酒莊
長野電鐵車站
長野電鐵
長野電鐵
小布施站
本吉乃川 (P.223)
岩松院 (P.225)
Maronapple (P.223)
自在屋 (P.224)
北齋館 (P.225)
200 公尺
竹風堂 (P.224)
©資版生活類書出版

世界聞名的Snow Monkey 地獄谷野猿公苑

> 猿雖然可愛，但要小心不能與牠們近距離接觸。

341 820 509

地獄谷野猿公苑位於志賀高原橫湯川溪谷地獄谷溫泉的深處，於1964年開業，最初以近距離觀察野生猿猴生活為目的。每年冬季，聰明的猿猴會利用地獄谷噴出的溫泉泡湯，而這有趣的畫面瞬間傳遍全球，令國內外的遊客都特地前來到訪 Snow Monkey！

- 長野縣下高井郡山ノ內町平穩6845
- 乘搭長野電鐵至湯田中站下車，再轉乘長電巴士上林線至「上林溫泉バス」站下車再步行35分鐘，巴士車程約15分鐘，巴士班次見：www.nagadenbus.co.jp/local/diagram/diagram.php?route=NKN01
- 4月至10月08:30~17:00，11月至3月09:00~16:00
- 成人￥800(HK$60)，小學生至高中生￥400(HK$30)
- 0269-33-4379
- jigokudani-yaenkoen.co.jp

Tips!

為了安全，觀光人士需注意以下事項：
1. 不可餵飼猿猴，同時避免攜帶食物進入；
2. 不可觸摸猿猴；
3. 與猿猴要保持適當距離；
4. 避免近距離與猿猴有眼神接觸；
5. 不可使用自拍棒等器具，以免讓猿猴誤以為要攻擊牠們。

(圖文：Li)

免費公共浴場 野澤溫泉

293 324 367　泡湯

野澤溫泉約於一百萬年前因毛無山爆發而形成，相傳於聖武天皇時期(724-748年)由到訪的僧侶行基發現。現時溫泉區內設有24間溫泉旅館，而特別的是溫泉街上設有13間外湯(公共浴場)，免費開放予居民及遊客使用，部分設有賽錢箱，使用的人可捐獻金錢表達心意。當中上寺湯、熊の手洗湯、松葉の湯及十王堂の湯均有溫泉蛋製作體驗，遊客可於附近商店購買雞蛋，然後前去製作溫泉蛋品嘗一番！

▲ 野澤溫泉四周均設有溫泉釜，居民可於此直接烹調食物，非常方便！

▲ 居民把食物放進籃子中再放進溫泉內，不一會食物就可以馬上上桌啦！

- (野澤溫泉觀光協會)長野縣下高井郡野沢溫泉村豐鄉9780-4
- JR飯山站乘搭直通巴士野沢溫泉ライナー至終點站「野沢溫泉」站下車，車程約25分鐘
- 0269-85-3155
- www.nozawakanko.jp
  野澤溫泉地圖： nozawakanko.jp/assets/docs/townguidemap.pdf

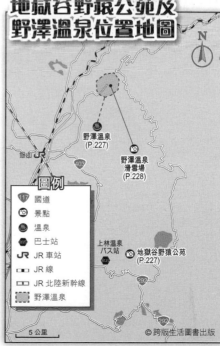

地獄谷野猿公苑及野澤溫泉位置地圖

N

野澤溫泉 (P.227)
野澤溫泉滑雪場 (P.228)
飯山
上林溫泉バス站
地獄谷野猿公苑 (P.227)

圖例
- 117 國道
- 景點
- 溫泉
- 巴士站
- JR 車站
- JR 線
- JR 北陸新幹線
- 野澤溫泉

5公里

© 跨版生活圖書出版

(撰文：Li，攝影：詩人)

輕井澤町　小布施町　長野市　白馬村　上田市　松本市　諏訪地區　駒ヶ根市、飯田市、阿智村

日本滑雪場之最 野澤温泉滑雪場

地圖 P.227

野沢温泉スキー場　MAPLODE 293 324 048

野澤温泉滑雪場於1923年創立，南面以毛無山為界，北面則為高倉山，部分地區為上信越高原國立公園。長野縣有滑雪發源地的稱號，而野澤温泉滑雪場更擁有多達6個滑雪場，分別為山神滑雪場、上之平滑雪場、伊甸園滑雪場、烏托邦滑雪場、日影滑雪場與柄澤滑雪場。從最高點至最低處的柄澤標高差達1,085米，更可稱為日本滑雪場之最！

◀吊車已準備就緒，接載遊客上山盡情滑雪！

▲野澤温泉滑雪場為長野縣其中一個著名的滑雪場。

🏠 長野縣下高井郡野沢温泉村豐郷7653
🚌 JR 飯山站乘搭直通巴士野沢温泉ライナー至野沢，温泉スキー場站下車，車程約25 分鐘
🕐 每年11 月至翌年5 月，個別開放時間請參考網頁　📞 0269-85-3166　🌐 www.nozawaski.com
💲

	成人	兒童	60歲以上長者
1日券	¥4,700(HK$276)	¥2,800(HK$165)	¥3,800(HK$224)
2日券	¥8,700(HK$512)	¥5,200(HK$306)	¥7,000(HK$412)
3日券	¥12,700(HK$747)	¥7,600(HK$447)	¥10,200(HK$600)
4小時券	¥4,000(HK$235)	¥2,400(HK$141)	¥3,200(HK$188)
觀光纜車票	¥2,400(HK$141)	¥1,600(HK$94)	/

* 尚有其他票種，請參考官網

（撰文 :Li，攝影 : 詩人）

9.3 一生必去一次的善光寺

長野市
Nagano

位於長野縣北部的長野市是縣政府所在地。這裏有通往東京首都圈、名古屋、關西地區的新幹線及高速公路，交通方便，四通八達。市內最著名的景點是被譽為「一生中必去」的善光寺，遊客絡繹不絕。長野市的發展與善光寺息息相關，善光寺周邊地區都是主要的觀光區。

長野市觀光協會：www.nagano-cvb.or.jp

前往長野市的交通

東京站

JR 北陸新幹線・約 1 小時 32 分鐘・¥7,810(HK$459)

長野站

註：以上車費為自由席，乘搭指定席車費較貴。車費及時間僅供參考。

長野市內交通

長野市內的主要交通工具為巴士和長野電鐵。

1. 巴士

長野市內主要依靠由Alpico Group營運的區內巴士連接車站與善光寺一帶的觀光區。適合的巴士路線有4條，班次非常頻密：

路線	10號、11號、16號、17號
起點	長野站善光寺口1號巴士站
途經車站	昭和通り、権堂入口、善光寺大門
車費	至善光寺單程￥150(HK$11)
班次	20~30分鐘

☎ 026-254-6000
🌐 www.alpico.co.jp/access/nagano/binzuru
INFO

2. 長野電鐵

長野電鐵(簡稱長電)來往長野站和湯田中站，途經権堂、善光寺下、小布施等24個站，全程約44分鐘。由於覆蓋的景點較少，班次亦較巴士疏落，所以較少遊客會使用。

☎ 026-232-8121
🌐 www.nagaden-net.co.jp

INFO

長野市景點地圖

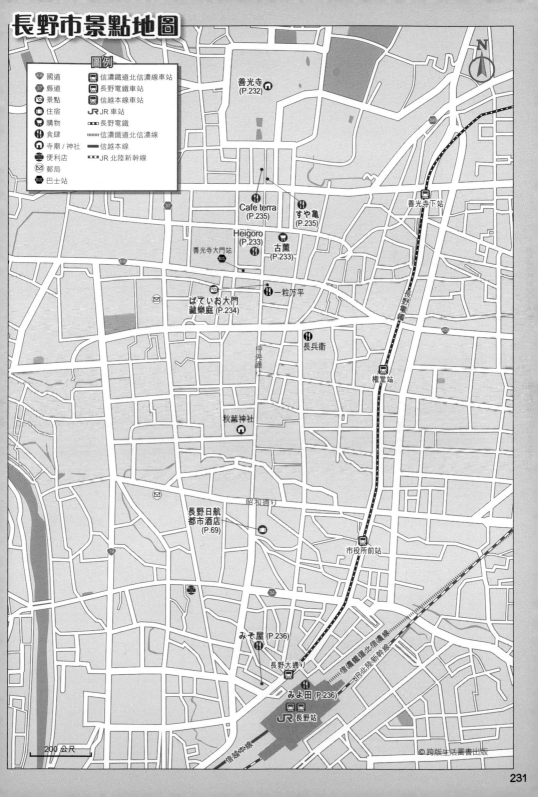

長野市的象徵 善光寺

 地圖P.231 MAPCODE 54 247 897

　善光寺自創建以來已有1,400年歷史，是長野縣最具代表性的無教派佛教寺院，吸引了來自世界各地的善男信女參觀和參拜。寺院中的主佛是最早傳來日本的佛像，被指定為重要文化遺產，每7年舉行1次重大儀式，開放給公眾參觀。本堂正殿亦被指定為國寶，是江戶時代中期的佛教建築。一踏入寺內範圍，便立即感受到肅穆莊嚴的氣氛。

▲登上參拜道路的緩坡，首先會到達於1918年重建的「仁王門」，氣勢十足，門後是仲見世通。

▲仲見世通是通往善光寺的商店街，相當熱鬧。

▲善光寺正殿。（攝影：Janice）

◀善光寺山門。（攝影：Janice）

▶商店街有不少售賣手信及小吃的店鋪。

▲善光寺的雪景。

ⓘ 長野市大字長野元善町491-イ
ⓡ JR「長野」站善光寺口下車，在1號巴士站轉乘10號、11號、16號、17號巴士到「善光寺大門」站，下車即達
ⓢ 共通券（三堂‧史料館參拜券）：成人￥1,200（HK$71），高中生￥400（HK$24），小中學生￥100（HK$9），學前兒童 免費
ⓣ 本堂正殿04:30~16:30
☎ 026-234-3591
🌐 www.zenkoji.jp

INFO

精緻的法式甜點 Heigoro 〔地圖P.231〕

　　Heigoro使用長野縣的食材及當造水果，製作出各式各樣的法式甜點，例如蛋糕、布丁，以及一種叫Verrine的甜點。Verrine是一道裝在玻璃杯中的甜點，十分特別。店家特意提供午市和蛋糕套餐，讓顧客除了外賣甜點外，還可於室內咖啡廳的位置用餐，懶洋洋地度過美好的下午茶時光。

▶可把獨立包裝的糕點當手信帶回家。

▲ Heigoro 本店。(相片由 Heigoro 提供)

◀適合買回家當手信的立方體蛋糕，1盒6個的￥2,743(HK$201)。

▶每一件蛋糕看起來都非常吸引。

> 📍 長野縣長野市大門町515
> 🚃 JR「長野」站善光寺口下車，在1號巴士站轉乘10號、11號、16號、17號巴士於「善光寺大門」站下車，步行約1分鐘
> 🕙 10:00~18:00(週日、假期17:00)
> ☎ 026-266-0156
> 🌐 www.fujiyaheigoro.com

INFO

製作自己的香氣袋 古薰 〔地圖P.231〕

　　古薰不但販售與香氣有關的商品，還會舉辦各種體驗教室，利用天然素材，讓參加者製作各式各樣與香氣有關的小物，例如香氣袋(匂い袋)和線香等。體驗過程中，店家會提供多種香料，並用心介紹每種香料的特性，參加者只需把天然香料放入小袋子裏，然後憑着嗅覺加減香料，慢慢調節自己喜歡的香氣，便能製成一個散發獨有香氣香氣袋(過程可見後頁)。如果想參加體驗教室，必須提前預約。

▶古薰。

▲▶店鋪售賣多種與香氣有關的產品，如線香。

> 📍 長野県長野市横町90
> 🚃 JR「長野」站善光寺口下車，在1號巴士站轉乘10號、11號、16號、17號巴士於「善光寺大門」站下車，步行約2分鐘
> 🕙 10:00~17:00　🚫 週三
> 💰 製作香氣袋：參加費￥1,500(HK$110)，材料費￥2,000(HK$146)
> ☎ 026-217-5355　🌐 www.kotaki.site

INFO

土藏活化的觀光購物點 ぱてぃお大門 藏樂庭

地圖 P.231

ぱてぃお大門 藏樂庭位於大門町，2001 年時長野居民利用原有的土藏，加上附近土地開展大門町活化計劃，建成一個綜合商業區域，因善光寺的關係，遊客一直絡繹不絕。現時內設有 18 間店鋪，當中包括雜貨店、多間和食店及西餐廳，成為參拜善光寺前的其中一個購物與觀光景點。

◀正門入口設有地圖，讓遊客按圖索驥。

◀藏樂庭內的店鋪均保存古代建築形式，別具一格。

▲西洋料理店 もりたろう店內播放爵士樂曲，以此信濃地區生產的食材製成各款西餐，如意大利粉及牛扒等。

> ○ 長野縣長野市大門町54-1
> ○ JR長野站善光寺口，於1號巴士站乘搭任何一條巴士線至善光寺大門站下車，車程約10分鐘；或乘搭長野電鐵於善光寺下站下車，再步行約5分鐘
> ○ 各商店營業時間請參考網頁
> ○ 026-267-5323
> ○ patio-daimon.com
>
> (圖文：Li)

柴火炮製長野名物小吃 おやき村長野分村 大門店

おやき村為長野市以西的一條小村落，於昭和61年將農家改造成餐廳，更以製作長野名物おやき聞名。大門店為分店，除了可於此購買おやき外，還可體驗製作過程！おやき外層為麵粉，內裏的餡料可放入長野特產野沢菜或紅豆。店家首先以柴生火，再以猛火將兩面烤至金黃色，整個過程需時1小時，熱烘烘的おやき相當美味呢！

▲仍以柴火烹調おやき，非常地道！

▲遊客更可體驗製作おやき，親自燒製的食物應該更為好吃！

▲每件おやき售價為 ¥250(HK$15)，野澤菜的味道有點像雪菜，紅豆味則香甜，店家還會奉送麵豉湯或清茶呢！

> ○ 長野縣長野市大門町56-1
> ○ 09:00～17:00　○ 星期三(若遇假日順延至星期四)
> ○ 燒おやき體驗¥540(HK$40)，連2 件おやき，需時約1小時
> ○ 026-232-5786
>
> (圖文：Li)

自家製味噌雪糕 すや亀 地圖P.231

すや亀除了販售由自家工場製造的信州味噌，還研發了各種與味噌搭配在一起的食品，例如味噌朱古力、味噌糖果、味噌烤飯團和味噌雪糕，極具當地特色，值得一試。買完後可於店外的椅子坐下享用，店鋪會在冬天提供溫暖的甘酒，夏天則提供冰涼的甘酒，非常貼心。

▶可買一盒味噌回家煮食啊！

▲味噌烤飯團，一個￥300(HK$18)。

▲すや亀。

▶味噌雪糕及甜酒雪糕，各￥400(HK$26)。

🏠 長野縣長野市元善町仁王門北
🚌 JR「長野」站善光寺站下車，在1號巴士站轉乘10號、11號、16號、17號巴士於「善光寺大門」站下車，步行約3分鐘
🕐 夏季09:00~18:00，冬季09:00~17:00
☎ 026-237-2239
🌐 www.suyakame.co.jp
INFO

用心經營的Gelato小店 Cafe terra  地圖P.231 必吃

（カフェテッラ）

Cafe terra由一對夫婦打理，主打正宗Gelato(即意式雪糕)。這對夫婦非常有心，特地遠赴意大利學習如何製作最地道的Gelato，投放了許多心機和時間於店鋪上。縱然只是一間小本經營的小店，他們卻堅持要做得最好，例如購入昂貴的機器、選用當季最新鮮的食材，為客人製作出最優質、最正宗的Gelato。

▲所有 Gelato 均為自家製，會因應每個季節而提供不同口味的雪糕。

▲小店還提供咖啡。

▲以信州產牛乳及蘋果製成的 Gelato。

🏠 長野縣長野市善町484
🚌 JR「長野」站善光寺口下車，在1號巴士站轉乘10號、11號、16號、17號巴士於「善光寺大門」站下車，步行約4分鐘
🕐 12:00~17:30
☎ 026-217-5541
🌐 caffeterra.lolipop.jp
INFO

▶開心果與紅桑子兩種口味的Gelato(￥480，HK$35)。開心果口味既濃厚又幼滑，能感受到用料非常實在。紅桑子口味帶點果酸，較清爽。

輕井澤町

小布施町

長野市

白馬村

上田市

松本市

諏訪地區

駒ヶ根市、飯田市、阿智村

多元化「蕎麥」美食 みよ田

地圖P.231

長野縣的美食與蕎麥息息相關，如果既想吃到傳統的蕎麥麵，又想品嚐以蕎麥製成的特色甜品，這間位於JR長野站商場的餐廳能一次過滿足你。店家除了提供傳統冷食與熱食的蕎麥麵，還提供蕎麥味的雪糕和由甜品店Bon Sarrasin製作的瑞士卷。

▲みよ田的位置方便。

▲ 天婦羅配蕎麥麵 ¥1,550(HK\$91)，冰涼的蕎麥麵放在竹屜上口感清爽。

◀ Bon Sarrasin 製作的瑞士卷 (¥460，HK\$29)，不像一般的卷蛋那麼甜，中層的忌廉混合了蕎麥茶，帶有淡淡的蕎麥味，意料之外的清爽好吃。

長野県長野市南千歳1-22-6 MIDORI長野3F
JR「長野」站下車，步行約1分鐘
11:00～22:00
026-227-9161
www.nikkoku.co.jp/miyota
INFO

香濃好吃的味噌拉麵 みそ屋

地圖P.231

推介

長野縣的味噌相當有名，當地人都爭相用味噌炮製美食，例如這間專賣味噌拉麵的拉麵店。店家利用當地的味噌，再加上豬骨及雞骨熬出濃厚的高湯，配上粗麵條和野菜，非常香，很好吃。みそ屋在當地非常有名，加上店內只有13個位置，因此店外經常大排人龍，想吃拉麵必須耐心等候。

▲味噌沾麵 (¥990，HK\$64)。店家使用了粗麵條，沾汁時能掛更多湯。

▲みそ屋。

▲ 店鋪提供中文及英文餐牌，方便遊客點菜。

◀味噌叉燒拉麵，內附4塊肥美的叉燒 (¥990，HK\$64)。

◀ 味噌拉麵 ¥780 (HK\$49)，湯頭順滑，味噌味道突出。

長野県長野市南長野末広町1362
JR「長野」站下車，步行約1分鐘
11:00～01:00
026-224-1183

INFO

9.4

滑雪勝地

白馬村
Hakuba

　　白馬村是 1998 年冬季奧運會的舉行地點，自此成為了長野縣知名的滑雪勝地。這裏有豐富的天然雪量、優質的粉雪，具備了優良滑雪場應有的條件。白馬村由 10 個滑雪場組成，吸引不同程度的滑雪人士，海外滑雪客更是絡繹不絕，建議逗留 2~3 天盡情享受滑雪的樂趣。此外，白馬村在非冬季期間也是戶外活動愛好者的天堂，除了登山，還可以玩溯溪、跳水、泛舟、登山車等。

白馬村觀光協會：www.vill.hakuba.nagano.jp/index2.html

前往白馬村的交通

 特急巴士「白馬·安曇野——新宿線」·約 5 小時 15 分鐘·¥5,800~7,000(HK$341~412)

新宿 Busta 巴士站（即 JR 新宿站南口）　　　　　　　　　　　　　　　各滑雪場

 特急巴士「長野——白馬線」·約 1 小時 30 分鐘·¥2,200~2,400(HK$129~141)

長野站東口　　　　　　　　　　　　　　　　　　　　　　　各滑雪場

特急巴士「白馬·安曇野——新宿線」班次：www.alpico.co.jp/tc/timetable/hakuba/r-shinjuku-hakuba/
特急巴士「長野——白馬線」：www.alpico.co.jp/tc/timetable/hakuba/r-nagano-hakuba/

Tips!

免費接駁巴士
　　白馬村內不少酒店都提供免費的接駁巴士前往各滑雪場，詳情請向酒店查詢。

超長滑雪道 白馬八方尾根滑雪場

`MAPCODE` 535 100 775*25

白馬八方尾根滑雪場是冬季奧運會的滑雪比賽場地之一，擁有不同難度的雪道，適合中、高級滑雪者。場內有13條滑雪道，包括6條由1,800米至3,045米的滑雪道，最高的滑雪道位處海拔1,831米，山頂與山腳的高低差約為1,000米，滑雪者可乘登山吊車前往。場內最長的一條滑雪道全長8,000米，適合滑雪高手展示技術和挑戰自己，盡情享受滑雪的暢快滋味。

◀白馬八方根滑雪場有一間標高1,400米的餐廳，主要提供日式西餐、麵包等。

▲登山吊車。(相片由白馬山麓ツアーズ提供)

▲白馬八方根滑雪場。(相片由白馬山麓ツアーズ提供)

▲餐廳附近有滑雪用品的專賣店。

▲吸引了不少滑雪愛好者來挑戰。(相片由白馬山麓ツアーズ提供)

◀▲到處都是白茫茫一片。(相片由白馬山麓ツアーズ提供)

🚩 長野縣北安曇郡白馬村八方3901
🚌 JR「長野」站下車，轉乘特急巴士「長野──白馬線」到「白馬八方バスターミナル」站，下車即達；或從「新宿Busta」巴士站，乘搭特急巴士「白馬‧安曇野──新宿線」於「白馬八方」站下車
💲 1日券成人￥6,500(HK$382)，小學生￥3,200(HK$188)；2日券成人￥13,000(HK$765)，小學生￥6,400(HK$376)
🕐 11月下旬~5月上旬　📞 0261-72-3066　🌐 www.happo-one.jp

飽覽無敵景致 白馬岩岳雪原

地圖P.241

滑雪

白馬岩岳スノーフィールド

MAPCODE® 535 163 612*56

白馬岩岳雪原滑雪場以漂亮的景致聞名，只要坐空中吊車輕鬆登上山頂，即能以360度全方位飽覽阿爾卑斯山脈美景，同時亦把白馬山麓美景盡收眼底，景觀壯闊。雪場設有23條雪道，分為不同難度，既適合初學者，又適合高手。

▲樹木都鋪上白色的雪。

▲登山吊車。

▲▶滑雪場同時適合初學者和專業好手。

▲▶從白馬岩岳雪原可眺望連綿不絕的山脈。

- 長野県北安曇郡白馬村北城岩岳
- JR「長野」站下車，轉乘特急巴士「長野——白馬線」，於「白馬八方バスターミナル」站下車，再轉乘免費的接駁巴士到「岩岳」站
  dj42z4598eqoa.cloudfront.net/wp-content/uploads/2023/01/24093730/2022-23_IW_shuttle_bus_merged-0122.pdf
- 1日券成人¥5,000(HK$294)，小學生¥3,200(HK$188)；2日券成人¥8,500(HK$500)，小學生¥5,300(HK$312)
- 12月中旬~3月下旬　0261-72-2780
- iwatake-mountain-resort.com

INFO

(相片由白馬岩岳雪原提供)

輕井澤町
小布施町
長野市
白馬村
上田市
松本市
諏訪地區
駒ヶ根市、飯田市、阿智村

特別適合初學者 栂池高原滑雪場

 地圖P.241 親子 滑雪

MAPCODE 535 163 612*56

　　栂池高原滑雪場以北阿爾卑斯作背景，場內有14條滑雪道，最大斜度35度，最長滑行距離4,900米。這裏擁有白馬地區最長的吊車，搭乘一趟需時約25分鐘。另外，滑雪場內有一條平坦而且有1,200米寬的緩坡，平均斜度為8度，特別適合初學者安心學習滑雪。

▲▶栂池高原滑雪場。

◀▲有不少高手在雪道上奔馳。

- 長野県北安曇郡小谷村栂池高原
- JR「長野」站下車，轉乘特急巴士「長野——白馬線」，於「栂池高原」站下車；或在白馬八方巴士總站乘搭接駁巴士，車程約15分鐘
- 1日券成人¥5,900（HK\$347），小學生¥3,500（HK\$206）；2日券成人¥10,400（HK\$612），小學生¥6,300（HK\$371）
- 11月下旬至5月上旬
- 0261-83-2515
- www.tsugaike.gr.jp

（相片由栂池高原滑雪場提供）

大份量美式漢堡 Sounds like cafe

 地圖P.241 人氣

MAPCODE 535 071 461*58

　　Sounds like cafe的漢堡以肉類為主，同時提供一款蔬菜堡。店內來自歐美的客人比較多，而提供的漢堡份量則較一般日本連鎖餐廳的大。對於剛滑完雪的人來說，吃完相信能立即補充力量。

◀ Sounds like cafe 門外堆滿積雪。

▲豚肉漢堡（信州ポークバーガー）使用了信州豚肉，肉質鮮甜，剛烤完香氣十足，午市套餐¥1,420（HK\$104）。

▲炸雞漢堡（チキンバーガー）非常巨型，吃時每一口都充滿肉汁，¥1,200（HK\$71）。

▶熱 latte。

- 長野県北安曇郡白馬村北城 3020-504
- JR「白馬」站下車，轉乘的士，車程約8分鐘
- 09:30～16:00
- 週六、日及公眾假期
- 0261-72-2040
- www.sounds-like-cafe.com

滑雪裝備租借店 **Spicy Rental** 地圖P.241 | MAPCODE 535 130 710*77

Spicy是一間租借滑雪設備的連鎖公司，設有多間分店，主要聚集於白馬地區。想出國滑雪又不想帶滑雪裝備的話，可以選擇到Spicy即場租借各式各樣標準至中高階性能的滑雪用具，例如滑雪板、滑雪鞋、手套、防風眼鏡和滑雪外套等，一站式租借所有滑雪裝備，十分方便。 ► Spicy Rental 和田野店。

◄當然不少得雪靴。

► 滑雪板。

►店內有大量可供租借的防寒、防水與防風的滑雪外套。

ℹINFO
🏠 長野縣北安曇郡白馬村北城和田の森
🚃 JR「白馬」站下車，轉乘的士，車程約9分鐘
🕐 冬季08:30~17:00
☎ 0261-72-2857
🌐 spicy.co.jp/store_en/wadano

白馬村景點地圖

N

圖例
- 🛣 國道
- 🛣 縣道
- 🏠 住宿
- 🛍 購物
- 🍴 食肆
- ⛷ 滑雪場
- 🚌 巴士站
- ▲ 山
- JR JR 車站
- JR JR 大系線

千国站

栂池高原滑雪場 (P.240)
栂池高原站🚌
白馬大池站

浅間山

白馬東急酒店 (P.69)
白馬岩岳雪原 (P.239)
岩岳站🚌
Spicy Rental (P.241)

信濃森上站

白馬八方尾根滑雪場 (P.238)
五龍館酒店 (P.70)
白馬八方バスターミナ井站
Sounds like cafe (P.240)
白馬站

200 公尺

©跨版生活圖書出版

9.5

戰國名城

上田市
Ueda

　　2016 年日本 NHK 放送的大河劇《真田丸》以戰國英雄真田幸村為主角，而信州上田就是真田氏的發源地，因此劇中的重要景點為「上田城」。播出後掀起了一股戰國熱潮，吸引了眾多歷史迷前來拜訪上田城和上田市其他景點。此外，信州最古老的溫泉——別所溫泉亦位於上田市，那裏保留了許多古時候的神社佛堂和文物，被稱為「信州的鎌倉」。上田市的景點並不多，建議一至兩天的逗留時間，可到別所溫泉入住一晚。

上田市觀光協會：www.city.ueda.nagano.jp/kankojoho/

前往上田市的交通

 ─── JR 北陸新幹線・約 1 小時 32 分鐘・¥6,200(HK$368) ───▶
東京/上野站　　　　　　　　　　　　　　　　　　　　　　　　　　　　上田站

◀上田站。

註：以上車費為自由席，乘搭指定席車費較貴。車費及時間僅供參考。

戰國名城 上田城

MAPCODE 177 269 081

上田城由日本名將真田信繁(即真田幸村)的父親真田昌幸於1583年建成,曾經兩度抵擋德川軍的進攻,是個有實際戰蹟的名城。到了現在,上田城跡只剩下城門和南、北、西三個櫓。可以進入櫓的內部參觀,但需要另外付費。於4月春天之時,櫻花更會圍着上田城綻放,到處都人山人海,非常熱鬧。

▶「南櫓」、「北櫓」、「東虎口櫓門」原來是動漫「Summer Wars」的取景地。

◀東虎口櫓門右邊的巨石名為「真田石」,高約 2.5 米,長 3 米。

▶縣寶等級的「西櫓」。

▲幸運的話更會遇上真田幸村與十勇士,一起拍下紀念照。

▶直徑約 2 米,深約 16.5 米的「真田井戶」,是以前城內最大的水井。

▶從上田城可以居高臨下眺望上田市。

▶真田神社。

> ⌂ 長野縣上田市二の丸6263番地イ
> 🚉 JR「上田」站下車,步行12分鐘
> 🕐 08:30~17:00　　休 週三
> 💲 參觀上田城南櫓、北櫓、櫓門內部成人¥300(HK$22)、高中生¥200(HK$15)、初中生或以下¥100(HK$7)
> 🌐 nagano-ueda.gr.jp/uedajo/index.html

PART 9
神奈川縣
靜岡縣
富士五湖
長野縣
群馬縣
栃木縣
茨城縣
埼玉縣
千葉縣

長野縣最傳統的菓子 みすい飴本舗

地圖P.245

這家店的建築物本身已有90多年歷史，為日本的「有形文化財」，店內充滿舊式日本風情，又帶點歐式風格，彷彿踏進了另一個時空。店家提供的みすい飴擁有100年歷史，無人不曉，這種啫喱糖純粹使用了日本產的果汁、寒天、糖等原材料，絕無添加任何色素和香料，簡單卻不平凡。

◀店鋪擁有多年歷史。

◀▲店內的裝潢極具古典味道。

▲放滿啫喱糖的陳列櫃。

▲一包啫喱糖 ¥550(HK$32)。

◀啫喱糖外形普通，味道卻不平凡。

▲啫喱糖有多種口味，例如杏桃、桃、蘋果等。甜度適中，大人小朋友都喜愛。

長野県上田市中央1-1-21
JR「上田」站下車，步行約2分鐘
10:00~18:00
0268-75-7620
misuzuame.com

隱蔽人氣串燒店 隱れ家 えん 地圖P.245 必吃

　　隱れ家 えん是居酒屋，提供串燒、枝豆、各種炸物和啤酒等。到訪上田，一定不能錯過上田名物：串燒。不過串燒中的雞肉不是主角，主角是串燒使用的燒汁「美味だれ」！燒汁由醬油製成，加入了大量大蒜、蘋果和其他野菜，以增加絲絲甜味。雞肉肉質鮮甜軟嫩，沾上「美味だれ」更能提升肉質的鮮味。

▶可以觀看店家為顧客準備食物。

▶店內環境愜意，氣氛輕鬆。

▲居酒屋的門面不起眼。

INFO

- 🏠 長野縣上田市中央4-7-27
- 🚃 JR「上田」站下車，步行約16分鐘，或轉乘巴士「祢津線〈上田·下秋和方向行〉」於「房山」站下車，步行約1分鐘
- 🕙 10:00~16:00　🈺 週四
- ☎ 0268-75-6019
- 🌐 kakurega-en.jp

▲雞肉中間夾了香葱。

▲6串串燒（やきとり6本盛合せ）¥1,000（HK$73）。

上田市景點地圖

隱れ家 えん
(P.245)

木町站 BUS

N

上田城 (P.243)

BUS 公園市役所前

BUS お城下

圖例
- ⑪ 國道
- 77 縣道
- 🅾 景點
- 🛍 購物
- 🍴 食肆
- BUS 巴士站
- JR JR車站
- 🚉 上田電鐵別所線車站
- ▪▪▪ JR 北陸新幹線
- ━ 上田電鐵別所線

JR北陸新幹線

みすゞ
飴本舗
(P.244)

JR 上田站

200 公尺

©跨版生活圖書出版

輕井澤町　小布施町　長野市　白馬村　上田市　松本市　諏訪地區　駒ヶ根市、飯田市、阿智村

9.6

感受自然、歷史、工藝魅力

松本市
Matsumoto

松本市位於長野縣中央，以被日本政府指定為國寶的松本城為中心。西面是阿爾卑斯山和著名景點上高地，東面是日本美原高原，一直以壯麗的自然風光吸引世界各地的旅客。除了山岳風光，城下町保留下來的歷史、工藝、文化亦是其魅力之一。在此你可慢慢到訪兩條主要的商店街繩手通及中町通，一邊逛一邊欣賞街景和歷史建築。

> 松本市觀光協會：www.city.matsumoto.nagano.jp/index.html

前往松本市的交通

JR 東京站 ──── JR 北陸新幹線 ──── JR 長野站 ──── JR 篠ノ井線 ──→ JR 松本站

(全程) 約 3 小時 ・ ¥9,640(HK$567)

註：以上車費為自由席，乘搭指定席車費較貴。車費及時間僅供參考。

松本市內交通

松本市內的主要交通工具為周遊巴士Town Sneaker。此外，由於市內的景點相距不太遠，所以當局設有免費單車給遊客租借。

周遊巴士Town Sneaker

松本市內的周遊巴士分東、南、西、北4條路線，遊客可在JR松本站前的巴士總站(松本駅お城口)乘搭，方便前往松本城、中町通、繩手通等主要景點，詳見下表：

路線	主要途經車站	班次
東線(中町・あがたの森方面)	蔵のまち中町、蔵シック館、はかり資料館、薬祖神社、あがたの森公園、松本市美術館	20分鐘一班(首班車08:40，尾班車20:00)
南線(相澤病院・ゆめひろば庄內方面)	市民芸術館西、栄町公民館	30分鐘一班(首班車07:30，尾班車18:35)
西線(浮世絵博物館方面) *暫時未復運	浮世絵博物館・歴史の里、田川公民館	30分鐘一班(平日首班車08:10，尾班車18:40；假日首班車08:40，尾班車18:40)
北線(松本城・旧開智学校方面)	本町、大名町、松本城・市役所前、旧開智学校	平日30分鐘一班，假日20分鐘一班(首班車08:30，尾班車17:15)

www.city.matsumoto.nagano.jp/
soshiki/222/2884.html

Tips!

松本市內的井戶

由於松本受群山環繞，所以市內可找到提供湧泉水的「井戶」，能喝到免費的松本天然水。

▲「大名小路井戶」是其中一個井戶。
(地址：長野縣松本市丸の內 1-1)

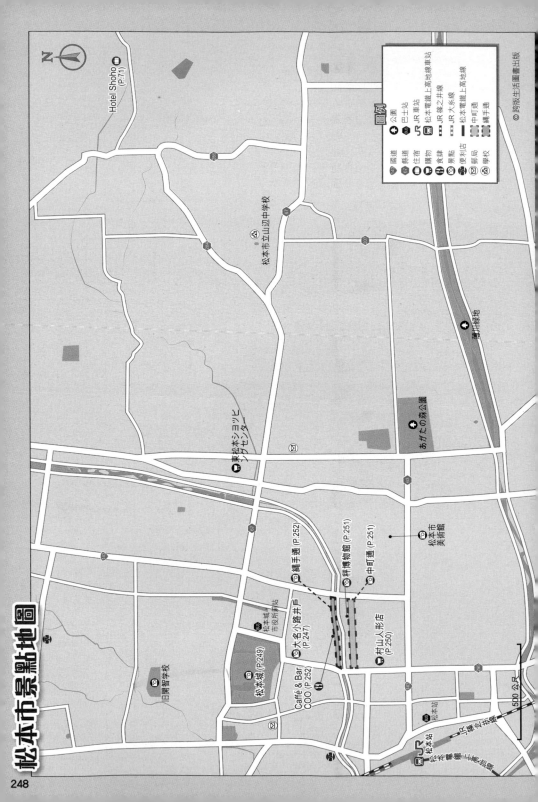

松本市景點地圖

Hotel Shoho (P.71)

松本市立山辺中学校

あがたの森公園

東松本ショッピングセンター

薄川緑地

松本市美術館

縄手通 (P.252)

耕博物館 (P.251)

中町通 (P.251)

大名小路井戸 (P.247)

村山人形店 (P.250)

松本城市役所前站

松本城 (P.249)

旧開智学校

Caffé & Bar COO (P.252)

松本站

JR篠之井線

JR松本電鐵上高地線

500 公尺

最古老的木造天守閣 松本城

 地圖P.248　MAPCODE 75 851 229　必到

以黑色為主色的松本城建於400多年前，以阿爾卑斯山作背景，是現存最古老的木造天守閣，至今仍保存了當時的面貌，與姬路城、彥根城、太山城並稱為四大國寶級的城堡。松本城構造特殊，外面看為5層，但實際上內部有6層：第3層(天守三階)沒有窗戶，是打仗時武士集中的地方，是極秘密的樓層。此外，古城中間的大天守和左邊的辰巳附櫓、月見櫓等建築連接在一起，並稱為「複合式天守」。月見櫓於太平盛世時才增建，是為賞月而建造的望樓，東、南、北面的景致一覽無遺，而設有月見櫓的日本城堡並不多，因此成為了松本城的特徵之一。

▶太鼓門。

▲松本城天守。

▶天守閣內只設置樓梯，大部分樓梯梯窄小陡峭，參觀時要注意安全。

▶隱蔽的天守三階。

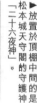

▶放置於頂棚中間的是松本城天守閣的守護神「二十六夜神」。

▶與天守連結在一起的月見櫓，是用來賞月宴客的地方。

▶登上天守閣可看到松本市及眺望阿爾卑斯山。

▲每天 10:00~11:00 和 14:00~15:00，庭院內會有鎧甲武士和公主登場，可免費跟他們一起拍照留念。

🏠 長野縣松本市丸の内4-1
🚃 JR「松本」站下車，轉乘松本周遊巴士 Town Sneaker北路線到「松本城‧市役所前」站，下車即達
🕐 08:30~17:00
💲 成人¥700(HK$45)‧中小學生¥300(HK$22)
☎ 0263-32-2902
🌐 www.matsumoto-castle.jp

 INFO

▲被護城河包圍的松本城美得像一幅畫。

輕井澤町　小布施町　長野市　白馬村　上田市　松本市　諏訪地區　駒ヶ根市、飯田市、阿智村

民間藝術品 村山人形店 🔙 地圖P.248

店家於1946年創業,專注製作及販售人形(即人偶),是一種日本傳統的民間藝術品,「職人」透過技術與雙手打造每件作品,展示了信州的職人文化。日本人在慶祝不同傳統節日時會擺放不同人形,例如使用和紙所製成的七夕人形是為了祝願家中初生孩子健康成長的吉祥禮物。近年,部分地區的家庭仍然有在家中屋簷邊緣下掛上七夕人形的習俗,成為松本地區的特色。村山人形店提供七夕人形製作體驗,滿5人開班,每位¥1,944(HK$142),需時90分鐘。

▲村山人形店。

◀店內環境。

▲筆者製作七夕人形中。

▲▲陳列架上擺放了許多精緻的人形。

▲只需要按導師的指示摺疊紙張,再使用膠水拼拼貼貼便輕鬆完成七夕人形。

DIY 七夕人形

▲七夕人形製成品。

◀於繩手通り上看到其他店家亦貼了七夕人形。

🏠 長野縣松本市中央2丁目5番地32号
🚉 JR「松本」站下車,轉乘松本周遊巴士Town Sneaker北路線於「本町」站下車,步行約1分鐘
🕐 09:30~18:30　☎ 0263-32-1770
🌐 murayama-ningyo.jp

INFO

好逛的商店街 中町通 地圖 P.248

中町通是一條充滿昔日日式風情的街道，可以邊逛邊體驗當地的歷史氛圍。沿着街道兩旁林立的「土藏屋」都是白牆黑簷的，遠看一整排建築物非常整齊。街道上盡是紀念品店、工藝品店、咖啡店等等，風格比較現代化和時尚。

▶中町通。

▲這裏有不少工藝品店。

🏠 長野縣松本市中央3丁目4-21
🚃 JR「松本」站下車，轉乘松本周遊巴士Town Sneaker東路線到「藏のまち中町」站，下車即達

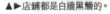

▲▶店鋪都是白牆黑簷的。

讓人意想不到的收藏 秤博物館 松博P.248

秤博物館於1989年開館，位於傳統的土藏屋裏。館內展示了來自世界各地的多種秤和量度工具，更會附上詳細的歷史介紹，讓人大開眼界。這裏的收藏品珍奇獨特，帶給人意想不到的體驗。

▶各種時期的天秤介紹。

▲秤博物館。

▶不同設計、種類的秤。

🏠 長野縣松本市中央3丁目4-21
🚃 JR「松本」站下車，轉乘松本周遊巴士Town Sneaker東路線到「松本市はかり資料館」站，下車即達
🕐 09:00~17:00
📅 週一
💰 成人¥200(HK$15)，中學生或以下免費
☎ 0263-36-1191
🌐 matsu-haku.com/hakari

青蛙街 繩手通 地圖P.248

繩手通是一條歷史悠久、充滿古老風情的商店街，於江戶時代作為武士住宅區及庶民住宅區的界線。現時街上有許多咖啡店、日式雜貨店和特產店，適合旅客慵懶和悠閒地散步，慢慢購物。繩手通又被稱為青蛙街，無論是店家賣的產品，或者是街頭裝飾都離不開青蛙，在逛街之餘為遊客帶來不少樂趣。

◀繩手通。

▲繩手通的入口。

▲到處都是可愛的青蛙商品。

◀▲街上有很多青蛙的裝飾。

> 長野県松本市大手4-1-10 繩手通り
> JR「松本」站下車，轉乘松本周遊巴士Town Sneaker北路線於「大名町」站下車，步行約2分鐘
> INFO

品嚐日式意粉 Caffé & Bar COO 地圖P.248

カフェ&バー 空

這間店既是咖啡店又是酒吧，每日營業至凌晨12時，提供西班牙蛋餅、意大利粉及各類咖啡和酒精飲品，更特別提供虹吸式咖啡(Siphon)。此外，店家每天供應約5種偏向和風的意粉，午市套餐更附咖啡或汽水，喜愛吃日式意粉的人絕不能錯過。

◀ Caffé & Bar COO

◀配料有煙肉及蛤的番茄醬意粉，¥1,100 (HK$81)。

▲番茄湯底海鮮意粉 ¥1,100(HK$81)。

> 長野県松本市大手4-1-10 繩手通り
> JR「松本」站下車，轉乘松本周遊巴士Town Sneaker北路線於「大名町」站下車，步行約2分鐘
> 11:00~24:00
> 0263-88-6142
> www.coo-bar.jp
> INFO

壯麗山脈景色 上高地 地圖P.253 必到

上高地屬中部山嶽國立公園的一部分，標高1,500米，為飛驒山脈的山谷地帶。從上高地的大正池步行至橫尾約10公里，沿途風光優美，除可觀賞穗高連峰的壯麗景色外，亦可欣賞濕原及多種高山植物，非常適合健步遊覽。大部分遊客會從大正池下車，然後步行或轉乘巴士至上高地バスターミナル(上高地資訊中心旁)後再到河童橋，從河童橋往明神池參觀穗高神社奧宮後折返(詳見P.254~255旅遊圖)。

現時整個上高地地區為國家特別名勝，為了保護環境，私家車均不能駛進，遊客需要乘搭穿梭巴士才能進入上高地一帶。為了讓上高地好好休養生息，每年冬天穿梭巴士會停駛，至春天4月開山時再與遊客見面。

▲從河童橋下觀梓川，流水非常清澈，遊客更可走到河邊，感受一下清涼的河水。

▲沢渡停車場的巴士乘搭處設有旅遊中心，遊客可於此處看到當天上高地的最新資訊。

▲為保護上高地的環境，往來上高地的巴士均屬低排放量巴士。

賣店カフェテリア「トワサンク」出售以極品上高地牛奶製成的軟雪糕，每杯¥380(HK$28)。

賞紅葉

▲秋天時的大正池加上忽紅忽黃的楓葉，更覺好看。

> 🏠 長野縣松本市上高地　☎ 0263-95-2433　🕐 每年4月下旬至11月15日　🌐 www.kamikochi.or.jp
>
> **從高山方面出發**
> 從高山濃飛巴士總站乘搭平湯‧新穗高方向巴士，於「平湯溫泉」站下車，轉乘上高地線，至「大正池」站或「上高地」站下車
>
> **從松本方面出發**
> 從JR松本站乘松本電鐵至「新島々」站再轉乘上高地線巴士(部分班次直接自松本バスターミナル出發)，至「大正池」站或「上高地」站下車 INFO

(圖文：Li)

上高地及周邊景點地圖

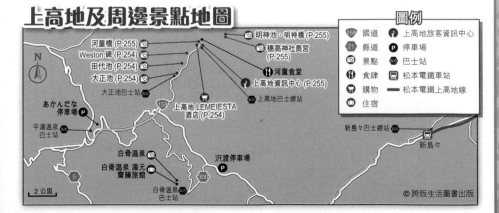

圖例

158 國道		🅸 上高地旅客資訊中心	
21 縣道		P 停車場	
🅣 景點		🅱 巴士站	
🅗 食肆		🅡 松本電鐵車站	
🅢 購物		─ 松本電鐵上高地線	
🅗 住宿			

© 跨版生活圖書出版

輕井澤町　小布施町　長野市　白馬村　上田市　松本市　諏訪地區　駒ヶ根市、飯田市、阿智村

上高地著名景點步行路線圖

上高地溫泉酒店

▲設有賣店與日歸溫泉，門口更設有免費足湯。(網頁：www.kamikouchi-onsen-spa.com)

上高地 LEMEIESTA 酒店

▲賣店出售便當與小吃，同時設有露天座位供遊客歇腳。

Weston 碑

▲這個 Weston 碑（ウエストン碑）介紹英國人傳教士 Weston，他於日本曾到訪多個名峰，1896 年更向世界介紹日本登山的樂趣。

西糸屋山莊

▲像別墅一樣的外觀，提供住宿之餘亦設有賣店與溫泉。(網頁：www.nishiitoya.com)

燒岳

▲大正池旁的為標高 2,455 米的燒岳，燒岳為一座活火山，正因為 2,300 年前爆發而創造出大正池。

梓川

田代池

▲田代池位處霞沢岳之下。因大量泥沙隨雨水沖刷，沿霞沢岳流入田代池，使水池隨年漸小，甚至成了濕地。

大正池

▲大正池於 1915 年因燒岳火山爆發形成，大量的泥石流把梓川截成池塘，落下的樹木被水淹沒後剩下樹幹，加上穗高連峰倒映在湖上，形成一幅難以形容的美景。

至高山（平湯溫泉）

至松本市

起／終點

© 跨版生活圖書出版

上高地五千尺 Lodge

河童橋 地圖P.253

明神池 地圖P.253

▲賣店カフエテリア「トワ・サンク」出售多款上高地名物與美食。

▲河童橋距上高地バスターミナル約6分鐘路程，木製的吊橋橫跨梓川，加上背景為西穗高嶽、奧穗高嶽等海拔超過3,000公尺的山峰，是拍照的絕佳取景點。河童橋兩岸設有多間店鋪，可説是出發往明神池一帶的補給站。

▲明神池的形狀一大一小，從河童橋步行至明神池約需1小時路程，車輛不可進入，因此得以保留天然的風景。這裏亦是上高地最早開放的地區，從這裏步行往德沢需時約50分鐘。

梓川

沿湖

上高地資訊中心 地圖P.253

明神橋 地圖P.253

▲外觀像吊橋的明神橋。

▲位於巴士總站旁的上高地バスターミナル(上高地資訊中心)，可於此取得第一手資料。

穗高神社奧宮 地圖P.253

▲穗高神社的奧宮以祭祀穗高見神為主，每年4月27日開山祭、11月15日閉山祭及10月8日例大祭均會於此舉行御船神事，人們會撑着平安時代風格的船祈求山中安全。

沿岸散步時間

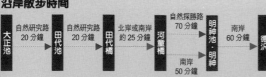

大正池 ▶ 自然研究路 20分鐘 ▶ 田代池 ▶ 自然研究路 20分鐘 ▶ 田代橋 ▶ 北岸或南岸 約25分鐘 ▶ 河童橋 ▶ 自然探勝路 70分鐘 / 南岸 50分鐘 ▶ 明神池・明神 ▶ 南岸 60分鐘 ▶ 德沢

圖例

----▶ 自然研究路及自然探勝道　　──▶ 遊步道

輕井澤町　小布施町　長野市　白馬村　上田市　松本市　諏訪地區　駒ヶ根市、飯田市、阿智村

255

9.7

《你的名字》取景地

諏訪地區
Suwa Area

　　諏訪地區是指包括諏訪市、岡谷市、茅野市和諏訪郡的區域，這裏被稱為東方的瑞士，據説以前為製作手錶的工業聚集區。必訪景點為動畫《你的名字》的取景之地諏訪湖，那是長野縣面積最大的湖泊，近年有不少遊客紛紛慕名而來。喜愛歷史與神社的話，則可以到諏訪大社拜訪。此外，諏訪地區聚集了清酒酒莊、士多啤梨園、玻璃博物館等景點，還有位於茅野市的多個天然祕境，是近年新興的熱門遊點。這裏環境清幽，氣候涼爽，民風純樸，是一個適合身心放鬆的好地方。

諏訪市觀光協會：www.suwakanko.jp

前往諏訪市的交通

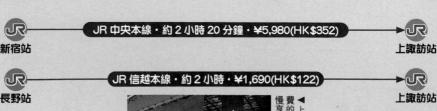

JR　新宿站 ────── JR 中央本線・約 2 小時 20 分鐘・¥5,980(HK$352) ────── JR　上諏訪站

JR　長野站 ────── JR 信越本線・約 2 小時・¥1,690(HK$122) ────── JR　上諏訪站

◀上諏訪站月台內設有免費的足湯，等待JR時可慢慢享受浸足湯的樂趣。

註：以上車費為自由席，乘搭指定席車費較貴。車費及時間僅供參考。

諏訪市內交通

諏訪市內的主要交通工具為天鵝巴士和Karinchan巴士。

1. 天鵝巴士 （スワンバス）

天鵝巴士有兩條路線，分別以順時針和逆時針方向環繞諏訪湖行駛，沿路會經下社春宮、SUWAガラスの里等景點，詳見下表：

路線	起點	發車時間(每天)	主要途經車站
順時針方向(外回り線)	岡谷駅南口	07:02、08:58、10:52、12:43、14:27、16:14、18:01	岡谷駅南口、花岡公園下、SUWAガラスの里、原田泰治美術館、上諏訪駅諏訪湖口(西口)、下諏訪駅、諏訪湖ハイツ、イルフ童画館
逆時針方向(內回り線)	北有賀	06:50	
	SUWAガラスの里	08:32、10:26、12:20、14:04、15:51、17:40	

- Ⓢ 單程成人￥150(HK$11)、兒童￥80(HK$6)
- ☎ 外回り線0266-72-7141、內回り線0266-27-8673
- 🌐 www.city.suwa.lg.jp/uploaded/life/38722_45425_misc.pdf

2. Karinchan巴士 （かりんちゃんバス）

Karinchan巴士有8條路線，主要營運區域為諏訪湖的南面部分。沿路會經上諏訪站、SUWAガラスの里、立石公園、上社本宮等地方，方便遊客遊覽市內主要景點，詳見下表：

路線	起點	發車時間(每天)	主要途經車站
1號(市內循環・內回り線)	諏訪ステーションパーク	06:35、08:15、10:15、12:05、13:55、15:45、18:20	高島城前、上諏訪駅霧ケ峰口(東口)、片倉館前、ヨットハーバー前、原田泰治美術館、渋崎温泉前、西友諏訪湖南店、上社(註1)
2號(市內循環・外回り線)			
3號(すわ外周線)	上諏訪駅諏訪湖口（西口）*首發車起點為日赤病院（10:15開出）	10:15、12:30、16:00	片倉館前、北澤美術館本館、角間橋、上社、SUWAガラスの里、原田泰治美術館、北澤美術館本館、温泉街通り
4號(すわライナー)	有賀	07:10	片倉館前、北澤美術館本館、四賀普門寺、上社、SUWAガラスの里、ヨットハーバー前(註2)
	日赤病院	08:30、18:00	
5號(西山線)	上諏訪駅諏訪湖口（西口）	08:00、08:40、10:30、11:07、13:15、14:33、16:00、18:30	諏訪市文化センター、角上魚類ヨットハーバー前、角間橋、立石町(註1)
6號(すわ外周線)	聖母寮前	08:30、10:30、13:30、15:30、17:30	先宮神社、並木通り、諏訪市文化センター、足長神社下、火の見櫓(註3)
7號(東西線)	新田上	07:00、08:00、10:20、12:35、17:02	金山神社入口、上諏訪駅霧ケ峰口、並木通り、諏訪市文化センター、四賀普門寺、西友諏訪城南店(註1)
8號(有賀・上社統合路線)*週六、日假期休運	赤羽根車庫	09:10、12:50、14:45、16:26、17:15、18:25、19:32	上諏訪駅霧ケ峰口(東口)、上社、サンリツツロード赤沼、文化センター前(註1)

註1：各班次所停車站均有不同，請事前查閱路線時間表
註2：僅限日赤病院出發班次
註3：尾班車將略過一里塚、浜鉄工工場前、立畷川

- Ⓢ 單程成人￥150(HK$11)，兒童￥80(HK$6)
- ☎ 0266-72-7141
- 🌐 www.city.suwa.lg.jp/uploaded/life/38722_45425_misc.pdf

交通優惠券

天鵝及Karinchan巴士均有推出一日券，遊客只要購買其中一款，就可以在一天內自由乘搭上述兩種巴士的所有路線。

- 📍 購買地點：天鵝或Karinchan巴士上
- Ⓢ 成人￥300(HK$22)，兒童￥150(HK$11)

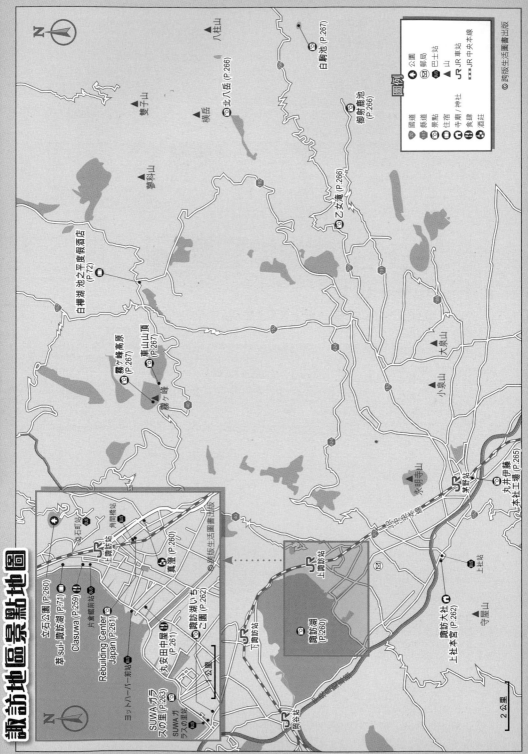

N

八柱山

八柱山

白駒池 (P.267)

雙子山

北八岳 (P.266)

横岳

御射鹿池
(P.266)

蓼科山

乙女瀑 (P.266)

白樺湖池之平度假酒店
(P.72)

車山山頂
(P.267)

霧ヶ峰高原
(P.267)

霧ヶ峰

大泉山

小泉山

永明寺山

丸井伊藤 (P.265)

本社工場 (P.265)

茅野站

上野站

上社站

諏訪大社 (P.262)

守屋山

上社本宮

諏訪湖
(P.260)

上諏訪站

下諏訪站

岡谷站

圖例

⊕ 公園			
⊠ 郵局			
巴士站	▲ 山		
JR JR車站	‥‥ JR中央本線		

| 國道 | 景點 | 寺廟/神社 | 酒莊 |
| 縣道 | 住宿 | 食肆 | |

© 跨版生活圖書出版

諏訪地區景點地圖

N

立石公園 (P.260)

幸 sui- 諏訪湖 (P.71)

Clasuwa (P.259)

Rebuilding Center
Japan (P.261)

ヨットハーバー前站

SUWA ガラ
ス の 里 (P.263)

SUWA ガラ
ス の 里站

丸安田中屋 (P.261)

諏訪瀬いち
ご園 (P.262)

真澄 (P.260)

西口可成

石彫公園前站

片倉館前站

角間橋站

上諏訪站

JR

© 跨版生活圖書出版

公里

2 公里

致力推廣信州當地文化 **Clasuwa** 地圖P.258 推介
くらすわ

　　店家致力推廣當地的飲食文化，集結信州當地商鋪的商品，凝聚一種地區互助的力量，刺激當地經濟發展。由於不需要長途運輸，不但可以節省更多資源，同時亦能鼓勵當地農民投入生產，並讓消費者清楚知道他們買的食物是從哪裏來，以及是如何生產的，真正吃出健康。店鋪1樓為商店、麵包店及咖啡廳，2樓是餐廳。1樓的商店集結了新鮮食品、果汁、調味料、地酒和工藝品等商品，均是當地生產或製造的，意義非凡，不妨買點回家當手信。

▶商店擺放了介紹農民和食物生產地的展板。

▲ Clasuwa 正門。

▶除了食品類，亦販售當地生產的工藝品。

▶店內有多款當地產的地酒。

▲當地特產信州十四豚香腸。

▶2樓餐廳提供的午餐包括沙律、主食及飲料，其中沙律及飲料都是自助形式

▶煎信州十四豚肉，配以鯷魚、大蒜及橄欖油製的 Bagna cauda 汁，雖是厚切卻保持軟嫩多汁。

地圖P.258

Tips!
信州十四豚
　　長野縣駒ヶ根工場生產的藥用養命酒主要成分有14種藥草，而信州十四豚（日文音同「多汁豬肉」）即是採用了這14種藥草酒粕來餵飼的豬，肉質較柔軟而多汁，有養生的功效。

ⓘ 長野県諏訪市湖岸通り3丁目1-30
🚃 JR「上諏訪」站下車，轉乘Karinchan巴士1、2或4號於「片倉館前」站下車，步行約3分鐘
🕐 1樓商店09:00~19:00，2樓餐廳11:00~21:00
☎ 0266-52-9630
🌐 www.clasuwa.jp

▲信州十四豚的燒豚丼，吃一半後可淋入高湯變成茶漬飯 ￥1,980(HK\$116)。

INFO

朝聖《你的名字》場景 立石公園・諏訪湖 必到

mapcode 停車場：218 780 003*47

電影《你的名字》中的糸守湖，據說是以諏訪湖為形象原型的。想要一覽諏訪湖，可以到標高933米的立石公園。從公園俯瞰，能看到整個壯麗的湖景，一望無際的景致讓人忘掉生活的煩惱，是最佳的觀賞地方。天氣晴朗的時候，更能眺望到北阿爾卑斯山呢！

◀立石公園。

▲諏訪湖是諏訪市最具代表性的風景。

▲還能俯瞰整個諏訪市。

> 🏠 長野縣諏訪市大字上諏訪10399
> 🚉 JR「上諏訪」站下車，轉乘Karinchan巴士3號於「立石町」站下車，往上步行約10分鐘
> INFO

清酒愛好者必去 真澄 地圖P.258

真澄是當地有名的酒莊，創立了350多年，對清酒的品質精益求精，希望能推動日本的傳統清酒文化。店家與當地農民建立良好關係，確保以高品質的精選米釀酒。此外，所有真澄的清酒只以「諏訪藏」及「富士見藏」的水釀造，並堅持手工釀製，令酒的口感更柔和。

▲歷史悠久的真澄入口也是古色古香的。

▲裏面還有一棵有300年樹齡的松樹。

◀酒莊提供試飲。

▲冬季限定的「新酒」，無加熱處理，亦無加水稀釋，保留了清酒原有的風味。

◀各種與清酒相關的商品。

Tips!

試飲巡遊

　　除了購買清酒，參觀者也可以參與酒莊的試飲巡遊，只要在其中一家諏訪五藏的酒莊（真澄、麗人、本金、舞姬、橫笛）購買試飲套裝（聯票＋酒杯＋手提袋），便可以到訪這5家酒莊，並試飲多款清酒，而且聯票沒有有效期，可分開幾天使用，對愛酒之人來說是不錯的行程。　▶試飲套裝中的酒杯及手提袋。

> 🏠 長野縣諏訪市元町1-16
> 🚉 JR「上諏訪」站下車，轉乘Karinchan巴士3或6號於「角間橋」站下車，步行約2分鐘
> 🕘 09:00~18:00　📞 0266-52-6161
> 🌐 www.masumi.co.jp　❗ 未成年切勿飲酒
> INFO

賦予舊物新生命 Rebuilding Center Japan
地圖P.258

這是間賣舊物的商店及咖啡店,理念是為舊物注入新生命和新力量,概念既環保又能為社會帶來正面的改變。店鋪2樓集結了許多舊家具,有椅子、時鐘和櫃子等,應有盡有。雖然旅行時未必能騰出行李空間購買大型的物品,但可以在1樓充滿情調的咖啡店喝杯咖啡。咖啡店環境優雅,以木材為主調,小物作點綴,溫柔清新的佈置予人一種放鬆的感覺。

▶ 1樓的咖啡店。

▲ Rebuilding Center Japan

▲▶ 2樓放滿了林林總總的舊物。

- 長野縣諏訪市小和田3-8
- JR「上諏訪」站下車,步行約10分鐘
- cafe 09:00~18:00,2樓11:00~18:00
- 週三及四
- 0266-78-8967
- rebuilding center.jp

INFO

香濃芝士蛋糕與當地獨有的Gelato 丸安田中屋
地圖P.259

店家提供不同甜品,當中的芝士蛋糕使用了八々岳山麓的牛奶和信州產的芝士,外層一陣濃濃焦香,內層紮實,濃郁的芝士香透出微微的奶香,讓人停不了口。除了芝士蛋糕,店家亦提供各式各樣口味的蛋糕,例如朱古力、士多啤梨、柑橘類水果「日向夏」口味的蛋糕,滿足不同顧客的味蕾。

▶店內有堂食的座位。

▲丸安田中屋本店。

▲每款蛋糕都讓人垂涎欲滴。

▲法式芝士蛋糕(アントルメ)的用料上乘,口感細膩,¥324(HK$24)。

- 長野縣諏訪市高島3-1421-1
- JR「上諏訪」站下車,轉乘Karinchan巴士1、2、3或4號於「ヨットハーバー前」站下車,步行約3分鐘
- 10:00~19:00
- 週三
- 0266-52-0126
- www.suwa-tanakaya.co.jp

INFO

▲士多啤梨 Tiramisu(いちごのティラミス)揉合了咖啡、朱古力、芝士的味道,味道香醇,入口即化,¥410(HK$30)。

輕井澤町 小布施町 長野市 白馬村 上田市 松本市 諏訪地區 駒ヶ根市、飯田市、阿智村

即摘即吃鮮甜士多啤梨 諏訪湖いちご園 地圖P.258 親子

MAPCODE 75 085 728

士多啤梨園內主要有兩、三種品種的士多啤梨。進去溫室後,可於30分鐘內親手任摘任吃士多啤梨。士多啤梨每顆也很大,色澤鮮豔,鮮甜多汁,帶有微微的果酸,清爽又好吃,讓人停不了口。開園期間為每年的1月~6月,是一項大人和小朋友都喜歡的活動。

◀即場摘士多啤梨。

◀溫室種滿一行行的士多啤梨。

▲士多啤梨又大又新鮮。

▲摘完士多啤梨後可以參考日本人的吃法,把草莓配煉乳一起吃。

🏠 長野縣諏訪市豊田3033
🚌 JR「上諏訪」站下車,轉乘Karinchan巴士4號或天鵝巴士到「SUWAガラスの里」站,於「SUWAガラスの里」站下車,步行約5分鐘
🕙 10:00~15:00
💰 1月:成人¥2,000(HK$118),兒童¥1,000(HK$73);2月~3月:成人¥1,750(HK$103),兒童¥1,000(HK$73);4月~5月中:成人¥1,500 (HK$88),兒童¥1,000 (HK$73);5月中~5月底:成人¥1,250 (HK$74),兒童¥1,000 (HK$59);6月:成人¥1,000 (HK$59),兒童¥800(HK$59)
☎ 0266-53-5533

古老神社 諏訪大社 上社本宮 地圖P.258 MAPCODE 171 899 380

諏訪大社分為上社和下社,上社再分為前宮和本宮,下社則分為春宮和秋宮。上社本宮位於諏訪市,另外3個社則位於茅野市及下諏訪町。上社本宮院內有神殿,而神殿的禦神體是背後的守屋山。本宮展示了從古時遺留下來的神器、寶物及歷代皇室武將的文物及祈願供品等。

▲上社本宮的入口。

◀向着本宮祈願的遊客。

◀諏訪大社上社本宮。

◀以杉樹作為神木禦柱。

🏠 長野縣諏訪市中洲宮山1
🚌 JR「上諏訪」站下車,轉乘Karinchan巴士1、2、4或6號到「上社」站,下車即達
🕙 09:00~16:00
☎ 0266-52-1919
🌐 suwataisha.or.jp/honmiya.html

玻璃博物館 SUWAガラスの里

地圖P.258 MAPCODE 75 115 030 親子

博物館展示了與玻璃藝術相關的展覽,千變萬化的藝術品令人嘆為觀止,主題更會定期更換。來自世界各地的著名藝術家想像力十足,以不同形態及顏色呈現出各玻璃品的美態,從不同角度觀賞作品,會帶來不一樣的視覺效果,讓人大開眼界。除了展覽,館內還設有大型商店、面對着諏訪湖的餐廳及體驗教室,於體驗教室更可親手製作印鑑(見P.264)、玻璃珠等7種體驗,有些活動很適合小朋友參與,體驗時間約40~110分鐘。值得留意的是館內有個角落售賣SUWA Premium系列的產品,均為一些具功能性、高科技、特別的日本產品。

► SUWA ガラスの里。

► 館內收藏一顆日本最大的水晶球。

▲ 日本藝術家樋口主明的作品「キャベツ」,所有細節仿如真的椰菜般,仍真度極高。

► 日本藝術家言上真舟利用玻璃製成的裙子(グラスのドレス),造工十分精細。

► 體驗教室。

► 商店區域廣闊,可慢慢購物,裏面除了有玻璃製品,亦有食品手信。

► 館內的餐廳面對着諏訪湖,風景很棒。

▲ 忌廉意粉午市套餐,￥1,250(HK$92)。

⌂ 長野縣諏訪市豐田2400-7
🚌 JR「上諏訪」站下車,轉乘Karinchan巴士4號或天鵝巴士到「SUWAガラスの里」站,下車即達,車程約25分鐘
🕐 4月~9月09:00~18:00,10月~3月09:00~17:00;體驗教室10:00~16:30,8月09:00~16:30,10月~3月10:00~15:30
💰 成人￥500(HK$37),中學生或以下免費
☎ 0266-57-2000
🌐 www.garasunosato.com

PART
9
神奈川縣
靜岡縣
富士五湖
長野縣
群馬縣
栃木縣
茨城縣
埼玉縣
千葉縣

Step 1

▲先挑選喜歡的印鑑，不同大小價錢不一。製作印鑑約需 40 分鐘，每個價錢 ¥3,080 (HK$181) 起。

Step 2

▲再於白紙上畫出自己喜歡的圖案。

Step 4

▲接着，用工具雕刻圖樣。

Step 3

▲繪畫完心儀的圖案後，職員會把圖案打印出來及貼在印鑑上。

Step 5

▲把不必要的部分挑出來。

Step 6

▲職員為印鑑進行噴砂。

完成！

▲大功告成！

▲可以蓋印囉！

傳統味噌見學工場 丸井伊藤 本社工場

地圖 P.258　MAPCODE 218 543 179

味噌是日本傳統的調味料和健康食品，製法是將發酵過的大豆搗碎成糊狀釀製。丸井伊藤創業接近100年，以日本最傳統的技術，認真製作出引以為傲的味噌。到本社工場參觀(見學)，可以簡單認識味噌製作的流程和各種機器，以及試飲味噌。覺得好喝的話可以在商店買一包味噌回家，烹調方法非常簡單。　▶本社工場位於丸井伊藤商店內。

▶商店部分。

▶天然釀造味噌的地方。

▶味噌試飲區。

▲多款口味的味噌。

▶味噌的其中一種原材料：米。

▲冬天時更提供無添加糖、非酒精的「甘酒」試飲，非常溫暖。

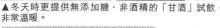
🏠 長野県茅野市宮川4529
🚃 JR「茅野」站下車，步行約11分鐘
🕐 08:30~17:00　☎ 0266-72-2272
🌐 www.misokengaku.com　INFO

▶甘酒一支 ¥626 (HK$40)。

PART
9

神奈川縣

靜岡縣

富士五湖

長野縣

群馬縣

栃木縣

茨城縣

埼玉縣

千葉縣

鏡子般的祕境 御射鹿池

地圖P.258　MAPCODE 218 710 579*68

必到　適合自駕

御射鹿池是一個用於農業灌溉池，近年成為了新興的旅遊景點。由於大部分生物都不能適應御射鹿池池水的酸度，因此池水的透明度極高。夏天時，鹿池會像鏡子般反映出四周的新綠，著名畫家東山魁夷的作品《綠響く》便是以此為主題；而秋、冬時，鹿池則會照出火紅的楓葉和亮白的雪景，可見不論一年四季，這裏都是旅客的必到祕境。

○ 長野県茅野市豊平奧蓼科
● JR「茅野」站下車，於西口轉乘奧蓼科渋の湯線巴士於「明治温泉入口」站下車，步行約10分鐘

INFO

▲御射鹿池映照一片新綠。

▲夏、秋之間，鹿池別有一番景致。

（撰文：Pak，相片由茅野市役所提供）

霸氣的「乙女」 乙女滝

適合自駕

日文「乙女」是「少女」的意思，但位於橫谷峽入口的乙女滝卻完全不像少女，瀑布傾瀉下來的氣勢磅礴，站在旁邊一定會被水花濺到。秋天時，橫谷峽更會開滿紅葉，屆時滿山紅葉襯托乙女滝；冬天時，瀑布更可能會結成冰柱，都是絕對不能錯過的風景。

○ 長野県茅野市北山蓼科中央高原
● JR「茅野」站下車，轉乘計程車，車程約30分鐘

INFO

◀瀑布會在冬天時凝成冰柱。

▲乙女滝氣勢磅礴。

（撰文：Pak，相片由茅野市役所提供）

乘纜車看空中自然庭園 北八岳‧坪庭

地圖P.258　MAPCODE 218 831 706*81

適合自駕

八岳山橫跨長野和山梨縣，由夏澤峠分為北八岳和南八岳。北八岳的山麓有登山纜車載旅客前往山頂，途中可俯瞰四季景致皆不同的日本三大阿爾卑斯山脈。在山頂站下車後，會到達坪庭。坪庭是火山爆發後遺留的溶岩台地，種有多種野生高山植物，夏季時庭內的野花更會盛放，獨特的地形加上多姿多彩的植物，保證令你大開眼界！

◀每次可載100人。

▲北八岳登山纜車

◀坪庭種滿高山植物。

北八岳登山纜車
○ 山麓站：長野県茅野市北山4035
● JR「茅野」站下車，於西口2號巴士站轉乘前往「北八ケ岳ロープウェイ」的巴士，於總站下車，車程約1小時
○ 4月下旬至7月下旬、9月上旬至10月下旬08:40~16:40（星期六、日及公眾假期08:20~17:00）；7月下旬至9月上旬08:00~17:00；11月至3月09:00~16:00，每20分鐘一班
⊗ 4月及11日固定期檢查，會連休幾日，詳見官網
$ 成人單程￥1,200(HK\$71)，來回￥2,100(HK\$124)；小學生或以下單程￥600(HK\$37)，來回￥1,050(HK\$62)
☎ 0266-67-2009
🌐 www.kitayatu.jp/ropeway

INFO

▲冬季時乘纜車可俯瞰白皚皚的雪景。

（撰文：Pak，相片由茅野市役所提供）

走進幽靈公主場景 白駒池．青苔林

地圖P.258 MAPCODE 停車場 218 808 272*05

適合自駕

北八岳擁有一個全日本海拔最高的湖，名為白駒池。白駒池的湖水清澈，但最為人驚歎的是圍繞着湖邊的一片青苔林。由於吸收到大量水氣，青苔林擁有超過485種苔蘚，當中包括不少珍貴的品種，並獲認定為「日本貴重苔之森」。由於青苔的顏色和形狀多樣，加上林內濕潤的環境，營造了神秘的氣氛，令人仿如置身於動畫《幽靈公主》的場景中。▶青苔林瀰漫着神秘的氣氛。

▲白駒池清澈而平靜。

🏠 長野縣南佐久郡佐久穗町千代里
🚍 JR「八千穗」站下車，轉乘白駒線巴士於「白駒池入口」站下車
INFO

(撰文：Pak，相片由茅野市役所提供)

展望無邊際雲海 車山山頂

地圖P.258 MAPCODE 山麓纜車站 468 055 746*45

適合自駕

車山貴為日本百名山之一，海拔1925米，旅客能在山頂360度觀看八岳山、富士山，以及日本的阿爾卑斯山脈。每逢夏季(4月下旬~11月上旬)，旅客都可在車山山麓乘搭纜車登山，當局更會在週日加開凌晨班次(詳見官網)，接載旅客上山觀賞氣勢逼人的日出雲海。至於冬季，車山纜車會改為滑雪專用纜車，旅客登山除了可眺望壯麗的景色，還能參與刺激的滑雪活動。

滑雪

▲在車山山頂觀看的雲海堪稱絕景。

🏠 長野縣茅野市北山3413
🚍 JR「茅野」站下車，轉乘「蓼科高原ラウンド」或「白樺湖・車山高原・霧ケ峰」路線巴士，於「車山高原」站下車，巴士班次可參考www.alpico.co.jp/access/suwa
🕐 纜車：夏季09:00~16:00，個別日子加開凌晨班次(詳見官網)
💰 纜車：成人單程￥1,000(HK$73)；來回￥1,600(HK$117)；小學生或以下￥600(HK$44)，來回￥1,000(HK$73)
☎ 0266-68-2626
🌐 纜車：kurumayama.com/tourism/
INFO

Tips! 維納斯路線

維納斯路線(ビーナスライン)是指一條長約76公里的公路。公路連接白樺湖、車山高原、霧ケ峰高原和八島濕原等自然景點，因山勢之美仿如維納斯而得名。自駕遊旅客可考慮沿此公路發掘人跡罕至的祕境，但要留意一些路段在冬季可能會因積雪而關閉。

▲以雲海作為背景的車山神社，是絕佳的攝影素材。

(撰文：Pak，相片由茅野市役所提供)

包攬全日本3%草原 霧ケ峰高原

地圖P.258 MAPCODE 468 083 301*00

適合自駕

位於維納斯路線後半段的霧ケ峰高原坐擁全日本3%的草原，種有多種高山植物，春夏兩季繁花盛放。高原有時還會被濃霧籠罩，令人仿如置身於夢幻之中。此外，霧ケ峰高原附近的八島濕原也是值得一去的景點，那裏的景色一年四季都有所不同，獲指定為日本天然紀念物。

🏠 長野縣茅野市北山3413
🚍 JR「茅野」站下車，轉乘「白樺湖・車山高原・霧ケ峰」路線巴士，於「霧ケ峰」站下車，巴士班次可參考www.alpico.co.jp/access/suwa
INFO

▲八島濕原的一片池沼是珍貴的自然景物。

▲在霧ケ峰高原上看藍藍的天空和綠油油的草地，會令人身心得以放鬆。

(撰文：Pak，相片由茅野市役所提供)

乘纜車上雪山、品嚐信州
和菓子、到星空村觀星

駒ヶ根市、飯田市、阿智村

Komagane、Iida、Achi

駒ヶ根市位於長野縣南部，西邊為中央阿爾卑斯，東邊為南阿爾卑斯，被群山包圍着。市內最有名的景點為日本最高的車站千疊敷站，一年四季都可搭乘登山巴士及空中纜車登上千疊敷，欣賞群山宏偉的自然景觀。

駒ヶ根市觀光協會：www.kankou-komagane.com

飯田市位於長野縣南部，現時是長野縣中人口第四多的城市。它曾經是江戶時代飯田藩的城下町，即以領主居住的城堡為核心來建立的城市。市內著名的景點有建於 13 世紀的飯田城。

飯田市觀光協會：www.city.iida.lg.jp/soshiki/25

阿智村位於日本長野縣南部，是一條被群山所圍繞的小村。由於沒有光害的問題，亦沒有遮蔽視線的障礙，憑肉眼抬頭就能輕易看到夜空中的星河，因此被日本環境省評為「日本星空最光亮場所」第一位，每年吸引了不少當地人和遊客前來觀星。每年春天、夏天、秋天，阿智村都會舉行各種期間限定的活動，例如夜間觀星團、以專業望遠鏡觀星等活動，難怪是觀星愛好者必訪的地方。

阿智村觀光協會：hirugamionsen.jp

前往駒ヶ根市的交通

▶ 前往駒ヶ根、飯田的高速巴士資料：www.ibgr.jp/highway-express

🚌 —— 伊那巴士（駒ヶ根車庫行）・約4小時・¥4,600(HK$271) —— ▶ 🚌

新宿 Busta 巴士站
（即JR 新宿站南口）　　　　　　　　　　　　　　　　　　　　　　　　駒ヶ根站

🚉 —— JR 篠ノ井線 —— 🚉 —— JR 飯田線 —— ▶ 🚉

長野站　　　　　　　　　　松本站　　　　　　　　　　駒ヶ根站
┈┈┈┈┈┈ （全程）約3小時12分鐘・¥2,310(HK$166) ┈┈┈┈┈┈

註：以上車費為自由席，乘搭指定席車費較貴。車費及時間僅供參考。

前往飯田市的交通

🚌 —— 高速巴士（飯田商工会館行）・約3小時16分鐘・¥3,600(HK$212) —— ▶ 🚌

新宿 Busta 巴士站
（即JR 新宿站南口）　　　　　　　　　　　　　　　　　　　　　　　　飯田駅前站

🚉 — JR しなの特急 — 🚉 —— 中央本線 —— 🚉 —— JR 飯田線 —— ▶ 🚉

長野站　　　　鹽尻站　　　　　　岡谷站　　　　　　飯田站
┈┈┈┈┈┈ （全程）約4小時4分鐘・¥4,610(HK$271) ┈┈┈┈┈┈

註：以上車費為自由席，乘搭指定席車費較貴。車費及時間僅供參考。

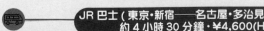

前往阿智村的交通

🚌 —— JR 巴士（東京・新宿 —— 名古屋・多治見・可児・中津川）・
約4小時30分鐘・¥4,600(HK$271) —— ▶ 🚌

新宿 Busta 巴士站（即
JR 新宿站南口）　　　　　　　　　　　　　　　　　　　　　中央道昼神温泉站

▶ JR巴士：time.jrbuskanto.co.jp/bk06020.html

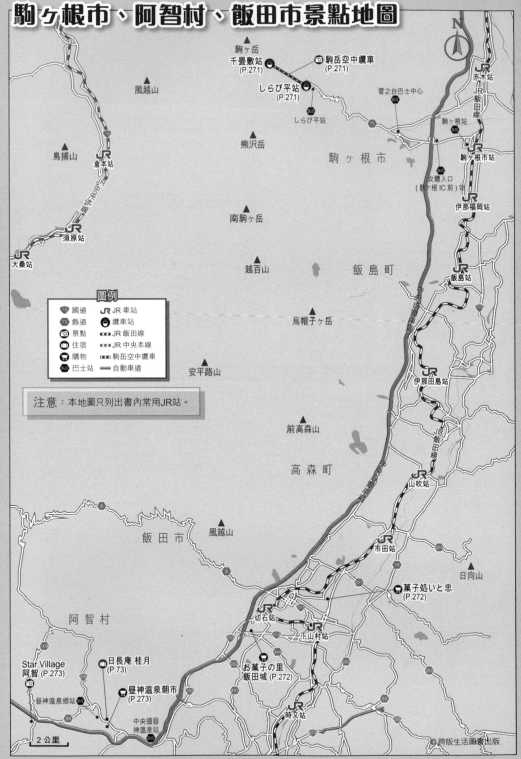

駒ヶ根市、阿智村、飯田市景點地圖

駒ヶ岳
千畳敷站
(P.271)

駒岳空中纜車
(P.271)

しらび平站
(P.271)

菅之台巴士中心

しらび平站

駒ヶ根站

風越山

熊沢岳

駒ヶ根市

鳥捕山

倉本站

駒ヶ根站

南駒ヶ岳

女體入口
(駒ヶ根IC前)站

伊那福岡站

須原站

飯島町

大桑站

越百山

飯島站

烏帽子ヶ岳

圖例

國道		JR 車站	
縣道		纜車站	
景點		JR 飯田線	
住宿		JR 中央本線	
購物		駒岳空中纜車	
巴士站		自動車道	

伊那田島站

安平路山

注意：本地圖只列出書內常用JR站。

前高森山

高森町

山吹站

風越山

飯田市

市田站

日向山

菓子処いと忠
(P.272)

阿智村

切石站

下山村站

Star Village
阿智 (P.273)

日長庵 桂月
(P.73)

お菓子の里
飯田城 (P.272)

昼神温泉郷站

昼神温泉朝市
(P.273)

中央道昼
神温泉站

時又站

2公里

© 跨版生活圖書出版

駒ヶ根市景點

全日本最高的車站 駒岳空中纜車

MAPCODE 420 055 738*01

駒ヶ岳ロープウェイ

駒岳空中纜車於1967年架設，連接しらび平及千畳敷兩個站。從標高1,662米的しらび平站，到達全日本最高的車站千畳敷站，高低差約950米，海拔落差為日本第一。乘坐空中纜車時，能欣賞到富士山和南阿爾卑斯的宏偉美景。登頂後可以繞行一周，約45分鐘，欣賞千畳敷冰斗的大自然景觀。千畳敷冰斗是因古代冰河侵蝕而形成的冰斗，夏天時的氣溫只有20度左右，非常涼爽，至7月底都可以觀賞殘雪；寒冬時，冰斗則會低於零下20度，必須準備保暖衣物。遊客在一年四季都可欣賞千畳敷冰斗的大自然景觀，不同景色各有魅力。

▲乘登山巴士往纜車站。

▲空中纜車。

▲3月時しらび平站附近都鋪滿白雪。

▲從登山巴士望出去的景致。

▲千畳敷站設有千畳敷飯店，更可在這裏用餐及購買手信。可下榻於此，除

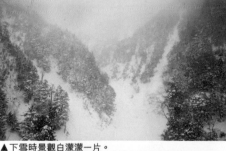
▲下雪時景觀白濛濛一片。

▲千畳敷冰斗於3月時氣溫約零下10度，室溫下的濕毛巾會變成結冰的毛巾。

🏠 長野縣上田市二の丸6263番地イ
🚌 JR「駒ヶ根」站下車，轉乘登山巴士到「しらび平」站，再轉乘空中纜車到「千畳敷」站。
💰 **空中纜車票價：**來回成人￥2,540(HK$149)，小學生￥1,270(HK$91)，單程成人￥1,370(HK$99)，小學生￥680(HK$49)。**登山巴士票價(來回)：**「駒ヶ根」站出發：成人￥1,050(HK$62)，小學生￥530(HK$31)，「女體入口(駒ヶ根IC前)」站出發：成人￥960(HK$56)，小學生￥480(HK$28)，「菅之台巴士中心」站出發：成人￥830(HK$49)，小學生￥420(HK$25)
🌐 **駒岳空中纜車：**www.chuo-alps.com
登山巴士及纜車時間表：www.chuo-alps.com/fare

飯田市景點

地圖P.270

南信州和菓子之集中地 お菓子の里 飯田城

mapcode 313 891 651*41

這裏主要販售南信州不同和菓子店的產品，例如區內主要的和菓子店菓子処いと忠(見下)也參與其中。南信州的和菓子與當地人有密切的關係，代表一個地方的文化和歷史，例如有嬰兒出生時會吃赤飯或赤白饅頭，因此在這裏除了可以買到多種食品手信外，亦可以更深入地認識南信州。

▶お菓子の里 飯田城。

▲饅頭中包裹着赤飯，甜甜鹹鹹的，意外地好吃。

◀南信州名物：赤飯饅頭。

▲店內販售多種和菓子，琳瑯滿目。

- 長野県飯田市育良町3-1-12
- JR「切石」站下車，步行約25分鐘
- 08:30~17:30
- 0265-22-8877
- ida-kasi.jp/01_iidajyou/01_iidajyou.php

INFO

信州具代表性的和菓子 菓子処いと忠

地圖P.270

mapcode 143 042 547*53

いと忠是長野縣一間著名的和菓子老鋪，店鋪的招牌「いと忠巣ごもり」走高級和風路線，外皮是白朱古力，內餡則是甜甜的黃味餡，即加入了蛋黃的豆沙餡。這款和菓子外形可愛，味道細膩，曾經獲獎無數，是當地人也喜愛的小點心。除了本店，亦可以於各大百貨店或超級市場買得到他們的和菓子。

▲位於上郷的本店。

◀店內環境。

▲原味いと忠巣ごもり的內餡是綿密的「黃味餡」。

◀いと忠巣ごもり除了有原味，亦有多種其他口味。左邊為櫻花味，右邊為吉士口味，每個￥150(HK$10)。

- 長野県飯田市上郷飯沼2218-1
- JR「下山村」站下車，步行約22分鐘
- 09:00~18:00
- 週日
- 0265-52-2464
- www.sugomori.co.jp

INFO

阿智村景點

地圖 P.270

觀賞最美的星空 Star Village阿智

MRPCODE 阿智昼神観光局：313 730 416*47

Star Village阿智是一個以星空為主題的設施，除了有觀星導賞團可以參加，也有以星空為主題的表演、咖啡店等。星光爛漫的夜空下，首先會有雷射燈光秀，完結後會關上場內所有照明，在完全漆黑的環境下有專人進行星空解説，講解星空上各行星、星座的故事，非常夢幻。

► 不能少的觀星活動。

▲ 冬季的 Night Tour。

▲►場內設有一些以星空為主題的投映設施。

- 長野縣下伊那郡阿智村智里3731-4
- 「中央道昼神温泉」巴士站下車，轉乘的士到 Star Village阿智，車程約10分鐘
- 17:00~20:00
- 成人及高中生¥2,200 (HK$146)，中小學生 ¥1,100(HK$73)
- sva.jp

貼近當地生活文化 昼神温泉朝市

地圖 P.270 MRPCODE 313 730 705*01

昼神温泉朝市是一個相當具規模的朝市，當地人在該處販售自家工藝品、農產品、菓子等。商品的種類應有盡有，主要為野菜、水果。在這裏逛一圈，能認識當地的生活文化，以及跟當地人交流。朝市全年365日都會舉行，不用怕錯過，但要記得趁早去，因為朝市早上8時便會完結。

► 朝市當然少不了新鮮的野菜。

▲ 昼神温泉朝市每日風雨不改開業。

Tips! 由於朝市的開放時間非常早，建議前一晚於昼神温泉鄉的旅館住一晚，翌日步行到朝市。

◄ 當地產的番茄更提供試食。

- 長野縣下伊那郡阿智村智里
- 「昼神温泉鄉」巴士站下車，步行約12分鐘
- 4月~10月06:00~08:00，11月~3月06:30~08:00
- 0265-43-3001
- hirugamionsen.jp/shopping/

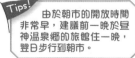

▲ 飯田市生產的皮帶。

Part 10

群馬縣
Gunma

　　群馬縣位於日本列島的正中央，雖然四周都沒有海洋圍繞，但也蘊含着豐富的天然資源，例如火山的地熱和硫磺，造就了草津、伊香保等多個著名溫泉區，是眾多遊客度假放鬆的首選地。此外，群馬縣內的山岳連綿起伏，其中以山路崎嶇、蜿蜒曲折的榛名山路最出名，還有關東流域面積全日本第一的利根川，令這裏一年四季都有動人的自然景致，是全年皆宜的旅行勝地。

（本章節撰文：Pak，攝影：蘇飛）

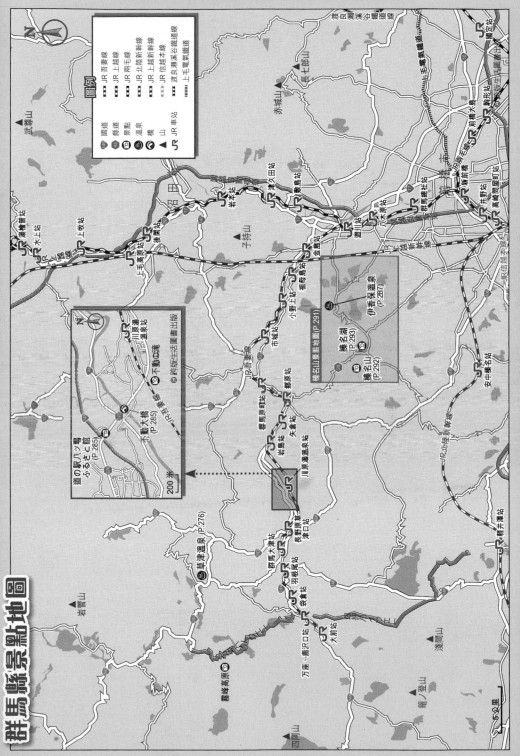

群馬縣景點地圖

日本第一溫泉勝地

草津溫泉
Kusatsu

草津溫泉位於群馬縣的西北部，是海拔超過 1,200 米的高原地區，氣候長年累月偏冷，成為了極受歡迎的避暑勝地。區內最著名的是連續 15 年在「日本溫泉百選」中高踞榜首的草津溫泉，其泉水成分極酸，具有殺菌功效，而且湧出量全日本第一，吸引許多人專程前往泡湯療養。此外，草津溫泉街以湯畑 (P.277) 為中心，周邊的景點皆古色古香，別具魅力，會令遊客仿如踏進了不一樣的時空。

草津溫泉觀光協會：www.kusatsu-onsen.ne.jp

前往草津溫泉的交通

 上野站 → JR 特急草津・約 2 小時 33 分鐘・¥5,570(HK$328) → 長野原草津口站 → JR 巴士・約 25 分鐘・¥710(HK$51) → 草津溫泉站

 輕井沢站 → 草輕交通／西武觀光巴士・約 1 小時 16 分鐘・¥2,400(HK$161) → 草津溫泉站

新宿 Busta 巴士站
(即 JR 新宿站南口) → JR 高速巴士上州ゆめぐり号・約 4 小時 10 分鐘・網上預購 ¥4,000(HK$235) → 草津溫泉站

草輕交通公司：www.kkkg.co.jp/bus/rosen-bus.html
西武觀光巴士：www.seibukankoubus.co.jp/karuizawa
JR巴士上州ゆめぐり号：http://time.jrbuskanto.co.jp/bk03010.html

草津溫泉區內交通

草津町內的主要交通工具為巡迴巴士，遊客乘搭巴士就能到達町內的主要景點。

草津溫泉町内巡回バス

草津溫泉町内巡回バス分為A、B、C、D四條路線，當中遊客最常用的路線是A線，該條路線由草津溫泉巴士站開出，往來溫泉街周邊的景點，例如湯畑、熱乃湯和西の河原公園等，每小時有一至兩個班次，方便想遊覽草津町內所有主要景點的遊客。

- ⊙ A巡迴線：08:00、09:00、09:40、10:20、11:00、12:00、12:40、13:40、14:20、14:55、15:40、16:55、17:50(每逢星期六、日及公眾假期，巴士會延遲4分鐘開出)
- ⑤ 每程￥100(HK$7)
- ☎ 0279-88-7189
- ⊕ www.town.kusatsu.gunma.jp/www/contents/1485418959224/files/rosen.pdf

草津溫泉的象徵 湯畑
MAPCODE 341 446 359*47

湯畑是草津溫泉水的主要源頭，由柵欄圍住，面積約有一個足球場大。湯畑中央整齊地排着幾十個木箱，超過攝氏90度的溫泉水會先流經這些木箱，然後流經溫泉瀑布，以冷卻至適合的溫度，最後才經導管分送到不同的旅館和浴池。草津溫泉區以湯畑為中心，由這裏出發可前往各個景點，而且傍晚開始會點起華燈，因此遊客緊記要早、晚來一次，感受溫泉街的氣氛。

▶剛從地下湧出的溫泉水。

▶湯畑附近會有免費足湯。

▶溫泉水經過一個個木箱，慢慢降溫。

▲難得一見的溫泉瀑布。

- ⊙ 群馬縣吾妻郡草津町
- 🚌 巴士「草津溫泉バスターミナル」站下車，步行約5分鐘
- ⊕ www.kusatsu-onsen.ne.jp/onsen/

草津溫泉景點地圖

圖例

- 國道
- 景點
- 住宿
- 食肆
- 溫泉
- 便利店
- 醫院

- 學校
- 郵局
- 體育館
- 停車場
- 加油站
- 寺廟/神社
- 公園入口
- 西の河原通り

草津熱帶園 (P.283)
みやむや食堂
湯川 (P.284)
大滝乃湯 (P.284)
昔心の宿 金みどり
カフェアスペン (CAFE ASPEN)
草津溫泉飯店 (P.73)
竹内商店 (P.284)
湯畑 (P.277)
地蔵の湯
月乃井
旬彩茶屋
夢村
養池堂 (P.279)
草津スカイランド ホテル
手作り箸工房 遊膳 (P.280)
湯滝通り
花咲カフェ
熱乃湯 (P.279)
咖啡多花
湯畑觀光 駐車場
光泉寺 (P.279)
ごま福堂 (P.280)
草津溫泉バス ターミナル巴士站
NEUE POST DINING (P.281)
欅子井和園 (P.281)
湯あがりかりんと (P.280)
草津温泉ホテル 桜井
草津町立草 津中学校
草津町立草 津小学校
草津片岡鶴 太郎美術館 (P.283)
西の河原通り (P.280)
草津ハイラン ドホテル
草津町総 合体育館
西の河原公園 (P.282)
西の河原 露天溫泉 (P.282)

100 公尺

© 跨版生活圖書出版

草津溫泉

伊香保溫泉、榛名山

觀賞傳統揉湯表演 熱乃湯

地圖P.278 　MAPCODE 341 446 328*81 　必到

剛從地底湧出來的溫泉水太熱，並不適合立即浸泡。除了使用湯畑(P.277)外，古時的人還會拿着木板撥水降溫，這種方法名為揉湯，而草津溫泉現時還保留了這種傳統技藝，但只作表演之用。遊客可以前往湯畑旁的熱乃湯，在特定時段觀賞揉湯表演，表演者在展示技藝之餘，還會唱歌跳舞，場面十分熱鬧。

▶最後觀眾可以嘗試揉湯。

▲熱乃湯的外形具西方建築風格。熱乃湯是溫泉，亦是表演揉湯的場地，旁邊的觀光案內所是售票處。

▶揉湯前舞蹈表演。

▲揉湯表演準備開始，台上會有司儀作介紹。

🏠 群馬縣吾妻郡草津町草津414
🚌 巴士「草津溫泉バスターミナル」站下車，步行約3分鐘
🕐 每日6場表演：09:30、10:00、10:30、15:30、16:00、16:30
🚫 12月上旬不定休
💲 成人￥700(HK$44)，小學生或以下￥350(HK$22)
☎ 0279-88-3613
🌐 www.kusatsu-onsen.ne.jp/netsunoyu
INFO

發現溫泉療效的寶地 光泉寺

地圖P.278 　MAPCODE 341 446 234*05

相傳在721年，行基上人路經草津時發現溫泉水的功效，便在

🏠 群馬縣吾妻郡草津町草津甲446
🚌 巴士「草津溫泉バスターミナル」站下車，步行約2分鐘
☎ 0279-88-2224
🌐 www.kusatsu.ne.jp/kousenji
INFO

這裏興建了藥師堂。大約500年後，當時的草津領主湯本氏重建了這個藥師堂，並擴建成為光泉寺，以守護這個溫泉鄉。雖然光泉寺的規模不大，但來到草津溫泉區，一定要來拜訪這座寺廟，在古老莊嚴的氣氛中懷古一番。

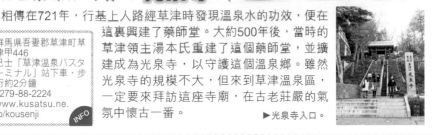

▶光泉寺入口。

以溫泉水為原料的藥妝 養神堂

地圖P.278

草津溫泉的功效眾所周知，有沒有想過將這些功效都帶回家？養神堂是一間藥妝店，專門售賣以草津溫泉的成分作為配方的個人護理產品，包括護膚品、藥膏、筋骨膏布和浴鹽等，買回家後就可以慢慢保養。有興趣的話，還可以到養神堂樓上的美容院，享受獨有的溫泉美容療程，讓臉部都可以享受溫泉水的護膚功效。

🏠 群馬縣吾妻郡草津町草津366
🚌 巴士「草津溫泉バスターミナル」站下車，步行約4分鐘
🕐 09:00~19:00
☎ 0279-88-2036
🌐 www.kusatsu-yumotokan.co.jp/yoshindo/info/index.html
INFO

▲養神堂。

▲標榜以溫泉水製成的護膚品。

熱鬧的溫泉商店街 西の河原通り 地圖P.278

這是一條連接湯畑與西の河原公園的溫泉街，街道兩旁有林林總總的商店，每間的裝潢都古色古香，令人仿如置身於古時的日本街頭，瀰漫着浪漫情懷，而且店鋪售賣的東西都各具特色，吸引了很多遊客駐足，氣氛十分熱鬧。

神奈川縣 靜岡縣 富士五湖 長野縣 群馬縣 栃木縣 茨城縣 埼玉縣 千葉縣

◀西の河原通り入口。

◀街道擠滿了人，兩旁商店林立。

🏠 群馬縣吾妻郡草津町草津505
🚌 巴士「草津溫泉バスターミナル」站下車，步行約5分鐘
INFO

★ 溫泉街 店鋪推介 ★

可愛的筷子架 手作り箸工房 遊膳 地圖P.278 人氣

日本的木筷子設計往往都漂亮又可愛，不少遊客也會買來當手信。這間店鋪主要售賣筷子和筷子架，而且設計具創意之餘還富有日本風情，例如以動物主題和日本美食為造型的筷子架，仿真度極高，極為罕見，令人愛不釋手！

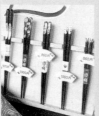

◀店鋪門外。

▲ 刻有日文名字的木筷子。

▲ 斑點狗造型筷子架(每個 ¥380，HK$28)。

▲ 造型特別的筷子架(每個 ¥540，HK$40)。

🏠 群馬縣吾妻郡草津町草津389
🕐 09:30~17:30
☎ 0279-88-3870
INFO

必買芝麻名物 ごま福堂 地圖P.278

ごま福堂可以説是一間芝麻專門店，提供各種以芝麻製成的食品，包括芝麻糖、饅頭、糰子和醬油餅等，散發着極為香濃的芝麻味，令本身不愛吃芝麻的人也不禁想品嚐一下。店鋪還為每位客人提供免費的芝麻茶，大家可以一邊呷着香口的茶，一邊選購各種芝麻手信。

◀店鋪門外的招牌標明芝麻專門店。

▲黑芝麻糰子(¥230，HK$14)，圖右的芝麻茶是免費的。

▲黑色和金色之芝麻果子，充滿濃郁芝麻香味，每盒 ¥700(HK$51)。

◀各種由芝麻製成的小食。

🏠 群馬縣吾妻郡草津町草津390-4
🕐 09:30~17:30　☎ 0279-82-5073
INFO

精心烹調的美味咖喱 NEUE POST DINING（カフェ・スパ・ノイエポスト）

地圖P.278

　　餐廳採用西洋風設計，環境舒適，有一種家庭式的溫暖感覺。餐廳主要提供咖喱類的菜式，招牌菜牛肉咖喱飯的牛肉肉質鮮嫩多汁，而咖喱是以獨家配方精心烹調而成的，香濃美味，令人禁不住多吃幾口。店內有英文及彩色圖片餐單提供。▶餐廳環境舒適。

▶餐廳位於2樓。

◀牛肉咖喱飯 ¥1,550（HK$110）。

▶咖喱焗飯，¥1,200（HK$73）。

> ⛩ 群馬県吾妻郡草津町草津
> 507極楽館2/F
> 🕐 11:00~19:00
> 🚫 週四
> ☎ 0279-88-1610
> INFO

宮崎駿迷老地方 橡子共和國

地圖P.278

　　作為宮崎駿動畫迷，一定不會對橡子共和國感到陌生。位於草津的共和國有許多宮崎駿動畫的周邊商品，一些更是地區限定的，踏進店內就會被龍貓、貓巴士、千尋和紅豬俠等熟悉的動畫角色包圍，眼花繚亂之餘，一眾動畫迷更會流連忘返！　▶店鋪門外有隻龍貓在等車。

▶各種宮崎駿電影限定商品。

> ⛩ 群馬県吾妻郡草津町草津
> 504夢蔵人内
> 🕐 09:30~17:30
> ☎ 0279-88-5025
> 🌐 benelic.com/donguri
> INFO

特色零食手信 湯あがりかりんと

地圖P.278

　　這間店鋪給人最大的感覺是「精緻」：不但是出品的零食精緻，而且包裝也十分精緻，當中最受歡迎的，是一種形狀很像薯條的零食，名為Karintō。這種零食口味多樣，有黑糖蜂蜜、醬油海苔、抹茶和花生味，全部都很受歡迎。此外，店鋪還售賣熱騰騰的上州牛肉包，最適合在寒冷的天氣中捧着慢慢品嘗。

▶店鋪頗具人氣。

▶這款抹茶味零食十分可口，加上包裝漂亮得體，十分適合做手信。（每包 ¥380，HK$28）

▶上州牛肉包（¥345、HK$25）。

> ⛩ 群馬県吾妻郡草津町大字草津字泉水505
> 🕐 09:30~17:30　☎ 0279-82-5551
> 🌐 kusatsukarinto.com
> INFO

擁有多個天然免費足湯池 西の河原公園

地圖P.278 MAPCODE 341 445 539*16

神奈川縣
靜岡縣
富士五湖
長野縣
群馬縣
栃木縣
茨城縣
埼玉縣
千葉縣

西の河原公園不只是一個普通的公園，而是一個蘊含了地熱和溫泉泉源的公園。在這個公園散步，會隨處見到由地底湧出來的溫泉水，有很多更成為了足湯，讓遊人隨時可以停下來浸浸腳，紓緩疲勞。此外，園內還有露天溫泉浴場和美術館，散過步泡完湯，還可以度過一個知性的下午。

▲公園入口。

◀公園內四處是從地底湧出的溫泉水，近西之河原露天溫泉的足湯池最受歡迎，背後是溫泉小瀑布。

◀從地底湧出的溫泉水特別的透明綠色，蘊含豐富礦物質，但溫泉度特高，不宜隨便觸摸。

▲公園近入口處有免費足湯。

🏠 群馬県吾妻郡草津町草津521-3
🚌 巴士「草津溫泉バスターミナル」站下車，步行約12分鐘　INFO

★西の河原公園景點推介★

草津最大浴池 西の河原露天溫泉

地圖P.278 泡湯

▲露天溫泉入口。

◀公園內的行山徑，圖左是露天溫泉的位置。

露天溫泉浴場約500平方米大，是草津溫泉區內最大的浴場，大得在不同位置浸泡會感受到不同的溫差。這裏的溫泉水對關節、神經痛都有療效，據説還能美肌及醫治慢性婦女病，因此特別適合女士。在這裏泡湯，春天可看到一片新綠的景致，秋冬則能賞紅葉和雪景，一年四季都是放鬆身心的好去處。注意，這裏分開男湯女湯，都是不能穿衣入內，其中男湯更面向公園的行山步道，在步道的人可以清楚看見湯內的情況，男士們要注意啊。

◀這種乳酪在溫泉區隨處可見，最適合浸完溫泉後品嘗。

🕐 4月~11月07:00~20:00，12月~3月09:00~20:00
💰 成人￥700(HK$44)，兒童￥350(HK$22)
☎ 0279-88-6167
🌐 sainokawara.com　INFO

浸溫泉後享受的藝術樂趣 草津片岡鶴太郎美術館 [地圖 P.278]

片岡鶴太郎既是搞笑藝人、電視及舞台劇演員，也是畫家及書法家，是一位多才多藝的日本名人。這間美術館展出了片岡先生的畫作，畫作的題材多取自日常生活，例如是他在拍劇時看到的魚、花和昆蟲，讓人感受到他對生命的熱情，也為來草津浸溫泉的遊客增添一點藝術樂趣。美術館內有喫茶店和手信店，不參觀也可以到店內看看。

▶喫茶店入口。

▲美術館。

> ⋒ 群馬縣吾妻郡草津町草津479
> ⊙ 08:00~17:00　⊛ 不定休 (詳見官網)
> ⑤ 成人￥950(HK$70)、中學生￥600
> 　(HK$44)，小學生或以下免費
> ☎ 0279-88-1011
> ⊕ kataoka-tsurutaro.com

INFO

溫泉動物園 草津熱帶圈 [地圖 P.278] [MAPCODE 341 447 328*63] 親子

溫泉除了對人有療養功效，也對其他生態有莫大的益處，草津熱帶圈就是一個利用溫泉地熱來飼養動物的地方。這裏分成昆蟲館、熱帶圈區和戶外展示區三部分，當中的熱帶圈區位於高達15米的穹頂內，分為3層，養殖了大約200種稀有的動植物，包括鱷魚、食蟻獸和水豚等，還有熱帶巨木，令人彷彿置身於侏羅紀時期。

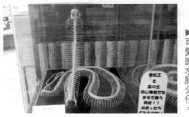

▶可愛的水豚公仔。

▲熱帶圈區入口。

▲還有毒蛇標本。

▶羊駝很可愛。

▶鱷魚標本很受遊客歡迎。

▶樣子呆呆的羊咩咩。

> ⋒ 群馬縣吾妻郡草津町大字草津286
> 🚌 巴士「草津溫泉バスターミナル」站下車，步行約9分鐘
> ⊙ 08:30~17:00
> ⑤ 成人￥1,100(HK$73)、高中生￥800(HK$51)、中學生或以下
> 　￥700(HK$44)　⊕ nettaiken.com
> ☎ 0279-88-3271

INFO

著名日歸溫泉 **大滝乃湯** 地圖P.278 341 447 347*40 泡湯

大滝乃湯是草津溫泉區內頗具人氣的日歸溫泉，旅館的規模頗大，除了有男、女浴場外，還有露天風呂，以及適合一家大小及情侶一起浸泡的貸切風呂。最特別的

是，旅館內有溫度各異的「組合湯」，遊客可以先從低溫浸起，再慢慢享受較為高溫的溫泉，是特別的「梳乎」體驗。

◀正門。

> ⌂ 群馬縣吾妻郡草津町大字草津596-13
> 🚌 巴士「草津溫泉バスターミナル」站下車，步行約8分鐘
> 🕐 09:00~21:00
> 💲 成人￥980(HK$66)，兒童￥450(HK$29)
> ☎ 0279-88-2600
> 🌐 ohtakinoyu.com

潺潺溫泉河 湯川 地圖P.278

大滝乃湯門外有一條河，細心觀察會發現河的顏色與一般的河流不同，而且還帶點硫磺味。這條河名為湯川，擁有一級河川的認證。顧名思義，湯川的河水其實是溫泉水，源於上州湯ノ湖。據説草津當局在湯川內加入了煤這種天然物質，使魚類也能在河內生存，因此大家不要以為可以跳進河裏浸溫泉啊！

▲湯川是一條罕見的溫泉河。

◀水流甚急。

> ⌂ 群馬縣吾妻郡草津町草津521-3
> 🚌 巴士「草津溫泉バスターミナル」站下車，步行約12分鐘

購買蔬果好地方 竹內商店 地圖P.278

在浸溫泉的時候，若能品嘗鮮甜多汁的水果，絕對是一大享受。竹內商店是一間外形簡樸的水果店，店內售賣各種新鮮的蔬果，蔬果的種類不但豐富，而且原產地遍及各縣市，大家不妨買回溫泉旅館慢慢享用！

▲竹內商店。

▲各種新鮮水果。

> ⌂ 群馬縣吾妻郡草津町草津327-2
> 🚌 巴士「草津溫泉バスターミナル」站下車，步行約3分鐘

神奈川縣 靜岡縣 富士五湖 長野縣 群馬縣 栃木縣 茨城縣 埼玉縣 千葉縣

購物賞景一舉兩得 道の駅 八ッ場ふるさと館

295 457 284*40　道の駅

日本的道の駅往往設有手信店、市場和餐廳,讓遊客在乘車、駕車的途中都能吃喝玩樂。這座道の駅也不例外,而且除了上述設施外,這裏還設有免費足湯,讓遊客在旅程中得到短暫休息。此外,道の駅對出的不動大橋也是極受遊客歡迎的景點,站在大橋上能俯瞰兩邊山谷的美景,秋天時更能看到滿山紅葉,因此這個道の駅可謂集購物和賞景於一身。

▶道の駅。

🏠 群馬縣吾妻郡長野原町大字林1567-4
🚗 從草津溫泉出發駕車需時約30分鐘;從JR「川原湯溫泉站」往不動大橋方向行約30分鐘
🕐 市場08:30~18:00,食堂09:30~16:00,足湯06:00~21:00(市場和食堂於冬季提早1小時關門)
☎ 0279-83-8088
🌐 yambamichi noeki. com
INFO

▲在橋上俯瞰到的美景。

▲不動大橋。

★ 道の駅 店舖推介 ★

包羅萬有手信店 八ッ場電処

八ッ場電処是道の駅內一間大型手信店,店裏的貨品應有盡有,既有產自不同地方的新鮮水果,也有群馬縣的特產小食,還有富有日本特色的飾物和擺設,是購買手信的好地方。

▶群馬縣的3色曲奇餅,每盒￥540(HK$40)。

🕐 09:00~17:00　☎ 0279-82-1770　INFO

▲店內有很多顧客在選購手信。

▶全部水果都是來自長野町。

手快有手慢無 Yamazaki Shop 人氣

要數道の駅內最受歡迎的店舖,就不得不提這間麵包店。麵包店提供的麵包口味不但富有創意,而且味道也好評如潮,當中人氣第一的是水壩咖喱麵包,麵包的外形參考水壩設計,左、右兩邊分別是咖喱和沙津,中間則豎立了一塊芝士,好看又好吃。除了這款麵包,店舖製作的鹽麵包、大福都極受歡迎,基本上到下午時分便已售罄,想品嘗的話必定要盡早購買!

🕐 07:00~18:00
☎ 0279-83-8088　INFO

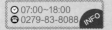
▶麵包店就在便利店內。

▶到了下午時分,一大部分麵包都已被搶購一空,店內只賣剩Bagel。

10.2

享受悠久溫泉、征服驚險山道

伊香保溫泉、榛名山

Ikaho Onsen、Harunasan

　　伊香保溫泉是群馬縣內另一個著名的溫泉，據說早在八世紀便有所記載，更是溫泉饅頭的發源地。伊香保溫泉分為黃金之湯和白銀之湯，前者是因鐵質氧化而呈茶褐色的泉水，後者則是近年才湧出的透明溫泉，兩種都有治療傷口和動脈硬化的作用。此外，石段街是伊香保溫泉區的象徵，瀰漫着濃厚的古老風情，是悠閒散策的好去處。

　　到伊香保溫泉前，必先上榛名山。也許大家對榛名山沒甚麼印象，那麼對秋名山呢？沒錯，秋名山是日本著名漫畫《頭文字D》的主要取景地，因其陡峭曲折的山道，以及難以駕馭的「五連髮夾彎」而成為主角藤原拓海及其他車手挑戰的賽車勝地。榛名山是秋名山的原型，其山路亦如漫畫所述般崎嶇，吸引了眾多賽車迷和漫畫迷朝聖。

　　伊香保溫泉觀光協會：www.ikaho-kankou.com

前往伊香保溫泉的交通

 上野站 → JR 特急草津·約 1 小時 38 分鐘·¥4,400(HK$259) → 渋川站 → 関越巴士·約 22 分鐘·¥490(HK$42) → 伊香保溫泉站

東京站 → JR 北陸新幹線·約 50 分鐘·¥5,220(HK$307) → 高崎站 → 群馬巴士·約 1 小時 19 分鐘·¥1,170(HK$84) → 伊香保案内所站

 関越巴士(渋川市·伊香保溫泉線)：https://kan-etsu.net/publics/index/23
群馬巴士(高崎駅·伊香保溫泉線)：www.gunbus.co.jp/routebus/price/price_route.html?id=31

伊香保溫泉區內交通

伊香保タウンバス

伊香保タウンバス由3間巴士公司營運，是一款能容納6至9名乘客的迷你巴士。巴士分為1號(溫泉街循環線)、2號(中子‧湯中子線)、3號(伊香保溫泉口線)和4號(水沢‧南原線)路線，當中以1、3號路線途經更多主要景點。巴士的乘搭方法比較像的士，遊客上車後要先向司機指明目的地，到站時才繳付車費。

巴士路線圖：www.city.shibukawa.lg.jp/manage/contents/upload/5f965d247ef2a.pdf

1號(溫泉街循環線)
- 🕐 08:30~18:20(約30分鐘一班，每天18班)
- 💲 每程成人￥100(HK$7)，小學生￥50(HK$4)
- 🔗 路線及時間表www.city.shibukawa.lg.jp/manage/contents/upload/5f965d247fed2.pdf

3號(溫泉街循環線)
- 🕐 08:40~17:40(約1小時一班，每天8班)
- 💲 每程成人￥100(HK$7)，小學生￥50(HK$4)
- 🔗 路線及時間表kan-etsu.net/files/libs/4310/2021071903907170.pdf

📍 伊香保溫泉

由365級組成的溫泉街 伊香保溫泉‧石段街 👑推介

MAPCODE 94 875 522*54

伊香保溫泉是歷史悠久的溫泉，而位於溫泉區內的石段街則建於戰國時代。當時的軍隊為了療養，便沿斜坡建造石級，把山上的溫泉引導到石級兩旁的浴舍，即今天的溫泉旅館。所以走在街上會聽到流水聲，偶然亦會見到一個引導泉水的裝置，十分有趣。直至近年，當地政府將石段街擴建成365級，寓意這裏能全年都熱鬧繁華。今時今日，街道上的商店林立，而且大部分都保留了古建築的特色，散發着濃厚的古老溫泉街氣息，果然在一年四季都吸引到很多遊客！

▲石段街入口。

▶秋天的石段街十分怡人。

▶部份石級會標示目前位處第幾級。

▲在石段街上偶然會見到這個引導溫泉水的裝置。

- 🏠 群馬縣渋川市伊香保町伊香保
- 🚌 乘搭伊香保タウンバス1號或3號線，於「石段街口」站下車即達

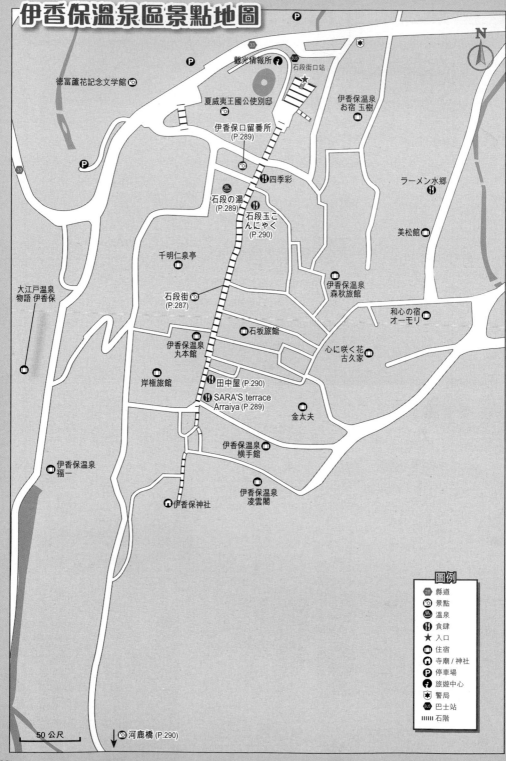

伊香保溫泉區景點地圖

德富蘆花記念文学館

観光情報所

石段街口站

夏威夷王國公使別邸

伊香保溫泉 お宿 玉樹

伊香保口留番所 (P.289)

ラーメン水郷

四季彩

石段の湯 (P.289)

石段玉こんにゃく (P.290)

美松館

千明仁泉亭

伊香保溫泉 森秋旅館

大江戸溫泉 物語 伊香保

石段街 (P.287)

和心の宿 オーモリ

石坂旅館

伊香保溫泉 丸本館

心に咲く花 古久家

岸権旅館

田中屋 (P.290)

SARA'S terrace Arraiya (P.289)

金太夫

伊香保溫泉 福一

伊香保溫泉 横手館

伊香保溫泉 凌雲閣

伊香保神社

50 公尺

河鹿橋 (P.290)

圖例

28	縣道
	景點
	溫泉
	食肆
★	入口
	住宿
	寺廟 / 神社
P	停車場
	旅遊中心
	警局
BUS	巴士站
‖‖‖	石階

江戶時期的稅關 伊香保口留番所 地圖P.288

伊香保口留番所是由德川幕府於1631年設置的稅關，是東海道(江戶時期整備的道路，即現今三重縣至茨城縣之間)的重要據點。雖然留番所原址曾於明治時期廢止，但市政府後來還是將其重新修復，並展出江戶時代的通行證、當時被充公過的盔甲和火槍等珍貴文物，讓遊客能一睹古代關所的風采，認識日本出入境管制的歷史。

►留番所的入口。

ℹ️ 從石段街口站步行約3分鐘(55級)
🕐 09:00~17:00
🚫 每月第2及4個週二
💲 免費入場

由泉源直接供給的黃金之湯 石段の湯 地圖P.288 泡湯

石段の湯是伊香保溫泉區內最著名的日歸溫泉，旅館直接引入伊香保源的黃金之湯，茶褐色的溫泉水含有豐富鐵質，對神經痛和腰痛很有療效。值得一提的是，旅館庭園地下的石磚曾經用於鋪築石段街的梯級，具有相當的歷史，有些遊客會帶着便當來旅館，全日留在這裏浸溫泉和感受悠閒古老的氣氛。

▲旅館入口。

ℹ️ 從石段街口站步行約6分鐘(94級)
🕐 4月~10月09:00~21:00，11月~3月09:00~20:30
🚫 每月第2及4個週二(公眾假期照常營業)
💲 成人¥410(HK$30)、兒童¥200(HK$15)
📞 0279-72-4526

在地食材Fusion菜 SARA'S terrace Arraiya 地圖P.288 推介

近年，飲食界興起Fusion菜，想不到在石段街也會找到一間主打Fusion菜的餐廳。這間餐廳採用當地食材和特產，例如地雞、蔬菜和平打麵(質感近似烏冬，但較為扁和闊身的麵條)，並以韓式或意式的烹調手法炮製出既豐富的菜色，令顧客品嘗到嶄新的味道。

►餐廳門外。

►店內的環境。

▲濃厚地雞出汁平打麵(¥1,320，HK$88)。

ℹ️ 從石段街口站步行約15分鐘(263級)
🕐 10:00~18:30　🚫 不定休
📞 0279-72-2183

▲夏季限定的沙律平打麵(¥990，HK$66)。

必吃圓咕碌蒟蒻 石段玉こんにゃく

 地圖P.288 必吃

提起日本的蒟蒻，相信大家都會想像關東煮內那塊扁扁長長，有時是三角形的灰色配料，那麼這間小店絕對能顛覆你們的想像！石段玉專賣圓咕碌的蒟蒻，一串三粒，外形有點像香港的街頭小吃魚蛋。最特別的是，蒟蒻有和風、味增和御好燒等口味，味道獨特之餘，咬下去還很彈牙。

▲店面。

▶味增蒟蒻（￥500，HK$37）。

🚏 從石段街口站步行約6分鐘（94級）
🕘 09:30~18:00(除了8月份外，其他月份只在星期六、日及公眾假期營業)
☎ 0279-26-7234
INFO

馳名溫泉饅頭 田中屋

地圖P.288

據說伊香保是溫泉饅頭的發源地，來到怎能不買溫泉饅頭當手信？田中屋是一間老字號和菓子店，於江戶時期便已創業。店鋪製作的溫泉饅頭選用北海道產的紅豆作為餡料，用料上乘之餘又甜而不膩，加上饅頭的外皮還會加入蜂蜜，令饅頭的甜味得以昇華。

▲店鋪經常聚集很多顧客。

◀可以看到溫泉饅頭的製作過程。

▲紅豆餡溫泉饅頭（￥120，HK$7）。

◀盒裝溫泉饅頭。

🚏 從石段街口站步行約15分鐘（240級）
🕘 09:00~18:00
休 週三、週四
☎ 0279-72-2164
INFO

浪漫紅葉景致 河鹿橋

地圖P.291・288 賞紅葉 MAPCODE 94 845 605*62

伊香保溫泉的石段街有點像台灣九份老街，石級兩旁有很多零食和手信舖。石段街的盡頭是伊香保神社，過了神社再向前走一段路，就會見到山林中有一條呈朱紅色的半圓拱橋。這條橋名為河鹿橋，是伊香保的賞紅葉勝地，每逢秋季都會有很多遊客專程前來觀賞紅葉。屆時，站在紅色的橋上會被一片楓紅包圍，加上橋下淙淙的黃金之湯，繪畫出一幅浪漫動人的風景。

◀河鹿橋的美景吸引了很多遊客。

▲橋下的河水是黃金之湯。

📍 群馬県渋川市伊香保町伊香保590
🚌 乘搭伊香保タウンバス1號線，於「湯元」站下車即達；從石段街口站步行約20分鐘
INFO

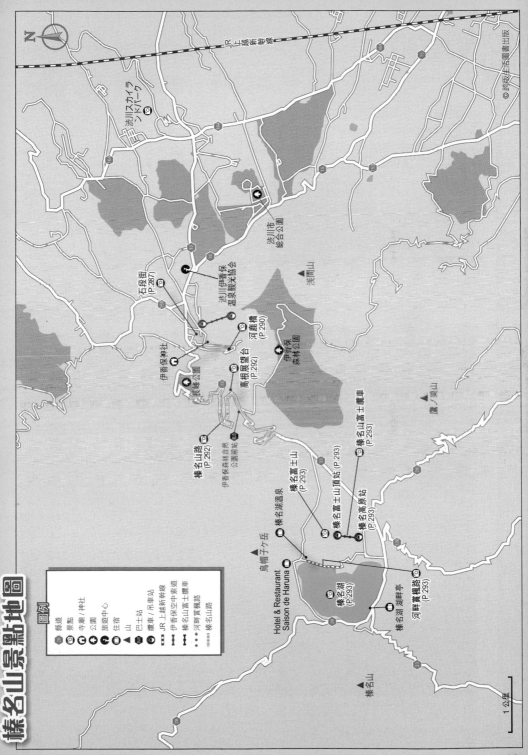

榛名山景點地圖

圖例

縣道
景點
寺廟／神社
公園
旅遊中心
住宿
山
巴士站
纜車／吊車站
伊香保空中索道
JR 上越新幹線
榛名山富士纜車
河畔賞楓路
榛名山路

渋川スカイランドパーク

渋川市總合公園

淺間山

石段街 (P.287)

渋川伊香保溫泉觀光協會

河鹿橋 (P.290)

伊香保神社

伊香保森林公園

伊香保公園

高根展望台 (P.292)

鷹ノ巣山

榛名山路 (P.292)

伊香保森林自然公園前站

榛名山富士纜車 (P.293)

榛名富士山 (P.293)

榛名富士山頂站 (P.293)

榛名高原站 (P.293)

榛名湖溫泉

烏帽子ヶ岳

Hotel & Restaurant
Saison de Haruna

河畔賞楓路 (P.293)

榛名湖 (P.293)

榛名湖 湖畔亭

榛名山

1公里

© 跨版生活圖書出版

📍 **榛名山**

神奈川縣
靜岡縣
富士五湖
長野縣
群馬縣
栃木縣
茨城縣
埼玉縣
千葉縣

朝聖《頭文字D》坡道 **榛名山路** 人氣 適合駕駛

`MAPCODE` 榛名山口 94 875 366*52

　　《頭文字D》主角藤原拓海的故鄉位於秋名山，他每天都會駕車上山送豆腐，而秋名山蜿蜒曲折的山道造就了他精湛的駕駛技術。看完這套漫畫或電影後，會否想體驗秋名山路到底有多曲折刺激嗎？抑或想直接化身藤原拓海，在「五連髮夾彎」幻想風馳電掣？那便要來榛名山！秋名山是依據榛名山創作出來的，所有陡峭山道都真實存在於榛名山，《頭文字D》迷一定要來朝聖。

◀榛名山路很多彎位，駕駛者要加倍小心。

▲山腰的高根展望台。

▲途中會見到鳥居。

高根展望台

▲在展望台上俯瞰的伊香保溫泉及赤城山美景。

> **高根展望台**
> 📍 群馬縣渋川市伊香保町湯中子
> 🚗 從榛名山口駕車約10分鐘；或於群馬巴士「伊香保森林自然公園前」站
> 　 下車，步行約5分鐘(兩種交通方法都會途經榛名山路)

高海拔睡火山湖 榛名湖 〔地圖 P.275、291〕 [MAPCODE] 停車場 94 750 725*85

榛名山是一座睡火山，而榛名湖位於榛名山頂，是一個火山口湖。榛名湖最特別的地方在於它的水深比較淺，冬天會出現整個湖結冰的情況，屆時人們會在湖面上垂釣和溜冰。不過當然不只冬天才適合前來這裏，春天的話遊客可以泛舟湖上，看湖面反映的新綠；夏天這裏會化成露營勝地；秋天則能觀賞紅葉美景，因此榛名湖是群馬縣內一年四季都不能錯過的自然之景。

賞紅葉

▶榛名湖的夕陽之景。

群馬県高崎市榛名湖町
從榛名山口駕車約15分鐘；或於群馬巴士「榛名湖」站下車即達
INFO

乘纜車登「細碼」富士山 榛名富士山 〔地圖 P.291〕

[MAPCODE] 榛名高原站 94 780 199*68 賞紅葉

榛名富士與榛名湖同樣位於榛名山上，前者是榛名山的一個山峰，因外形仿似富士山而得名。遊客可以在榛名富士山腳的榛名高原站乘搭纜車登上山頂，沿途不但能飽覽榛名群山的風景，登頂後更能將關東平原的美景盡收眼底，亦可俯瞰榛名湖的全貌。在秋天來的話，更能看到延綿紅葉的景致。山頂上有個小神社(榛名富士山神社)，據說對結緣、生子特別好，所以不少情侶特意帶着繪馬到神社祈願。

▶待出發的纜車。

▲纜車榛名高原站。

▶從湖的另一面看榛名富士山。

群馬県高崎市榛名湖町845-1
群馬巴士「ロープウェイ前」站下車即達
4月~11月09:00~17:00；12月~3月09:00~16:00
單程成人￥500(HK$32)，兒童￥250 (HK$17)；來回成人￥950(HK$61)，兒童￥470(HK$30)
027-374-9238
www.tanigawadake-rw.com/haruna
INFO

▲榛名富士山。

草津溫泉

伊香保溫泉、榛名山

Part 11

栃木縣
Tochigi

　　栃木縣位於日本關東地區北部，縣政府則位於宇都宮市。栃木縣的氣候偏冷，冬季會下雪，最低氣溫接近 -4 度，夏季也較為涼爽，最高氣溫約 23 度。這裏的旅遊旺季為秋天，很多人會專程前往觀賞紅葉。縣內的特產為草莓、餃子等，日光市是其著名的觀光勝地。

11.1

豐富的自然美景和文化遺產

日光市
Nikkō

日光市是北關東著名的觀光勝地，保有豐富的自然資源和歷史景點。日光是德川家族與幕府的信仰中心，展示了日本一段盛世時期的歷史。1999年，日光的神社和寺廟建築物群被列為世界遺產，其中包括著名的「二社一寺」。寺社是日本佛寺和神社的總稱，而「二社一寺」中的「二社」指兩座神社，即日光二荒山神社和日光東照宮神社，「一寺」指一座佛寺，即日光山輪王寺。建築上的雕刻都值得細心觀察，技術精湛的雕刻極具藝術及歷史價值。

日光既有傳統的神社、寺院建築群，亦有山嶽、華嚴瀑布、中禪寺湖等自然景致，可說是結合了自然與人文的風景勝地，深深吸引着世界各地的遊客慕名而來。每逢假日都會有遊客紛至沓來，特別是紅葉期間更是人山人海。建議觀光日數為 1~3 天。

日光市觀光協會：www.nikko-kankou.org

前往日光市的交通

| 🚃 | 東武電車 | 🚃 | 東武日光線 | → | 🚃 |
| 浅草站 | | 下今市站 | | | 東武日光站 |

(全程) 約 1 小時 50 分鐘，￥3,050(HK$179)

註：每天會有少部分班次從浅草站直達東武日光(分別是東武特急SPACIA的「華嚴號」及「鬼怒號」)。

| JR | JR 湘南新宿線 (Spacia 鬼怒川) | 🚃 | 東武日光線 | → | 🚃 |
| 新宿 / 池袋站 | | 下今市站 | | | 東武日光站 |

註：JR跟東武合作推出特急直達車，一日有4班車往返新宿和東武日光站，分別為「日光號」、「鬼怒川號」及「SPACIA鬼怒川號」。搭乘「日光號」的話，不需要轉乘就可以直達「東武日光」站；搭乘「鬼怒川號」的話，則須在「下今市」站換車。

www.jreast.co.jp/ekitabi/nikko INFO

日光市內交通

　　由東武巴士日光營運的巴士是日光市內主要的交通，遊客最常用的路線為世界遺產巡迴巴士和路線巴士。

1. 世界遺產巡迴巴士

　　世界遺產巡迴巴士由JR日光站開出，再前往東武日光站。此路線巴士能到達多個重要景點，例如東照宮、二荒山神社、日光山輪王寺等，加上有1日交通優惠券，所以是遊客最常用到的交通工具。

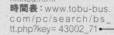

> 💲 1日券成人￥600(HK\$37)，兒童￥300(HK\$18)
> ☎ 0288-54-1138
> 🌐 www.tobu-bus.com/pc/area/nikkou.html
> **時間表**：www.tobu-bus.com/pc/search/bs_tt.php?key=43002_71

2. 東武路線巴士

　　東武巴士於日光市內設有多條巴士路線，均從JR日光站或東武日光站開出，方便遊客前往較遠的景點，例如華嚴瀑布、中禪寺湖等。主要路線有3條，分別是Y、YK和C線前往湯元溫泉及中禪寺溫泉方向。

◀東武日光站前的巴士站。(攝影：Janice)

> 🕐 **Y、YK和C線時間表**：www.tobu-bus.com/pc/search/bs_tt.php?key=43002_11
> **路線圖**：www.tobu-bus.com/pc/search/rosenzu/nikko.pdf?201511

交通優惠券

1. 世界遺産めぐり手形

　　東武巴士日光推出的「世界遺産めぐり手形」為最方便遊客到訪各景點的交通券。可在1天內無限次乘搭世界遺產巡迴巴士，以及路線巴士「JR日光站——東武日光站——西參道」、「東武観光センター前站——蓮華石站」的路程。

> 🎫 購買地點：東武日光站的遊客中心、JR日光站的售票處
> 💲 成人￥600(HK\$37)，兒童￥300(HK\$18)
> 🌐 www.tobu-bus.com/pc/service/ticket/nikko.html

2. 中禅寺温泉フリーパス

　　東武巴士日光推出的「中禅寺温泉フリーパス」的2天交通券，適合到訪華嚴瀑布、中禪寺湖、二荒山神社等景點的旅客，可在2天內無限次搭乘巴士來往JR日光站、東武日光站、大獣院・二荒山神社前、細尾入口、明智平、華厳の滝入口、中禅寺溫泉。

> 🎫 購買地點：東武日光站的遊客中心、JR日光站的售票處
> 💲 成人￥2,300(HK\$135)，兒童￥1,150(HK\$68)
> 🌐 www.tobu-bus.com/pc/service/ticket/nikko.htmll

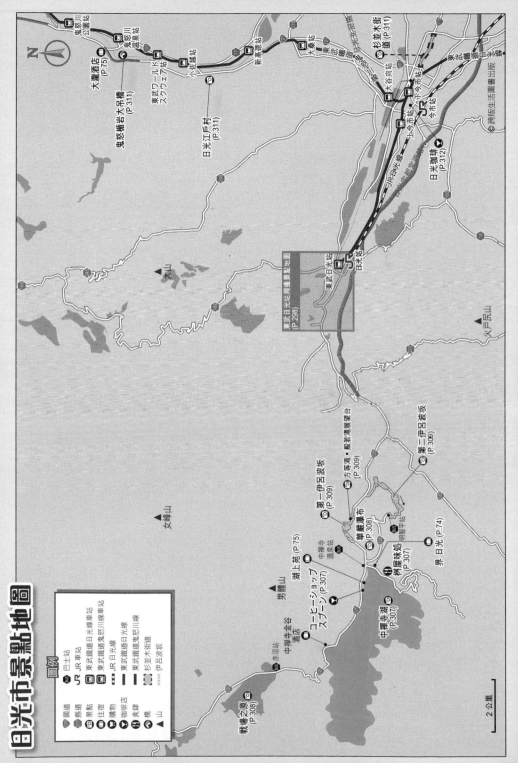

日光市景點地圖

圖例

- 🚌 巴士站
- JR JR車站
- 🚃 東武鐵道日光線車站
- 🚃 東武鐵道鬼怒川線車站
- ━━ JR日光線
- ━━ 東武鐵道日光線
- ━━ 東武鐵道鬼怒川線
- ▨ 杉並木街道
- ▨ 伊呂波坂
- 🏔 山

- 🔵 國道
- 🔵 縣道
- 🔵 景點
- 🏠 住宿
- 🛍 購物
- ☕ 咖啡店
- ▶ 食肆
- ✕ 橋

鬼怒川公園站
鬼怒川溫泉站
大瀧酒店 (P.75)
鬼怒楯岩大吊橋 (P.311)
東武World Square站
新高德站
大桑站
杉並木街道 (P.311)
小佐越站
日光江戶村 (P.311)
大谷向站
下今市站
今市站
上今市站
日光珈琲 (P.312)
東武日光站周邊景點地圖 (P.298)
東武日光站
JR日光站
日光站
火戶尻山
大山

女峰山

第二伊呂波坂 (P.308)

方等瀧・般若瀧展望台 (P.309)

第一伊呂波坂 (P.309)

華嚴瀑布 (P.308)

中禪寺溫泉站

明智平站

界 日光 (P.74)

樹屋峡処 (P.307)

湖上苑 (P.75)

男體山

咖啡商店スプーン (P.307)

中禪寺湖 (P.307)

赤沼站

中禪寺金谷酒店

戰場之原 (P.308)

2公里

N

© 跨版生活圖書出版

297

東武日光站周邊景點地圖

圖例
🌉 橋
▲ 山
JR JR車站
🟥 東武鐵道日光線車站
━ JR 日光線
━ 東武鐵道日光線
🛣 國道
🛣 縣道
🅿 購物
🅿 住宿
🅿 食肆
🅿 咖啡店
🅿 寺廟/神社

日光市小倉山森林公園

さかえや (P.304)

八汐 (P.304)

日光東武站

東武日光站

Nikko Station Hotel Classic (P.74)

©蘋果電子導覽圖書出版

水車物產店 (P.304)

日光市稻荷町防火公園

Woodmocc (P.305)

日光茶屋甘味処 (P.305)

cafe&gallery 仁右衛門 (P.303)

湯沢屋茶寮 (P.303)

Nikko Tokino Yuu (P.74)

油源 (P.302)

神橋前站

日光物産商会 (P.303)

Hongu Cafe (P.301)

精進料理 勇心亭 (P.301)

明治の館 (P.300)

神橋 (P.302)

金谷ホテルベーカリー (P.302)

日光山輪王寺 (P.300)

日光東照宮 (P.299)

二荒山神社 (P.300)

2公里

名聞遐邇的宗教聖地 日光東照宮 地圖P.298

MAPCODE 367 312 517*40

東照宮是「二社一寺」中的其中一座神社。德川幕府古時大興土木，結合了財力和江戶時代初期最棒的工藝技術，召集由全國各地而來的巧匠施工，所費不菲。東照宮就是當時的產物，建築盡顯絢麗豪華，氣勢十足，精湛的工藝技術令人驚嘆，即使到了現在仍毫不遜色。此外，日光東照宮亦為供奉開創江戶幕府的德川家康的靈廟，意義非凡。

必到 世界遺產

▶東照宮入口。

▲神廄舍上有三猿木雕，以手掩着眼、嘴、耳，表示「勿聞、勿言、勿視」。

▶宮內亦有出售三猿的周邊產品，造型可愛。

▲每年都有許多遊客到訪此地。(攝影：Janice)

宝物館

上神庫

▲金碧輝煌的上神庫。(攝影：Janice)

東廻廊

眠り猫

▲東廻廊樓門上的眠貓，稍不留神便會把它錯過。

▲宮內的東廻廊。

INFO

🏠 栃木県日光市山内2301
🚃 JR「日光」站或東武鐵道「東武日光」站下車，轉乘世界遺產巡迴巴士，於「表参道」站下車，步行約15分鐘
🕐 4月~10月09:00~17:00、11月~3月09:00~16:00
💰 東照宮拝観券：成人¥1,300(HK$95)、兒童¥450(HK$33)；東照宮拝観券及寶物館入場費：成人¥2,100(HK$154)、兒童¥770(HK$56)；寶物館入場費：成人¥1,000(HK$73)、兒童¥400(HK$29)；美術館入場費：成人¥800(HK$59)、高中生¥600(HK$44)、兒童¥400(HK$29)
☎ 0288-54-0560
🌐 www.toshogu.jp

日光市　中禪寺湖　鬼怒川及周邊

神奈川縣

靜岡縣

富士五湖

長野縣

群馬縣

栃木縣

茨城縣

埼玉縣

千葉縣

莊嚴典雅的古老建築 二荒山神社 地圖P.298 MAPCODE 367 311 598*73

傳說古時候，日光山的開山始祖勝道上人前往男體山山頂的奧宮祭祀後，創建了本宮神社，即現在的二荒山神社。男體山為日本百名山之一，是日光二荒山神社的禦神體(即日本神道中神所寄宿的物體、人們敬拜的對象)。自古以來，日本人對於山岳有着尊敬之心，相信山裏有神明，因此會更敬拜這座山。二荒山神社崇奉山岳信仰，是栃木縣最崇高的神社。雖然與東照宮同被列為世界遺產，但這裏的遊客較少，予人感覺較莊嚴。

世界遺產

▼二荒山神社。
(攝影：Kate)

> 🏠 栃木県日光市山内2307
> 🚌 東武鐵道「東武日光」站下車，轉乘東武路線巴士Y、YK或C線(往「中禅寺溫泉」或「湯元溫泉」方向)的巴士，於「西參道」站下車，步行約7分鐘
> 🕐 4月~10月08:30~17:00，11月~3月09:00~16:00
> 💰 本社神苑入場費¥300(HK$15)
> ☎ 0288-54-0535 🌐 www.futarasan.jp
> INFO

重要文化遺產 日光山輪王寺 地圖P.298 MAPCODE 367 312 158*11

世界遺產

跟二荒山神社一樣，日光山輪王寺由勝道上人創建。輪王寺是許多佛寺和神社的總稱，建築內有許多文化財物及國寶。著名的建築有收藏了許多寶物的寶物殿、東日本最大的木造建築之一三佛堂，以及祭祀德川家光的靈廟大猷院。

▲修復中的日光山輪王寺。

▶勝道上人的人像。

> 🏠 栃木県日光市山内2300
> 🚌 JR「日光」站或東武鐵道「東武日光」站下車，轉乘世界遺產巡迴巴士，於「勝道上人像前」或「大猷院 二荒山神社前」站下車即達
> 🕐 4月~10月08:00~17:00，11月~3月08:00~16:00
> 💰 輪王寺券(三佛堂及大猷院入場套票)：成人¥900(HK$66)，兒童¥400(HK$29)；大猷院入場費：成人¥550(HK$40)，兒童¥250(HK$18)；三佛堂入場費：成人¥400(HK$29)，兒童¥200(HK$15)；宝物殿‧逍遥園入場費：成人¥300(HK$22)，兒童¥100(HK$7)
> ☎ 0288-54-0531 🌐 rinnoji.or.jp
> INFO

充滿復古回憶 明治の館 地圖P.298 MAPCODE 367 312 412*62

建築外形特別，是一間提供傳統日本西餐的餐廳，提供蛋包飯、燉牛肉、漢堡包等料理，深受日本人喜愛。餐廳無論是食物或是環境亦非常復古，讓人跨越時空，同時感受到現代日光以及明治時代的氣氛。

◀明治の館為石造建築，感覺樸實復古。

> 🏠 栃木県日光市山内2339-1
> 🚌 JR「日光」站或東武鐵道「東武日光」站下車，轉乘世界遺產巡迴巴士，於「清晃苑」站下車，步行約2分鐘
> 🕐 11:00~19:30，冬季11:30~19:30
> ☎ 0288-53-3751
> 🌐 www.meiji-yakata.com/zh/meiji/
> INFO

傳統的素食懷石料理 精進料理 堯心亭 推介

日文的「精進料理」即素食，在日本被視為與佛教有關的懷石料理，製作和進食的過程都是一種修行。時至今日，只有一些寺院或餐館提供精進料理。堯心亭提供以野菜與豆類製品為主的特色料理，善用四季食材製作出既傳統又高級的精進料理。

▲店內用餐環境。

▲腐皮刺身，可蘸醬油吃。

▲有多層口感的腐皮卷。

◀不需要花俏的烹調技術與過份的調味，食材本身的味道已令人回味無窮，套餐 ¥3,800（HK$278）。

- 🏠 栃木縣日光市山內2340
- 🚉 JR「日光」站或東武鐵道「東武日光」站下車，轉乘世界遺產巡迴巴士，於「清晃苑」站下車，步行2分鐘
- 🕐 11:00~19:00，冬季11:30~19:00
- ❌ 週四
- ☎ 0288-53-3751
- 🌐 www.meiji-yakata.com/zh/gyoshin/

INFO

日式老宅改建的咖啡店 Hongu Cafe

本宮カフェ

咖啡店由一間擁有300年歷史的老房子改建而成，純樸的木系設計，加上柔和燈光，帶給人一份回家的親切感。店外更設有露天座位，眼前綠意盎然，別有氣氛。咖啡店提供咖啡、日式甜點、輕食、酒精類等，而且位於東照宮附近，適合想觀光後想小歇一下的遊客。

▶店外有半露天的座位。

▲ Hongu Cafe 的建築材料主要是木材，給人溫暖的感覺。

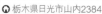

- 🏠 栃木縣日光市山內2384
- 🚉 東武鐵道「東武日光」站下車，轉乘東武路線巴士Y、YK或C線（往「中禪寺溫泉」或「湯元溫泉」方向）的巴士，於「神橋」站下車，步行約2分鐘
- 🕐 10:00~20:30
- ❌ 週三、四
- ☎ 0288-54-1669
- 🌐 www.hongucafe.com

INFO

PART II

神奈川縣

靜岡縣

富士五湖

長野縣

群馬縣

栃木縣

茨城縣

埼玉縣

千葉縣

日本三大奇橋之一 神橋

地圖P.298　mapcode 367 312 026*20　必到　賞紅葉

神橋長28米，離大谷川河床約10.6米。現時所看到的神橋是於1905年改建的，隨後於1999年登錄為世界遺產，至今已有過百年歷史。古老的神橋與山口縣的錦帶橋、山梨縣的猿橋並列為日本三大奇橋，充滿神秘感。神橋的顏色為鮮豔的朱紅色，背景隨着不同季節而異，其中又以秋天楓葉之背景最吸引人。

▲橋下的溪水。

▲夏天時的神橋，背景一片翠綠。
（攝影：Kate）

▲以楓葉為背景的神橋。

► 神橋的售票處。

⌂ 栃木縣日光市上鉢石町
🚌 東武鐵道「東武日光」站下車，轉乘東武路線巴士Y、YK或C線（往「中禪寺溫泉」或「湯元溫泉」方向）的巴士，於「神橋」站下車，步行約1分鐘
🕐 4月~9月08:00~17:00，10月~11月08:00~16:00，11月中~3月09:00~16:00
💲 成人¥300(HK$18)、高中生¥200(HK$12)、小學生及中學生¥100(HK$6)
☎ 0288-54-0535
🖥 www.shinkyo.net

INFO

去日光不能不吃的腐皮料理 油源

地圖P.298　必吃

◄油源。

店家專賣便當、豆腐料理及腐皮(湯葉)料理，讓顧客一次過嘗試腐皮的多種吃法，例如腐皮刺身、腐皮卷、腐皮茶漬飯等，讓人意想不到。如果沒時間進內用餐，亦可以買便當在回程的電車上享用。有多款便當選擇，價錢約¥800~1,400(HK$59~95)，特別受當地人歡迎。

⌂ 栃木縣日光市上鉢石町1028
🚌 東武鐵道「東武日光」站下車，轉乘東武路線巴士Y、YK或C線（往「中禪寺溫泉」或「湯元溫泉」方向）的巴士，於「神橋」站下車，步行約1分鐘
🕐 09:30~18:00　🚫 週三
☎ 0288-54-1627　🖥 www.aburagen.jp

INFO

明治時代流傳下來的好味道 金谷ホテルベーカリー

地圖P.298

在日光物產商会(P.303)旁邊，是金谷酒店附屬的麵包店，麵包店嚴選了最高級的小麥粉和其他食材，而且在過程中不使用任何防腐劑，從開店至今一直追求最好的品質，該精神傳承至今。麵包種類很多，有方包、法國麵包、牛油卷、咖喱包等，賞味期限為3天，建議盡早享用新鮮的麵包。

◄金谷ホテルベーカリー 神橋店。

⌂ 栃木縣日光市上鉢石町1024
🚌 東武鐵道「東武日光」站下車，轉乘東武路線巴士Y、YK或C線（往「中禪寺溫泉」或「湯元溫泉」方向）的巴士，於「神橋」站下車，步行約1分鐘
🕐 09:00~18:00　☎ 0288-54-1108
🖥 www.kanayahotelbakery.co.jp

INFO

百年歷史建築 日光物產商会 地圖 P.298

　　此建築物的前身為金谷酒店，現在改建成商會，地下是商鋪，包括金谷酒店麵包店、蕎麥麵店、咖啡店及手信店，集合成為了日光特產的專賣店，2樓則是餐廳。由於建築由1905年屹立至今，有悠長的歷史，因此被日本政府認定為重要的有形文化財產。

▶位於地下的蕎麥麵店「そば処神橋庵」。

▲日光物產商会。

INFO
🏠 栃木県日光市上鉢石町1024
🚉 東武鐵道「東武日光」站下車，轉乘東武路線巴士Y、YK或C線(往「中禅寺温泉」或「湯元温泉」方向)的巴士，於「神橋」站下車，步行約1分鐘
☎ 0288-54-1108
🌐 www.bussanshokai.com

傳統和菓子老店 湯沢屋茶寮 地圖 P.298

　　湯沢屋茶寮已有200多年歷史，一直提供多款傳統日式和菓子，例如以紅豆和寒天為材料的水羊羹、酒饅頭、刨冰等。酒饅頭是當店名物，利用了麴將小麥發酵，由於過程跟釀酒的發酵工序相似，因此饅頭會散發酒香。此外，店家特地使用優質的日光天然水製成刨冰，口味豐富，可配搭多種醬汁，例如士多啤梨醬、煉奶、抹茶、黑糖等。刨冰綿滑細膩，入口即溶，僅於4月~11月提供，是夏天不可或缺的甜品。

▲湯沢屋茶寮。

▲刨冰配士多啤梨醬及煉奶，￥850(HK$62)。(攝影：Kate)

INFO
🏠 栃木県日光市下鉢石町946
🚉 東武鐵道「東武日光」站下車，轉乘東武路線巴士Y、YK或C線(往「中禅寺温泉」或「湯元温泉」方向)的巴士，於「神橋」站下車，步行約2分鐘
🕐 10:00~16:00
☎ 0288-54-0038
🌐 www.yuzawaya.jp

咖啡×雜貨 Cafe & Gallery 仁右衛門 地圖 P.298

　　店家結合了咖啡與雜貨，讓客人在一個悠閒愜意的空間享受咖啡的同時，又可以選購可愛的日式雜貨。餐飲方面，這裏提供咖啡、茶和輕食，而大部分甜點、麵包，甚至果醬都是自家製的，可見店家非常用心。

▶店家外觀使用了簡單的木系裝潢。

INFO
🏠 栃木県日光市石屋町418-1
🚉 東武鐵道「東武日光」站下車，步行約5分鐘
🕐 10:30~17:00(冬季16:30關門)
📅 週三、每月第2及4個週四
☎ 0288-54-0382
🌐 www.niemon.net

日光市 中禅寺湖 鬼怒川及周邊

東武日光站周邊景點

日光物產手信店 八汐 地圖P.298

　　店家集結了許多栃木縣的特產、名物與手信，種類齊全，例如有日光名物生腐皮、士多啤梨口味的日式和菓子、檸檬牛奶口味的食品等手信。店鋪位於東武日光站附近，方便旅客於回程時購買手信，滿載而歸。

▲八汐。

▶店內集合了許多食品手信。

🏠 栃木県日光市松原町5-1
🚉 東武鐵道「東武日光」站下車，步行約1分鐘
🕐 09:30~18:00(根據季節而定)
🈺 不定休
☎ 0288-54-0632
INFO

遠近馳名的炸腐皮饅頭 さかえや 地圖P.298 人氣

　　日光的炸腐皮饅頭(あげゆばまんじゅう)非常有名，是此店獨家研製的美食，曾多次接受日本雜誌和電視台採訪報導，人氣十足。甜甜的紅豆餡加上腐皮，配上酥脆的炸皮，口感外酥內軟，味道甜中帶鹹。

(攝影：Kate)

◀店面不算起眼。

◀炸腐皮饅頭 (￥240，HK$15)，香噴噴的味道令人垂涎三尺。

🏠 栃木県日光市松原町10-1
🚉 東武鐵道「東武日光」站下車，步行約1分鐘
🕐 09:30~17:30
☎ 0288-54-1528
🌐 www.nikko-sakaeya.com
INFO

手信類型琳瑯滿目 水車物產店 地圖P.298

　　店家擁有60多年歷史，提供多種栃木縣或日光市限定的物品，例如日光彫(栃木縣的傳統雕刻工藝品)、日光東照宮的三猿及眠り猫等可愛擺設和陶器、檸檬牛奶的周邊手信、日光啤酒等，全部都跟這個地區有關，極具特色，在別的地方不易找得到。

▲水車物産店。

▶除了食品類手信，還有杯子、器具、裝飾品等。

🏠 栃木県日光市松原町10-8
🚉 東武鐵道「東武日光」站下車，步行約3分鐘
🕐 10:00~17:00，週六、日及假日09:00~17:00
☎ 0288-54-1595
🌐 www8.plala.or.jp/mizuguruma
INFO

精緻木製品 **Woodmocc** 地圖P.298

Woodmocc是一間木器店，主要提供讓小朋友安心玩樂的木製玩具、白木製品、日光彫等產品。其中某些產品的原材料為奧日光的橡木，非常珍貴。店內被木製品所包圍，感覺溫馨，其中一個角落更設成咖啡廳，提供咖啡、日式小點心等。此外，不定時會有展覽在這裏展出。

▶店面也是木建築。

🏠 栃木縣日光市松原町9-2
🚃 東武鐵道「東武日光」站下車，步行約1分鐘；或JR「日光」站下車，步行約3分鐘
🕐 09:30~17:00　　休 週三
☎ 0288-54-0404　　🌐 www.woodmocc.com　INFO

透心涼的日式刨冰 **日光茶屋 甘味処** 地圖P.298

日光茶屋是一間傳統和菓子店，主打日式刨冰，提供白桃、抹茶紅豆、士多啤梨口等多種口味。水是刨冰的亮點，店家使用了天然水，等水慢慢地結成晶瑩通透的冰，再經過刨冰機化成綿滑的冰。天然水帶有一點點清甜的味道，吃起來特別解渴消暑。

🏠 栃木縣日光市松原町253
🚃 東武鐵道「東武日光」站下車，步行約3分鐘
🕐 09:00~16:00　☎ 0288-53-2207　INFO

▲日光茶屋 甘味処。

奇幻的地底世界 **大谷採石場** 地圖大地圖

大谷採石場位於宇都宮市附近，開採作業從江戶時代中後期開始，挖出達20,000多平方米，礦山於1986年關閉，後重用為多元的展示空間，以大量燈光變換與裝置藝術展現不同風貌。不時會舉辦演唱會、戲劇表演、能樂表演等，還有人選擇在此舉辦婚禮。奇幻又神秘的空間亦是MV、廣告和電影的熱門拍攝地點，如日劇《勇者義彥和魔王之城》裡的地下城場面就是在這裡拍攝。大谷資料館裡展示從江戶中期至昭和34年的開採工具和相關用品，以及關於大谷採石場的變遷史。另外，地下深處氣溫偏低，即使夏天也會比較涼，進去前記得準備外套。

🏠 栃木縣宇都宮市大谷町909
🚃 在JR宇都宮站西口搭乘開往大谷・立岩巴士，車程約30分鐘；或在東武站前巴士站乘坐開往大谷・立岩方向的巴士，車程約20分鐘。然後在博物館入口下車，步行約5分鐘。
🕐 4月~11月9:00~17:00　（最後入館16：30）、1月2、3日10:00~16:00(最後入館15：30)、2月~3月9:30~16:30(最後入館16：00)
休 12月~3月每週二、12月26日~1月1日
💲 成人¥800(HK$47)、小學至初中¥400(HK$24)
☎ 028-652-1232
🌐 www.oya909.co.jp　INFO

▲大谷資料館內陳列着許多採石場現役時的物品。
（撰文：HEI 攝影：Tina & Fai）

▲採石場裡很有遊戲中地下城的感覺。

日光市　中禪寺湖　鬼怒川及周邊

11.2

歷經二萬年的湖泊

中禪寺湖
Lake Chuzenji

二萬年前，男體山火山爆發產生的熔岩形成了中禪寺湖。中禪寺湖海拔 1,269 米，湖水清澈，四周被群山圍繞，秋季的時候更會漫山紅葉，優美的湖光山色吸引了遊客慕名而來，是日本國內極具標誌性的高山湖。湖周邊有不少特色餐廳和溫泉旅館，還有獲譽為日本三大名瀑之一的華嚴瀑布、高地濕原戰場之原等自然景色，是讓人放鬆身心的好去處。

(圖文　Pak)

前往中禪寺湖的交通

 東武日光站 ━━ 東武路線巴士 Y、YK 或 C 線（往「中禪寺溫泉」或「湯元溫泉」方向）━━▶ 中禪寺溫泉站

約 45 分鐘．¥1,250(HK$84)

讓人感到放鬆的湖泊 中禪寺湖

 地圖P.297 MAPCODE 947 269 376*77

必到 賞紅葉

中禪寺湖位於男體山山麓、奧日光的入口位置，是由約2萬年前的男體山火山爆發而形成的，海拔1,269米高。由於氣候和煦，這裏曾經為許多外國人的避暑聖地。遊客除了可以沿着湖畔散步，還可選擇乘坐遊覽船悠閒地遊湖，非常愜意。由於位處高山，加上無污染的空氣，令視野十分清晰，到了秋天，湖四周滿佈紅葉，使中禪寺湖成為賞楓勝地。

▲中禪寺湖。

▲湖邊秋色。

▲可選擇乘坐遊覽船遊湖。

▲大鳥居。

▲▲秋天湖畔美景。(攝影：蘇飛)

🏠 栃木縣日光市中宮祠
🚃 東武鐵道「東武日光」站下車，轉乘東武路線巴士Y、YK或C線(往「中禪寺溫泉」或「湯元溫泉」方向)的巴士，於「中禪寺溫泉」站下車即達

日光市 中禪寺湖 鬼怒川及周邊

 湖畔食店推介

湖畔cafe コーヒーショップ スプーン
地圖P.297 MAPCODE 947 269 429*52

　　來到中禪寺湖，都一定被其美麗的湖光山色吸引。如果捨不得這個美景的話，不妨走進這間咖啡店，一邊享受美食，一邊欣賞百看不厭的湖景。這裏不但提供茶和咖啡，還有三文治、多士、意粉和咖喱飯等簡單的料理，顧客可以選擇靠着中禪寺湖的座位，看着使人心曠神怡的湖景，悠閒地享受下午茶。

🏠 栃木縣日光市中宮祠2478
🚃 東武鐵道「東武日光」站下車，轉乘東武路線巴士Y、YK或C線(往「中禪寺溫泉」或「湯元溫泉」方向)的巴士，於「中禪寺溫泉」站下車，步行約11分鐘
☎ 0288-55-0022

▲咖啡店。
◀靠湖的座位。

(撰文：Pak，攝影：蘇飛)

具神話色彩的高山濕地 戰場之原 推介

戰場ヶ原 MAPCODE 735 054 888*10

傳說眾山神為了爭奪中禪寺湖，曾經在一片海拔1,400米的高山濕地開戰，戰場之原便因而得名。既是濕地，在春天當然會一片亮眼的新綠，但戰場之原最著名的卻是秋景。到了秋天，這裏的樹木枯萎，葉子凋零，滿地的草也變成一片蒼涼，這一望無際的風光反而象徵了日本人所推崇的「枯之美學」，是絕對不能錯過的景色。

▲戰場之原。

▲甫下車會見到幾間餐廳和手信店。

▲秋冬時，草原會一片枯景。

▲草原上有步道。

🏠 栃木県日光市中宮祠
🚌 東武鐵道「東武日光」站下車，轉乘東武路線巴士Y或YK線(往「湯元溫泉」方向)的巴士，於「赤沼」站下車，步行約1分鐘

(撰文：Pak，攝影：蘇飛)

震撼人心的瀑布 華嚴瀑布 地圖P.297 MAPCODE 367 240 204*36 賞紅葉

▲華嚴瀑布。(攝影：Janice)

日光市周邊有多達48條瀑布，其中最具代表性的肯定是高達97米的華嚴瀑布。中禪寺湖水從高處傾瀉而下，流下山谷，十分壯麗。華嚴瀑布與和歌山縣的那智瀑布、茨城縣的袋田瀑布(P.316)並列為「日本三大名瀑」，壯觀得令人嘆為觀止。遊客可以搭乘電梯到瀑布的底部，近距離觀賞瀑布，感受澎湃的水勢。到了秋天，瀑布四周的山都轉了紅色，亦是日光必到的賞楓名所。

◄在售票處買票搭乘電梯，便可以直達瀑布底部。

🏠 栃木県日光市中宮祠2479-2
🚌 東武鐵道「東武日光」站下車，轉乘東武路線巴士Y、YK或C線(往「中禅寺溫泉」或「湯元溫泉」方向)的巴士，於「中禅寺溫泉」站下車，步行約4分鐘
🕐 12月~2月09:00~16:30，3月~11月08:00~17:00
💰 乘搭電梯收費(來回)：成人、中學生￥570(HK$40)，小學生￥340(HK$24)
📞 0288-55-0030 🌐 kegon.jp

擁有48個髮夾彎的車道 伊呂波坂 _{地圖 P.297}

賞紅葉 適合自駕

いろは坂 MAPCODE 伊呂波坂口 367 243 288*73

「伊呂波」是日文音節字母的古稱，而由日光地區通往中禪寺湖的車道之所以命名為伊呂波坂，是因為這裏總共由48條彎路組成，當中大部分都是巨型髮夾彎，就像日文有48個音節字母一樣。伊呂波坂分為第一坂和第二坂，兩條車道都採取單向行駛，前者是下坡路(由中禪寺湖往日光地區)，會途經**方等滝·般若滝展望台**(地圖P.297)；後者是上坡路(由日光地區前往中禪寺湖)，中途會經過明智平纜車站，遊客可以乘纜車上展望台觀景。

第一伊呂波坂　(坂長6.5km，有28個髮夾彎)

▲為保安全，車道旁都建有防護欄。

▲其中一個髮夾彎。

▲途經方等滝·般若滝展望台時，能同時觀望兩個瀑布。

▲秋季時，可順道觀賞路旁都楓葉。

▲ 2023 年第一伊呂波坂下坡路開通了一段約 200 米的音樂道路，汽車以 40 公里時速行駛時可以聽到約 20 秒的音樂聲。

第二伊呂波坂　(坂長9.5km，有20個髮夾彎)

▲從導航可見車道有多曲折。

🏠 栃木縣日光市細尾町深沢709-5
🚌 從伊呂波坂口駕車約12分鐘；或於東武鐵道「東武日光」站轉乘東武路線巴士Y、YK或C線(往「中禅寺溫泉」或「湯元溫泉」方向)的巴士，於「明智平」站下車即達(兩種交通方法都會途經伊呂波坂)

Tips!

《頭文字D》裏的伊呂波坂
與榛名山路 (P.292) 一樣，伊呂波坂同樣是《頭文字D》的取景地，主角藤原拓海曾經在 Third Stage 劇場版與兩個對手在這裏上演一場龍爭虎鬥。驚險而帶有傳奇色彩的車道吸引了很多車手前來朝聖！

(撰文：Pak·攝影：蘇飛)

11.3

秘湯之鄉

鬼怒川、下今市站
Kinugawa

鬼怒川位於栃木縣中部，是一個相對較少觀光客到訪的溫泉鄉，觀光景點不多，到訪的人主要是為了浸溫泉。鬼怒川溫泉起源於江戶時代，溪谷沿岸有許多溫泉酒店及旅館。大部分溫泉都面朝鬼怒川溪谷，某些旅館更設有露天風呂，惬意的氣氛使人流連忘返。鬼怒川適合想要避開人潮洶湧的旅遊勝地、喧擾嘈雜的大城市的旅客，享受靜謐質樸的「秘湯」，安靜地度過屬於自己的旅行時光，建議觀光日數為 1~2 天。

△鬼怒川溫泉站。

◀站前有一個免費的足湯。

前往鬼怒川的交通

浅草站 ── 東武鐵道鬼怒川溫泉線‧約 2 小時‧¥2,890(HK$212) ──▶
鬼怒川溫泉站

新宿或池袋站 ── JR 東武直通特急列車‧約 2 小時 10 分鐘‧¥4,000(HK$293) ──▶
鬼怒川溫泉站

鬼怒川景點

親身體驗江戶時代 日光江戶村 地圖 P.297

MAPCODE 367 443 688*01

　　日光江戶村是一個以江戶時代為主題背景的樂園。這裏佔地廣闊，村莊分為5個區域，分別為通往江戶的道路、旅館城鎮、市場區、武士住所及忍者村，重現了江戶時代的街景風貌。村內的工作人員均扮演為村民、忍者、武士和藝妓等角色，以互動的方式讓遊客了解400多年前江戶時代的一切。村內也會上演各種劇場，例如忍者動作劇及日式喜劇等。

▶日光江戶村。(攝影：Debby)

- ⌂ 栃木県日光市柄倉470-2　○ 3月~11月09:00~17:00，12月~3月09:30~16:00　☎ 0288-77-1777
- 🚌 東武鐵道「鬼怒川溫泉」站下車，到鬼怒川溫泉巴士轉乘乘搭3號乘搭往「日光江戶村ゆき」方向的巴士，車程約15分鐘，到總站下車即達
- 💰 全天票：成人¥5,800(HK$341)，長者¥4,700(HK$276)，兒童¥3,000(HK$176)，5歲或以下免費；午後票(14:00後入場，冬季13:00後入場)：成人¥5,000(HK$294)，長者¥4,000(HK$235)，兒童¥2,600(HK$153)，5歲或以下免費
- ✗ 週三、1月16日~31日　🌐 edowonderland.net
- 巴士時間表：www.nikko-kotsu.co.jp/rosen/klnugawa.html

INFO

走在橋上感受鬼怒川風光 鬼怒楯岩大吊橋 地圖 P.297

MAPCODE 367 565 102*81

　　在鬼怒川溫泉站附近的大吊橋，全長140米，是一條行人專用的吊橋步道。走在高約40米的吊橋上，一邊散步一邊觀賞大吊橋下方鬼怒川雄奇瑰麗的景色，明媚風光盡收眼底。鬼怒川的水流湍急，氣勢非凡，偶爾更會看到下方有遊客乘船經過。

- ⌂ 栃木県日光市鬼怒川溫泉大原1436
- 🚌 1.「淺草」站出發：乘搭東武鐵道到「鬼怒川溫泉」站，車程約2小時10分鐘，車費¥2,990(HK$219)；「新宿」或「池袋」站出發：乘搭JR東武直通特急列車直達「鬼怒川溫泉」站，車程約2小時10分鐘，車費¥4,000(HK$293)
  2. 東武鐵道「鬼怒川溫泉」站下車，步行10分鐘

INFO

◀從大吊橋俯瞰下去的山水景色。

▲鬼怒楯岩大吊橋。

(攝影：Kate)

下今市站周邊景點

冷門拍照景點 杉並木街道 地圖 P.297

MAPCODE 132 790 152*71

　　杉並木街道總長37公里，兩旁約有12,000多棵樹，杉木高約30米。樹木並排而立，畫面非常壯觀。杉並木街道離其他著名觀光景點較遠，是一個冷門景點。這裏不只遊客少，沿路也偶爾才會遇上幾位正在散步的當地人，更顯得環境恬靜舒適。

▲街道兩旁的杉木構成了不錯的拍攝畫面。

- ⌂ 栃木県日光市森友713
- 🚌 東武鐵道「下今市」站下車，步行約17分鐘；或東武鐵道「下今市」站下車，步行約3分鐘到「下今市」巴士站，轉乘前往「宇都宮」站西口方向的巴士，於「七本桜」站下車，步行約3分鐘
- 🌐 巴士資料：http://kantobus.info/fromto/result/?from_type=B&from_no=85&to_type=B&to_no=82&f_from_type=1&f_from=%E4%B8%8B%E4%BB%8A%E5%B8%82&f_to_type=&f_to=%E4%B8%83E6%9C%AC%E6%A1%9C&f_genre=

INFO

日光市　中禪寺湖　鬼怒川及周邊

311

神奈川縣
靜岡縣
富士五湖
長野縣
群馬縣
栃木縣
茨城縣
埼玉縣
千葉縣

隱藏於街巷的咖啡店 日光珈琲

地圖P.297　MAPCODE 132 791 317*87

　　咖啡店位於不起眼、名為玉藻小路的小巷中，由一間廢置的古民家改建而成，改寫了這幢建築的命運。這裏的氣氛悠閒，老房子溫暖的質感讓人感到安心。店家使用當地食材，例如野菜、豚肉、醬油、雞蛋等，連咖啡亦使用了日光天然水。每一杯咖啡均為店家手沖，咖啡豆亦是即磨，能夠更準確地體現咖啡豆本身的味道。

▲咖啡店位於玉藻小路中。

◀店員正在專注地沖咖啡。

◀咖啡杯旁邊的濕紙巾包裝十分可愛，圖案分別是男體山、女峰山及神橋等日光著名景點。

▲店內設計以木系風格為主。

◀ Business Lunch，附主食豚肉法國可麗餅(さつきポークの具だくさんガレット)及飲品，¥1,728(HK$126)。

🏠 栃木県日光市今市754 金次郎長屋
🚃 東武鐵道「下今市」站下車，步行約5分鐘
🕙 11:30~19:00
🚫 週一、每月第1及3個週二
📞 0288-22-7242
🌐 nikko-coffee.com/shop/tamamokouji

INFO

享受小江戶的氣圍 蔵の街遊覽船

便攜大地圖

　　栃木市在江戶末期至昭和初期通過巴波川與首都江戶進行船舶貿易，成為北部關東地區商業城市之一，發展出繁榮興盛的批發城鎮。後期因鐵路開通，船運逐漸衰落，現在巴波川上的船以觀光遊覽船為主。木船順流而下，乘船時間約為30分鐘，期間船夫會通過「栃木河岸船頭唄」介紹栃木和巴波川的歷史。春季時會舉行「うずまの鯉のぼり」，懸掛1,151根鯉魚旗，木船會在色彩斑斕的鯉魚旗中穿梭，好不漂亮。

另外，8月上旬舉行蔵の街夏祭，巴波川沿岸擺設紙燈籠，燈火映照河水，又是另一番美景。

▲還有一些小夥伴陪你一起遊船！

▲乘船所內有小商店和陳設可在等船時看看。

▲岸側可見充滿情調的街景。

🏠 栃木県栃木市倭町2-6 蔵の街遊覽船待合處
🚃 JR栃木站下車，步行約10分鐘
🕙 3月~11月 10:00~16:00(最後入場 15:50)，12月~2月
　　10:00~15:00(最後入場 14:50)
🚫 年頭年尾、天氣惡劣時
💰 成人(初中或以上) ¥1,000(HK$59)，兒童(小學生)
　　¥700(HK$41)
📞 0282-23-2003　🌐 www.k-yuransen.com

INFO

（撰文：HEI 攝影：Tina & Fai）

Part 12

茨城縣
Ibaraki

茨城縣位於東京都的東北面，縣的東邊緊貼太平洋，氣候和暖，是一個自然環境與都市並存的地方。茨城縣北部擁有山岳和峽谷，衍生了瀑布和溪谷等自然景觀；而東岸臨海，不但有豐富的海洋資源，地靈人傑的環境更造就了東部城市日立市成為科學基地。水戶市是茨城縣的首府，市內的中心地帶保留了一大片綠地；還有南部的佛教象徵牛久大佛，以及購物必到的阿見 Premium Outlets……每個地區都體現了自然、人文、現代都市一同發展的特色。

茨城縣觀光協會：www.ibarakiguide.jp

(本章節撰文：Pak，攝影：蘇飛)

茨城縣內交通

茨城縣內的主要交通工具為茨城路線巴士，遊客只要在主要鐵路站轉乘巴士，就能到達縣內的多數景點。

茨城路線巴士

茨城路線巴士由茨城交通公司營運，提供多條遍及茨城縣中央、北部及東岸的日常巴士路線，基本上各條常用路線都覆蓋了縣內的主要鐵路站和景點，遊客乘搭 JR 後，就能轉乘巴士到各個景點遊覽。茨城交通的官網有一個檢索系統，只要在系統上搜尋計劃遊覽的地區、出發的巴士站或巴士路線，就能知道路線的時刻表。

029-251-2331
www.ibako.co.jp/regular
檢索系統：bus.ibako.co.jp/route

INFO

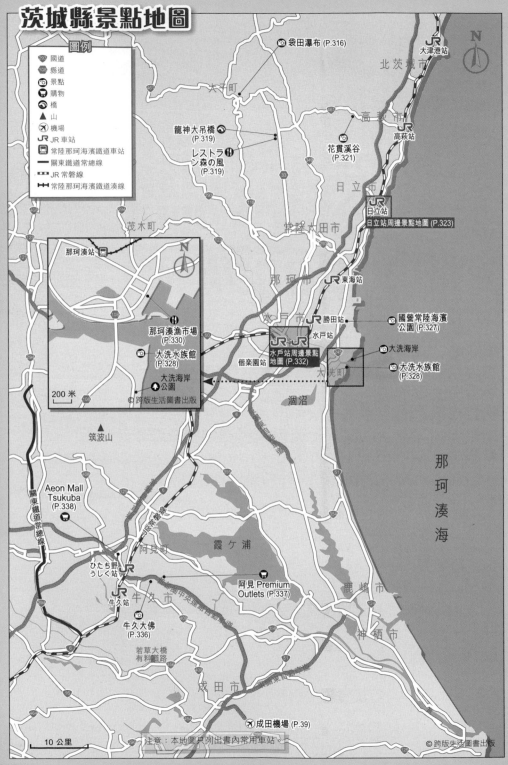

茨城縣景點地圖

圖例

- 國道
- 縣道
- 景點
- 購物
- 橋
- 山
- 機場
- JR 車站
- 常陸那珂海濱鐵道車站
- 關東鐵道常總線
- JR 常磐線
- 常陸那珂海濱鐵道湊線

袋田瀑布 (P.316)

北茨城市

JR 大津港站

高萩市

JR 高萩站

龍神大吊橋 (P.319)

レストラン森の風 (P.319)

花貫溪谷 (P.321)

日立市

常陸太田市

JR 日立站
日立站周邊景點地圖 (P.323)

茂木町

那珂市

JR 東海站

那珂湊站

那珂湊漁市場 (P.330)

大洗水族館 (P.328)

大洗海岸公園

200 米

©跨版生活圖書出版

水戶市

JR 勝田站

國營常陸海濱公園 (P.327)

JR 水戶站

水戶站周邊景點地圖 (P.332)

偕樂園站

大洗町

大洗海岸

大洗水族館 (P.328)

涸沼

筑波山

Aeon Mall Tsukuba (P.338)

關東鐵道常總線

阿見町

霞ケ浦

阿見 Premium Outlets (P.337)

那珂湊海

鹿嶋市

ひたち野うしく站

牛久站

牛久市

牛久大佛 (P.336)

神栖市

若草大橋有料道路

成田市

成田機場 (P.39)

10 公里

注意：本地圖只列出書內常用車站。

©跨版生活圖書出版

12.1

世界級的自然風景

茨城北

茨城北指的是常陸太田市以北的茨城縣地區，這裏有延綿不絕的山峰，形成了瀑布和溪谷等自然美景，一年四季前往都能看到不同的絕美風光，例如有享負盛名的袋田瀑布，這條磅礡的瀑布會於冬天結冰，遊客屆時就可一睹冰瀑這罕見的風景；還有紅葉勝地花貫溪谷，流水搭配楓紅的景致猶如童話書的場景，每年都吸引了許多人慕名前往……即使山、瀑布和峽谷等景物並不罕見，但茨城北擁有的這些景物卻能帶給人震撼的感覺，是不能錯過的絕美風光。

前往茨城北的交通

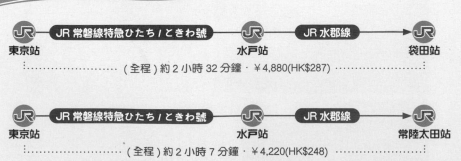

東京站 → JR 常磐線特急ひたち / ときわ號 → 水戶站 → JR 水郡線 → 袋田站
（全程）約 2 小時 32 分鐘．¥4,880(HK$287)

東京站 → JR 常磐線特急ひたち / ときわ號 → 水戶站 → JR 水郡線 → 常陸太田站
（全程）約 2 小時 7 分鐘．¥4,220(HK$248)

日本三大瀑布之一 袋田瀑布

地圖P.314、317~318

賞櫻
賞紅葉

MAPCODE 379 633 378*83

袋田瀑布由四段段差組合而成，流水倚着寬闊的岩石傾瀉下來的時候，有如一塊塊白絲製成的水簾，震撼的畫面令瀑布獲得日本三大名瀑的美名。此外，袋田瀑布還有「四度瀑布」的別稱，除了因為瀑布分為四段，還因為它在四季都呈現了不同美感，春、秋兩季分別有櫻花和紅葉襯托，而冬季時瀑布還會整條結冰，看上去會覺得時光停頓了，散發着一種罕見的浪漫之美。

◀這條隧道是瀑布入口。

◀遊客必須乘電梯到瀑布的展望台。

◀在隧道中央有一個露天觀景台，放着「戀人之聖地」雕像。

◀在第2觀瀑台能清楚看到磅礴的瀑布，遊客都爭相拍照。

◀踏上峽谷間的吊橋。

◀在吊橋回望第1觀瀑台。

◀還能遠眺峽谷美景。

◀在瀧見茶屋可以休息一下、吃點東西，坐在茶屋靠滝川的座位欣賞美麗的紅葉景致。

◀紅葉景色襯托着瀑布。

🏠 茨城縣久慈郡大子町袋田3-19
🚃 JR「袋田」站下車，轉乘茨城巴士袋田の滝線，於「滝本」站下車，步行約9分鐘
🕐 5月~10月08:00~18:00，11月08:00~17:00，12月~4月09:00~17:00
💰 成人¥300(HK$22)，初中生或以下¥150(HK$11)
🌐 www.daigo-kanko.jp/fukuroda-falls.html

INFO

袋田瀑布遊覽路線圖 (全程約一小時)

© 跨版生活圖書出版

① 在管理事務所買門票(入口)。
② 步行穿過觀瀑隧道(隧道長276米,闊4米),途經戀人之勝地觀景台。
③ 在隧道盡頭是第1觀瀑台,再乘升降機上第2觀瀑台。
④ 第2觀瀑台有兩層,這裏是觀瀑台最高點,可以觀看整條瀑布。
⑤ 在觀瀑台下層沿旁邊的小路離開(注意,離開後不能重返),向山谷行,過吊橋。
⑥ 過了吊橋再行約5分鐘遊步道至滝見茶屋。
⑦ 離開瀧見茶屋沿小路步行約5分鐘返回溫泉街。

★ 袋田瀑布 店舖推介 ★

能買能吃的休憩處 依田屋

　　進入袋田瀑布的入口前,會先經過一排售賣特色土產和手信的店,當中以依田屋的規範較大。依田屋主要售賣各種土產和手作雜貨,也提供燒丸子、燒魚和蒟蒻等香口小吃。店內還有很多座位,遊客走到累了,可以進去點一碗麵慢慢吃,恢復體力才繼續行程。

- 🏠 茨城縣久慈郡大子町袋田185-1
- 🚌 JR「袋田」站下車,轉乘茨城巴士袋田の滝線,於「滝本」站下車,步行約6分鐘
- 🕐 09:00~17:00　　☎ 0295-72-3020

▲依田屋。

用心製作的蕎麥麵 双葉食堂

　　在双葉食堂門前經過,會透過玻璃看到師傅在廚房裏專注地打麵,這樣的情景吸引了很多遊客進內用餐。食堂提供的蕎麥麵是人手打製的,因此特別彈牙好味,配搭悉心炮製的天婦羅,成為了袋田瀑布區內頗具人氣的美食。如果未到醫肚的時間,也不妨在這裏買一盒手作蕎麥麵當手信。

- 🏠 茨城縣久慈郡大子町袋田183
- 🚌 JR「袋田」站下車,轉乘茨城巴士袋田の滝線,於「滝本」站下車,步行約4分鐘
- ☎ 0295-72-3217

▶正在打麵的師傅很引人注目。

Tips!

　　由於溫泉街大部分店舖都沒有可供外來車輛停泊的車位,建議自駕人士在旅館滝味の宿豐年万作外的大型停車場泊車(每天收費 ¥500,HK$37),然後繼續步行前往溫泉街和袋田瀑布入口。

▶旅館外的停車場。

袋田瀑布地圖

N

圖例
P 停車場
❂ 警局
▲ 山
JR站 巴士站
JR站 JR車站
JR水郡線 JR水郡線

國道
縣道
景點
住宿
食肆
橋
購物

© 跨版生活圖書出版

生瀬瀑布

🏨 管理事務所 (售票處)(P.317)
🏨 袋田瀑布 (P.316)

瀧見茶屋 (P.316)

月居観音堂
▲ 月居山

依田屋本店 (P.317)
雙葉食堂 (P.317)

悠久の宿
滝美館
瀧本屋本店

瀧味の宿
豊年万作

滝見橋

瀧本站

みらんど袋田

袋田温泉
思い出浪漫館

袋田温泉

大子警察署
袋田駐在所

北條館別館

200 公尺

JR水郡線

JR站
袋田站

齋藤鮮魚店

318

向着絕美景觀笨豬跳 龍神大吊橋

賞紅葉

MAPCODE 停車場 379 341 493*75

龍神大吊橋全長446米，高100米，是日本本州最長的吊橋。大橋橫跨龍神水庫，兩端有巨型龍的壁畫，宛如在水庫山谷上的龍，極具氣勢。站在吊橋上，能飽覽壯麗的峽谷、水庫風景，不少人更會趁着秋季前往，俯瞰染上了紅黃橘的山谷。如果不滿足於觀景，可以參加「笨豬跳」這項刺激活動，從建於吊橋底部的高台上向着絕美的峽谷一躍而下，保證你能充分感受到大自然的鬼斧神工！

►大橋入口有物產店和餐廳。

►沒入雲霧的大橋。

▲龍神大吊橋。

◄畫，圖為橋尾的壁畫。►大橋兩端都有龍的壁

◄站在橋上可俯瞰溪谷美景。

🏠 茨城縣常陸太田市天下野町 2133-6
🚆 JR「常陸太田」站下車，轉乘茨城巴士「入合行」或「馬次入口行」路線，於「竜神大吊橋」站下車
🕐 08:30~17:00
💰 成人￥320(HK$23)、初中生或以下￥210(HK$15)、笨豬跳收費￥19,000(HK$1,118)
🌐 ohtsuribashi.ryujinkyo.jp
預約笨豬跳：www.bungyjapan.com/ryujin/

▲還能見到水壩。

一邊看橋一邊品嘗手打蕎麥麵 レストラン森の風

必吃

MAPCODE 379 341 520*57

若難以忘懷龍神大吊橋的氣勢，不妨來這間在大橋入口旁有手信店和鄉土料理餐廳。餐廳的窗邊座位能看到大吊橋，顧客可以一邊感受吊橋的宏偉，一邊用餐。這裏的食物都以當地食材烹調，烹調的手法則充滿住家風味，當中最受歡迎的是手打蕎麥麵，因為麵條是手打的，吃起來特別爽口彈牙，充滿蕎麥的香味。店鋪下層是手信店，用餐後還可以逛街購物呢！

▲店鋪上層是餐廳，下層是手信店。

▲手信店售賣各種當地特產。

►玻璃，可以接近落地大吊橋和溪谷美景。►一些座位可以看到龍神

▲店內的環境洋溢着家常氣氛。

🏠 茨城縣常陸太田市天下野町2133-6
🚆 JR「常陸太田」站下車，轉乘茨城巴士「入合行」或「馬次入口行」路線，於「竜神大吊橋」站下車
🕐 11:00~15:00　☎ 0294-87-0777
🌐 ohtsuribashi.ryujinkyo.jp/gourmet/menu.html

▲燒肉定食 (￥1,100，HK$73)。

►天婦羅蕎麥麵 (￥1,350，HK$79)。

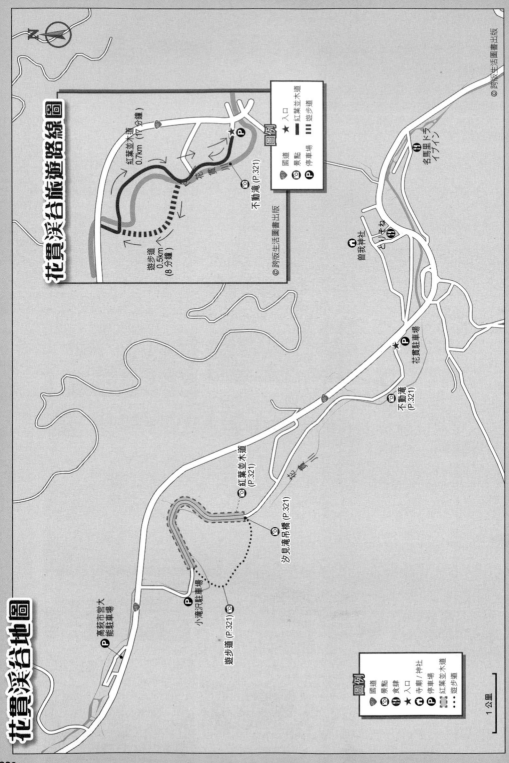

花貴渓谷旅遊路線圖

圖例
- 景點 ★ 入口
- 國道 ━ 紅葉並木道
- P 停車場 ⋮⋮⋮ 遊步道

紅葉並木道 0.7km（17分鐘）
遊步道 0.5km（8分鐘）

花貴川

不動滝（P.321）

©跨版生活圖書出版

曽我神社

名馬里ドライブイン

そば・きね

花貴駐車場

★ P

不動滝（P.321）

花貴川

紅葉並木道（P.321）

汐見滝吊橋（P.321）

花貴渓谷地圖

高萩市営大能駐車場 P

小滝沢駐車場 P

遊步道（P.321）

圖例
- 景點 ★ 入口/神社
- 國道 ⓗ 寺廟/神社
- 食肆 P 停車場
- ⋮⋮⋮ 紅葉並木道
- ⋯ 遊步道

1公里

©跨版生活圖書出版

走進山林呼吸清新空氣 花貫溪谷 地圖P.314、320 賞紅葉

mapcode 379 539 697*48

要數茨城縣內最著名的賞楓名所，花貫溪谷必定榜上有名。溪谷沿着花貫川而形成，內有一條有遊步道，沿途會見到大大小小的水潭和瀑布，讓人呼吸到遠離煩囂的清新空氣。於紅葉期前往溪谷，更可見到一片楓紅，紅葉會茂密得令人感覺自己被深淺不同的火紅色整整地包圍着，是難得一見的絕美景觀。

▲有攤檔趁着紅葉期在溪谷擺賣。

不動滝

◄▲不動滝就在入口處。

紅葉並木道
►紅葉並木道，走入紅黃葉的世界。

►楓紅處處。

汐見滝吊橋
▲吊橋橫跨花貫川，兩旁都能觀賞到紅葉美景。

▲過了吊橋就是遊步道入口。

遊步道
►遊步道不長，但充滿木樹森林的原始味道。

🏠 茨城縣高萩市中戶川大能
🚃 JR「高萩」站下車，轉乘的士，車程約25分鐘
INFO

12.2

地靈人傑的向海城市

茨城東岸

茨城東岸區域面向太平洋，除了有一望無際的海景外，還有豐富的海洋資源。遊客來到這裏，可以到那珂湊漁市場品嘗新鮮的海產，也可前往國營常陸海濱公園看看延綿不絕的花海，一次過滿足吃、喝、玩、樂的願望。此外，區內的日立市是日本的科技基地，還有大洗海岸的自然美景，一邊吹着海風，一邊漫步散策，彷彿能感受到臨海城市地靈人傑的氣息。

前往茨城東岸的交通

東京站 | JR 常磐線特急ひたち / ときわ號・約 1 小時 34 分鐘・¥4,880(HK$287) | 日立站

茨城東岸交通

 東海站 —— JR 常磐線 —— 勝田站 —— 常陸那珂海濱鐵道湊線 —— 那珂湊站

(全程) 約 31 分鐘・¥550(HK$40)

日立站周邊景點地圖

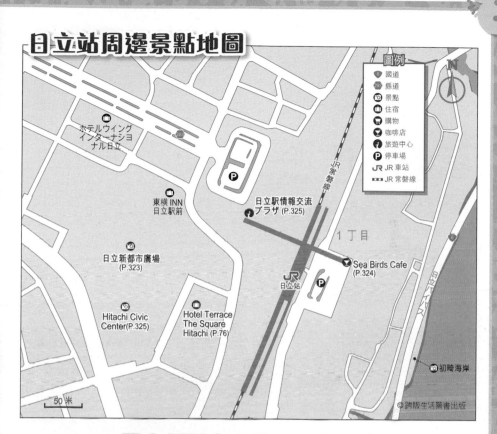

圖例
- 🔵 國道
- 🔴 縣道
- 📷 景點
- 🏨 住宿
- 🛍️ 購物
- ☕ 咖啡店
- ⓘ 旅遊中心
- Ⓟ 停車場
- JR JR 車站
- ▪▪▪ JR 常磐線

ホテルウイング インターナショナル日立

東橫 INN 日立駅前

日立駅情報交流プラザ (P.325)

1丁目

日立新都市廣場 (P.323)

Sea Birds Cafe (P.324)

JR 日立站

Hitachi Civic Center(P.325)

Hotel Terrace The Square Hitachi (P.76)

初埼海岸

50 米

© 跨版生活圖書出版

茨城北
茨城東岸
水戶市
阿見

日立與日製 日立新都市廣場
 地圖P.323

　　提到日立(Hitachi)，也許你最先想到的是日本著名電器品牌Hitachi，然後才會想到日立市，原來兩者是真的有淵源的。日立市早期因日立礦山的開採活動而逐漸繁榮起來，當時久原房之助便以礦山為據點，成立日立製作所。為免混淆，當地市民會稱日立製作所為「日製(にっせい)」，城市為「日立(ひたち)」。當城市和企業都逐漸發展起來，政府便在市中心興建日立新都市廣場，紀念這段日立市與日立製作所的合作關係，還樹立了和這段歷史相關的石碑。

▲ 日立新都市廣場。

◀ 廣場的石碑。

📍 茨城縣日立市幸町1-18
🚉 JR「日立」站下車，步行約5分鐘

INFO

浮在半空的絕景咖啡店 Sea Birds Cafe

地圖P.323

人氣

地圖P.323

Sea Birds Cafe是日立站伸延至海邊的部份，被稱為日立站的絕景天空Café，是一間打卡必到的咖啡店。店鋪和日立駅一樣採用落地玻璃設計，而且是居高臨下的，坐在窗邊的座位就能夠欣賞到一望無際的太平洋海景，景觀一流。咖啡店除了提供蛋糕、沙律和飲品等輕食外，還有意粉和漢堡包等正餐，味道頗有水準。美景加上美食，乍聽已經吸引，因此門外經常大排長龍！

神奈川縣
靜岡縣
富士五湖
長野縣
群馬縣
栃木縣
茨城縣
埼玉縣
千葉縣

▲從外面看過去，咖啡店像一個凌空的玻璃盒。

◀夜景就更像在天空漂浮。

▶坐在靠海的座位能看到一望無際的海景。

▲店內的環境。

▼ Blue Crab Pasta（￥1,350，HK$79）。

▲向海的坐位。

◀Seabirds Cobb salad（￥1,050，HK$62）。

茨城県日立市旭町1-3-20
JR「日立」站下車，從東口步行約1分鐘
07:00~22:00
0294-26-0187
seabirdscafe.com
INFO

日立市地標 Hitachi Civic Center

日立シビックセンター

這座建築物是一座市政綜合大樓，集圖書館、科學博物館、音樂廳、天文館和會議室於一身，是當地市民消閒的基地。在這裏，除了可以感受文化和藝術氣息，還可以觀看定時放映的天球劇場，學習天文知識。此外，每逢聖誕節，建築物外的新都市廣場(P.323)都會舉行光影表演，以燈光在外牆畫上一幅幅美麗的畫，極具節日氣氛。

🏠 茨城縣日立市幸町1丁目21-1
🚇 JR「日立」站下車，從中央口步行約3分鐘
🕐 09:30~22:00，科學館09:00~17:00
🚫 每月最後一個週一(如遇公眾假期會照常開放)、12月28日至1月4日
💲 科學館、天球劇場入場費成人￥750(HK$44)、中小學生￥300(HK$18)
☎ 0294-24-7711
🌐 www.civic.jp/center

▲建築物上有一個大型球體，十分易認。

搜羅平靚正手信 日立駅情報交流プラザ

ぷらっとひたち

若然經過這間觀光情報交流所，千萬不要過門不入，因為它也是一間售賣當地特產的商店，提供多種極具特色的零食小吃和紀念品，遊客可以在此選購手信，絕對能滿載而歸。當然，既説是情報交流所，遊客還可以向職員咨詢市內的旅遊情報，索取旅遊小冊子。

▲館內售賣的特產琳琅滿目。

▲交流館就在日立站入口旁邊。

▲ 櫻花餅一盒 ￥900 (HK$66)。

🏠 茨城縣日立市幸町1-1-2
🚇 JR「日立」站下車，在中央口右轉即達
🕐 07:00~19:00
☎ 0294-33-8103

▲日立市產的日本酒啫喱 (￥300，HK$22)。

茨城北

茨城東岸

水戶市

阿見

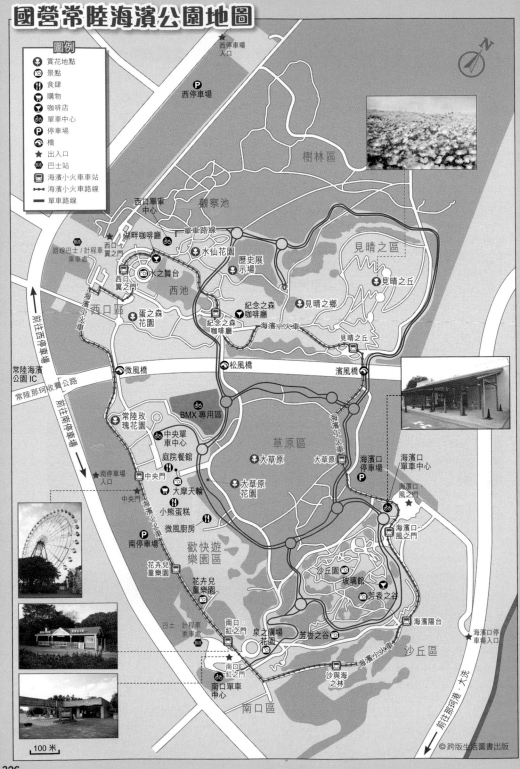

踏着單車看花海 國營常陸海濱公園 親子 人氣

地圖P.314、326　MAPCODE 47 236 610*18

▲不時見到有情侶踩着雙人單車在浪漫的花海中穿梭。

想拍一些被花海包圍的美照嗎?那一定要來這個海濱公園。這裏的面積接近200公頃,一年四季都有不同品種的花朵盛開,4至5月的時候,園內更會有450萬朵粉蝶花齊放,形成一片粉藍,被譽為一生人必看的絕景。還有7-10月紅綠色掃帚草亦非常受歡迎。要遊覽園區,最適合以單車代步,也可以乘坐海濱小火車繞園一周。除了賞花,這裏還有摩天輪、過山車和旋轉木馬等機動遊戲,既適合親子玩樂,也是情侶拍拖的好去處。

◄粉蝶花盛開的畫面。

◄繁花似錦。

◄芳香之谷內

◄被花海映襯着的摩天輪。

◄旋轉木馬和摩天輪。

▲遊客可選擇乘小火車遊覽公園(費用一天￥500,HK$37)。

▲►在遊樂園區內有森林過山車和海盜船等機動遊戲。

茨城北

茨城東岸

水戶市

阿見

賞花期

	賞花期	位置(地圖 P.326)
梅花	1-3 月	水仙花園 / 歷史展示場
水仙花	3-4 月	水仙花園
油菜花	4 月	見晴之鄉
鬱金香	4 月	蛋之森花園
粉蝶花	4-5 月	見晴之丘
虞美人草 / 姬金魚草	5-6 月	大草原花園
百日菊	7-9 月	見晴之鄉
掃帚草(毛球)	7-8 月(綠球)9-10 月(紅球)	見晴之丘
向日葵	8-10 月	見晴之鄉
蒲葦	8-10 月	大草原
秋櫻	9-10 月	大草原花園 / 見晴之丘
蕎麥花	9-10 月	見晴之鄉
玫瑰花	11 月	常陸玫瑰花園

⌂ 茨城県ひたちなか市馬渡字大沼605-4
🚌 JR「東海」站下車,在東口1號巴士站轉乘路線巴士,於「海浜公園西口」站下車即達,車程約30分鐘
🕐 3月~10月09:30~17:00(暑假期間延至18:00關門),11月~2月09:30~16:30
🚫 週二(如遇假期則延至翌日)、12月31日至1月1日、2月的第一個週一至週五(休園日詳見官網)
💲 入場費成人￥450(HK$33),初中生或以下免費,65歲或以上￥210(HK$15);兩日券成人￥700(HK$41),65歲或以上￥460(HK$27)
☎ 029-265-9001
🌐 hitachikaihin.jp

日本數一數二大型水族館 **大洗水族館**

地圖 P.314

親子

アクアワールド茨城県大洗水族館　MAPCODE 239 596 499*04

地圖 P.314

神奈川縣
靜岡縣
富士五湖
長野縣
群馬縣
栃木縣
茨城縣
埼玉縣
千葉縣

　　大洗水族館的規模在日本數一數二，除了像一般水族館設有巨型水槽和水母區外，還在不同水槽飼養各個海域獨有的生物，例如有沖繩海、紅海等，極富心思。提到海洋生物，就不得不提水族館的明星——翻車魚，這個深海巨無霸的水槽前經常聚集了很多人，還有企鵝、水豚等呆萌生物，也極受遊客歡迎。水族館還有兒童專區，小朋友可以在這裏親手接觸海膽和海星這類小型生物，還有各種遊樂設施，保證會令他們流連忘返。

◀大洗水族館。

▶巨型的水槽。

▶深海長腳蟹。

◀圓形的箱內飼養了美麗的水母。

▲可愛的花園鰻。

▲水族館明星，巨型翻車魚。

▶小朋友最愛的企鵝。

◀手信店有很多可愛的毛公仔。

▲水族館有瞭望台，可以看到大洗海岸。

⌂ 茨城県東茨城郡大洗町磯浜町8252-3
🚌 常陸那珂海濱鐵道湊線「那珂湊」站下車，轉乘茨城巴士50號，於「アクアワールド・大洗」站下車即達，車程約6分鐘
🕐 09:00~17:00　❌ 不定休(詳見官網)
💲 成人￥2,300(HK$135)，小學及初中生￥1,100(HK$65)，兒童(三歲或以上)￥400(HK$24)
☎ 029-267-5151
🌐 www.aquaworld-oarai.com

INFO

茨城北

茨城東岸

水戶市

阿見

★ 水族館美食及手信推介 ★

億萬年前的海洋化石 水族館手信店

海洋館內有多間手信店，除了售賣常見的海洋動物公仔、飾物外，還有其他水族館少見到的海洋生物化石和透明魚類標本，用來做手信，十分珍貴。

▲繽紛的海洋生物鎖匙扣
（￥500，HK$37）

▲難得一見的透明魚類標本
（￥4,320，HK$316）

▲海洋生物化石（￥1,080，HK$79）。

嘗大洗海鮮名物 すしの丸藤 推介

すしの丸藤是美食廣場內的名店，經常大排長龍。店鋪主要提供新鮮的魚生飯和壽司，還有大洗名物原隻蟹湯，只看餐牌就已經令人垂涎三尺。店家選用當地海產，魚生飯面鋪滿材料，當中的蟹肉飯鮮嫩多汁，質素絕不比海鮮名店遜色；而原隻蟹湯也十分足料，啖啖蟹肉的精華滲入了湯汁，性價比極高！

▲店鋪是美食廣場內的名店。

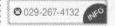
☎ 029-267-4132 INFO

▲原隻蟹湯（￥250，HK$18）和蟹肉飯（￥1,000，HK$73）。

必吃蟹鉗章魚燒 たこ焼き亭 必吃

在日本，章魚燒是一種隨處可見的美味小吃，那蟹鉗章魚燒你又吃過沒有？這間店專門製作這種口味獨特的章魚燒，圓咕碌的章魚燒上長了一條蟹鉗尾巴，外形十分可愛，吃下去的時候既嘗到彈牙的章魚粒，又吃到柔嫩的鮮甜蟹肉，是水族館內不能錯過的美食！

▶職員正在用心製作章魚燒。

▲每顆章魚燒都包裹着蟹鉗（6顆 ￥600，HK$44）。

不能錯過的漁港風情 那珂湊漁市場

 地圖P.314 推介

MAPCODE 47 026 351*12

▲漁市場內有一個開滿了餐廳的室內廣場。

茨城東岸是沿海地區，當然不能錯過品嘗新鮮海產的機會，那珂湊漁市場就是一個讓人大快朵頤的好去處。這裏的規模雖然不算大，但有齊餐廳、小吃店和市場，而且提供的海產全部都是鮮味十足的，適合喜歡吃海鮮和刺身的遊客。加上這裏環境整潔，店家叫賣間又洋溢着濃厚的人情味，絕對值得來感受純樸的海港風情。

◀室外則有很多攤檔擺賣新鮮海產。

◀當然不少得售賣海產串燒的店。

🏠 茨城縣ひたちなか市湊本町19-8
🚃 JR「勝田」站轉乘常陸那珂海濱鐵道湊線，於「那珂湊」站下車，步行約10分鐘
🌐 www.nakaminato-osakanai chiba.jp

INFO

★ 漁市場內食買推介 ★

海產特產集中地 ヤマサ水產お魚センター

這裏是魚市場內一幢頗為矚目的建築物，1樓是市場，除了售賣新鮮捕獲的海產外，還有各種冰鮮水產、海鮮乾物、漬物和零食小吃，有些更可以試吃，場內氣氛十分熱鬧。商店的2樓是餐廳，提供新鮮的海鮮丼、壽司和刺身，午飯時間吸引了很多顧客。

▲商店頂樓有明顯的黃色招牌。

不同種類的乾貨和漬物。

筒飯。

函館直送的魷魚

🏠 茨城縣ひたちなか市湊本町19-12
🕐 10:00~14:00，週六、日10:00~15:00
☎ 029-262-5201
🌐 www.yamasa-suisan.com

 INFO

品嘗鮮味壽司 海花亭

▲海花亭。

魚市場內有多間主要提供海鮮丼和壽司的餐廳，而海花亭可說是這裏的名店。店鋪提供各式握壽司組合，每款壽司的色澤粉嫩，一看就知十分新鮮；而海鮮丼亦毫不遜色，以木桶盛載滿滿的魚生，賣相精緻之餘，吃下口更是啖啖鮮味。這裏還提供烤物和炸物，不愛吃魚生的人也能嘗到新鮮的滋味！

◀地魚の姿揚げ（￥748，HK$42）。

◀店鋪人氣第一的那珂湊 浜の地魚にぎり（￥2,618，HK$174）。

🏠 茨城縣ひたちなか市湊本町19-8
🕐 11:00~17:15，週六10:30~18:15，週日10:30~18:15
🚫 週三 ☎ 029-263-0025
🌐 www.mare-thalassa.jp/kaikatei

 INFO

12.3

保育與發展並存的首府

水戶市
Mito

　　水戶市是茨城縣的首府，也是縣內的政治、經濟、文化重心。在 JR 水戶站下車，不但會經過大型的商場，繼續沿着河岸慢慢走，還會看到賞櫻勝地櫻川、風光明媚的千波湖，以及幕府時期建造的偕樂園，可見這裏不但重視商業發展，還保育了純樸的自然環境和珍貴的歷史古跡。

前往水戶市的交通

JR
東京站
→ JR 常磐線特急ひたち / ときわ號・約 1 小時 13 分鐘・¥3,890(HK$280) →
JR
水戶站

水戶市交通

　　由於水戶市的景點都集中於JR水戶站及JR偕楽園站附近，因此從JR站步行前往便能穿梭市內的主要景點。

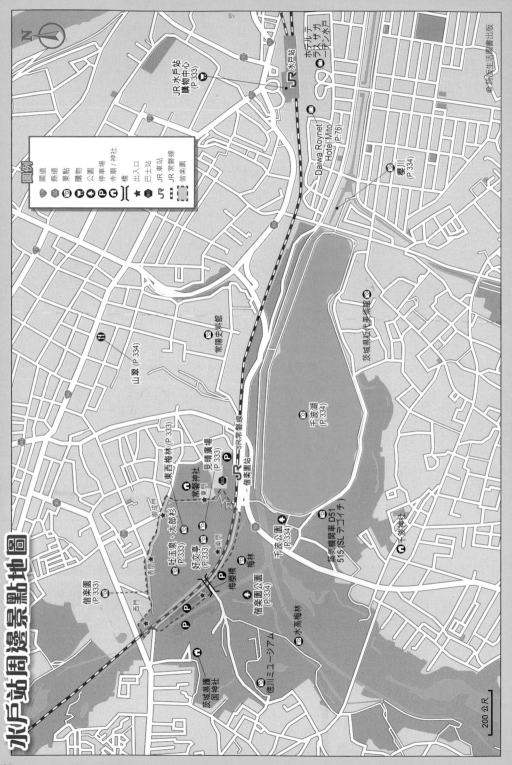

水戶站周邊景點地圖

圖例

國道　縣道　景點　購物　公園　停車場　寺廟 / 神社　橋　出入口　巴士站　JR 車站　JR 常磐線　偕樂園

JR 水戶站

水戶ルテ ラチ サガ 一チ ツ水戶

JR 水戶站購物中心 (P.333)

Daiwa Roynet Hotel Mito (P.76)

櫻川 (P.334)

常陽明史料館

山翠 (P.334)

偕樂園 (JR常磐線)

東西梅林 (P.333)

見晴廣場 (P.333)

常磐神社

好文亭 (P.333)

吐玉泉 (P.333)

偕樂園站

千波湖 (P.334)

茨城縣近代美術館

偕樂園 (P.333)

梅櫻橋

梅林

千波公園 (P.334)

蒸氣機關車 D51 515 (SL デ□イチ)

千波神社

德川ミュージアム

茨城縣護国神社

水高梅林

200 公尺

茨城北

茨城東岸

水戶市

阿見

五臟俱全的車站 JR水戶站 地圖P.332

JR水戶站並非只是普通的車站，也是一座很有規模的購物中心。這裏雲集了多間大型連鎖店店鋪，包括電器店BIC Camera、廣受遊客歡迎的遊戲機中心SEGA，以及著名美妝品牌excel等，還有多間餐廳和服裝店，遊客只要待在車站，就能一次過滿足飲食、消閒和購物的願望。

▲水戶站雲集多間大型商店。

▲▶還有多間食店。

▶ SEGA

⌂ 茨城縣水戶市宮町1　🚉 JR「水戶」站下車即達　INFO

日本三大名園之一 偕樂園 地圖P.332 賞梅 賞紅葉

偕樂園這名字源於不分階級的精神，當時的水戶藩藩主下令興建庭園後，在每月逢三和八的日子開放予平民使用，實行與眾同樂。這種精神一直流傳至今，偕樂園是日本三大名園中唯一免費入園的。這裏種了3,000株梅花，還有荻花和杜鵑等花，一年四季都吸引到大量遊客前往。庭園依山而建，園內有多條步道，最高點是見晴廣場。除了梅花，這裏還有吐玉泉、太郎杉及竹林等都值得一看！園內還有一座三層建築，名為好文亭，遊客登上頂樓後，能遠眺千波湖的美景，但要收費。

梅林
▶園內的梅林。

▲在梅櫻橋附近的園林十分清幽。

▶好文亭。

▶太郎杉：就在吐玉泉傍邊的步道有不少參天古樹，其中這棵800歲的雲松被稱為太郎杉。

太郎杉

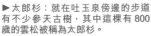

吐玉泉
▲吐玉泉：偕樂園內有天然的泉水，為了美觀在泉水上加裝了白色的大理石，看起來真的像泉水從石中吐出來。

⌂ 茨城縣水戶市見川1-1251
🚉 JR「偕樂園」站下車即達，或在「水戶」站北口4號車站轉乘茨城巴士，於「好文亭表門」、「偕樂園東門」或「偕樂園前」站下車即達
🕐 2月20日～9月30日 06:00～19:00，10月1日～2月19日 07:00～18:00；好文亭：2月20日～9月30日 09:00～17:00，10月1日～2月19日 09:00～16:30
☎ 029-244-5454
🌐 ibaraki-kairakuen.jp
INFO

坐擁美麗湖景的都市綠洲 偕樂園公園・千波公園 地圖P.332

千波公園與偕樂園相連，兩片綠洲合併後便合稱為偕樂園公園，是全世界第二大的都市公園。千波公園內的千波湖是由那珂川匯合而成的，面積甚廣，水淺而清澈，經常會看到黑、白天鵝在湖上悠閒地游泳。河邊綠草如茵，還會種上不同種類的大片花田，吸引了很多人來散步、野餐。

▲▶公園風景秀麗，繁花似錦。

🏠 茨城縣水戶市千波町3080
🚌 JR「水戶」站下車，在北口6號車站轉乘路線巴士，於「千波湖」站下車即達
INFO

河岸旁的櫻並木 櫻川 地圖P.332 賞櫻 賞紅葉

櫻川在水戶車站附近，來到這裏會感受到一陣由河岸吹來的涼風。到了春天，櫻川兩旁的櫻花樹就會爭相開花，遊客可以一邊沿着河岸漫步至千波公園，一邊欣賞櫻花，說不定還能看到櫻吹雪這個浪漫景象。

◀不少人會在櫻川河岸散步及踏單車。

🚌 JR「水戶」站下車，從南口步行約4分鐘，並沿河岸步行
INFO

元祖鮟鱇魚火鍋 茨城鄉土料理 山翠 地圖P.332

鱇魚火鍋是自江戶時代以來的平民料理，從前稱之為「吾子夜鍋」，相傳是為了等待出海捕魚的丈夫兒子回家而精心烹調的料理。山翠的鮟鱇魚火鍋以原始烹飪方法製作，使用茨城當地特產的烤味噌，保留鮟鱇魚的鮮味和口感，同時營造出獨特的香氣和濃郁的風味。鮟鱇魚最佳食用時期是10月至4月，而鮟鱇魚火鍋亦是冬季限定的餐單，另外傳統鮟鱇魚湯「漁師鍋どぶ汁」是需要事前預約的喔！

▲除了鮟鱇魚火鍋，山翠還提供各種簡單的套餐。

▲鮟鱇魚除了牙齒、眼睛和骨頭以外，所有部位都可食用，7個部位稱作「七つ道具」。

🏠 茨城縣水戶市泉町2-2-40
🚃 JR常磐線從上野站到水戶站下車，步行約15分鐘
🕐 午餐：11:30～14:00；晚餐：17:00～20:00
🚫 週二　☎ 029-221-3617
🌐 www.sansui-mito.com
INFO

（撰文：HEI，攝影：Tina & Fai）

12.4

關東最大特賣場

阿見
Premium Outlets

　　阿見 Premium Outlets 是關東地區最大型的特賣場，位於茨城縣南部、成田機場的北面，內有多達 150 間店鋪進駐，並設有完善的玩樂和飲食設施，是縣內規模最大的購物和消閒場所，能充分滿足遊客的購物慾望。此外，outlets 附近還有茨城縣內最高的建築物——牛久大佛，遊客可以順道前往參觀，也可進入大佛內部，在其體內俯瞰不一樣的風光。

前往阿見Premium Outlets的交通

東京站
JR 上野東京ライン線

荒川沖站
あみアウトレット路線巴士

あみプレミアム・アウトレット站

(全程)約 1 小時 49 分鐘，¥1,730(HK$122)

Tips!
從成田機場自駕前往阿見 Premium Outlets 也很方便，旅客可經由東關東高速公路及圈央高速公路駛至 Outlets，車程只需約半小時，在抵達或離開日本時先到 outlets 血拼一番，是不錯的選擇！

阿見Premium Outlets區內交通

要前往阿見Premium Outlets和牛久大佛，可分別在JR荒川沖站和牛久站下車，轉乘關東鐵道巴士前往。

關東鐵道巴士

關東鐵道巴士提供由JR荒川沖站前往阿見Premium Outlets(あみプレミアム・アウトレット站)，以及由JR牛久站前往牛久大佛(牛久大仏站)的巴士路線，以下是有關路線的時刻表：

來往JR荒川沖站及阿見Premium Outlets

「あみアウトレット」路線：

荒川沖駅東口出發	10:00、11:00、13:00、14:10、15:50、17:20、18:50、19:50、20:55	車費單程¥520(HK$31)

來往JR牛久站及牛久大佛

「牛久浄苑・牛久大仏行」路線：

牛久駅東口出發(去程)	09:00、11:05、13:00	車費單程¥680 (HK$50)
牛久浄苑站出發(回程)	10:00、12:00、14:30	

> **關東鐵道巴士**
> ☎ 029-822-3724　🌐 http://kantetsu.jorudan.biz　INFO

世界第三高佛像 牛久大佛 地圖P.314

▲居高臨下的大佛。

你知道茨城縣內最高的建築物是甚麼嗎？答案並不是甚麼高樓大廈，而是這座高120米的牛久大佛。大佛建於1989年，屬淨土真宗東本願寺派，是全世界第三高的佛像，吸引了很多人前來仰望和遠觀。此外，大佛內部分為5層，遊客可以進內參觀，看看有關佛教的畫作，還可體驗講經、寫經。

> 🏠 茨城縣牛久市久野町2083
> 🚌 JR「牛久」站下車，在東口2號巴士站轉乘「牛久浄苑・牛久大仏行」路線巴士，於「牛久大仏」站下車即達，車程約30分鐘
> 🕐 3月~9月09:30~17:00(週六、日及假期延至17:30關閉)；10月~2月09:30~16:30
> 💰 參拜及參觀大佛內部：初中生或以上¥800(HK$59)，小學生或以下¥400(HK$29)
> ☎ 029-889-2931　🌐 daibutu.net　INFO

關東最大特賣場 阿見Premium Outlets

あみプレミアム・アウトレット　**MAPLODE** 65 523 564*32

　　喜歡購物的你如果想找個地方「大開殺戒」，就一定要來阿見Premium Outlets。這裏是關東地區規模最大的特賣場，有多達150間店鋪進駐，當中包括廣為香港人熟悉的GAP、COACH和LEVI'S等，還有小朋友喜歡的森林家族玩具和LEGO。此外，這裏還有遊樂場，又有美食廣場，一家大小來待上一天也不過份！

▲ Outlets 的規模很大，設計古典。

▲ Outlets 入口。

▲ 多間店鋪的櫥窗都放了這類宣傳紙牌。

▲ Outlets 內的美食廣場。

★ 美食專輯推介 ★

必吃牛乳甜品 成田ゆめ牧場 👑推介

　　成田ゆめ牧場是位於千葉縣的觀光牧場，並出產各種乳製品，產品的質素極具保證。位於美食廣場的直營店提供以新鮮牛奶製成的雪糕和多士(過激な牛乳食バン)，兩者都有濃濃的奶香，而且口感柔順，過激な牛乳食バン更備受網民推崇，難得來到就絕不能錯過！

▶ 成田ゆめ牧場outlets的分店。

▶ 牛乳雪糕熱多士（小），￥480 (HK$35)。

▶ 可以在雪糕上面盡情淋上朱古力醬。

☎ 029-875-3143
🌐 www.yumebokujo.com　INFO

多款獨特口味章魚燒 築地銀だこ

　　築地銀だこ紮根於日本，分店則遍及香港、台灣等地，相信一眾章魚燒愛好者對這個品牌都不會陌生。位於outlets的分店沿襲品牌的傳統，提供各種的章魚燒口味多樣，例如有蛋沙津、明太子和芝士等獨特味道，大家逛街逛累了，不妨來吃幾顆章魚燒充充電！

▶ 大葱章魚燒（ねぎだこ），8顆￥680(HK$50)。

☎ 029-846-0295
🌐 www.gindaco.com　INFO

PART
12

神奈川縣

靜岡縣

富士五湖

長野縣

群馬縣

栃木縣

茨城縣

埼玉縣

千葉縣

意式美食 Pizzeria 1830

在Outlets歐陸風的裝潢映襯下，吃一頓豐富的西餐就最好不過。Pizzeria 1830專門提供各種意大利料理，餐廳製作的薄餅更贏得顧客一致口碑。若薄餅的份量太多，也可以嘗嘗賣相精緻的意粉，廚師的烹調手法和調味醬汁都配合得恰到好處，值得一試。

☎ 029-889-6720
🌐 www.stillfoods.com/1830

▲半熟蛋煙肉意粉 (￥1,380，HK$101)。

人氣中華拉麵 中華そば いちや

雖然這間店打着中華料理的招牌，但製作的拉麵加入了日本拉麵的元素，湯底不但可以選鹽味或醬油味，還加入了燒豚肉和炒野菜等配料，可說是中日合壁。除了拉麵外，餐廳還提供燒餃子、丼飯和炒飯，最適合醫治飢腸轆轆的肚。

◀店鋪外觀。

☎ 029-889-6701
🌐 www.ichi-ya.com/ichiya.html

▲玉子中華拉麵配餃子 (￥1,200，HK$88)。

滿足你一切購物需求 Aeon Mall Tsukuba 地圖 P.314

Aeon Mall Tsukuba是位於築波市的一間大型綜合購物中心，以AEON為中心匯聚多間專賣店，包括時尚品牌、藥妝、餐廳、電影院，如H&M、&choa!、魚こめ屋等，更有聚集多間食店的美食廣場。外部棟「West & East Village」亦進駐了不少人氣店鋪，有售賣戶外露營用品店和單車、電單車、二手汽車的商鋪，如Wild-1、SUZUKI等，也有多間咖啡店和餐廳，如ウエスト珈琲ハウス、Penny Lane等。

▲大型連鎖折扣店 LuckRack (ラックラック)。

▲Wild-1 店內有多樣的露營產品。

▲Penny Lane 洋式餐廳內外氛圍感十足。

🏠 茨城縣築波市稻岡66-1
🚃 JR常磐線荒川沖駅西口乘坐「イオンモールつくば」，車程約12分鐘，車費￥220(HK$13)，其他交通方法可參閱網站：tsukuba-aeonmall.com/static/detail/access-bus
🕐 10:00~21:00，餐廳：11:00~22:00，美食廣場：10:00~21:00，各區域營業時間各有不同，詳細參閱網站
☎ 029-836-8600
🌐 tsukuba-aeonmall.com

（撰文：HEI，攝影：Tina & Fai）

埼玉縣
Saitama

　　埼玉縣接鄰東京北部，屬首都圈縣份之一，相距東京都約30分鐘車程，擁有深厚歷史背景以及豐富森林和土地資源，大自然風光壯麗，農產品豐饒，出產如彩玉梨、晴王麝香葡萄、草莓等疏果，亦以工業、文化、藝術聞名，如「岩槻人偶」、「秩父絲綢」等都是自古傳承下來的傳統工藝。另外，埼玉縣作為交通中樞和休息站於江戶時代便活躍至今，是連接東北交通不可缺少的地區。

↖ 埼玉縣物產觀光協會：chocotabi-saitama.jp

（撰文：HEI）

13.1

埼玉縣的「小江戶」

川越
Matsumoto

(本篇圖文：HIM)

　　川越位於東京的東北部，埼玉縣中部，有「小江戶」之稱。川越在江戶時代到二戰前與東京關係十分密切，整個城市也發展起來，成為商業重要地區。川越得以保留過去的街道和建築，是因為這個城鎮最後沒有大規模開發。在車站附近的現代化大廈本身不算高和密。再多走5至10分鐘，猶如走進時光隧道，進入過去的大正時期，甚至是江戶時代。

　　在日本，有「小京都」之稱的地方有不少，但「小江戶」只有川越一個。如果你對東京的現代化不感興趣的話，不妨到遠一點的地區，例如川越，感受一下古日本吧！此外，離川越約2小時車程的鉄道博物館十分具規模，鐵道迷不容錯過！

前往川越市的交通

 池袋站 ── 東武鐵道東上線急行列車．約30分鐘．¥490(HK$34) ──▶ 川越市站

 西武新宿站 ── 西武鐵道新宿線急行．約57分鐘．¥520(HK$36) ──▶ 本川越站

　　川越景點內範圍較小，一般來說走路都可以。但是，你也可以選擇「小江戶巡迴巴士」或「小江戶景點周遊巴士」。

1. 小江戶巡迴巴士 (小江戶巡回バス)

　　循環線，駛經東武鐵道川越站、川越市站、西武鐵道本川越站、川越市蔵造老街、本丸御殿、喜多院等主要區域，再返回上述三個鐵路車站。

▶小江戶巡迴巴士復古車身。

- ⊙ 約10:35-17:00，每小時2至3班
- ⑤ 單程視乎距離而定，由¥100-200(HK$7-14)不等(小童半價)；全日套票¥500(HK$36，小童半價)
- ⊕ eaglebus.group/co-edo/

2. 小江戶景點周遊巴士(小江戶名所めぐりバス)

　　由東武鐵道經營。巴士從川越站3號候車處開出，所途經的地點和小江戶巡迴巴士大同小異，星期六、日及公眾假期9:40至11:45從川越站乘搭此巴士線，於下站「喜多院前」下車，該程車資全免。

　　決定搭乘東武鐵道前往川越的，可考慮在池袋站購買¥1,110(HK$65)「小江戶川越クーポン」，包括池袋與川越東武東上線來回，以及「小江戶景點周遊巴士」一天票，比分開購買便宜¥230(HK$16)。詳情：www.tobu.co.jp/odekake/ticket/kawagoe/koedo.html

- ⊙ 星期一至五1小時平均1班；星期六、日及公眾假期與巡迴巴士相若
- ⑤ 只有一天套票選擇(沒有單程收費)，¥400(HK$21)
- ⊕ www.tobu-bus.com/pc/area/koedo.html

3. 單車自助租借系統

　　川越區內單車自助租借設施分佈在不同地方，可在網站查閱租借或歸還的車站位置，而操作也十分簡單，下載手機app註冊會員後，在有HELLO CYCLING標誌的單車車站，登錄IC卡，輸入PIN碼解鎖單車，就可使用。

▶自助單車站。

- ⑤ 每15分鐘¥60(HK$4)，每24小時¥1,000(HK$59)
- ⊕ www.hellocycling.jp

保留大正年間的建築 **大正浪漫夢通り** 地圖P.342

`MAPCODE` 14 013 012*66

▲ 商店街有部分建築是大正年間流行的風格。

離開車站不遠處，就是大正浪漫夢街道。「大正」即大正年代，是大正天皇在位期間使用的年號：1912年至1926年之間。在這條商店街，你能看到一些大正年代流行的歐洲式風格建築，也可見到由江戶時代經營至今的老店。

⚐ 埼玉県川越市連雀町14-1
🚉 東武鐵道東上線川越市站，步行約20分鐘；或西武鐵道新宿線本川越站，步行15分鐘
🌐 www.koedo.com/

川越的地標 鐘樓(時の鐘) 地圖P.342 MAPCODE 14 013 371*33

　　鐘樓可謂是「小江戶」川越的標誌，於江戶時代已經建成，有傳是當時的藩主興建。鐘樓曾被數次燒毀和重建，現在保留的是 1894 年的模樣，但被換上機械零件的鐘，每天 4 次 (早上 6 時、中午 12 時、下午 3 時和 6 時) 發出聲響，被日本政府部門環境省選為 100 個可以聽到美妙聲音的地方之一。鐘樓下面有個出入口進出小神社。

埼玉縣川越市幸町15-7
www.city.kawagoe.sait
ama.jp/welcome/kankosp
ot/kurazukurizone/
tokinokane.html

▲鐘樓後面的小神社。

▲鐘樓為川越的重要象徵。

鐘樓旁的美食 田中屋 地圖P.342 MAPCODE 14 013 401*77 必吃

　　看過鐘樓後不要立即離開！你嗅到香味嗎？對了，是來自旁邊的田中屋。由老店主親手製作的燒糰子 (燒きだんご)，一串 4 粒只要 ￥80(HK$4)。對！看到店主燒得熱烘烘、香噴噴、用心製作的糰子，味道當然有保證。下次有機會再到川越，應該會繼續支持他！

▶筆者買了兩串きだんご，十分不錯，好吃！

埼玉縣川越市幸町15-9　　10:30-14:00
星期一 (如遇假期則順延至翌日)

▲田中屋外沒有特別的佈置和宣傳，如果你有留心的話，只看到右邊有「一本六十円」的字眼。

沉浸咖啡香氣和悠遠鐘聲 Starbucks川越鐘つき通り店

　　在川越鐘つき通り上的星巴克咖啡，店內外裝潢亦遵循該街道的傳統風貌，設計為純日式風格，外在以雪松木配以鋼架搭建成京町家的模樣，內裡是寬敞 地圖P.342
明亮的日式木系風格，吧台使用江戶黑漆喰和白漆喰，牆上裝飾大正末期至昭和初期創作的襖繪，木製座位織布則以川越唐棧製作。店後方還有一個和風花園和露台座位，讓來客充分感受到和洋融合的風情。

埼玉縣川越市幸町15-18
西武新宿線 本川越站下車，步行約19分鐘，東武東上線川越市站下車，步行約23分鐘
08:00 ~ 20:00　　不定期
049-228-5600　　bit.ly/46B0BP0

▲ Starbucks 彷彿穿越時空融入日本歷史中。

(撰文：HEI，攝影：蘇飛)

神奈川縣 靜岡縣 富士五湖 長野縣 群馬縣 栃木縣 茨城縣 埼玉縣 千葉縣

16間「蔵造」文化遺產 川越市蔵造老街 [地圖P.342]

川越市的老建築稱為「蔵造」，最早的蔵造可追溯至 1792 年，而川越一度有超過 200 座同類型的建築物，從高空便可望到蔵造屋林立的景象。由於 1893 年的大火，加上 1923 年的關東大地震，這類建築物所餘無幾，現今只餘下不多於 30 間。為了保留並傳揚這種建築風格，政府在 1982 年決定把其中 16 間列為文化遺產。這些建築物都集中在大街上，也稱為蔵造老街。

◀這條街有很多蔵造房屋。

🚩 埼玉縣川越市幸町
🌐 bit.ly/3XBxBmd

零食手信集中地 菓子屋橫丁 [地圖P.342] [MAPCODE 14 013 485*52]

這條街道早在江戶時代已經開始售賣零食，銷售對象為當時的江戶居民，但因為關東大地震，於昭和時期開始取代東京成為生產零食的重地，全盛時期有超過 70 家。今時今日，這個傳統仍然維持。現在橫丁約有 20 間商店，為其中一個旅遊點，買手信和小吃還是可以吃個飽！

▲菓子屋橫丁是售賣零食的街道。

◀「よしおか YA」是橫丁最古老的店鋪，零食種類繁多。

🚩 埼玉縣川越市元町
🚃 西武新宿線「本川越」站下車，步行約15分鐘
📞 049-222-5556
🌐 ch-han.chocotabi-saitama.jp/spot/20280

埼玉縣指定文化遺產 川越城本丸御殿 [地圖P.342] [MAPCODE 14 014 490*17]

川越也有自己防禦外敵的城堡，叫川越城，是太田道真和道灌父子於 1457 年下令建成的。城堡曾於 1639 年大幅擴張和維修，全盛時期總面積達 326,000 平方米。到了明治維新時期，政府下令拆除川越城，只保留城主居住地本丸御殿很少部分，御殿之後曾作煙草工場、武道場以及校舍。1967 年以後，御殿才成為埼玉縣指定的文化遺產，並開放給公眾參觀。

▲本丸御殿外貌。

◀小庭園。

◀房間內放了人物模型以重現當時面貌。

▲作為城主居所，環境會比較清幽一點。訪客可以坐下來慢慢欣賞風景。

🚩 埼玉県川越市郭町2-13-1
🕒 09:00-17:00(最後入場時間為16:30)
❌ 星期一、12月28日至1月4日、每月第4個星期五
💰 成人¥100(HK$7)，大學生和高中生¥50(HK$4)
🌐 www.city.kawagoe.saitama.jp/welcome/kankospot/hommarugotenzone/hommarugoten.html

地道購物去處 西武本川越PePe ← 地圖P.342

西武本川越 PePe 是一座與西武本川越站直接相連的購物中心，位置接鄰川越王子大飯店，內裡商店類型包括時裝精品、生活百貨、美食餐飲、文具精品等，例如「100圓商店」、「無印良品」、和菓子店「龜屋」，是一處十分親民貼地的購物商場，如忘帶日用品亦可考慮在此補購。

▶超市可買到新鮮的草莓。

▶位置十分便捷。

◀位處地下的超市。

○ 埼玉縣川越市新富町1-22
⊜ 1樓為西武新宿線本川越車站，從東武東上線川越市車站步行7分鐘，從JR線、東武東上線川越車站步行10分鐘
○ 10:00～21:00　☎ 049-226-7777
◉ www.seibu-shop.jp/honkawagoe/

（撰文：HEI，攝影：蘇飛）

聚會之選居酒屋 目利きの銀次 ← 地圖P.342

目利きの銀次是令人一訪再訪的必食餐廳，選用新鮮食材，提供各種各樣的海鮮刺身及和牛料理，還有平價的特色小菜，當然少不了生啤酒和日本酒等各種酒品，絕對是與朋友小酌一杯的好去處。

○ 埼玉縣川越市新富町1-19-2
⊜ 從西武線本川越站步行約2分鐘
○ 11:00～24:00　☺ 年中無休
☎ 049-225-9188
◉ www.monteroza.co.jp/brand/gin/

（撰文：HEI，攝影：蘇飛）

▶經常會有飲酒優惠和活動。

大量夾公仔機 Monaco Game ← 地圖P.342

位於新富町商店街裡，店內有多部夾公仔機、拍大頭照的影相機、太鼓達人等音樂遊戲機。在門口還能看到排成一列的可愛貓貓公仔。對自己手氣有自信的可入內一夾入魂！

○ 埼玉縣川越市新富町2-4-1
⊜ JR埼京線東武東上線川越站步行8分鐘，或西武新宿線本川越站步行2分鐘
○ 09:00-23:45
◉ haradenka.com/?page_id=21

（撰文：HEI，攝影：蘇飛）

▲營業至深夜。

PART
13

神奈川縣
靜岡縣
富士五湖
長野縣
群馬縣
栃木縣
茨城縣
埼玉縣
千葉縣

求姻緣 川越冰川神社

 地圖 P.342　MAPCODE 14 014 812*36

在埼玉縣有過百間冰川神社，在川越這一間以祈求緣份和家庭為主，相傳有超過一千年的歷史。每天早上7時正都開售「姻緣石」，一天只有20個，通常一大清早便售罄了。有些新人都會在那裏舉行結婚儀式。

▲神社的鳥居入口。　▲結婚儀式。

🏠 埼玉県川越市宮下町2-11-3
🌐 www.kawagoehikawa.jp

INFO

非一般的泛舟 長瀞溪流泛舟

 地圖 P.348 人氣

長瀞ライン下り

長瀞在日本是個非常受歡迎的消暑景點，其中最出名的活動就是河上泛舟。別以為只是坐在木船上聽聽船夫生趣講解，看看自然美景，船程中會經過湍急河段「小滝の瀬」和「大河瀬」，為平緩悠然的泛舟帶來一些刺激感，在水花四濺的木舟上也能拍下人生難忘的一刻。另外，「長瀞岩疊」稱為「地球之窗」，是國家指定名勝和天然紀念物，岩石上可看到日久年深形成的各種形狀和自然染色，受鐵質酸化的斷崖岩更有秩父赤壁的美譽。

▲泛舟漂流享受自然風光。

Tips!

在長瀞站旁的案內所「長瀞ラインくだり本部」購買乘船券，A路線到親鼻橋乘船場所上船，B路線到岩疊乘船場所上船。2條路線分別經不同景點，A親鼻路線（約3公里/20分鐘），途經「荒川橋」、「亀の子岩」、「小滝の瀬」、「秩父赤壁」、「岩疊」；B高砂路線（約3公里/20分鐘），途經「大河瀬」、「金石水管橋」、「近距離欣賞岩石和溪谷」、「青蛙岩」。

🏠 埼玉縣秩父郡長瀞町長瀞489-2
🚶 從長瀞站步行1分鐘
📅 3月初至12月初，9:00~15:30，5~20分鐘一班
☎ 0494-66-0950
💰 成人（初中以上）￥2,000(HK$118)，兒童（3歲以上）￥1,000(HK$59) *價錢因應日子而變動
🌐 www.chichibu-railway.co.jp/nagatoro/boat.html

INFO

（撰文：HEI）

壯麗的自然冰雕 秩父三十槌冰柱

 地圖 P.348　 MAPCODE 534 411 016*88

每年1月中旬至2月中旬，荒川河從三十槌絕壁湧出的流水會在寒冷的氣溫下結凍成冰柱，繼而形成一幅寬約30米、高約8米的巨大冰之簾幕，渾然天成的美麗冰瀑塑像，見之讓人不禁慨嘆大自然的神秘。入夜後在各色燈光的映照下又是另一番奇妙光景。

▲美麗又神秘的冰瀑塑像。　（撰文：HEI）

🏠 秩父市大滝4066-2(ウッドルーフ奧秩父オートキャンプ場)
🚌 西武鐵道「西武秩父站」乘坐西武觀光巴士三峰神社線，在「三十槌バス停」下車
❄ 冰柱燈光秀每年1月上旬～2月中旬
💰 成人（初中或以上）￥200 (HK$12)・小童（小學生）￥100(HK$6)
☎ 0494-55-0707(秩父觀光協會大滝分部)
🌐 navi.city.chichibu.lg.jp/p_flower/1403/

INFO

13.2

匯聚風景名勝和古今文化

所澤市、深谷市、熊谷市

(本篇撰文：HEI，攝影：蘇飛)

埼玉縣是個古今相融、四季分明的地方。除了有小江戶之稱的川越市，所澤市有匯集傳統和當代文化、新一代的人氣打卡景點的「所澤 Sakura Town」；深谷市有新開幕的「深谷花園 Premium Outlets」；熊谷市有恍如夢幻場景的「荒川河櫻堤」。

前往所澤市、深谷市、熊谷市的交通

東京站	東京 Metro 地鐵丸之內線	池袋站	西武池袋線 特急 Chichibu	所澤站

(全程)45 分鐘・￥570(HK$33)

東京站	JR 高崎線	深谷站

車程 1 小時 32 分鐘，￥1,340(HK$79)

東京站	JR 北陸新幹線 ASAMA	熊谷站

車程 36 分鐘，￥3,250(HK$191)

註：各景點內有各自交通方法可供參考。

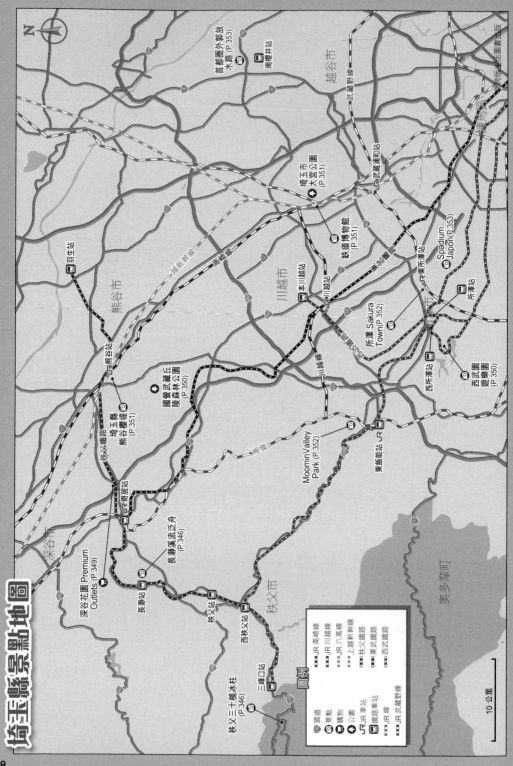

埼玉全新大型Outlet 深谷花園Premium Outlets

三菱地所與 Simon Property 合營的新 OUTLET 2022 年 10 月開幕！有 137 個品牌進駐，包括 94 間零售店及 41 間餐廳飲食店，如 Levi's、New Balance、Adidas、Oakley、Francfranc、Sanrio；北海道壽司品牌「函館グルメ寿司 函太郎」、墨西哥料理「HUGE」、埼玉縣人氣食店「長瀞とガレ」。此外，場內還設有以日本國民雪糕 Gari Gari 君為主題的「玩耍吧！Gari Gari 君 (あそぼ！ガリガリ君)」親子遊樂設施。購物之餘，還可帶小朋友大玩特玩！

- 🏠 埼玉縣深谷市黒田169
- 🚉 新宿站JR乘「湘南新宿ライン快速」，在熊谷站轉乘「秩父鉄道」，到「深谷花園」站，再步行3分鐘；或新宿站乘坐「JRバス東」高速巴士，到「深谷花園 Premium Outlets」，車程約1小時40分鐘
- 🕐 10:00~20:00，餐廳：11:00~21:00，咖啡廳：9:30~20:00
- 📅 2月的第3個週四
- ☎ 048-584-8700
- 🌐 www.premiumoutlets.co.jp/fukayahanazono/

▲ 深谷花園 Premium Outlets 入口。

◀ Graniph 內多有藝術家作品、圖畫書、音樂和動畫等聯名 T-恤出售 (網站：www.graniph.com)。

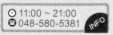 **Food Lodge 美食精選**

地道印度咖哩 カリーAMARA焼きたてナン

自1958年在印度加爾各答創店至今，是一間連本國人都會光顧的傳統印度餐廳，提供由20多種香料製成的咖哩以及即叫即做從泥爐中新鮮出爐的饢餅，還有兒童套餐和溫和易吃的套餐，不怕小朋友吃不慣。

▶ 兩款咖哩汁配黃薑飯、汽水及大大塊的饢餅，價格 ¥1,240 (HK$73)。

- 🕐 11:00 ~ 21:00
- ☎ 048-580-5381

▲ 這家店很受歡迎。

柴火烤肉餐廳 本気の薪焼きステーキ

店家以木柴烤肉，火焰將日本國產牛肉包裹其中，燒至三分熟，令牛肉變得外脆內嫩。這種烤法可保存肉汁之餘，還可令到肉裡帶有獨特柴木熏香，入口美味，配上大蒜飯更是讓人食指大動！

▶ 日本國產牛排香蒜飯，價格 ¥1,738 (HK$102)

- 🕐 11:00 ~ 21:00
- ☎ 048-501-7410

川越

所澤市、深谷市、熊谷市

百花怒放之美 國營武藏丘陵森林公園

 地圖P.348 賞梅

武藏丘陵森林公園是日本首座國營公園，園內以自然森林為主，有池沼、濕地、草地等豐富多樣的生態環境，一年四季皆能看到花木盛開，是梅花、櫻花、粉蝶花等的觀賞勝地。另外，園內設有全日本最大氣墊彈床「PONPOKO山」以及配合地形建造的冒險地帶，十分適合一家大小前往遊玩。

◀◀ 園內約120個品種的500棵梅樹，於每年二月下旬會綻開白、桃、紅的梅花。

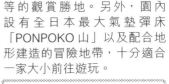

盛花。梅樹下綻開的側金

▲ 園內設施。

- 埼玉縣比企郡滑川町山田1920
- 熊谷站南口乘搭巴士「森林公園站行」，在「森林公園西口」或「森林公園南口入口」下車
- 3月至10月09:30~17:00、11月09:30~16:30，12月至2月09:30~16:00
- 不定期休園，可參閱網站
- 大人(高校生以上) 門票￥450 (HK$26)，2日票￥500 (HK$29)，初中或以下免費
- 0493-57-2111
- www.shinrinkoen.jp

穿越昭和年代 西武園遊樂園

地圖P.348 親子

西武園ゆうえんち

西武園遊樂園位於埼玉縣所澤市，前身是1950年落成的「東村山文化園」，在2019年投放100億日圓進行翻新，2021年5月搖身成為以昭和時期為背景的懷舊主題樂園，讓人充分感受到日本1960年代的活力、元氣、熱情！其中必到的打卡位當然是充滿復古情懷的「夕日之丘商店街」，整條大街目及之處全部是昭和風格的陳設，30家不同類型的商店，例如駄菓子屋夢見堂、龜山新聞舖、相澤寫真館及郵便局等，再配合工作人員的通力演出，身處其中有如真的穿越回到日本昭和年代。另外，引起話題的新設施「哥斯拉 The Ride頂上決戰」，以大家熟識的哥斯拉作主題，可以從第一人稱的角度近距離望見哥吉拉的身姿和對戰，使用約3億8000萬個圖像所組成的3DCG來製作，震撼視覺，絕對是粉絲必玩設施。

▲西武園遊樂園站。

▲夕日之丘商店街。

熱情！昭和時期的活力、元氣、感受日本1960年代

- 埼玉縣所沢市山口2964
- 乘坐西武鐵道山口線至西武園遊樂園站下車，詳細可參考：www.seibu-leisure.co.jp/amusementpark/access/index.html
- 平日 10:00~17:00，週末 10:00~19:00
- 成人￥4,400(HK$259) 兒童￥3,300 (HK$194)，限時提供不同優惠，詳細可參考：www.seibu-leisure.co.jp/amusementpark/ticket/
- 04-2929-5354
- www.seibu-leisure.co.jp/amusementpark/index.html

Tips!

西武園貨幣（西武園通貨）

園內使用「西武園通貨」消費，貨幣面額刻意配合昭和年代物價，令遊客可全情投入這個昭和世界，紙幣上還印有手塚治虫名代作「小白獅」，十分可愛。￥3,600(HK$212) 可換西武園貨幣300園，￥2,400(HK$141)可換西武園貨幣200園。

神奈川縣 靜岡縣 富士五湖 長野縣 群馬縣 栃木縣 茨城縣 **埼玉縣** 千葉縣

聯繫全國的頂尖鐵路 鉄道博物館 `mapcode 14 029 166*82` 地圖P.348

日本有很多鐵路博物館，但規模最大也最具代表性的，非這一家莫屬！鉄道博物館原本位於秋葉原，其後遷往埼玉縣大宮。雖然遠離東京23區，但館面積更大，展品內容更豐富，因此非常受遊客歡迎。

這家鉄道博物館介紹的正是全日本最大的鐵路系統：JR。它遍及全日本大部分地區(沖繩除外)，80年代前曾是國家擁有的鐵路(舊稱「國鐵」或JNR，Japan National Railway)。即使不是百分百鐵道迷，在這裏也能找到引起你對鐵路興趣的珍貴內容！

- 埼玉県埼玉市大宮区大成町3-47
- 從上野或東京站乘坐JR高崎線任何列車到大宮站，轉乘New Shuttle於鉄道博物館站下車，依指示前往即可。從東京站出發車程約30分鐘，從上野站出發約45分鐘
- 成人¥1,330(HK\$93)，小學生、中學生及高中生¥620 (HK\$43)，3歲或以上小童¥310(HK\$21)
- 10:00-17:00(最後入館時間16:30) 星期二、年尾年初
- www.railway-museum.jp

(圖文：HIM)

賞櫻名勝百選之一 埼玉市大宮公園 地圖P.348 賞櫻

大宮公園始建於1885年，前身為冰川公園，至今已有138年歷史，是現存最為悠久的縣立公園，亦獲選為日本櫻花名所百選和日本城市公園百選之一，其中最引人注目的是園中約1,200棵的櫻花樹，包括染井吉野櫻、八重櫻、枝垂櫻、里櫻等。在繁花盛放的春季前來公園野餐，欣賞櫻花和各式各樣的花卉，定能享受到日本的鳥語花香。另外，園內設有小動物園和兒童遊樂園可供小朋友遊玩，十分適合一家大小前往。

►粉紅花瓣鋪成的絕美花路。

►滿目櫻花美不勝收。

- 埼玉縣埼玉市大宮區高鼻町4丁目
- 大宮公園站或北大宮站下車，步行約10分鐘
- 048-641-6391
- www.pref.saitama.lg.jp/omiya-park/

Tips! 位於大宮公園附近的冰川神社有2,400多年歷史，是一所在關東史中佔有重要地位的神社。可以順道拜訪一下喔！

絕美的櫻花與油菜花 埼玉縣熊谷櫻堤 地圖P.348 賞櫻

長約2公里的荒川河堤上，約500棵染井吉野櫻一列並排，琳瑯滿目的粉紅樹上花，映襯着樹下黃澄澄的油菜花田，兩者對比鮮明卻同樣美麗奪目。熊谷櫻堤是日本櫻花名所百選之一，3月下旬到4月上旬，櫻花盛開之際，會舉辦「熊谷櫻花祭」，屆時不僅能欣賞到櫻花和油菜花的自然之美，還能觀賞到燈光映照的夜櫻美色。另外，櫻花祭時河堤附近會擺設攤位，可以一邊賞櫻一邊享用日式小食。

- 埼玉縣熊谷市河原町2丁目
- 熊谷站下車，南口往南直行步行約5分鐘
- 048-524-1419(熊谷市商業觀光課)
- www.city.kumagaya.lg.jp/kanko/midokoro/sakuratutumi.html

►電視劇中的唯美花路。

穿越童話世界 **MoominValley Park** 人氣

宮澤湖畔的 Moomin Valley Park 位於 Metsä Village 裡，是繼芬蘭後全球第 2 個姆明主題公園。園內設有以芬蘭語命名的 4 大區域，大門口「Poukama」、姆明谷「Muumilaakso」、展覽館「Kokemus」及遊戲集中地「Yksinaiset vuoret」。園內不論景致還是陳設都高度重現姆明故事內的場景，時不時還能在姆明之家遇見姆明和他的朋友，讓人有種置身故事中的感覺。此外，園內還有可體驗冒險刺激感的樹上飛索、戶外攀爬設施。玩累玩餓可在園內姆明餐廳或咖啡店休息用膳。另外，Metsä Village 是免費進入的，有多間餐廳和飾物店，在此同樣可在感受到休閒的北歐 Style。

▲以書本作主題的大門打卡點。

▲恍如北歐的美麗湖景。

◀ Metsä Village 的餐廳「LAGOM」，提供以北歐食材為主的自助餐點。

Tips!

姆明谷公園 Odekake 通行證
（ムーミンバレーパークおでかけパス）

到 Moomin Valley Park 前可事前在手機購買通行證，屆時顯示 QR Code 使用，內容包括一日內可無限次乘坐西武全線的車票（玉川線除外）、飯能站北口至 metsa 之間的巴士往返車票、Moomin Valley Park 一日通行證。成人（初中或以上）￥4,100（HK$241），兒童（小學生）￥2,400（HK$141）。詳細請參閱 www.seiburailway.jp/railway/ticket/specialticket/mvpodekakepassdigital/

⊕ 埼玉縣飯能市宮沢327-6
🚃 西武池袋線「飯能站北口」1號車站，乘坐「メッツァ(metsa)」直行巴士或「メッツァ(metsa)經武藏高萩線」路線巴士，在メッツァ(metsa)站下車，車程約13分鐘
⊙ 平日 10:00～17:00 週末及假日 10:00～18:00
⑤ 成人（初中或以上）￥3,600(HK$212)，兒童(4歲至小學生) ￥2,200(HK$129)
☏ 0570-03-1066
🌐 metsa-hanno.com/guide/324/
🅿 平日￥1,000(HK$59)/天(首2小時免費)，週六、日、假日￥1,500(HK$88)日元/天
INFO

動漫聖地巡禮一號景點 **所澤SAKURA TOWN** 地圖P.348

日本最大規模次文化流行中心，匯聚了日本知名建築師隈研吾打造的角川武藏野博物館、傳統與現代結合的武藏野坐令和神社、突破次元空間的 EJ 動漫酒店、包容各種表演形式的展演空間，為遊客提供五花八門的展覽和活動。另外，以發現和聯想為概念的 KADOKAWA 直營體驗型書店「達文西商店」和角川集團的員工餐廳「角川食堂」亦是動漫迷必去之選！

◀角川武藏野博物館外型為巨大岩石建築，圖書館、美術館於一身，特別推薦收藏3萬本書的巨大書牆「本棚劇場」。

◀電子競技、2.5 次元音樂劇、現場音樂會、電影放映、戶外演唱會，不定期舉辦各種活動。

▲ Ramen Walker Kitchen，日本各地知名的拉麵店會在此限時出店。

⊕ 埼玉縣所沢市東所沢和田三丁目31番地3
🚃 JR東所沢站下車，步行約10分鐘，或乘西武巴士「所沢地區～羽田空港線」大人（初中或以上）￥1,570(HK$92)，兒童￥790(HK$46)
⊙ 角川武藏野ミュージアム：週日至四：10:00～18:00(最後入館17:30)，週五、六：10:00～21:00(最後入館 20:30) *場內各設施營業時間不一，詳情請參閱網站
🅚 角川武藏野ミュージアム：每月第1、3、5個週二(逢節假日開館，次日閉館)
⑤ 1F漫畫/輕小說圖書館：一般（大學生及以上）￥600(HK$35)，初高中生￥300(HK$18)，小學生￥200(HK$12)；KCM標準票（含書梁劇場）：一般（大學生及以上）￥1,400(HK$82)，初高中生￥1,200 (HK$71)，小學生￥1,000(HK$59) *部分展覽及場所需另購門票，詳情請參閱網站
🌐 tokorozawa-sakuratown.com
INFO

平成名水天然溫泉樂園 Spadium Japon 地圖P.348

Spadium Japon 使用與東久留米泉水相同的水源，是關東地區罕見的透明溫泉，含有大量碳酸氫鹽泉，是三大美容泉質之一，亦獲選為「平成的名水百選」之一。而岩盤浴設施以森林為主題，分作 5 個區域，提供多種以天然藥石製成的岩盤浴，有多達 100 個床位，是關東最大的岩盤浴設施。另外，樂園裡設有休息區和美食區，休息區提供 3 萬多本漫畫，可舒適地憩息降溫，美食區提供的料理也是應有盡有，例如鐵板料理、拉麵、沙律輕食、刺身，還有甜品班戟及芭菲，解除身心疲勞之餘，還能一解口腹之慾。

🏠 東京都東久留米市上の原2-7-7
🚉 西武新宿線 田無站、西武池袋線 東久留米站、東武東上線 志木站、東武東上線 朝霞台站、JR武藏野線 北朝霞站均有免費接駁巴士 (巴士時間表：www.spajapo.com/f/bus)
🕐 週一至四9:00~1:00(最後入場0:20)；週五、假日前9:00~2:00(最後入場1:20)；週六8:00~2:00(最後入場0:20)；週日、假日8:00～1:00(最後入場1:20)
🚫 年中無休 ☎ 042-473-2828 🌐 www.spajapo.com
💰 入浴：成人(初中或以上)平日￥850(HK$50) 六日假期￥950(HK$56)，兒童(小學生)￥350(HK$21)，幼童(4歲以上)100(HK$6)；岩盤浴：成人平日(初中或以上)￥850(HK$50) 六日假期￥950(HK$56)，兒童(小學生)￥250(HK$15)，幼童(4歲以上)￥100(HK$6)

▲奪目的金黃色外型。

不可思議的地下宮殿 首都圈外郭放水路 地圖P.348

此座猶如神秘宮殿的設施是位於埼玉縣的地下排水道，於 1993 年至 2006 年間為了減輕首都圈洪水災難而建造，屬全世界規模最大的地下洪水防災設施，全長 6.3 公里，由59根高 18 米、重 500 噸的水泥巨柱所支撐。因其外觀與日本寺廟內部結構相似，經常被稱作「地下神殿」，日本如「假面騎士」系列等不少電影、電視劇和遊戲都以此為背景進行拍攝。現時對外開放，可到官方網站預約參觀路線。

▲巨柱構成的神秘空間。

🏠 埼玉縣春日部市上金崎720
🚉 乘東武城市公園線在南櫻井站下車轉乘出租車7分鐘
🕐 10:00～16:00 ☎ 048-747-0281 🌐 gaikaku.jp
💰 四條參觀路線(需事前預約)：葉輪探索路線(110分鐘) 每人￥4,000(HK$235)；水道立坑體驗路線(110分鐘) 每人￥3,000(HK$176)；幫浦(泵)滿足體驗路線(100分鐘) 每人￥2,500(HK$147)；輕鬆參與地下神殿路線(60分鐘) 每人￥1,000(HK$59)

▲ 70 米的水道立坑。

川越

所澤市、深谷市、熊谷市

Part 14

千葉縣
Chiba

（本篇撰文：HEI，攝影：蘇示）

千葉縣東面毗鄰東京都，由關東平原和房總半島組成，地勢平坦，山不過 500 米，西臨東京灣，南和東面向太平洋，三面環海成半島狀。獨特位置和地形為千葉縣帶來較溫暖的氣候，漁農兩業總生產量均是位於全國前茅。而花木種植以及海水浴場同樣盛行，讓千葉縣在山和海兩方面展現誘人魅力，亦如同縣名所示呈繁榮盛茂之像。

千葉縣觀光物產協會：maruchiba.jp

14.1 浪漫的時尚
千葉市、成田市、木更津市

千葉縣除了風光明媚，縣內亦有不少大型設施，如千葉市獨有的「懸掛式單軌電車」，獲得健力氏世界紀錄認證全世界最長的單軌電車；成田市的「櫻山花園」，可觀看到櫻花和飛機的浪漫組合；木更津市的「三井 OUTLET PARK 木更津」，日本三大購物 Outlet 之一。

前往千葉市、成田市、木更津市交通

東京站 ─ JR 總武本線快速・40 分鐘・¥660(HK$39) → **千葉站**

東京站 ─ JR 總武本線 特急成田 EXPRESS・24 分鐘・¥2,350(HK$138) → **千葉站**

東京站 ─ JR 總武本線 特急成田 EXPRESS・54 分鐘・¥3,470(HK$204) → **成田機場**

東京站 ─ JR 總武本線快速 → **佐倉站** ─ JR 成田線快速 → **成田站**
(全程)1 小時 29 分鐘・¥1,340(HK$79)

東京站 ─ JR 京葉線快速 → **蘇我站** ─ JR 內房線快速 → **木更津站**
(全程)1 小時 19 分鐘・¥1,340(HK$79)

東京站 ─ 高速バス 東京・1 小時 6 分鐘・¥1,500(HK$88) → **木更津站**

註：各景點內有各自交通方法可供參考。

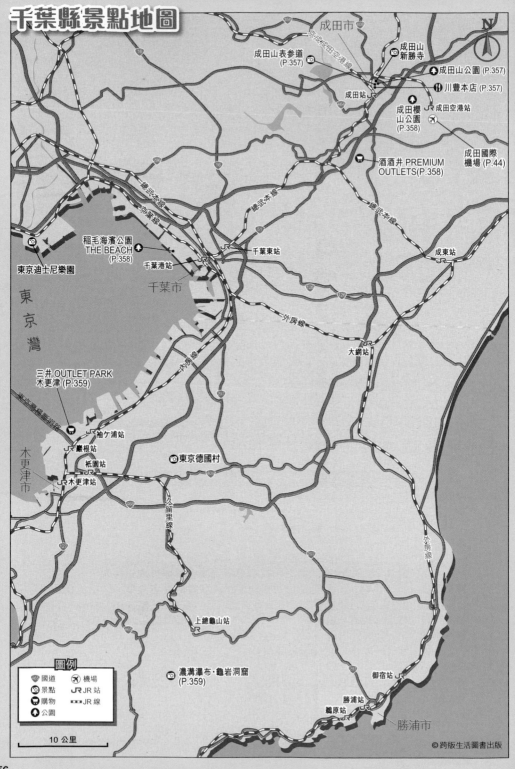

千葉縣景點地圖

成田市

成田山新勝寺

成田山表參道
(P.357)

成田山公園 (P.357)

川豐本店 (P.357)

成田站 JR

成田櫻山公園
(P.358)

成田空港站 JR

成田國際機場 (P.44)

酒酒井 PREMIUM
OUTLETS(P.358)

成東站

成田成田空港線

總武本線

總武本線

總武本線

京葉線

稻毛海濱公園
THE BEACH
(P.358)

千葉東站

千葉港站

東京迪士尼樂園

千葉市

東京灣

外房線

大網站

三井 OUTLET PARK
木更津 (P.359)

內房線

東京灣跨海公路

袖ケ浦站

巖根站

祇園站

東京德國村

木更津站

木更津市

久留里線

外房線

上總龜山站

濃溝瀑布‧龜岩洞窟
(P.359)

御宿站 JR

勝浦站

鵜原站

勝浦市

圖例

國道		機場	
景點		JR JR 站	
購物		JR 線	
公園			

10 公里

©跨版生活圖書出版

N

江戶懷舊風情 成田山表參道

地圖P.356 必到

想要感受日本江戶時代的懷舊風情，不用跑到太偏僻，由成田機場只需約10分鐘車程便能到達成田山表參道，沿鋪着白磚的路面和兩側十二生肖石像，直行到歷史悠久的新勝寺，沿途可見古色古風的店舖、傳統日式美食、伴手禮土產店等，部分商舖甚至是從江戶時代創業至今的老店！

▶成田山新勝寺。

▷保留江戶色彩的表參道。

INFO
- 千葉縣成田市成田1
- 成田站下車，步行約10分鐘
- www.nrtk.jp/enjoy/attraction/omo tesando.html

★ 精選 ★

傳統鰻魚老店 川豐本店 人氣

鰻魚飯是成田山名產美食，而在參道上最響負盛名的就是於1910年創業的淡鰻魚專賣店「川豐」。店面是日本傳統木造建築，從店外更可看見師傅在開放式廚房裡現烤鰻魚的情況。老店美味的秘訣除了自家祖傳秘製鰻魚醬汁，關鍵還在於每天嚴選新鮮鰻魚，現殺、現蒸、現烤，爐上油嫩肥美的鰻魚，烤得香氣四溢，令人不禁垂涎三尺。

◁上級鰻魚蓋飯 ¥3,600(HK$212)。

INFO
- 千葉縣成田市仲町386
- JR成田站/京成成田站下車，步行約11分鐘
- 10:00～17:00　0476-22-2711
- 全年無休（依時期不同可能有不定休的情況）
- www.unagi-kawatoyo.com/

四季分明的日式庭園 成田山公園

地圖P.356

成田山公園鄰近成田山新勝寺，園內種植多種花草樹木，可以看到梅花、櫻花、紫藤、菊花、秋葉於四季裡迴異之美景。公園每年春季會舉辦「成田梅祭」、「花祭遊行」，秋季會有「紅葉祭」，特別是秋天紅葉更是觀賞的著名之地。遊覽成田山公園繁花之時不妨留意一下附近水聲，成田山書法館旁邊有處名為「水琴窟」的日本庭園裝飾，這是從江戶時代流傳下來的造園技術所建，清泉流水匯集在水鉢中，當水從中溢出流入大甕，便會發出獨特迴響，猶如古琴一般的音色，經過時可以傾耳細聽一下喔。

INFO
- 千葉縣成田市成田1
- 成田站下車，步行約30分鐘
- 0476-22-2111(成田山新勝寺)
- www.naritasan.or.jp/tour/other/

▲和風庭景之美。

▲發出神秘琴聲的「水琴窟」。

千葉市、成田市、木更津市　勝浦

神奈川縣 靜岡縣 富士五湖 長野縣 群馬縣 栃木縣 茨城縣 埼玉縣 **千葉縣**

櫻花樹下看飛機 成田櫻山公園

地圖P.356 賞櫻

櫻山公園位於成田國際機場北側跑道附近山丘上，是拍攝飛機升降的熱門地。園內種植約 300 棵櫻花樹，若碰上 3 至 4 月花期可以在粉紅花樹之下觀看到飛機起降，感受到起飛時加速的轟轟巨響和噴氣式發動機全功率旋轉的聲音，亦能拍攝到在櫻花樹枝幹間飛翔的飛機模樣，因而櫻山公園經常選為電視劇拍攝地。另外，園內設有「天空之站 櫻花館」商店，售賣以千葉的新鮮農作物和以成田機場吉祥物為造型的紀念品。

▲ 飛機在頭頂呼嘯而過。

▲ 成田機場吉祥物周邊。

- 千葉縣成田市駒井野1338-1
- 從JR成田站下車，在東口乘坐開往航空科學館方向的巴士，「櫻花山」站下車
- 0476-20-1540(成田市役所觀光促進課)
- bit.ly/44anYh0
INFO

離成田機場最近 酒酒井PREMIUM OUTLETS

地圖P.356

酒酒井 PREMIUM OUTLETS 距離成田機場只需 15 分鐘車程，佔地廣大，有多達 200 多間品牌商舖，包括流行服飾、戶外運動用品、生活用品和食品料理，例如歐美品牌 Coach、Levis、Gap 等；日本本土的品牌 Earth Music and Ecology、Lowrys Farm、NEW ERA 等；戶外運動用品 Descente、New Balance、Skechers 等；生活用品 212 KITCHEN STORE、Le Creuset，還有充滿粉嫩可愛氣息的「Sanrio 三麗鷗專門店」！另外，OUTLETS 內有多間餐廳、咖啡店和美食廣場。

▲ OUTLETS 外型設計融入美國裝飾藝術風格。

Tips!

購物更優惠

酒酒井 PREMIUM OUTLETS 提供訪日外國遊客折扣優惠券，掃描場內展示的 QR code，便可取得電子優惠券。

- 千葉縣印旛郡酒々井町飯積2-4-1
- JR京成酒々井站乘搭路線巴士約20分鐘，成田機場高速直通巴士約15分鐘
- 商店 3~11月10:00~20:00 12~2月10:00~19:00，美食廣場 10:00~20:00，餐廳 11:00~21:00，咖啡廳 9:30~20:00
- 2月第3個星期四   043-481-6160
- www.premiumoutlets.co.jp/shisui/
INFO

最潮休閒聖地 稻毛海濱公園THE BEACH

地圖P.356

稻毛海濱公園是一座位於東京灣沿岸的綜合性公園，面向迷人的純白沙灘，而於 2022 年春季開放名為「The SUNSET Pier & Cafe」全長 90 米，寬 10 米的碼頭，在此欣賞的夕陽甚是迷人。沙灘附設一間酒吧「酒と音」，提供飲料，讓遊客可在此處充分享受休假。另外，遊客亦可到沙灘後方「small planet」在感受到自然的樹林間享用餐點，或在此預約露營和燒烤。

▶ 充滿森林氣息的野餐處。

▼ The SUNSET Pier & Cafe。

- 千葉縣千葉市美濱區高濱7-2-2
- JR稻毛站下車，步行約15分鐘，或JR稻毛海岸站下車，步行約10分鐘
- 海岸碼頭6:00~22:00，酒吧「酒と音」3月至6月底週末及假日12:00~18:00(L.O.17:30)，small planet 咖啡館 平日11:00~16:00，六日假期11:00~17:00
- 稻毛海濱公園內 043-247-2771，small planet CAMP&GRILL 080-3541-7187
- sunsetbeachpark.jp
INFO

度假型購物天堂 三井OUTLET PARK木更津 地圖P.356

三井木更津 OUTLET 坐落於東京灣沿岸，內外設計以悠閒度假風格為主題，是全日本規模最大的 OUTLET，齊集眾多國際品牌及本地品牌，包括時尚精品、戶外用品、潮流品牌等多達 300 多間商舖，如 Asics、BEAMS、COACH、GUCCI、SHIPS 等，是當地或海外旅客的購物首選之地。除了購物商店，OUTLET 還有多間餐廳、咖啡店，更設有美食廣場，提供日本各地的美食。

- 千葉縣木更津市金田東3-1-1
- 由東京站或新宿站乘直通巴士約45 ～ 55分鐘，交通詳情可參閱網站：mitsui-shopping-park.com/mop/kisarazu/access/
- 店舖10:00 ～ 20:00，餐廳11:00 ～ 21:00，美食廣場10:30 ～ 21:00，咖啡店9:30 ～ 21:00
- 0438-38-6100
- mitsui-shopping-park.com/mop/kisarazu/
- INFO

▲ Kisarapia 遊樂場就在附近！

▲置身悠閒度假村的感覺。

三井OUTLET PARK木更津 精選

香甜美味的白飯小偷 十勝豚丼 わか葉

わか葉以北海道十勝地區地標性料理豚丼為主打，使用味道濃郁的北海道豬肉，以甜辣醬汁香噴噴地烤熟，再配上甘香粘性的北海道米飯，實在令人愛不釋手。

- Food Court 5040
- 10:30-21:00(最後點餐時間20:30)
- 0438-53-8281 www.yoshimi-lsm.com
- INFO

► 十勝豚丼定食套餐 ￥1,346 (HK$79)

聞名的炭烤牛舌 仙臺たんや利久

於宮城縣仙台市有 30 年歷史的傳統老店，使用自家獨創烹調方式，以炭火烤製原汁原味牛舌，配合用牛尾慢燉而成的清爽牛骨湯、含豐富膳食纖維的薏米飯、醃製青辣椒和辛辣的南蠻味噌，讓人可充分享受到具老店特色的仙台牛舌。

- Food Court 5100
- 10:30-21:00(最後點餐時間20:30)
- 0438-41-0910
- www.rikyu-gyutan.co.jp
- INFO

► 炭烤牛舌定食 ￥1,990 (HK$117)。

秘境中的秘境 濃溝瀑布・龜岩洞窟 地圖P.356

MAPCODE 309 667 169*78

濃溝瀑布和龜岩洞窟位於千葉縣君津市的清水溪流廣場內，是 1660 年為灌溉水田所開鑿的人工洞窟。此處四季分明，夏季時翠綠幽深，秋季時一片艷紅。在特定的日子、時分、天氣之下，穿透洞窟陽光與水中倒影映成漂亮的心形，因活像吉卜力世界中的夢幻秘境而成為一時熱話。

- 千葉縣君津市笹1954
- JR上總龜山站乘出租車，到清水溪流廣場(濃溝の滝・龜岩の洞窟)，車程約15分鐘
- 0439-56-1325(君津市經濟部觀光課)
- www.city.kimitsu.lg.jp/site/kanko/2259.html
- INFO

► 被日本傳媒形容為「宮崎駿所描繪的世界」。

14.2

享受寧靜海邊時光

勝浦
Katsunra

(本篇圖文：HIM)

　　勝浦位於千葉縣南部沿海位置，往來東京成田機場需時大約 3 小時。正因為交通不便，所以勝浦的人煙較另一沿海地區鎌倉少，環境也因而比較舒服。勝浦不像鎌倉般開有很多小店，更沒有江之電這類小型海邊鐵路，但它有數個海水十分清澈的海灘，如有充裕時間，絕對值得在此享受安靜且美麗的海邊時光。

前往勝浦市的交通

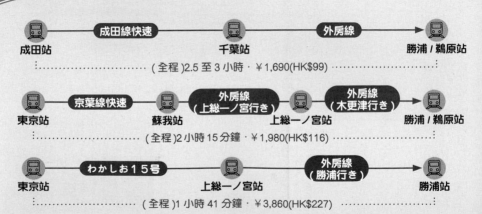

成田站 ── 成田線快速 ── 千葉站 ── 外房線 ── 勝浦 / 鵜原站
(全程)2.5 至 3 小時・¥1,690(HK$99)

東京站 ── 京葉線快速 ── 蘇我站 ── 外房線（上總一ノ宮行き）── 上總一ノ宮站 ── 外房線（木更津行き）── 勝浦 / 鵜原站
(全程)2 小時 15 分鐘・¥1,980(HK$116)

東京站 ── わかしお 15 号 ── 上總一ノ宮站 ── 外房線（勝浦行き）── 勝浦站
(全程)1 小時 41 分鐘・¥3,860(HK$227)

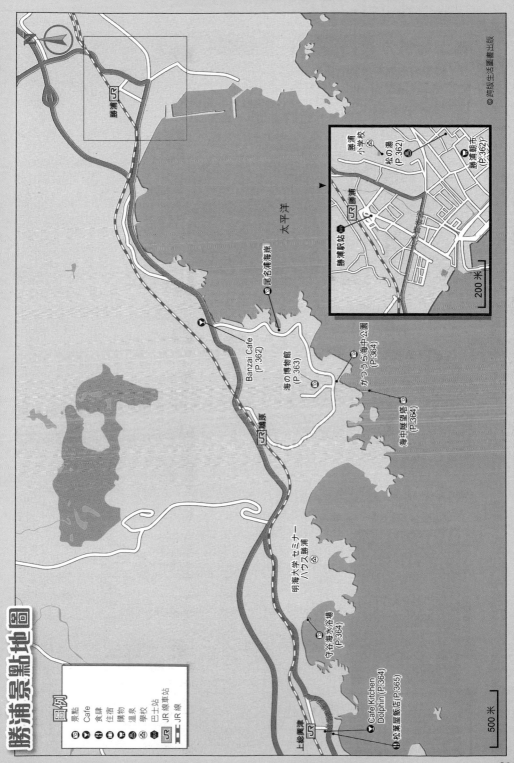

勝浦景點地圖

© 跨版生活圖書出版

圖例

- 景點
- Cafe
- 食肆
- 住宿
- 購物
- 溫泉
- 學校
- 巴士站
- JR 線車站
- JR 線

太平洋

勝浦 JR

勝浦 JR

尾名浦海岸

Banzai Cafe (P.362)

海の博物館 (P.363)

かつうら海中公園 (P.364)

JR 鵜原

海中展望塔 (P.364)

明海大学セミナー
ハウス勝浦

守谷海水浴場 (P.364)

Cafe Kitchen Dolphin (P.364)

松葉屋飯店 (P.365)

上総興津 JR

勝浦 JR

小学校

松の湯 (P.362)

勝浦朝市 (P.362)

勝浦駅站 JR

勝浦

200 米

500 米

361

早上的街市 勝浦朝市

地圖P.361　MAPCODE 287 218 396*11

勝浦朝市與石川縣的輪島、歧阜縣的高山並稱為「日本三大朝市」，至今已經有400多年歷史，是勝浦居民購買日常用品的主要場所。早上，菜販便開始在地上擺檔販賣，當中大部分都是勝浦當地時令的海鮮和蔬菜，不同季節造訪，都會看到不同的當造產物。

◀朝市每月上、下半旬的舉行地點稍有不同，會有指示清晰說明。

▲朝市吸引了當地人和遊客。

◀▲朝市擺賣了不少當地食材。

🔘 每月1-15日於下本町通擺賣，16-31日則於仲本町通
🚃 JR外房線勝浦站1號出口步行10分鐘
🕐 06:30~11:00　🚫 星期三
🌐 www.katsuura-kankou.net/asaichitop/

 INFO

勝浦錢湯 松の湯

地圖P.361　MAPCODE 287 218 430*14

松の湯是一個已經有超過100年歷史的平民公共浴場，若希望體驗勝浦簡簡單單的平民生活，可以考慮前往這裏沐浴。

◀松の湯外散發着古樸的平民氣息。

🏠 勝浦市勝浦43
🚃 JR外房線勝浦站步行10分鐘
🕐 15:00~21:00
💲 成人￥410(HK$29)，小童￥170(HK$12)，0至6歲￥70(HK$5)
🚫 星期四　📞 0470-73-0629
🌐 bosotown.com/archives/58265

 INFO

海濱咖啡店 Banzai Cafe

地圖P.361　MAPCODE 287 215 037*36

Banzai Cafe 是一家靠海的咖啡店，2樓可望到海景。咖啡店提供一系列意粉、咖喱和飲品，午餐時段更提供￥1,200(HK$71)的套餐，附送沙律和飲品。筆者點了香草蘑菇煙肉意粉，廚師烹調時加了香草、胡椒來搭配牛油醬汁，味道濃郁之餘，麵條卻不油膩。

▶咖啡店是一間兩層高的小屋。

▶2樓可以看海。

◀香草蘑菇煙肉意粉套餐，￥1,200(HK$71)。

▲套餐搭配的沙律。

Tips!
雖然咖啡店2樓能看到海景，但那裏是吸煙區，不想聞到煙味的話要考慮這因素。此外，由於咖啡店有時會舉辦瑜珈課程，暫停營業，因此建議先瀏覽網站所載的日程。

🏠 千葉県勝浦市松部1545
🚃 JR外房線鵜原站步行15分鐘
🕐 11:30~17:00(17:00~22:00需預約)
🚫 星期一　📞 0470-70-1580
🌐 www.banzaicafe.com

 INFO

海岸生態館 海の博物館

地圖P.361　　MAPCODE 287 154 884*00

若想進一步了解勝浦附近海洋(即房総半島)的生態,建議參觀海の博物館,館內透過影片和標本,介紹了房総半島的各種自然環境,例如「東京海底谷」、「九十九里浜」等,讓訪客深入了解勝浦附近的海洋資源。

▶ 海の博物館外。

▶ 館內的資料十分詳盡。

- 🏠 千葉縣勝浦市吉尾123
- ☎ 0470-76-1133
- 🚃 JR外房線鵜原站步行15分鐘
- 🕐 09:00-16:30(最後入場時間16:00)
- 💲 成人¥200(HK$14),高中學生及大學生¥100(HK$7)
- 🌐 www2.chiba-muse.or.jp/?page_id=60

INFO

出名的擔擔麵老店 松葉屋飯店

地圖P.361

MAPCODE 287 160 824*66

松葉屋飯店於1955年(昭和年代)創業,多年來都由老闆娘村田初江主理,店內的麵和定食以中華料理為主,其中以擔擔麵勝浦タンタンメン最為著名。雖然擔擔麵不可選擇辣度,但其實味道也不會太刺激,而且洋葱很多,夾雜了肉碎,口感豐富。

◀ 勝浦タンタンメン，¥650(HK$38)。

松葉屋飯店。

- 🏠 千葉縣勝浦市興津2671-2
- 🚃 JR外房線上総興津站步行5分鐘
- 🕐 11:00-14:30、17:00-20:00(最後點餐時間19:30)　🚫 星期四
- ☎ 0470-76-0024　🌐 bosotown.com/archives/52732

INFO

▲飯店內部。

千葉市、成田市、木更津市

勝浦

PART 14

走進海底看水中生物
かつうら海中公園・海中展望塔

地圖P.361　推介

MAPCODE 287 154 766*22

　　かつうら海中公園距離鵜原車站約 15 分鐘路程，是一個海濱公園，設有介紹漁業和海洋生物的「海の資料館」，還有飽覽海洋美景、觀看海中珍貴生物的「海中展望塔」。要注意海洋的能見度會因氣候而改變，能見度較低時，館方會因應情況扣減入場費。

▲海中展望塔。

▲可以在展望塔的底層透過玻璃觀看海底的情況。

▲海中公園由海灘、休息室和海の資料館組成。

◀資料館介紹漁業和海洋生物，免費入場。

▶當日能見度欠佳，但仍看到魚的蹤影。有2米，只的只

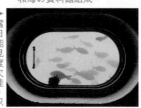

🏠 千葉縣勝浦市吉尾174
🚉 JR外房線鵜原車站步行15分鐘
🕐 09:00-17:00(最後入場時間 16:30)
💲 成人¥980(HK$69)，小學生及中學生¥480(HK$34)，小童¥220(HK$15)
☎ 0470-76-2955
🌐 www.busena-marinepark.com

INFO

看孤島上的鳥居 **守谷海水浴場**

地圖P.361　MAPCODE 287 181 143*66

　　勝浦沿海有多個海灘，守谷海水浴場是其中之一。在這個沙灘上，遊人可以見到一座有鳥居的孤島 (Across Island)，成為了眾多海灘中的獨特景致。

◀海上有一個建有鳥居的小島。

🚉 JR外房線上総興津站步行10分鐘

INFO

由雜貨店經營的咖啡店 **Cafe Kitchen Dolphin**

地圖P.361

MAPCODE 287 150 854*77

　　創業超過 100 年的田辺商店是一間雜貨店，後於店旁增設餐飲店 Cafe Kitchen Dolphin，提供甜點和咖啡。當中的香蕉朱古力窩夫上佈滿朱古力醬和彩針，讓人嚐到不同層次的甜味。同時搭配咖啡或茶，也只需¥280(HK$20) 起，加上店鋪貼心地提供充電設備 (10 分鐘¥100，HK$7)，顧客可在這裏逗留一會，好好休息。

推介

▲田辺商店與 Cafe Kitchen Dolphin。

▶香蕉朱古力窩夫，配咖啡¥650(HK$39)。咖啡¥300(HK$20)。

◀咖啡店內部。

🏠 千葉縣勝浦市興津2675-1
🚉 JR外房線上総興津站步行5分鐘
🕐 11:00-21:00　❌ 星期一
☎ 090-9382-0025
🌐 restaurant-24525.business.site/

INFO

常用日語

以下為一些簡單的日本旅行基本用語，看到日本人，不妨嘗試跟他們説一句「こんにちわ」(Kon Ni Chi Wa，即「你好」之意)！。

(日語協力：Gigi、Him)

日常會話

日語	日語讀音	中文意思
すみません	su-mi-ma-sen	不好意思 (如在街上問路，可先説這句)
ありがとうございます / ありがとう	a-ri-ga-tou-go-za-i-ma-su/ a-ri-ga-tou	多謝 (第一個説法較為客氣)
こんにちは	kon-ni-chi-wa	你好 / 午安！(日間時説)
お元気ですか	o-gen-ki-de-su-ka	你好嗎？(How are you?)
さよなら	sa-yo-na-ra	再見！(這説法較為莊重，年輕人常用「byebye」。)
いくらですか	i-ku-ra-de-su-ka	多少錢？
おはようございます / おはよう	o-ha-you-go-za-i-ma-su/ o-ha-you	早晨 / 早安！(第一個説法較為客氣)
こんばんは	kon-ba-wa	晚上好！
おやすみなさい / おやすみ	o-ya-su-mi-na-sa-i/ o-ya-su-mi	睡覺前説晚安 (第一個説法較為客氣)
いただきます	i-ta-da-ki-ma-su	我不客氣啦！(用餐前説)
ごちそうさまでした	go-chi-sou-sa-ma-de-shi-ta	謝謝你的招待！
お手洗	o-te-a-rai	洗手間
そうです	sou-de-su	是的
違います (ちがいます)	chi-ga-i-ma-su	不是
大丈夫です (だいじょうぶです)	dai-jyou-bu-de-su	沒問題
できません	de-ki-ma-sen	不可以
わかります	wa-ka-ri-ma-su	明白
わかりません	wa-ka-ri-ma-sen	不明白
観光案内所 (かんこうあんないしょ)	kan-kou-an-nai-sho	觀光介紹所
漢字で書いていただけませんか？(かんじでかいていただけませんか)	kan-ji-de-kai-te-i-ta-da-ke-ma-sen-ka	可以請你寫漢字嗎？

購物

日語	日語讀音	中文意思
値段 (ねだん)	ne-dan	價錢
安い (やすい)	ya-su-i	便宜
中古 (ちゅうこ)	chuu-ko	二手
割引 (わりひき)	wa-ri-bi-ki	折扣
セール	se-ru	減價
現金 (げんきん)	gen-kin	現金
クレジットカード	ku-re-ji-tto-ka-do	信用卡
レシート	re-shi-to	收據
税抜き (ぜいぬき)	zei-nu-ki	不含税
税込み (ぜいこみ)	zei-ko-mi	含税

時間和日期

日語	日語讀音	中文意思
今何時ですか？ (いまなんじですか？)	i-ma-nan-ji-de-su-ka	現在幾點？
午前 (ごぜん)	go-zen	上午
午後 (ごご)	go-go	下午
朝 (あさ)	a-sa	早上
今朝 (けさ)	ke-sa	今早
昼 (ひる)	hi-ru	中午
夜 (よる)	yo-ru	晚上
平日 (へいじつ)	hei-ji-tsu	平日
週末 (しゅうまつ)	shu-ma-tsu	週末

日本

經典新玩幸福嘆名物
Easy GO！——大阪

作者：Him
頁數：360頁全彩
書價：HK$98、NT$390

溫泉探秘賞楓景
Easy GO！——福岡長崎北九洲

作者：Li
頁數：408頁全彩
書價：HK$108、NT$450

藍天碧海琉球風情
Easy GO！——沖繩
作者：Li
頁數：416頁全彩
書價：HK$108、NT$450

香飄雪飛趣玩尋食
Easy GO！——北海道青森

作者：Li
頁數：368頁全彩
書價：HK$108、NT$450

暖暖樂土清爽醉遊
Easy GO！——日本東北

作者：Li
頁數：352頁全彩
書價：HK$108、NT$450

秘境神遊新鮮嘗
Easy GO！——鳥取廣島

作者：Li
頁數：456頁全彩
書價：HK$108、NT$450

環抱晴朗慢走島國
Easy GO！——四國瀨戶內海
作者：黃穎宜、Gigi
頁數：352頁全彩
書價：HK$108、NT$450

紅楓粉櫻古意漫遊
Easy GO！——京阪神關西
作者：Him
頁數：488頁全彩
書價：HK$118、NT$480

北陸古韻峻美山城
Easy GO！——名古屋日本中部

作者：Li
頁數：520頁全彩
書價：HK$108、NT$450

頂尖流行掃貨嘗鮮
Easy GO！——東京

作者：Him
頁數：512頁全彩
書價：HK$108、NT$450

歐美、澳洲

海島秘境深度遊
Easy GO！——石垣宮古

作者：跨版生活編輯部
頁數：200頁全彩
書價：HK$98、NT$390

沉醉夢幻國度
Easy GO！——法國瑞士

作者：Chole
頁數：288頁全彩
書價：HK$98、NT$350

豪情闊瀚自然探奇
Easy GO！——澳洲

作者：黃穎宜
頁數：248頁全彩
書價：HK$98、NT$350

Classic貴氣典雅迷人
Easy GO！——英國

作者：沙發衝浪客
頁數：272頁全彩
書價：HK$118、NT$480

出走近關五湖北關西
Easy GO！——東京周邊

作者：沙發衝浪客
頁數：367頁全彩
書價：HK$118、NT$480

熱情都會壯麗絕景
Easy GO！——美國西岸
作者：嚴潔盈
頁數：248頁全彩
書價：HK$128、NT$490

遨遊11國省錢品味遊
Easy GO！——歐洲

作者：黃穎宜
頁數：312頁全彩
書價：HK$108、NT$390

殿堂都會華麗濱岸
Easy GO！——美國東岸

作者：Lammay
頁數：328頁全彩
書價：HK$88、NT$350

《出走近郊五湖北關東 Easy Go!——東京周邊》

編著：沙發衝浪客
責任編輯：李柏怡、劉希穎
版面設計：李美儀、蔡嘉昕、麥碧心
協力：鍾漪琪、Pak
相片授權：Laushuting、Janice、Kate、Li、 蘇飛、Rose、Him、Isolde、Debby、 軽
　　　　井沢観光協会、Heigoro、白馬山麓ツアーズ、白馬岩岳雪原、栂池高原滑
　　　　雪場、白樺湖 池之平度假酒店、茅野市役所、©iStock.com/Qju Creative,
　　　　sarapanda, kuri2000, Vir Work, c11yg, ntrirata, Nottomanv1, ranmaru_,
　　　　T-Tadanobu、Hiro1775(排名不分先後)

出版：跨版生活圖書出版
地址：荃灣沙咀道 11-19 號達貿中心 910 室
電話：31535574　　傳真：31627223
專頁：http://www.facebook.com/crossborderbook
網站：http://www.crossborderbook.net
電郵：crossborderbook@yahoo.com.hk

發行：泛華發行代理有限公司
地址：香港新界將軍澳工業邨駿昌街星島新聞集團大廈
電話：2798-2220　　傳真：2796-5471
網頁：http://www.gccd.com.hk
電郵：gccd@singtaonewscorp.com

台灣總經銷：永盈出版行銷有限公司
地址：231新北市新店區中正路499號4樓
電話：(02)2218 0701　　傳真：(02)2218 0704

印刷：鴻基印刷有限公司

出版日期：2023 年 8 月第 2 次印刷
定價：港幣一百一十八元 新台幣四百八十元
ISBN：978-988-75024-1-8

出版社法律顧問：勞潔儀律師行